北大社 "十三五" 普通高等教育本科规划教材

高等院校物流专业 "互联网+" 创新规划教材

航空物流管理

（第2版）

主　编　周　叶

副主编　刘元洪　彭国平

北京大学出版社

PEKING UNIVERSITY PRESS

内 容 简 介

航空物流是一种速度最快的现代物流形式，掌握现代航空物流管理知识，有助于提高生产、生活的效率和效益，现代航空物流管理正日益受到人们的重视。本书共分 12 章，从航空物流管理基础、实务、职能和发展这 4 个角度介绍航空物流管理的理论和方法。第 1～2 章在阐述航空物流管理主要理论基础后，介绍了飞机、机场、航线和航空集装器等现代航空物流物质基础；第 3～6 章对航空货运、航空快递、航空货运代理和航空邮政等航空物流管理实务进行了详细的讲解；第 7～10 章阐述航空物流管理的 4 项职能，即航空物流计划、航空物流组织、航空物流控制和航空物流信息管理；第 11～12 章考察国内外航空物流业的发展，为读者揭示了未来航空物流的发展趋势。本书提供了大量不同类型鲜活的案例、丰富的知识资料，以及形式多样的习题，以供读者阅读、训练或操作使用。

本书可作为高等院校物流管理、物流工程、电子商务及其相关专业本科生的教材，也可作为航空公司、机场、航空货运代理企业和社会培训人员的参考书籍。

图书在版编目（CIP）数据

航空物流管理 / 周叶主编. —2 版. —北京：北京大学出版社，2019.6
高等院校物流专业"互联网+"创新规划教材
ISBN 978-7-301-30324-5

Ⅰ. ①航… Ⅱ. ①周… Ⅲ. ①航空运输—货物运输—物流管理—高等学校—教材
Ⅳ. ① F560.84

中国版本图书馆 CIP 数据核字（2019）第 034692 号

书　　　名	航空物流管理（第 2 版）
	HANGKONG WULIU GUANLI (DI-ER BAN)
著作责任者	周　叶　主编
策划编辑	王显超
责任编辑	李瑞芳
数字编辑	陈颖颖
标准书号	ISBN 978-7-301-30324-5
出版发行	北京大学出版社
地　　　址	北京市海淀区成府路 205 号　100871
网　　　址	http://www.pup.cn　新浪微博：@北京大学出版社
电子邮箱	编辑部 pup6@pup.cn　总编室 zpup@pup.cn
电　　　话	邮购部 010-62752015　发行部 010-62750672　编辑部 010-62750667
印刷者	河北滦县鑫华书刊印刷厂
经销者	新华书店
	787 毫米 ×1092 毫米　16 开本　19.5 印张　443 千字
	2012 年 8 月第 1 版
	2019 年 6 月第 2 版　2023 年 9 月第 5 次印刷
定　　　价	48.00 元

未经许可，不得以任何方式复制或抄袭本书之部分或全部内容。
版权所有，侵权必究
举报电话：010-62752024　电子邮箱：fd@pup.cn
图书如有印装质量问题，请与出版部联系，电话：010-62756370

第 2 版前言

在强调速度、创新的时代背景下,航空物流作为一种速度最快的现代物流形式,正日益受到人们的重视。航空物流管理作为物流管理的分支,是指在社会生产过程中,根据物质资料实体流动的规律,应用管理的基本原理和科学方法,对航空物流活动进行计划、组织和控制,使各项航空物流活动实现最佳的协调与配合,以降低航空物流成本,提高航空物流效率和经济效益。正如二十大报告提到的,要"加快发展物联网,建设高效顺畅的流通体系,降低物流成本"。

本书为 21 世纪全国高等院校物流专业创新型应用人才培养规划教材之一,其最大的特点是从航空物流管理基础、实务、职能和发展这 4 个角度来设计航空物流管理课程的教学内容。航空物流管理基础包括理论基础和物质基础(飞机、机场、航线和航空集装器等)。航空物流管理实务主要涉及航空货运、航空快递、航空货运代理和航空邮政。航空物流管理具有航空物流计划、航空物流组织、航空物流控制和航空物流信息管理 4 项职能。此外,通过考察国内外航空物流业的发展,来揭示未来航空物流的发展趋势。本书的每章均以翔实案例为切入点,对理论知识进行充分阐释,使学生在理解的基础上,具备解决实际问题的能力。本书每章末都有案例分析和习题,能帮助学生更好地掌握所学知识。

本书内容是按照 48 学时的教学计划进行安排的,具体安排为:第 1、2、4、7、8、10、11、12 章,每章 4 学时;第 3、5 章,每章 6 学时;第 6、9 章,每章 2 学时。各学校可根据课程需要和学生层次适当调整学时。

本书可作为航空高校经济管理专业航空物流管理课程的教材和参考用书。此外,也可作为航空公司、机场、航空货运代理企业等单位的培训教材。

本次修订由南昌航空大学周叶担任主编,刘元洪和彭国平担任副主编,由主编和副主编提出编写大纲、统稿和定稿。各章节具体分工为:第 1、7 章,由刘元洪编写;第 2、4 章,由孟薇编写;第 3、5、9 章,由彭国平编写;第 6 章,由彭建华编写;第 10、12 章,由陈晓璠编写;第 8、11 章,由周叶编写。

本次修订在第 1 版的基础上对相应的章节内容进行了数据与资料的更新与修订,增加了 80 余个二维码素材(包括拓展视频、拓展案例、拓展知识),以及当前热门的无人机航空物流等部分内容。

本书参考了国内外有关航空物流管理的论文和著作,在此特别说明并表示衷心的感谢!

由于编者水平有限,书中难免有不妥之处,敬请广大读者和有关专家学者批评指正。

编 者

【资源索引】

第2版前言

目 录

第1章 航空物流概述 ……… 1

1.1 物流概述 ……… 2
1.1.1 物流的概念 ……… 2
1.1.2 物流的功能要素 ……… 4
1.1.3 物流的分类 ……… 6

1.2 航空物流的概念及特点 ……… 7
1.2.1 航空物流的概念及发展概况 ……… 7
1.2.2 航空物流的特点 ……… 9

1.3 航空物流企业与航空物流产业 ……… 10
1.3.1 航空物流企业 ……… 10
1.3.2 航空物流产业 ……… 11

1.4 航空物流产品及其价值实现 ……… 13
1.4.1 航空物流产品的含义 ……… 13
1.4.2 航空物流产品的价值实现 ……… 14

本章小结 ……… 15
习题 ……… 16

第2章 航空物流主要物质基础 ……… 19

2.1 航空器 ……… 20
2.1.1 航空器概述 ……… 20
2.1.2 飞机的构成与特点 ……… 22
2.1.3 飞机的分类 ……… 25
2.1.4 主要飞机简介 ……… 26

2.2 机场 ……… 28
2.2.1 机场的概念、作用及其分类 ……… 28
2.2.2 机场的组成 ……… 30
2.2.3 国外主要机场简介 ……… 31
2.2.4 我国主要机场简介 ……… 33

2.3 航线 ……… 37
2.3.1 航线概述 ……… 37
2.3.2 国际航线中的航权 ……… 39

2.4 航空集装器 ……… 40
2.4.1 航空集装器概述 ……… 40
2.4.2 航空集装器的种类 ……… 41
2.4.3 航空集装器的编号 ……… 42

2.5 其他航空物流处理设备 ……… 43
2.5.1 航空集装搬运与装卸设备 ……… 43
2.5.2 航空货运存储系统与自动仓库 ……… 45

本章小结 ……… 46
习题 ……… 47

第3章 航空货物运输 ……… 51

3.1 航空货物运输概述 ……… 52
3.1.1 航空运输的营运方式 ……… 52
3.1.2 航空货物运输合同 ……… 54
3.1.3 航空货物运输的运价与费用 ……… 60

3.2 普通货物航空运输 ……… 62
3.2.1 普通货物概述 ……… 62
3.2.2 收运条件和程序 ……… 63
3.2.3 文件 ……… 64
3.2.4 运输包装要求与计重 ……… 65
3.2.5 托运人与收货人的责任划分 ……… 66

3.3 特种货物航空运输 ……… 66
3.3.1 特种货物概述 ……… 66
3.3.2 鲜活易腐品 ……… 67
3.3.3 骨灰和灵柩 ……… 68
3.3.4 贵重物品 ……… 69
3.3.5 超大超重货物 ……… 71
3.3.6 生物制品 ……… 71
3.3.7 活体动物 ……… 72

  3.3.8 行李航空运输 …………… 74
3.4 危险品航空运输 …………………… 75
  3.4.1 危险品概述 ………………… 75
  3.4.2 危险品航空运输的文件 …… 76
  3.4.3 危险品航空运输的原则 …… 77
  3.4.4 危险品航空运输包装 ……… 78
  3.4.5 标记与标签 ………………… 79
3.5 航空货物运输保险 ………………… 81
  3.5.1 航空货物运输保险概述 …… 81
  3.5.2 航空货物运输保险的
     种类 ………………………… 83
  3.5.3 航空货物运输险保险金额及
     保险费率 …………………… 84
  3.5.4 货损检验及赔偿处理 ……… 85
本章小结 ………………………………… 86
习题 ……………………………………… 86

第4章　航空快递 ………………… 89

4.1 航空快递的业务类型及特点 ……… 91
  4.1.1 航空快递的概念与分类 …… 91
  4.1.2 航空快递的主要业务
     形态 ………………………… 92
  4.1.3 航空快递的优势 …………… 93
  4.1.4 航空快递业特性分析 ……… 94
4.2 我国航空快递 ……………………… 96
  4.2.1 我国航空快递业的发展
     现状 ………………………… 96
  4.2.2 我国航空快递业的竞争
     战略 ………………………… 98
  4.2.3 我国航空快递业的发展
     策略 ………………………… 99
4.3 国际航空快递 ……………………… 100
  4.3.1 UPS 的发展 ………………… 101
  4.3.2 FedEx 的发展 ……………… 101
  4.3.3 DHL 的发展 ………………… 103
  4.3.4 TNT 的发展 ………………… 104
本章小结 ………………………………… 105
习题 ……………………………………… 105

第5章　航空货运代理 …………… 109

5.1 航空货运代理概述 ………………… 110
  5.1.1 航空货运代理的概念、特点与
     服务对象 …………………… 110
  5.1.2 航空货运代理的类型 ……… 111
  5.1.3 航空货运代理存在的
     必然性 ……………………… 112
  5.1.4 航空货运合法代理与非法
     代理 ………………………… 113
  5.1.5 航空货运代理的责任 ……… 115
5.2 国内航空货运代理 ………………… 117
  5.2.1 国内航空货运代理概述 …… 117
  5.2.2 国内航空货物运输代理业务
     的基本环节 ………………… 119
  5.2.3 航空货运代理收费标准 …… 123
  5.2.4 中国航空货运代理的发展
     趋势 ………………………… 124
5.3 国际航空货运代理 ………………… 126
  5.3.1 国际航空货运代理概述 …… 126
  5.3.2 国际航空进口货物运输
     代理 ………………………… 129
  5.3.3 国际航空出口货物运输
     代理 ………………………… 133
本章小结 ………………………………… 139
习题 ……………………………………… 140

第6章　航空邮政 ………………… 144

6.1 邮件承运 …………………………… 145
  6.1.1 承运程序及注意事项 ……… 146
  6.1.2 路单处理 …………………… 147
  6.1.3 航空邮运结算单的填写 …… 148
6.2 邮件装卸、运输及交付 …………… 150
  6.2.1 邮件装卸、运输 …………… 150
  6.2.2 邮件交付 …………………… 151
6.3 航空邮件运输规定与运费 ………… 151
  6.3.1 航空邮件运输一般规定 …… 151
  6.3.2 航空邮件运费 ……………… 153
6.4 联程邮件 …………………………… 154

6.4.1 一般规定及注意事项 …… 155
6.4.2 航班不正常时对邮件的处理 …… 155
本章小结 …… 155
习题 …… 156

第7章 航空物流计划 …… 159

7.1 航空物流计划概述 …… 160
 7.1.1 航空物流计划的概念与特点 …… 160
 7.1.2 航空物流计划体系 …… 161
 7.1.3 制订航空物流计划的步骤 …… 163
7.2 航班计划与决策 …… 164
 7.2.1 航班计划的作用 …… 164
 7.2.2 航班计划的内容与格式 …… 164
 7.2.3 航班计划的编制 …… 166
 7.2.4 航班计划中的有关决策 …… 168
7.3 航线运输生产计划与决策 …… 171
 7.3.1 航线运输生产计划的主要指标 …… 171
 7.3.2 航线运输生产计划的编制 …… 174
 7.3.3 航线运输生产计划中的有关决策 …… 178
7.4 航站计划与决策 …… 179
 7.4.1 航站吞吐量计划的主要指标 …… 179
 7.4.2 航站吞吐量计划的编制 …… 181
 7.4.3 航站计划中的有关决策 …… 184
本章小结 …… 186
习题 …… 186

第8章 航空物流组织 …… 189

8.1 我国航空物流管理机构 …… 190
 8.1.1 中国民用航空局 …… 190
 8.1.2 海关 …… 194
 8.1.3 国家质量监督检验检疫总局 …… 197
8.2 国际航空物流管理机构 …… 200
 8.2.1 国际民用航空组织 …… 200
 8.2.2 国际航空运输协会 …… 202
 8.2.3 国际货运代理协会联合会 …… 204
 8.2.4 国际机场理事会 …… 205
 8.2.5 国际航空电信协会 …… 206
8.3 航空物流法规 …… 207
 8.3.1 华沙公约 …… 208
 8.3.2 海牙议定书和瓜达拉哈拉公约 …… 209
 8.3.3 芝加哥公约和蒙特利尔公约 …… 210
 8.3.4 其他重要的国际民用航空公约 …… 211
 8.3.5 我国航空物流法规与制度 …… 212
本章小结 …… 216
习题 …… 216

第9章 航空物流控制 …… 220

9.1 航空物流成本 …… 221
 9.1.1 航空物流成本概述 …… 221
 9.1.2 航空物流成本的管理和控制 …… 223
 9.1.3 降低航空物流成本的思路 …… 227
9.2 航空物流质量 …… 228
 9.2.1 航空物流企业全面质量管理概述 …… 228
 9.2.2 航空物流质量管理的原则 …… 229
 9.2.3 航空物流质量管理体系 …… 232
本章小结 …… 233
习题 …… 233

第10章 航空物流信息管理 …… 238

10.1 航空物流信息化概述 …… 239
 10.1.1 物流信息化的含义与类型 …… 239

10.1.2 航空物流信息化含义与我国航空物流信息化现状分析 …… 240
10.1.3 我国航空物流信息化的发展趋势 …… 241
10.2 航空物流信息技术 …… 243
　　10.2.1 条码技术与射频技术 …… 243
　　10.2.2 电子数据交换技术 …… 246
　　10.2.3 GIS 技术与 GPS 技术 …… 249
10.3 航空物流信息系统 …… 251
　　10.3.1 航空物流信息系统概述 …… 251
　　10.3.2 主要的航空物流信息系统类型 …… 253
　　10.3.3 航空物流信息系统的设计与开发 …… 255
本章小结 …… 259
习题 …… 260

第11章 航空物流管理新动向 …… 262

11.1 航空物流管理的发展趋势 …… 263
　　11.1.1 航空物流目标系统化 …… 263
　　11.1.2 航空物流功能集成化 …… 263
　　11.1.3 航空物流作业规范化 …… 264
　　11.1.4 航空物流手段现代化 …… 264
　　11.1.5 航空物流信息电子化 …… 264
　　11.1.6 航空物流服务全球化 …… 265
　　11.1.7 航空物流运营绿色化 …… 265
　　11.1.8 航空物流组织网络化 …… 265
11.2 航空物流园区 …… 266
　　11.2.1 航空物流园区的概念及其发展概况 …… 266
　　11.2.2 航空物流园区的主要功能 …… 268
　　11.2.3 航空物流园区的基础设施 …… 269
　　11.2.4 航空物流园区的合理化 …… 270
11.3 航空物流战略联盟 …… 271
　　11.3.1 航空物流战略联盟的含义及其分类 …… 271
　　11.3.2 航空物流战略联盟的发展历程 …… 272
　　11.3.3 航空物流战略联盟的主要合作形式 …… 274
11.4 航空物流收益管理 …… 275
　　11.4.1 航空物流收益管理的思想 …… 276
　　11.4.2 航空物流收益管理系统 …… 277
本章小结 …… 279
习题 …… 280

第12章 航空物流业的发展 …… 283

12.1 中国航空物流业的发展 …… 284
　　12.1.1 中国航空物流业的发展阶段 …… 284
　　12.1.2 中国航空物流业存在的主要问题 …… 286
　　12.1.3 中国航空物流业发展的机遇与挑战 …… 288
12.2 国外航空物流业的发展 …… 290
　　12.2.1 美国航空物流业的发展 …… 290
　　12.2.2 日本航空物流业的发展 …… 293
本章小结 …… 295
习题 …… 295

参考文献 …… 299

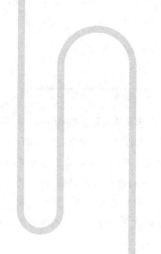

第1章 航空物流概述

【本章教学要点】

- 了解物流的概念和功能要素,认识航空物流在物流系统中的地位;
- 掌握航空物流的概念、特点;
- 了解航空物流企业的含义与特点;
- 掌握航空物流产业的性质和构成,理解航空物流企业与航空物流产业的关系;
- 理解航空物流产品的含义与价值实现形式。

【知识架构】

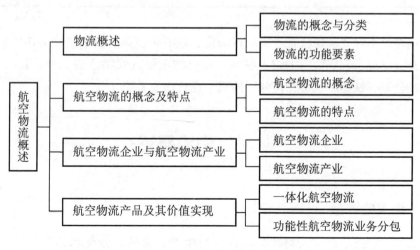

导入案例

20世纪的航空运输公司一定想不到中国当前在航空运输方面的广阔发展前景。1980年，中国航空货邮总运输量仅为8.8万吨，而2003年已经达到219万吨，国际航线的货邮运输量也从1980年的1.4万吨增长到2015年的653万吨。中国民航局2016年发布的《中国民用航空发展第十三个五年规划》制定的目标是：到2020年，航空货邮运输量将增加到850万吨，年均增幅为6.2%，运输总周转量达到1420亿吨公里，年均增幅为10.8%。波音公司的《中国市场预测》报告中指出，中国航空运输市场将以每年7.6%的速度增长，成为仅次于美国的世界第二大民用航空市场。如此广阔的市场前景，自然会留给人无限的遐想空间。

航空物流公司是中国高速发展的经济所创造的又一个奇迹。尽管经历了金融危机、9·11和SARS等冲击，中国的航空运输却以一往无前的态势迅猛发展。随着国际贸易和跨境电商的快速发展，越来越多的鲜活产品(如水果、鲜花、海鲜等)，精密机械产品(如医疗器械)，电子产品(如计算机)，商务文件，通信产品(如手机)需要通过飞机来运送。目前，在苏州、无锡，有80%的IT产品都通过飞机在48小时或者72小时之内被运到世界各地。在越来越追求速度的趋势下，书籍、药品、软件、玩具等都将逐渐成为航空物流的服务产品。

【拓展视频】

这样的发展趋势给人以足够的信心，但也引来了众多的逐利者。重组后的四大航空快递集团公司都不约而同地加大了货运业务的投入，组建专业的航空货运公司，将航空货运作为新的经济增长点。随着跨国企业大批进入中国，他们的航空物流外包商也随之跟进，并积极拓展中国市场。与此同时，航空货运已成为国内资本投资的热点。今天的中国航空物流市场，已经逐渐呈现出群雄逐鹿、硝烟四起的局面。谁才能够成为最后的胜者？在国外航空巨头的竞争压力之下，中国的航空物流企业应该如何寻找自身的发展机遇？

——摘自百度百科《航空物流》(http://baike.baidu.com/view/1443655.htm)

——摘自中国民用航空发展第十三个五年规划(http://www.caaC.gov.cn/XXGK/XXGK/TZTG/201702/t20170215_42529.html)

现代物流不仅要求物流管理实现自动化、智能化，而且要求物流运作的高效化，航空物流充分体现了现代物流的这些特点。航空物流是现代物流的5个子物流系统之一，与水路、公路、铁路和管道物流共同构成了现代物流系统。

1.1 物流概述

1.1.1 物流的概念

商品经济萌芽伊始，人类社会就存在与生产、交换、分配和消费相适应的物流活动。物流活动包括运输、储存、装卸搬运、包装、配送、流通加工和信息处理等过程，但是，将物流真正作为社会经济运行和企业经营的基本要素来进行规划和科学管理，则是20世纪50年代前后的事情。物流概念的演变,主要经历了销售物流、一体化物流和供应链物流3个阶段。

早在20世纪初,一些学者就注意到了作为流通有机构成的物流的存在。关于物流概念的萌芽,最早是由美国学者阿奇·萧(Arch W. Shaw)于1915年在著作《市场分销中的若干问题》中首次提出了Physical Distribution(PD)的概念,认为它是与创造需求不同的一个问题。我国大多数人把Physical Distribution译成"实体配送",也有少数人将其译成"物流",这就是最早的物流概念。

1935年,美国市场营销协会(American Marketing Association,AMA)阐述了Physical Distribution的概念,即"实体配送是销售活动中所伴随的物质资料从产地到消费地的种种企业活动,包括服务过程",把实体配送看成达成销售的附属性活动,其实质是"销售物流"。

【拓展知识】

1950年,美国市场营销协会进一步阐述了Physical Distribution的概念,即"物质资料从生产阶段移动到消费或利用者手中,并对该移动过程进行管理",其实质仍是"销售物流",但强调的重点不在于物质资料的移动,而在于对物质资料移动的管理。

1960年,全美实物配送管理协会(National Council of Physical Distribution Management,NCPDM)成立,认为"实体配送是把完成品从生产线的终点有效地移动到消费者手里的大范围的活动,有时也包括从原材料的供给源到生产线的始点的移动"。实体配送的范围有所扩大,不仅包括了"销售物流",而且还包括了原材料从供应商到生产线的始点的移动部分,即"供应物流"。

1963年,全美实物配送管理协会又对实体配送做出了新的定义,即"实体配送指有计划地对原材料、在制品和产成品由生产地到消费地的高效运动过程中所实施的一系列功能性活动,包括货物的运输、仓储、物料搬运、防护包装、存货控制、工厂和仓库选址、订单处理、市场预测和客户服务等"。实物配送管理范围更为扩大,尤其强调了实物配送管理计划的重要性。

1985年,全美实物分配管理协会更名为美国物流管理协会(Council of Logistics Management,CLM),正式启用Logistics,我国大多数人把它译成"物流",也有少数人将其译成"后勤"。美国物流管理协会定义物流是"以满足客户需求为目的的,以高效率和高效益的手段来组织原材料、在制品、产成品以及相关信息从供应地到消费地的运动和储存的计划、执行和控制的过程"。这一定义强调了信息在物流管理中的重要性,其实质是"一体化物流"或"综合物流"。

1991年,美国物流管理协会认为,物流是"以满足客户需求为目的的,以高效率和高效益的手段来组织产品、服务以及相关信息从供应到消费的运动和储存的计划、执行和控制的过程"。这一定义将服务也纳入了物流管理的范围。

1998年,美国物流管理协会认为,物流是"供应链流程的一部分,是为了满足顾客需求而对物品、服务及相关信息从产出地到消费地的高效率、高效益的正向和反向流动及储存进行的计划、实施与控制的过程"。这一定义强调物流是供应链过程中的一部分,进一步将物流管理的范围拓宽到企业上下游的商业合作伙伴，其实质是"供应链物流"。

2005年1月1日，美国物流管理协会正式改名为美国供应链管理专业协会（Council of Supply Chain Management Professionals，CSCMP），标志着全球物流进入了供应链时代，这必将进一步推进物流的健康发展。从物流到供应链，是物流产业发展由量变到质变的必然过程。供应链管理是物流管理的拓展，是企业与其商业伙伴之间物流活动和其他所有商务活动的集成。

在我国，2007年5月1日实施的国家标准《物流术语》（修订版）（GB/T 18354—2006）将物流概念表述为：物流是物品从供应地到接收地的实体流动过程中，根据实际需要，将运输、仓储、装卸搬运、包装、流通加工、配送、信息处理等基本功能实施有机结合的过程。为更好地理解物流的概念，要掌握以下3层含义。

① 物流中的"物"指的是一切可以进行物理性位置移动的物质资料。其重要特点是必须可以发生物理性位移，而这一位移的参照系是地球。因此，固定设施等不是物流要研究的对象。物流的对象是物品（即工业品、农产品、回收品、包裹信函品等），不叫"商品"，因为物流的大部分对象是商品，即为买卖而生产的产品，但单位与家庭的包裹与信函并不是商品，所以叫"物品"比较符合实际。

② 物流中的"流"指的是物理性运动，既包括伴随交换而发生的商品流动，也包括生产中的物料移动。"流"是物品从供应地向接收地的实体流动过程，供应地与接收地可能是全球性的，也可能是区域性的。流动过程可能很短、很简单，也可能很长、很复杂。

③ 现代物流服务是多功能要素的一体化服务，涉及运输、仓储、装卸搬运、包装、流通加工、配送、信息处理7个方面的一体化运作。

1.1.2 物流的功能要素

【拓展视频】

物流的功能要素指的是物流系统所具有的基本能力，以及对这些基本能力的有效组合，从而形成物流的总体功能，以实现物流的最终经济目标。物流具有以下功能要素。

1. 包装

包装是指在流通过程中为保护商品、方便储运、促进销售，按照一定技术方法而采用的容器、材料及辅助物等的总体名称，也指为了达到上述目的而在采用容器、材料和辅助物的过程中施加一定技术方法的操作活动。无论是原材料或是产成品，在搬运输送以前都要加以一定程度的包装捆扎或装入适当的容器，以保证完好地运送到生产者或消费者手中，因此包装被称为生产的终点，同时也是社会物流活动的起点。近代工业包装是以大量生产、消费背景下的商品流通为对象，逐渐朝包装单位大型化、包装尺寸标准化、包装材料节省化等方向发展。

2. 装卸搬运

装卸搬运是指在同一地域范围内进行的、以改变物品的存放状态和空间位置为主要内容和目的的活动。具体而言，装卸是一种以垂直方向移动为主的物流活动，包括商品装入、卸出、分拣、备货等作业，以及附属于这些活动的作业。搬运则是对物品进行的以水平方向移动为主的物流作业。装卸搬运是对运输、保管、包装、流通加工等物流活动进行衔接的必要的物流活动，本身并不产生效用和价值，但在物流各项活动中出现频率最高，对劳动力的需求量最大。因此，装卸活动效率的高低，会直接影响物流整体效率的高低。从物流发展的角度来看，装卸搬运将逐渐使用设备来代替人力，机械化程度会不断提高。

3. 运输

运输是指使物品发生场所、空间移动的物流活动，主要有铁路运输、公路运输、水上运输、航空运输和管道运输5种基本运输方式。运输是物流活动最重要的要素，能创造物品的空间效用，解决物品在生产地和需要地之间的空间距离问题，满足社会需要。通过运输活动，物流活动的各要素才能有机地联系起来，物流活动的目标也才能得以实现。在物流成本中，运输费用所占的比重最大。根据《2016年全国物流运行情况通报》的统计，2016年，我国的运输费用为6.0万亿元，占当年社会物流总费用11.1万亿元的54%。从美国、日本等发达国家的情况看，运输费用一般也都会占到物流总费用的1/3以上。可以说，运输活动的合理化对于物流活动整体的成功运作至关重要。

4. 仓储

仓储，也称保管，是指保护、管理、储藏物品，在物流系统中起着缓冲、调节和平衡的作用，是物流的另一个中心环节。仓储通过调整供给和需求之间的时间间隔产生时间效用，促使经济活动顺利进行。在生产过程中，原材料、在制品和半成品需要在相应的生产流程之间有一定的储备，作为生产流程之间的缓冲，以保证生产的连续进行。产成品从生产领域进入消费领域之前，往往也要在流通领域停留一定时间。相对过去强调商品价值维持或存储目的的长期仓储，如今的存储更注重为了实现配合销售政策的流通目的而从事的短期仓储。仓储的主要设施是仓库，在基于物品出、入库信息的基础上进行库存管理，节约仓储费用。根据《2016年全国物流运行情况通报》的统计，2016年，我国的保管费用为3.7万亿元，占当年社会物流总费用的33.3%。从美国、日本等发达国家的情况看，保管费用一般也都会占到物流总费用的1/4左右。

5. 流通加工

在流通过程中，辅助性的加工活动称为流通加工，指施加包装、分割、计量、分拣、组装、价格贴付、标签贴付、商品检验等简单作业。流通与加工本不相干，加工是通过改变物质的性质和形状而形成一定产品的活动，流通却是改变物质的时间状态与空间状态。流通加工则是为了弥补生产过程中加工的不足，更有效地满足用户或单位的需要，使产、需双方更好地衔接。将这些加工活动放在物流过程中完成，成为物流的一个重要的组成部分，是生产加工在流通领域中的延伸。流通加工作为提高商品附加价值、促进商品差别化的重要手段之一，其重要性越来越明显。

6. 配送

配送是指在经济合理区域范围内，根据客户的订货要求，在配送中心进行分货、拣选、加工、包装、配货工作，并将配好的货物按时交给收货人的物流活动。配送是物流中一种特殊、综合的活动形式，使商流与物流紧密结合。随着物流需求的多元化，多品种、小批量物流成为现代物流的重要特征，因此对货物配送的质量要求也越来越高。做好配送工作是保证高质量物流服务的重要环节，应该贯彻"及时、准确、经济、安全"的基本原则。

7. 信息

信息是指能够反映事物内涵的知识、资料、情报、图像、数据、文件、语言、声音等。物流信息是物流活动中各个环节生成的信息，如订货与发货数量、质量信息、物流计划信息、调度信息、费用信息、生产信息、市场信息等，为合理地组织物流活动提供了依据。物流信息和运输、仓储等各个环节都有密切的关系，在物流活动中起着神经系统的作用。为保证物流活动的可靠性和及时性，物流信息的采集、存储、加工和传播必须广泛利用信息技术和网络技术。

物流活动是由运输、仓储、装卸搬运、包装、流通加工、信息等要素组成的。物流活动的效益并不是各个要素效益的简单相加，因为各要素的效益之间存在相互影响、相互制约的关系，也就是效益背反现象。例如：片面追求低库存成本，会使配送、运输的次数和成本大幅增加；过分强调包装材料的节约，则因其易于破损可能给装卸搬运作业带来麻烦。把物流活动看成一个整体，追求最佳全局效益，这是现代物流管理最基本的理念和根本目标。

1.1.3 物流的分类

【拓展知识】

物流的分类有多种。按照物流活动的范围分类，可分为宏观物流、微观物流；按照物流系统性质分类，可分为企业物流、社会物流；按照物流活动的地域分类，可分为国内物流、国际物流；按照从事物流的主体分类，可分为第一、二、三、四方物流等；按照物流的行业分类，可分为生产、批发、零售、邮政物流等；按照物流依赖的物质条件分类，可分为公路物流、铁路物流、水路物流、管道物流、航空物流。

1. 公路物流

公路物流是一种以汽车为主要运载工具，依赖于公路运输的物流方式，它与铁路物流构成陆上物流的两种基本物流方式。公路物流具有机动灵活的特点，可以实现"门到门"运输，在现代物流中起着重要作用。在一些工业发达国家，公路物流的货运量、周转量在各种运输方式中都名列前茅，公路物流已成为物流业一个不可缺少的重要组成部分。随着经济全球化进程的加快和市场竞争的日益加剧，一个高效、便捷、安全的公路物流系统和物流配送体系，不仅成为各个国家和地区投资环境的重要组成部分，也成为决定各个国家和地区制造业竞争力的重要因素。

2. 铁路物流

铁路物流是一种以火车为运载工具，依赖于陆地轨道运输的物流方式，主要承担长距离、大数量的货物运输任务，是最重要的物流方式之一。铁路物流具有运输能力大、速度快、成本低、环境污染小、单位能耗省等技术经济特点。铁路物流是典型的绿色物流，因而铁路货运物流是今后物流发展的主要方向。铁路物流的主要运输业务有整车运输、集装箱运输、混载货物运输和行李货物运输4类。

3. 水路物流

水路物流，又称航运，是以船舶为运载工具，以货物为运输对象的水上物流活动，是国际物流的主要组成部分。水路物流的主要运输业务包括3部分：远洋货物运输、沿海货物运输和内河货物运输。据统计，海运运费一般约为铁路运费的1/5、公路汽车运费的1/10、航空运费的1/30，这就为低值大宗货物的运输提供了有利的竞争条件。

4. 管道物流

城市的自来水、暖气、煤气、石油和天然气输送管道、排污管道可以看作管道物流的原始形式，这些管道输送的都是连续介质。把管道物流从目前只能配送液体、气体等物质向配送固体物质（包括日用品的运输供应和城市垃圾的外运等）延伸，把地面上以车辆配送为主要形式的物流转向地下和管道中，是具有划时代意义的研究与发展领域。实施地下管道物流，可以极大地减少城市环境污染，保留明媚的阳光、清洁的空气和宽敞的空间。还可以大大提高物流配送速度和运行效率，适应电子商务和网上购物发展的要求，改善人们的生活质量。管道物流运输形式可分为气体运输管道（Pneumatic Pipeline）、浆体运输管道（Slurry Pipeline/Hydraulic Transport）、囊体运输管道（Capsule Pipeline）。管道物流传输系统是一个由传输管、加压机、转接机和工作站组成的网络。

5. 航空物流

航空物流是以飞机为主要运载工具，以货物为空中运输对象的物流活动。航空物流是社会生产发展到一定阶段的产物，随着经济全球化的进程和航空科学技术的不断进步，航空物流因具有高速、安全、节约物流成本的优势，已经成为世界经济持续增长和全球物流市场健康发展的推动力量。

1.2 航空物流的概念及特点

1.2.1 航空物流的概念及发展概况

1. 航空物流的概念

航空物流是现代物流的5个子物流系统之一，与水路物流、公路物流、铁路物流和管道物流共同构成整个现代物流系统。参照国家标准《物流术语》（修订版）（GB/T 18354—2006）中物流概念的表述，航空物流可以定义为：以航空运输为主要运输方式，借助现代信息技术，在物品从供应地向接收地的实体流动过程中，根据实际需要将运输、储存、装卸搬运、包装、流通加工、配送、信息处理等基本功能有机结合起来，以满足客户需求的过程。

2. 航空物流的发展概况

航空物流是在20世纪20年代发展起来的。1903年12月17日，美国莱特兄弟设计的第一架飞机试飞成功，标志着世界航空史的开始。1909年，法国最先开展了商业性航空运输，开始主要是运输旅客，随后出现邮件和军品运输，而后，航空运输在德国、英国、美国等国家相继出现并不断发展起来。

第二次世界大战中，飞机的质量、技术和规模得到迅速提高和发展。战后，大量军用飞机转为民用，各国大力发展航空工业，改进航空技术，航空货运量不断提高，极大地推动了航空货运的发展，逐渐形成了全球性航空货运体系。

航空货运速度快、节约资金、时间高效和全球性的特征保证了商品能抓住最佳价位时机进入市场，因此适用于生产周期短、对运输要求高的行业。这些行业普遍产业集中度高，技术、管理先进，有较强的使用社会化物流、供应链管理服务的意愿。航空物流不是一般的航空货运，也不能简单认为它是传统航空货运服务的延伸。它是以信息技术为基础，以客户需求为中心，结合企业的供应链管理，配合客户设计出以"一站式""门到门"服务为特征的一体化物流解决方案，为企业提供原材料和产品的供应、生产、运输、仓储、销售等环节，并结合成有机整体的、优质高效的、个性化综合物流服务。航空货运和航空物流前后相承，航空货运融入物流中，即触发了航空物流的兴起。

1949年11月2日，中国民用航空局（简称中国民航局）成立，翻开了我国民航事业发展的新篇章。1980年3月5日，中国民航局脱离军队建制，从隶属于空军改为国务院直属机构，实行企业化管理，为中国航空物流的发展奠定了有利的体制基础。中国航空物流从无到有，并在三十多年内迅速发展壮大，与中国民航的快速发展是分不开的，可以说中国民航的发展史就是中国航空物流的发展史。当前，伴随着世界经济的快速发展，航空物流度过了发育期，正步入快速成长期，中国航空物流也将汇入世界航空物流发展的滚滚洪流。

根据中国民航局发布的《2016年民航行业发展统计公报》显示：2016年，全行业完成运输总周转量962.51亿吨公里，比上年增长13.0%；国内航线完成运输总周转量621.93亿吨公里，比上年增长11.2%，其中港、澳、台航线完成15.43亿吨公里，比上年下降4.9%；国际航线完成运输总周转量340.58亿吨公里，比上年增长16.4%，完成货邮周转量222.45亿吨公里，比上年增长6.9%；国内航线完成货邮周转量72.11亿吨公里，比上年增长7.7%，其中港、澳、台航线完成2.75亿吨公里，比上年下降3.4%；国际航线完成货邮周转量150.34亿吨公里，比上年增长6.5%，完成货邮运输量668.0万吨，比上年增长6.2%；国内航线完成货邮运输量474.8万吨，比上年增长7.3%，其中港、澳、台航线完成 22.0 万吨，比上年下降 0.6%；国际航线完成货邮运输量 193.2 万吨，比上年增长 3.4%。

1.2.2 航空物流的特点

【拓展视频】

汶川地震中的民航运输

2008 年 5 月 12 日 14 时 28 分 04 秒，四川省汶川县（北纬 31.0°，东经 103.4°）发生 8.0 级大地震。地震发生后，民用航空运力迅速被动员和投入使用。截至 2008 年 5 月 16 日 10 时，已征用国航、东航、南航、海航、山航等航空公司的航空运力，共飞行 68 架次，短时间内便向灾区输送部队救灾人员 8 593 名，救灾物资、药品 270 余吨，充分彰显了民航运力速度快、力量大的优势。在各类救灾中，时间是最宝贵的，它意味着生命稍纵即逝。在现代条件下，"飞"无疑是最快的。无论是救援人员从"天"而降，还是交通中断地区救灾物资的空投及重伤员的抢运等，都为抢救灾区群众生命赢得了宝贵时间。于是，在灾区群众眼中，飞机也就有了"吉祥鸟""救命鸟"的美誉。

——摘自《对汶川地震之中民航运输力量征用的思考》（http：//news.163.com/08/0526/11/4CS7DKLK0001124J.html）

航空物流所具有的明显技术经济特征如下。

1. 快捷

航空物流采用飞机作为运送货物的主要工具，最大的特点就是速度快，如现代喷气式飞机，时速都在 900km 左右。在现代社会，市场竞争激烈，对于运输距离比较远或者对时间性要求较高的货物来说，航空物流的快速性可以缩短商品的库存期和周转期，加快资金流转的速度，这是增强商品市场竞争力的有效手段。鲜活易腐和季节性强的货物，如食品、水果、报纸杂志、时装等，性质都比较特殊，对时间极其敏感，采用航空物流可以争取时间，有利于货物的保鲜成活和占有市场先机。这是其他物流运输方式所不具备的优势。

2. 高效

"航空式服务"几乎成了高标准服务的代名词，航空物流的高效性在许多方面均有所体现。如在保障物品的安全性方面，与其他运输方式相比，航空运输的管理制度比较严格、完善，且运输手续简单，运输中间环节较少，在运输过程中发生意外损失的机会也就少得多，且现代运输机飞行速度快，运行平稳，商品的破损率也比较低。航空物流以其高效率和全球性的特征，在国际物流方面发挥着重要的作用。

3. 机动性强

航空运输是由飞机在广阔的空间进行的服务活动，较之火车、汽车或者船舶要循着蜿蜒曲折的铁路、公路或者航道行驶，受到线路严格制约的程度要小得多，在两地之间只要有机场和必要的通信导航设施就可以开辟航线，可以定期或不定期飞行，尤其对灾区的救援和供应、边远地区的急救等紧急任务，航空物流已成为必不可少的手段。

4. 资本技术密集

航空物流是一类资本、技术密集型的物流服务。航空物流所需的投资额巨大，无论是基础设施建设，还是设备及技术的进口，航线的开辟都需要大量的资金，且航空物流固定成本高，其固定成本在总成本中所占的比重也大大高于其他物流运输方式，这意味着航空物流存在一定的进入和退出的限制。航空物流对技术的要求也很高，尤其是科学技术的进步，对航空物流业提出了更高的要求，如网络订票系统、航空安全检测系统、航空飞行技术等，具有很高的技术壁垒。

5. 运营成本高

飞机的货物装载量小且受空间约束，并且航空物流又属于资金和技术密集型物流，投资大、飞行成本高。因此，与其他物流运输方式相比较，航空物流运营成本高。目前，航空物流常用于运送时间性较强的货物、邮件和行李。

【拓展知识】

1.3 航空物流企业与航空物流产业

1.3.1 航空物流企业

1. 航空物流企业的含义

航空物流企业是航空物流活动的主体，是航空物流服务的提供商。狭义的航空物流企业是指参与航空物流运作、提供货物空中运输服务的航空公司，既包括利用腹舱载货的客运航空公司，又包括专业的航空货运公司。而广义的航空物流企业则是指参与航空物流运作，提供空中运输、货运代理、地面运输、货站服务等业务的所有企业。

不论是狭义还是广义的航空物流企业，均在航空物流服务过程中发挥着重要的作用。航空物流服务以满足客户（物品所有者）需求为目的，从货源的组织开始，经过货物出港、空中运输、进港、储存及配送等作业环节，最终将货物送到客户（收货人）手中。因此，航空物流服务是由航空货运代理企业、地面运输企业、机场货站服务企业、航空运输企业共同合作完成的，它实现了货物的流动、货物保管主体责任的转移以及主体相互之间信息的交流。

2. 航空物流企业的特点

航空物流企业除了具有一般企业的营利性、自负盈亏等特征外，还具有航空物流的经济特征，主要包括规模经济性、网络经济性和范围经济性3个方面。

（1）航空物流企业的规模经济性。

假设某航空公司只在一个城市（即公司所在地）设立基地，只有1架飞机执行从该城市到另一城市的往返航班飞行,每一航班都可达到满意的载运率(实际载重/可载重量)。在一天内,随着往返航班次数的增多,该公司的固定成本(主要包括建立飞行基地投入的固定资产、购置飞机及其维修设备、除飞行人员外的工资支出等)将逐渐摊薄,平均成本曲线将逐渐下降。

(2)航空物流企业的网络经济性。

航空物流产业的网络经济性是指随着航空公司航线网络的扩大,其所提供的每一航线上的航班密度增大,载运率提高,旅客通过网络中心转换航班的时间缩短等,而出现的收益递增、平均成本下降的情况。如果一个航空公司所建立的航线网络覆盖面越广,连接的城市越多,这种网络经济性就越明显。当航线网络从空间上超越单个航空公司的有效经营范围时,在更大的市场范围内,或者说在多个区域性市场之间,航空公司网络中心之间的相互联系将形成更加庞大的网络。网络节点之间的互联互通,进一步提高了航空运输的便捷性,从需求和供给两个方面促进了市场容量的迅速扩大,使整个产业的总成本得到节约,这就是航空物流产业的网络经济性,能够对单个航空公司的网络经济性产生协同和放大作用,进一步扩大单一企业的网络覆盖面。在此意义上,航空公司的网络经济性之间存在相互依存关系。

案例 1-2

上海嘉佳物流有限公司服务网络

上海嘉佳物流有限公司是经中国民航局批准、国家工商行政管理总局核准的物流企业。公司位于上海虹桥国际机场,地理位置得天独厚。公司依托民航系统国内、国际1 000多条航线和国内160多个机场的优势,专业从事国际、国内航空货运、航空快递和到达派送业务,服务网络遍及国内92个城市和100多个国家和地区。公司在各一线城市建立了覆盖全国的专业化空运配送网络,为客户提供派送上门、运费到付、代收货款、货物回程、异地调货及转送二、三级城市等专业服务。依托现代网络优势,公司开通多条国际专线,与UPS、DHL、TNT、FedEx四大国际快递签约,以最快的速度将快件运转至世界各国目的地。

——摘自上海嘉佳物流有限公司网站(http://www.jiajialogistics.net)

(3)航空物流企业的范围经济性。

如果把航空运输企业在不同航线上提供的运输服务看作不同的产品,那么一个公司一般都是多产品的供给者。当一个企业在多个航线上提供运输服务时,将表现出明显的范围经济性,即随着航线的增加,每一航线上的运输量将相应增加,使总运输量递增,从而使每一航线上单位产品的成本下降。

1.3.2 航空物流产业

产业是国民经济中以社会分工为基础,在产品和劳务的生产和经营上具有某些相同特征的企业或单位及其活动的集合。二十大报告也提到了,要"建设现代化产业体系"。产业是社会分工的产物,是社会生产力发展的必然结果,是企业与国民经济之间的一种集合概念。产业口径的宽窄是相对的，例如，将国民经济划分为农业、制造业、建筑业、物流业等的产业口径较宽，而将物流业划分为公路物流业、铁路物流业、水路物流业、管道物流业、航空物流业的产业口径较窄。

1. 航空物流业的含义

航空物流业是指国民经济中从事航空物流经济活动的所有企业或单位的集合。航空物流业不同于航空客运业，前者主要从事行李、货物和邮件的运输，后者从事旅客的运输。航空物流业也不同于通用航空业，通用航空业是指利用航空器从事为工业、农业、林业、牧业、渔业生产和国家建设服务的作业飞行，以及医疗卫生、抢险救灾、海洋及环境监测、科学研究、教育训练、文化体育和游览等方面飞行活动的行业。通用航空业虽然也涉及物品，但主要是消耗品，没有产生物流服务的增值。航空物流业、航空客运业、通用航空业共同构成民用航空业，区别于军用航空业。因此，航空物流业既是物流业的子行业，也是民用航空业的子行业。

2. 航空物流业的性质

（1）航空物流业是生产性服务业。

航空物流业是第三产业和物流业的重要组成部分，不仅是服务业，而且是生产性服务业。生产性服务业是指为第一、二、三产业的实物生产和服务生产提供服务的产业。生产分为农业生产、工业生产和服务业生产，农业生产产出农产品，工业生产产出工业品，服务业生产产出服务产品。无论是农业生产、工业生产还是服务业生产，都需要外购服务作为生产要素投入企业的生产过程，这些外购服务就构成了服务性生产资料。一些服务产品既服务于生产，也服务于消费。国际上一般把50%以上产品用于生产的服务部门称为生产性服务业，50%以上产品用于消费的服务部门称为消费性服务业。在发达国家，生产性服务业在整个服务业的比重要超过60%，其发展速度也明显快于消费性服务业。现代航空物流业是一个主要为生产者服务的产业，属于生产性服务业。

（2）航空物流业具有自然垄断性。

从现阶段乃至一个较长时期内我国国情和航空物流发展看，航空物流业是一种自然垄断性产业。航空物流的高技术密集性以及进入初期的高风险、高投入无疑抬高了行业的门槛，给一般的投资者设置了进入壁垒，即航空物流的资本技术密集性特征直接导致了行业的自然垄断。在航空物流业发展早期，由于成本及安全问题，市场需求较低，在一定的市场容量内，使得一家或极少数几家的经营成为可能，形成了垄断经营，使该产业呈现出自然垄断产业的特征。受自然和技术条件的限制，机场和航线资源有限，进一步制约了市场容量的扩大，加剧了产业的自然垄断性质，使得在一定的空间范围内，有限的市场需求由一家或少数几家企业经营最有效率。

3. 航空物流业的构成

航空物流业是以航空运输业为主干，加上其他相关行业所形成的集合体。航空物流业主要由以下行业构成。

(1) 航空货运业。

航空货运业是以飞机为主要运载工具，以货物（含行李、特种货物）为运输对象的空中运输行业。主要有国际航空货运、国内航空货运、快运、包机运输等业务。当前，伴随着世界经济的快速发展，航空货运业也走过了投入期，步入了成长期。一方面，航空运输业作为世界经济全球化的催化剂，促进和加快了世界经济一体化进程；另一方面，航空货运业自身也出现了全球化发展的趋势。航空货运业全球化的基本表现是管理自由化、市场区域化、企业跨国联盟化。

(2) 航空快递业。

航空快递业是主要以飞机为工具，快速收寄、运输、投递单独封装的、有名址的包裹或其他不需储存的物品，按承诺时限递送到收件人或指定地点，并获得签收的寄递服务业。按收件人所处的地区不同，将航空快递服务分为国内大陆航空快递服务、港澳航空快递服务、台湾航空快递服务和国际航空快递服务。随着经济的快速发展，以便捷著称的航空快递已成为人们工作和生活中越来越不可或缺的服务。

(3) 航空货运代理业和航空托运业。

航空货运代理业是以大规模、成批量航空货物承运代理、报关、运输为主体的行业。航空托运业是代办各种小量、零担航空运输、代办航空包装的行业。航空货代业与航空托运业本身既不掌握航空货源，也不掌握航空运输工具，而是以中间人的身份一边向货主揽货，一边向航空运输企业托运，以此收取手续费用和佣金。有的航空托运业主专门从事向货主揽取零星航空货载的业务，加以归纳集中成为包机运输货物，然后以托运人的名义向航空运输企业托运，赚取零担和包机运输货物运费之间的差额。

(4) 航空邮政业。

航空邮政业是主要以飞机为工具，以收寄、运输、投递航空包裹和航空信函为主要业务的服务业。它在促进国民经济和社会发展、保障公民的通信权利等方面发挥着重要作用。当前，传统邮政业正在积极参与航空快递等业务，向信息流、资金流和物流三流合一的现代航空邮政业转变。

1.4 航空物流产品及其价值实现

航空物流的产品是无形的，其生产过程是实现物品的位移，其结果是物流服务。航空物流服务生产过程的产品是无形态的，既不能储存，也无法再现。航空物流服务过程的完成是由航空公司、机场、空中交通管制、油料供应等多部门、多工种协调合作的结果，因此航空物流产品及其价值实现是航空物流服务过程控制的关键。

1.4.1 航空物流产品的含义

航空物流产品，即航空物流企业为客户提供的航空物流服务。航空物流企业的发展符合第三方物流企业发展的要求。根据现代物流的发展要求，物流业务优化的思路不能仅局限于物流业务，还要扩大延伸至周边的关联业务，例如：灵活应用信息系统，通过生产、库存、物流、销售业务的信息共享，来提高作业效率；设计产品时，应考虑便于包装、保管、配送；在生产、物流活动中，充分运用畅销商品的信息。随着现代物流向供应链管理方向的发展，依据优化物流业务的思路，不仅要考虑企业内部的供应链业务，而且要兼顾企业外部的业务效率化。航空物流企业要想真正实现客户的物流服务要求，就要与客户保持紧密的合作关系，按照第三方物流企业的发展要求加以构建。传统航空运输企业通常为客户提供一次性的运输服务，大多数是一种单纯的委托关系；而现代第三方物流企业则是提供长期的具有契约性的综合物流服务，更加关注客户物流体系的整体运作与效益，与客户是一种长期、稳定的合作关系。同时，传统航空运输企业只注重短期或者一次性的经营效益，客户通常在价格及时间上对航空公司进行选择；而现代第三方物流企业与客户之间是战略同盟的关系，在与客户构成的利益共同体中，第三方物流企业与客户共同努力降低成本，最终达到"双赢"的目的。

此外，从与客户企业合作的深度和广度上看，第三方物流已经渗透到客户企业的生产和销售领域，可以为客户提供多功能一体化物流服务，而传统航空运输功能单一，深度和广度相差很多。虽然如此，航空物流企业提供的所有产品并非都是航空物流产品。从各种运输方式发展而来的物流企业，普遍拥有与现代物流相关的多种传统业务。航空货运物流化是一个长期的发展过程，伴随着货主企业物流业务的逐步外包，运输产品不仅可以满足部分货主企业单纯的运输服务需求。同时，运输服务大多以统一的服务形式面对公众，可以把货主所提出的各种服务需求按照不同的基准（货物的基准、场地的基准、时间的基准等）统一化，将所有客户在特定的层次上同等对待，从而较易实现规模经济，而物流服务在针对满足特定服务对象与服务需求上，则表现出了较大的优势。运输业务的发展将为物流业务在其所擅长的领域充分发挥其优势创造良好的环境与协作条件，此时运输业务是物流服务体系的组成部分。

【拓展知识】

目前世界最知名的航空物流企业有4家，即UPS、FedEx、DHL、TNT，基本上都是从航空快递发展起来的。其业务类型基本上由货运服务（空运、陆运等），快递服务（文件、包裹、重货），综合物流服务，供应链管理咨询服务等组成，可以为客户提供"一站式"服务。

1.4.2 航空物流产品的价值实现

航空物流是以航空运输为主要运输方式，实现物流各功能的有机结合。在航空物流产品的价值实现方式上，不能简单采用不同企业分段接力的形式来完成。航空物流产品的价值实现方式主要有以下两种。

1. 一体化航空物流的价值实现方式

一体化航空物流的价值实现方式是通过航空物流企业内部一体化来实现的。企业通常拥有强大的物流服务网络，通过内部的战略整合，形成一个一体化的架构，客户在这里可以得到"一站式"服务。这类方式的航空物流经营人多数由实际承运人发展而来。成立于1973年的美国联邦快递公司FedEx，开辟了一体化承运人的先例，即货物从离开托运人开始，到送达收货人手中为止，全部由它一家公司进行运送，如今该公司已发展成为物流企业。国外的其他快递巨头（如UPS、DHL、TNT等），也主要以这种方式提供物流服务。

2. 功能性航空物流业务分包的价值实现方式

航空物流业务的全过程按其工作性质的不同，可分为物流功能性作业过程和物流服务组织业务过程两部分。该类方式的航空物流经营人与客户订立物流总承包服务合同，但自己一般不拥有主要的物流功能性服务工具，只负责组织物流的全程业务，将物流的实际功能性业务通过与其他功能性业务企业订立分包合同分包出去。该类经营人一般由航空货运代理人或其他行业的企业机构发展而来。

这两种方式各有特点，可以同时存在并相互交叉，但从节约交易成本的目的来看，企业一体化方式更具优势。跨国公司生产和经营的全球化促成了一些大型物流企业经营的全球化，物流企业的规模越来越大。交易成本与内部管理成本的权衡，会因信息技术等条件的进步而发生变化。航空物流的高效性和安全性更趋向于要求在提供航空物流服务产品的同时，尽可能地控制物流生产的全过程。

本 章 小 结

航空物流是现代物流的5个子物流系统之一，与水路物流、公路物流、铁路物流和管道物流共同构成现代物流系统。航空物流以航空运输为主要运输方式，借助现代信息技术，在物品从供应地向接收地的实体流动过程中，根据实际需要，将运输、仓储、装卸搬运、包装、流通加工、配送、信息处理等基本功能有机结合。航空物流是在20世纪20年代发展起来的，具有快捷、高效、机动性好、资本技术密集、运营成本高的特点。

航空物流企业是航空物流活动的主体，是航空物流服务的提供商。航空物流企业除了具有一般企业的营利性、自负盈亏等特征外，还具有航空物流的经济特征，主要包括规模经济性、网络经济性和范围经济性3个方面。航空物流业是从事航空物流经济活动的所有企业或单位的集合，它不同于航空客运业和通用航空业，主要从事行李、货物和邮件的运输。航空物流业是生产性服务业，具有自然垄断性。航空物流业主要由航空货运业、航空快递业、航空货运代理业和航空邮政业等行业构成。航空物流服务过程的完成是航空公司、机场、空中交通管制、油料供应等多部门、多工种协调合作的结果，因此，航空物流产品及其价值实现是航空物流服务过程控制的关键。一体化航空物流的价值实现方式和功能性航空物流业务分包的价值实现方式，是航空物流产品价值的两种不同的实现方式。

 关键术语

航空物流 Air Logistics　　　　　　　航空货运 Air Cargo
航空物流业 Air Logistics Industry　　航空物流企业 Air Logistics Provider
通用航空 General Aviation　　　　　民用航空 Civil Aviation
航空客运 Air Passenger　　　　　　航空货运代理 Air Cargo Forwarders
航空物流产品 Air Logistics Products　航空公司 Airlines

习　题

一、判断题

1. 商品经济萌芽伊始，人类就对物流进行了规划和科学管理。　　　　　　　（　　）
2. 按照物流依赖的物质条件不同，将物流分为公路物流、铁路物流、水路物流、管道物流、航空物流。　　　　　　　　　　　　　　　　　　　　　　　　　（　　）
3. 航空物流以航空运输为主要运输方式。　　　　　　　　　　　　　　　　（　　）
4. 航空物流企业只包括专业的航空货运公司，不包括利用腹舱载货的客运航空公司。
　　　　　　　　　　　　　　　　　　　　　　　　　　　　　　　　　　（　　）
5. 航空物流业是消费性服务业。　　　　　　　　　　　　　　　　　　　　（　　）
6. 航空物流是在 20 世纪 30 年代发展起来的。　　　　　　　　　　　　　　（　　）

二、选择题

1. 下列不属于物流对象的是（　　）。
　　A. 工业品　　　　B. 农产品　　　　C. 房地产　　　　D. 包裹信
2. 1909 年，最先创办了商业性航空运输的国家是（　　）。
　　A. 法国　　　　　B. 英国　　　　　C. 美国　　　　　D. 德国
3. 中国民航局从隶属于空军改为国务院直属机构的时间是（　　）。
　　A. 1949 年 10 月 1 日　　　　　　　B. 1949 年 11 月 2 日
　　C. 1978 年 11 月 5 日　　　　　　　D. 1980 年 3 月 5 日
4. 航空物流服务过程控制的关键是（　　）。
　　A. 航空公司　　　　　　　　　　　B. 空中交通管制
　　C. 机场　　　　　　　　　　　　　D. 航空物流产品及其价值实现
5. 航空物流所具有的明显技术经济特征包括（　　）。
　　A. 快捷与高效　　　　　　　　　　B. 机动性好
　　C. 资本技术密集　　　　　　　　　D. 运营成本高

6. 民用航空业包括哪些子行业？（　　）
   A. 航空物流业　　　　　　　　B. 通用航空业
   C. 航空客运业　　　　　　　　D. 航空器制造业

三、简答题

1. 什么是航空物流？它有什么特点？
2. 航空物流企业有什么特征？
3. 航空物流业与航空客运业、通用航空业有什么异同？
4. 航空物流业的构成是怎样的？如何理解航空物流业的性质？
5. 比较航空物流产品的两种不同价值实现形式。

四、讨论题

一组3～4名同学。选择一个我国的航空公司，访问该公司网站，找到更多关于该公司从事航空物流业的信息，在班上演示自己的发现。

案例分析

中国国际货运航空有限公司的快速发展

2017年6月8日凌晨0时22分，一架编号为B2092的货机从荷兰阿姆斯特丹机场抵达比利时列日机场，并接受当地机场的"水门"欢迎礼，标志着国货航正式开通上海—阿姆斯特丹—列日—上海货运航线服务客户。比利时列日市号称"欧洲之门"，是欧洲第二大港口城市，拥有先进的机场和物流设施，在交通、物流等方面可以辐射整个欧洲。列日是国货航的新航点，且机场允许夜间操作，将与国货航既有的邻近航点阿姆斯特丹、法兰克福发挥协同效应，对进一步巩固和提升国货航作为中欧航线最大货运承运人（运力规模）的地位和领先优势具有重要意义。国货航将使用波音777货机，以每周一班的频率，为阿姆斯特丹或列日两地到上海浦东之间提供至少100吨的运能。

成立于2003年12月12日的中国国际货运航空有限公司（简称"国货航"），英文名称为Air China Cargo Co. Ltd，简称Air China Cargo，总部设在北京，以上海为远程货机主运营基地，是中国唯一载国旗飞行的货运航空公司。2011年3月18日，中国国际航空股份有限公司（简称"中国国航"）与香港国泰航空有限公司以国货航为平台完成货运合资项目。合资后，国货航中英文名称、企业标识保持不变，注册资本为人民币52.35亿元，员工5 200余人。国货航始终以"成为客户进出中国首选的货运航空公司"为发展愿景，不断拓展航线网络，提升运营品质，努力为客户提供优质、便捷、高效的服务。

2010年3月国货航还只有7架B747-400全货机。截至2017年年底，国货航拥有8架B777F货机，3架B747-400货机，同时，国货航拥有4架B757-200SF货机投入货邮包机运营。除此之外，国货航还独家经营中国国航全部客机腹舱。国货航以北京、上海为枢纽，先后开通了从上海始发通往欧洲法兰克福、阿姆斯特丹、萨拉戈萨、北美纽约、芝加哥、洛杉矶、达拉斯，日本东京、大阪，以及我国台北、重庆、天津、郑州等国际、国内和地区的货机航班。同时，依托中国国航的全球航线网络，国货航在全球的空运航线达到426条，全球通航点达到191个。另外，国货航在欧洲、美国、日本、亚太等全球各地，还拥有1 500余条全球地面卡车航线作为货机和客机腹舱网络的补充，使货物快速通达全球各地。

依托中航集团、中国国航的物流资源,以及与全球重要航空枢纽货站的紧密合作,国货航建立起了包括上海、北京、台北、法兰克福、阿姆斯特丹、洛杉矶、纽约、大阪等城市的全球货站保障体系,可为客户提供高品质的服务,并通过不断完善产品体系,可为客户提供快运、标运+、医运、酷运、鲜运、安运、骏运、特运、珍运、标运、邮件等多种产品,满足其多样化的需求。

——摘自中国国际货运航空有限公司官方网站(http://www.airchinacargo.com)

问题:

(1) 从中国国际货运航空有限公司近期的快速发展,谈谈你对航空物流业与宏观经济之间关系的认识。

(2) 中国国际货运航空有限公司在航空物流市场开拓方面有哪些值得借鉴的地方?

第 2 章 航空物流主要物质基础

【本章教学要点】

- 了解航空器的分类,掌握飞机的构成、特点和分类;
- 掌握机场的构成和分类,了解国内外重要机场的基本情况;
- 掌握航线的类型,以及国际航线中的 9 种航权;
- 掌握航空集装器的分类和编号;
- 了解其他航空物流处理设备的类型。

【知识架构】

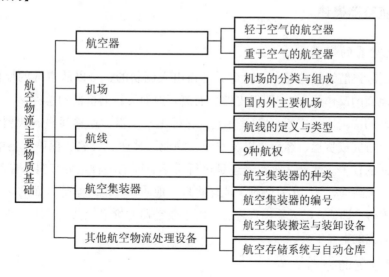

导入案例

中国东方航空集团有限公司（以下简称东方航空）是中国三大国有大型骨干航空集团之一，于2002年在原中国东方航空集团公司的基础上，兼并中国西北航空公司，联合云南航空公司重组而成。集团总部位于中国经济最活跃、最发达的城市——上海。截至2016年3月，集团飞机总数为414架，以空客机队为主力，包括244架空客A320系列（37架空客A319、156架空客A320、51架空客A321）、45架空客A330/A340系列（30架空客A330-200、15架空客A330-300）、116架波音B737系列（5架波音B737-300、45架波音B737-700、66架波音B737-800）和9架波音B777-300ER等。截至2016年年末，通过与天合联盟伙伴航线网络对接，东方航空航线网络通达177个国家的1 062个目的地。2016年，东方航空实现营业收入985.60亿元人民币，同比增长5.03%，实现利润总额65.07亿元人民币，同比增长14.74%，连续8年盈利。"中国东方航空"品牌价值达30.15亿美元，入选国际品牌价值评估机构Brand Finance 2016年全球最具价值品牌500强，凭借在运营服务上的出色表现，连续三年荣获"TTG最佳中国航空公司"大奖。

【拓展视频】

——根据网络资料整理

现代航空物流所需的投资额巨大，无论是飞机的购进，还是机场建设、航线的开辟都需要大量的资金，且航空物流固定成本高，在总成本中所占的比重也大大高于其他物流类型，这意味着航空物流的发展需要坚实的物质基础。

2.1 航 空 器

2.1.1 航空器概述

1. 航空器的定义

根据国际民航组织的定义，航空器是指由人创制的、可以从空气的反作用力（不包括空气对地面的反作用力）中取得支撑力而离开地面飞行的机器的总称。

航空器的应用比较广泛。在军事上，它可用于反潜、运输兵员、武器和作战物资；在民用上，可完成货运、客运，以及农业、渔业、林业、气象、探矿、空中测量、空中摄影等方面的任务。此外，航空器还是进行科学研究的一种重要工具。在航天器出现之前，许多有关高空气象、大气物理、地球物理、地质学、地理学等方面的研究工作，都借助航空器进行。即使在航天器出现之后，由于航空器的价格较低、运用方便，仍是在高空进行科学研究的重要工具。

2. 航空器的分类

任何航空器都必须产生一个大于自身重力的向上的力，才能升入空中。根据产生向上力的基本原理的不同，航空器可划分为轻于空气的航空器和重于空气的航空器两大类，前者靠空气静浮力升空，又称浮空器，后者靠空气动力克服自身重力升空。

（1）轻于空气的航空器。

气球和飞艇属于轻于空气的航空器，靠空气的浮力飞行。根据阿基米德原理，气球和飞艇升空是因为它们排开的空气重量等于或大于它们自身的重量。

气球是没有驱动力驱动的轻于空气的航空器，它是一个轻质密封的气囊，充入热空气或轻气体，依靠风力推进。

飞艇又名可操纵的气球，即可在垂直方向做升降操作，又可在水平方向操纵。操纵的方法是靠发动机和螺旋桨推动前进，并靠方向舵来控制方向，同时由水平安定面来保持纵向稳定。

气球和飞艇的主要区别是前者没有动力装置，升空后只能随风飘动，或者被系留在某一固定位置上，不能进行控制；后者装有发动机、安定面和操纵面，可以控制飞行方向和路线。

（2）重于空气的航空器。

重于空气的航空器能升空是因为气流通过机翼时产生的升力克服了其自身的重力，包括以下几种。

① 滑翔机。滑翔机有机翼、机身、尾翼和起落装置，是一种没有动力驱动的重于空气的航空器。滑翔机升空以后靠自身重量进行滑翔飞行。滑翔机是训练飞行员的良好工具，也可以用于体育运动。

② 直升机。直升机是一种重于空气而且有动力驱动的航空器，由一个或多个在基本垂直的轴上自由转动的旋翼上的空气反作用力支持其在空中飞行。直升机具有独特的飞行方式，能垂直起落，在空中悬停和定点转弯，还能在空中前进、左右横行甚至倒退。因此，直升机可用于海上石油勘探平台作业、应急救援等。

③ 飞机。飞机是由动力装置产生前进动力，由固定翼产生升力，在大气层中飞行的重于空气的航空器。飞机是目前应用最广泛的航空器。

1903 年莱特兄弟驾飞机升空

1903 年 12 月 17 日，世界上第一架载人动力飞机在美国北卡罗来纳州的基蒂霍克飞上了蓝天。这架飞机被叫作"飞行者 1 号"，它的发明者就是美国的威尔伯·莱特和奥维尔·莱特两兄弟。当天上午 10 点，天空低云密布、寒风刺骨。被莱特兄俩邀请来观看飞行的农民冻得瑟瑟发抖，一再催促兄弟俩快点飞行。

第一次由奥维尔试飞。他爬上飞机，俯卧在驾驶位上。一会儿，发动机开始轰鸣，螺旋桨也开始转动。突然，飞机滑动起来，一下子升到 3 米多高，随即水平地向前飞去。

"飞起来啦！飞起来啦！"几个农民高兴地呼喊起来，并且随着威尔伯，在飞机后面追赶。飞机飞行了30米后，稳稳地着陆了。威尔伯冲上前去，激动地扑到刚从飞机里爬出来的弟弟身上，热泪盈眶地喊道："我们成功了！我们成功了！"

45分钟后，威尔伯又飞了一次，飞行距离达到52米。又过了一段时间，奥维尔再一次飞行，这次飞行了59秒，距离达到255米。

这是人类历史上第一次驾驶飞机飞行成功，莱特兄弟把这个消息告诉报社，可报社不相信有这种事，拒不发布消息。莱特兄弟并不在乎，继续改进他们的飞机。不久，兄弟俩又制造出能乘坐两个人的飞机，并且，在空中飞了1个多小时。

消息传开后，人们奔走相告，美国政府非常重视，决定让莱特兄弟做一次试飞表演。

1908年9月10日，天气异常晴朗，10点左右，奥维尔驾驶着他们的飞机，在一片欢呼声中，自由自在地飞向天空，两只长长的机翼从空中划过。飞机在76米的高度飞行了1小时14分钟，并且搭载了一名勇敢的乘客。

人们朝着天空，呼唤莱特兄弟的名字，多少人的梦想终于变为现实。不久，莱特兄弟创办了一家飞行公司，同时还开办了飞行学校。从这以后，飞机成了人们又一项先进的运输工具。

——摘自中国新闻网（http://www.chinanews.com）

飞机诞生100多年以来，性能有了显著提高，目前已研制出最大飞行速度超过3倍音速、飞行高度达30千米的军用飞机和载客300～500人能进行洲际飞行的客机。

【拓展知识】

飞机动力的来源类型有活塞发动机、涡轮螺旋桨发动机、涡轮风扇发动机和火箭发动机等。飞机具有如下两个最基本的特征。

（1）飞机自身的密度比空气大，并且是由动力驱动前进的。

（2）飞机有固定的机翼，机翼提供升力使飞机翱翔于天空。

这两条缺一不可，不同时具备以上两条特征者不能称之为飞机。比如，一个飞行器的密度小于空气，那它就是气球或飞艇；如果没有动力装置、只能在空中滑翔，则被称为滑翔机；飞行器的机翼如果不固定，靠机翼旋转产生升力，就是直升机或旋翼机。

飞机是目前最常见的航空器，下面重点介绍飞机的构成和分类。

2.1.2 飞机的构成与特点

1．飞机的结构

大多数飞机由5个主要部分组成，即机翼、机身、尾翼、起落装置和动力装置，如图2.1所示。

（1）机翼。

机翼的主要功能是为飞机提供升力，以支持其在空中飞行，也起到一定的稳定和操纵作用。机翼上一般安装有副翼和襟翼，操纵副翼可使飞机滚转，放下襟翼能使机翼升力系数增大。另外，机翼上还可安装发动机、起落架、油箱等。机翼有各种形状，数目也可以不同。早期航空技术不发达，为了提供更大的升力，飞机以双翼机甚至多翼机为主，但现代飞机一般是单翼机。

（资料来源：https：//www.sc115.com/tupian/215564.html）

图2.1　民航飞机结构图

在机翼的设计过程中，经常面临飞机的稳定性和操作性的矛盾。上单翼飞机好像提起来的塑料袋，非常稳定，但是操作性稍差；下单翼飞机好像托起来的花瓶，操作性很灵活，但是稳定性稍逊一筹。所以民用飞机一般采用上单翼设计，而表演用途或者其他对操作性要求高的飞机都采用下单翼设计。

（2）机身。

机身的主要功能是装载乘员、旅客、武器、货物和各种设备，还可将飞机的其他部件，如尾翼、机翼及发动机等连接成一个整体。但是飞翼式飞机是将机身隐藏在机翼内的。

（3）尾翼。

尾翼包括水平尾翼（平尾）和垂直尾翼（垂尾）。水平尾翼由固定的水平安定面和可动的升降舵（某些型号的民用机和军用机整个平尾都是可动的控制面，没有专门的升降舵）组成。垂直尾翼则包括固定的垂直安定面和可动的方向舵。尾翼的主要功用是操纵飞机俯仰和偏转，以及保证飞机平稳地飞行。

（4）起落装置。

起落装置又称起落架，是用来支撑飞机并使其能在地面和其他水平面起落和停放的装置。陆上飞机的起落装置，一般由减震支柱和机轮组成，此外还有专供水上飞机起降的带有浮筒装置的起落架和雪地起飞用的滑橇式起落架。它用于起飞与着陆滑跑、地面滑行和停放时支撑飞机。

一般的飞机起落架有3个支撑点，根据这3个支撑点的排列方式，一般分为前三角起落架和后三角起落架。前三角起落架采用的是前面一个支撑点、后面两个支撑点的形式，使用此类起落架的飞机往往静止时仰角较小，起飞滑跑时提速快，当速度达到一定值时，向后拉起操纵杆，压低水平尾翼，这时前起落架会稍稍抬起，瞬间机翼的两面风速差达到临界，飞机得到足够的升力后即可起飞；后三角起落架采用的是前面两个支撑点、后面一个支撑点的形式，使用此类起落架的飞机往往静止时仰角较大，当飞机在跑道上达到一定的速度时，机翼两面的风速差即可达到一个临界，此时后起落架会被抬起，驾驶员继续推油门杆，同时向后拉操作杆以控制飞机平衡，当速度达到一定值时，飞机即可起飞。

（5）动力装置。

动力装置主要用来产生拉力或推力，使飞机前进。其次，它还可以为飞机上的用电设备提供电力，为空调设备等用气设备提供气源。

现代飞机的动力装置主要包括涡轮发动机和活塞发动机两种，应用较广泛的动力装置有 4 种，即航空活塞式发动机加螺旋桨推进器、涡轮喷射发动机、涡轮螺旋桨发动机、涡轮风扇发动机。随着航空技术的发展，火箭发动机、冲压发动机、原子能航空发动机等也有可能会逐渐被采用。动力装置除发动机外，还包括一系列保证发动机正常工作的系统，如燃油供应系统等。

对于飞机的动力装置而言，推重比非常重要。推重比是指飞机的推力与飞机所受到的重力的比值。目前，一般的民用飞机的推力小于飞机的重力，因为每增加 1 千牛（kN）的推力，就要增加飞机的制造成本，所以很多飞机都有一定的爬升速度和爬升角度。当飞机的推力大于飞机的重力时，飞机可以实现高速爬升甚至垂直爬升，很多需要高机动性能的飞机，比如战斗机等都有很大的推力和很小的重力。

另外，等同重力的要求下，飞机的推力越大，机翼面积就越小，飞机巡航阻力也就越小，速度就越快，滑跑距离就越长。

飞机除了上述 5 个主要部分外，还装有各种仪表、通信设备、领航设备、安全设备和其他设备等。

2. 飞机的特点

（1）飞机的优点。

① 速度快。目前喷气式客机的时速约 900 千米。

② 机动性高。飞机飞行不受高山、河流、沙漠、海洋的阻隔，而且可根据客源、货源数量随时增加班次。

③ 安全舒适。据国际民航组织统计，民航平均每亿客千米的死亡人数为 0.04 人，是普通交通方式事故死亡人数的几十分之一到几百分之一，和铁路运输并列为最安全的交通运输方式。

（2）飞机的局限性。

飞机作为交通工具也有其局限性，主要表现在以下几点。

① 价格昂贵。无论是飞机本身还是飞行所消耗的油料，相对其他交通运输方式价格都高昂得多。

② 受天气情况影响大。虽然现在航空技术已经能适应绝大多数气象条件，但是比较严重的风、雨、雪、雾等气象条件仍然会影响飞机的起降安全。

③ 起降场地有限制。飞机必须在飞机场起降，一个城市最多不过几个飞机场，而且

机场受周围净空条件的限制多分布在郊区。由于从飞机场到市区往往需要一次较长的中转过程,由此给高速列车提供了 800 千米以内距离的城际运输市场空间。

因此飞机只适用于重量轻、时间要求紧急、航程又不能太近的运输。除此之外,飞机的另一大特点就是单次事故死亡率高。

2.1.3 飞机的分类

1. 按飞机发动机的类型分类

(1) 螺旋桨式飞机。

螺旋桨式飞机利用螺旋桨的转动将空气向后推动,借助其反作用力推动飞机前进。螺旋桨的转速越高,飞行速度越快,但当螺旋桨的转速高到某一程度时,会出现"空气阻碍(Air Barrier)"现象,即螺旋桨四周已成真空状态,即使螺旋桨的转速再加速,飞机的速度也无法提升。

(2) 喷气式飞机。

喷气式飞机最早由德国人在 20 世纪 40 年代制成,是将空气多次压缩后喷入飞机燃烧室内,使空气与燃料混合燃烧后产生大量气体以推动涡轮,然后于机后以高速度将空气排出机外,借助其反作用力使飞机前进。它的结构简单,制造、维修方便,节约燃料费用,装载量大,使用率高(每天可飞行 16 小时),它的优点是结构简单、速度快,一般时速可达 500~600 英里(1 英里 = 1 609.344 米),燃料费用节省,装载量大,一般可载客 400~500 人或 100 吨货物。目前已经成为世界各国机群的主要机种。

2. 按飞机的飞行速度分类

(1) 亚音速飞机。

亚音速飞机又分为低速飞机(飞行速度低于 400 千米/小时)和高亚音速飞机(飞行速度马赫数为 0.8~8.9)。多数喷气式飞机为高亚音速飞机。

(2) 超音速飞机。

超音速飞机是指航行速度超过音速的飞机。例如,英国和法国在 20 世纪 70 年代联合研制成功的协和式(Concorde)飞机。目前,超音速飞机由于耗油大、载客少、造价昂贵、使用率低,使许多航空公司望而却步。又由于噪声很大,被许多国家的机场以环境保护的理由拒之门外,或者被限制在一定的时间起降,更限制了其发展。

3. 按飞机驾驶的类型分类

(1) 有人驾驶飞机。

有人驾驶飞机是由机上飞行员在驾驶舱进行操作和控制的飞机。它由机上飞行员根据最直接和真实的飞行情况来决定下一步操作,相对于无人机而言更加安全可靠。

(2) 无人驾驶飞机。

无人驾驶飞机(Unmanned Aerial Vehicle,UAV),简称无人机,是利用无线电遥控设备和自备的程序控制装置操纵,或者由机载计算机完全地或间歇地自主操作的不载人飞

【拓展知识】

机。与载人飞机相比，它具有体积小、造价低、使用方便、对环境要求低、生存能力较强等优点。近年来，随着无人机相关技术的飞速发展，无人机产业发展十分迅猛。无人机可以广泛运用于城市管理（交通巡逻和治安监控等）、农业监测、地质遥感测绘、环境监测、电力巡检、抢险救灾、快递物流和航空摄影等民用领域。

4. 其他分类

（1）按飞机的用途分类。

分为国家航空飞机和民用航空飞机。国家航空飞机是指军队、警察和海关等使用的飞机；民用航空飞机主要是指民用飞机和直升机，民用飞机指民用的客机、全货机和客货两用机。客机主要运输旅客，一般行李装在飞机的腹舱。直至目前，由于航空运输仍以客运为主，客运航班密度高、收益大，所以大多数航空公司都采用客机运输货物。不足之处是，由于舱位少，每次运输的货物数量都十分有限。全货机运量大，可以弥补客机的不足，但经营成本高，只限在某些货源充足的航线使用。客货混合机可以同时在主甲板运输旅客和货物，并根据需要调整运输安排，是最具灵活性的一种机型。

（2）按飞机的发动机数量分类。

分为单发（动机）飞机、双发（动机）飞机、三发（动机）飞机、四发（动机）飞机。

（3）按飞机的航程远近分类。

分为远程、中程、近程飞机。远程飞机的航程为 11 000 千米以上，可以完成中途不着陆的洲际跨洋飞行。中程飞机的航程约 3 000 千米，近程飞机的航程一般小于 1 000 千米。近程飞机一般用于支线，因此又称支线飞机。中、远程飞机一般用于国内干线和国际航线，又称干线飞机。

中国民航局按飞机客座数，将飞机分为小、中、大型飞机，客座数在 100 座以下的为小型，100～200 座之间为中型，200 座以上为大型。根据中国民航局发布的《2016 年民航行业发展统计公报》显示，截至 2016 年年底，民航全行业运输飞机期末在册架数 2 950 架，比上年年底增加 300 架。其中，大中型飞机 2 789 架，占飞机总数的 94.5%；小型飞机 161 架，占飞机总数的 5.5%；通用航空企业在册航空器总数达到 2 096 架，其中教学训练用飞机 621 架。

2.1.4 主要飞机简介

1. 波音公司主要型号

波音公司（The Boeing Company）飞机的主要型号有波音 707、波音 727、波音 737、波音 747、波音 757、波音 767、波音 777 和波音 787 梦想飞机。

【拓展视频】　　波音 737 系列飞机是美国波音公司生产的一种中短程双发喷气式客机，每天天空中都有近 1 000 架 737 在飞翔。波音 737 系列包括 737-100/-200/-300/-400/-500，新一代波音 737 系列包括 737-600/-700/-800/-900。传统型波音 737 飞机已经停产。

波音747飞机是美国波音公司研制、生产的四发(动机)远程宽机身民用运输机,是全球首架宽体喷气式客机,其研制与销售都很成功。自波音747飞机投入运营以来,一直是全球最大的民航机,垄断着大型运输机市场,直到竞争对手空中客车A380大型客机出现。

波音787又称"梦想客机"(Dreamliner),是中型双发(动机)宽体中远程运输机,是波音公司1990年启动波音777计划后14年来推出的首款全新机型。该项目由波音民用飞机集团(BCA)负责开发,于2004年4月正式启动,如图2.2所示。经多次延期后,波音787于美国时间2009年12月15日成功试飞,于2011年9月26日正式交付使用。

【拓展视频】

图 2.2　波音787梦想飞机效果图

沈阳飞机工业集团公司参与了生产787垂直尾翼前缘组件等工作,这是中国公司首次从一开始就参与一个全新客机生产制造项目。

2005年1月28日,波音公司与原中国航空器材进出口集团公司(代表6家中国的航空公司)就销售60架波音787梦想飞机签订框架协议。按照平均目录价格计算,此协议总价值约为72亿美元。此次订购的飞机将交付给中国的6家航空公司——中国国际航空股份有限公司、中国东方航空股份有限公司、中国南方航空股份有限公司、海南航空控股股份有限公司、上海航空股份有限公司和厦门航空有限公司使用。

2005年8月8日,框架协议中的42架波音787型飞机的购买协议正式签署,其中中国国际航空、中国东方航空各购买15架,上海航空购买9架,厦门航空购买3架,这42架均为波音787-8型。后来厦门航空退订了787,原因不明。

自中国南方航空于2013年6月2日迎来中国民航引进的首架787飞机以来,中国的航空公司已陆续引进30多架787飞机,截至2016年8月,中国的航空公司订购和意向订购的波音787飞机已经超过100架。2016年,全球有75条直飞中国的航线由波音787执飞。

2. 空中客车主要型号

空中客车公司(Airbus)飞机的主要型号有空中客车A300、A310、A320、A330、A340、A350、A380。

空中客车 A320 系列飞机包括 A318、A319、A320 和 A321，它们组成了单通道飞机系列。

空中客车 A380 是欧洲空中客车工业公司研制生产的四发远程 550 座级超大型宽体客机，投产时是全球载客量最大的客机。A380 为全机身长度双层客舱四引擎客机，采用最高密度座位安排时可承载 850 名乘客，在典型三舱等配置（头等、商务、经济舱）下也可承载 555 名乘客。A380 在投入服务后，打破波音 747 在远程超大型宽体客机领域统领 35 年的纪录，同时也结束了波音 747 在大型运输机市场 30 年的垄断地位。

2.2 机　场

2.2.1 机场的概念、作用及其分类

1. 机场的概念

机场，亦称飞机场、空港，较正式的名称是航空站，指供飞机起飞、降落、滑行、停放以及进行其他活动的划定区域，包括附属的建筑物、装置和设施等。除了跑道之外，机场通常还设有塔台、停机坪、航空客运站、维修厂等设施，并提供机场管制、空中交通管制等服务。

2. 机场的作用

机场的作用主要体现在以下几个方面。

（1）机场有让飞机安全、精准、迅速起降的能力。

（2）机场有安全精准地载运旅客、货物的能力，同时对于旅客的照顾也要求具备舒适性。

（3）机场有对飞机维护和补给的能力。

（4）机场有让旅客、货物顺利抵达附近城市市中心（或是由城市中心抵达机场）的能力。

（5）如果是国际机场，还必须要有出入境管理、通关和检疫（CIQ）等相关业务。

（6）机场跑道要有良好的平整度，足够的宽度、长度。

（7）跑道表面要有合格、均匀一致的摩擦系数。

（8）跑道要有足够的强度，能抵御大型载人飞行器降落时对跑道的冲击和压力，并有较大的安全冗余。季节变换对机场距道有一定影响。炎热的夏季，有的机场跑道表面温度高达 40～60℃，有时，因材料膨胀挤压变形，会导致跑道表面破损，平整度大大降低，给飞行器的起降造成安全隐患。大雪纷飞冰冻三尺的严寒季节，有的机场跑道表面温度达 -20℃ 以下，积雪、积冰现象严重，同样也难以保障飞行器正常安全起降。机场

跑道采用热管技术，就可以保证跑道表面温度一年四季维持在4～25℃，彻底解决以上问题。

3. 机场的分类

机场一般分为军用和民用两大类，用于商业性航空运输的机场也称为航空港（Airport）。我国把大型民用机场称为空港，小型机场称为航站。民用机场具有以下详细分类。

（1）按机场规模和旅客流量分类。

① 枢纽国际机场，是指在国家航空运输中占据核心地位的机场。这种机场无论是旅客的接送人数，还是货物吞吐量，在整个国家航空运输中都占有举足轻重的地位，其所在城市在国家经济社会中居于特别重要的地位，是国家的政治经济中心或特大城市、省会，如北京首都国际机场、上海浦东国际机场、广州白云国际机场、香港国际机场、重庆江北国际机场等。

② 区域干线机场，其所在城市是省会（自治区首府）、重要开放城市、旅游城市或其他经济较为发达、人口密集的城市，旅客的接送人数和货物吞吐量相对较大，如宜宾宗场区域国际机场、无锡硕放区域国际机场等。

③ 支线机场，即除上述两种类型以外的民航运输机场。虽然它们的运输量不大，但对沟通全国航路或对某个城市地区的经济发展起着重要作用，如泸州蓝田机场、泉州晋江机场、拉萨贡嘎国际机场等。

（2）按照机场收费标准分类。

机场在收费时所采用的机场分类是我国现阶段在实际应用中对机场较为明确的分类方式。在中国民航局2017年发布的《民用机场收费标准调整方案》中，将我国现有民用运输机场分为3类。

一类1级机场，包括北京首都、上海浦东、广州白云这3个机场。

一类2级机场，包括深圳、成都、上海虹桥3个机场。

二类机场，包括昆明、重庆、西安、杭州、厦门、南京、郑州、武汉、青岛、乌鲁木齐、长沙、海口、三亚、天津、大连、哈尔滨、贵阳、沈阳、福州、南宁这20个机场。

三类机场为一类、二类以外的所有民用运输机场。

从以上各个机场的归类情况看，现行机场收费所采用的机场分类主要是依据机场基础设施情况，也可以说是按机场资产规模来进行划分的。

（3）按照机场作用分类。

① 运输机场：指主要为民用航班运输提供服务的机场。按航线类别分为国内航线定期航班机场和国际航线定期航班机场。根据中国的《民用机场飞行区技术标准》，对机场的飞行区可按指标Ⅰ（数字代号）和指标Ⅱ（字母代号）进行分级。

② 通用航空机场：指专用于通用航空器飞行任务起降的机场，即专门从事为工农业生产服务的作业飞行以及文化体育运动、教学校验、游览等作业飞行的机场。

通用航空机场根据其是否对公众开放分为 A、B 两类。

A 类通用机场，即对公众开放的通用机场，指允许公众进入以获取飞行服务或自行开展飞行活动的通用机场。

B 类通用机场：即不对公众开放的通用机场，指除 A 类通用机场以外的通用机场。

A 类通用机场分为三级：A1 级通用机场，指含有使用乘客座位数在 10 座以上的航空器开展商业载客飞行活动的 A 类通用机场；A2 级通用机场，指含有使用乘客座位数在 5～9 之间的航空器开展商业载客飞行活动的 A 类通用机场；A3 级通用机场，指除 A1、A2 级外的 A 类通用机场。

③ 直升机机场，指全部或部分用于直升机的起降和地面活动的机场。

④ 停航保管机场，指由于各方面的原因，暂停营运（使用）但尚未报废的机场。

(4) 按照飞行区等级分类。

机场飞行区等级是根据国际通用标准制定的，能比较准确地描述机场飞行区的规模和能力。机场飞行区等级用两个部分组成的编码来表示，第一部分是 1 位数字，表示飞机性能所对应的跑道性能和障碍物的限制，数字 1 表示跑道长度小于 800 米，数字 2 表示跑道长度为 800～1 200 米，数字 3 表示跑道长度为 1 200～1 800 米，数字 4 表示跑道长度在 1 800 米以上。第二部分是 1 个字母，表示飞机所要求的跑道和滑行道的宽度，字母 A 表示翼展小于 5 米、轮距小于 4.5 米，B 表示翼展为 5～24 米、轮距为 4.5～6 米，C 表示翼展在 24～36 米、轮距为 6～9 米，D 表示翼展为 36～52 米、轮距为 9～14 米，E 表示翼展为 52～60 米、轮距为 9～14 米，F 表示翼展为 60 米以上、轮距为 14 米以上。北京首都国际机场、上海浦东国际机场是 4F 机场，表示它们的跑道长度都为 1 800 米以上、翼展为 60 米以上、轮距为 14 米以上。

按照飞行区等级分类的优点是划分标准比较明确而且通用性好，缺点是不能反映多跑道机场的规模和能力。

2.2.2 机场的组成

机场作为商用运输的基地可划分为飞行区、候机楼区和地面运输区 3 个部分。飞行区是飞机活动的区域；候机楼区是旅客登机的区域，也是飞行区和地面运输区的结合部位；地面运输区是车辆和旅客活动的区域。

1. 飞行区

飞行区分为空中部分和地面部分。空中部分指机场的空域，包括进场和离场的航路；地面部分包括跑道、滑行道、停机坪和登机门，以及一些为维修和空中交通管制服务的设施和场地，如机库、塔台、救援中心等。

2. 候机楼区

候机楼区包括候机楼建筑本身以及候机楼外的登机机坪和旅客出入车道，它是地面交通和空中交通的结合部，是机场对旅客服务的中心地区。

(1) 登机机坪。

登机机坪是指旅客从候机楼上机时飞机停放的机坪,要求能尽量减少旅客步行上机的距离。按照旅客流量的不同,登机机坪的布局可以有多种形式,如单线式、走廊式、卫星厅式、车辆运输式。旅客可以采取从登机桥登机,也可采用车辆运送登机。

(2) 候机楼。

候机楼分为旅客服务区和管理服务区两部分。旅客服务区包括值机柜台、安检、海关以及检疫通道、登机前的候机厅、迎送旅客活动大厅以及公共服务设施等;管理服务区则包括机场行政后勤管理部门、政府机构办公区域以及航空公司运营区域等。

3. 地面运输区

机场是城市的交通中心之一,而且有严格的时间要求,因而从城市进出空港的通道是城市规划的一个重要部分。大型城市为了保证机场交通的通畅都修建了从市区到机场的专用高速公路,甚至还开通地铁和轻轨交通,方便旅客出行。在考虑航空货运时,要把机场到火车站和港口的路线同时考虑在内。此外,机场还需建有大面积的停车场以及相应的内部通道。

2.2.3 国外主要机场简介

1. 美国孟菲斯国际机场

孟菲斯国际机场(Memphis International Airport)是美国田纳西州孟菲斯市的国际机场,是世界最大货运机场。该机场是原美国西北航空的第三大转运中心,也是联邦快递的总部。联邦快递从孟菲斯国际机场直飞美国大陆10个城市,包括安克雷奇和檀香山,以及加拿大地区、墨西哥地区和加勒比地区的一些城市,洲际包括巴黎、伦敦、法兰克福、圣保罗和东京。原美国西北航空公司运营的第三大客运枢纽设在孟菲斯国际机场,航线目的地遍布北美,并且有每日直飞到阿姆斯特丹的航班。机场占地80.9公顷,成立初期有三个机库和一条跑道。目前的航站楼始建于1963年,1969年机场更名为孟菲斯国际机场,1995年开通国际航班。2016年,孟菲斯国际机场以432.2万吨的货运吞吐量位于全球十大货运吞吐量机场第2位,仅次于我国的香港国际机场。

2. 韩国仁川国际机场

仁川国际机场(Incheon International Airport)位于韩国首都首尔市西边的仁川市,是韩国最大的民用机场,也是亚洲著名的大型机场之一。新机场于2001年年初正式启用。机场距离首尔市52千米,离仁川海岸15千米。周围无噪声影响,自然条件优越,绿化率达到30%以上,环境优美舒适,加上其整体设计、规划和工程都本着环保的宗旨,亦被誉为"绿色机场"。机场与首尔以130号高速公路连接,有班次频密的巴士及渡轮连接机场与韩国各地,铁路连接仁川国际机场和金浦机场并伸延至首尔市中心,为国际及国内航班的乘客提供便捷出行。

仁川国际机场被媒体称为韩国目前最大的一项工程。这项工程的投资额为7.8万亿韩元（约 1 300 韩元合 1 美元），从 1992 年 11 月动工，历时 8 年 4 个月完成了第一期工程。一期工程占地面积约 1 100 公顷，有两条长 3 750 米、宽 84 米的跑道，可以起降最新型大型客机。仁川国际机场的候机楼占地面积相当于 60 个标准足球场的大小。根据设计，机场年起降飞机的架次为 17 万次，运送旅客 2 700 万人次，货物吞吐量为 170 万吨。按计划，韩国将在 2020 年前完成仁川国际机场的第二期扩建工程。届时，仁川国际机场的跑道将增加到 4 条，年起降飞机的架次将达到 53 万次，运送旅客达到 1 亿人次，货物吞吐量达到 700 万吨。2016 年，仁川国际机场以 271.4 万吨的货运吞吐量位于全球十大货运吞吐量机场第 4 位。

3. 新加坡樟宜国际机场

新加坡樟宜国际机场（Singapore Changi Airport）是一座位于新加坡樟宜的国际机场，占地 13 平方千米，距离市区 17.2 千米。樟宜国际机场（以下简称樟宜机场）是新加坡主要的民用机场，也是亚洲重要的航空枢纽。

该机场由新加坡民航局营运，是新加坡航空、新加坡航空货运、捷达航空货运、欣丰虎航、胜安航空、捷星亚洲航空和惠旅航空的主要运营基地。此外，它也是印度尼西亚鹰航空公司的枢纽和澳洲航空的第二枢纽。澳洲航空利用新加坡作为中途站来营运欧澳两地的袋鼠航线，每年通过樟宜机场输送超过 200 万名乘客，是樟宜机场最繁忙的外国航空公司。目前，樟宜机场运营着 250 多家航空公司的航班，每周提供 7 200 个航班，连接超过 100 个国家和地区的 400 个城市。2015 年，樟宜机场客流量刷新以往纪录，突破 5 540 万人次，航班数量也高达 346 330 架次，分别实现 2.5% 和 1.4% 的增长，机场的货运量依然保持稳定态势，全年总货运量达 185 万吨。

自 1981 年启用以来，樟宜机场以其优质的服务享誉航空界，在 1987—2017 年樟宜机场收获了逾 500 个奖项，成为世界上获奖最多的机场，其中，在 2016 年赢得国际机场协会机场服务质量奖、Skytrax 世界机场大奖等多项荣誉。樟宜机场也会定期维护其客运大楼，以提供更好的服务。2016 年，樟宜机场以 200.6 万吨的货运吞吐量位于全球货运吞吐量机场的第 13 位。

4. 法国巴黎戴高乐机场

巴黎夏尔·戴高乐机场（Paris Charles de Gaulle Airport）也称鲁瓦西机场（Roissy Airport），是欧洲主要的航空中心，也是法国主要的国际机场。它以法国将军、前总统夏尔·戴高乐（1890—1970 年）的名字命名，位于巴黎东北 25 千米处的鲁瓦西。2016 年，戴高乐机场以 213.5 万吨的货运吞吐量位于全球十大货运吞吐量机场的第 9 位、欧洲第 1 位。

5. 德国法兰克福国际机场

法兰克福国际机场（Frankfurt Airport）位于德国黑森州美因河畔的法兰克福，是德国最大的机场和欧洲第二大机场，是全球各国际航班重要的集散中心。法兰克福国际机场是德国汉莎航空股份公司的一个基地。2016 年，法兰克福机场以 211.4 万吨的货运吞吐量位于全球十大货运吞吐量机场的第 10 位、欧洲第 2 位。

2.2.4 我国主要机场简介

【拓展知识】

1. 我国机场行业现状

机场行业属于资金密集型交通基建行业,机场和航空公司为航空运输业的两大组成部分。经过几十年的建设和发展,中国机场总量初具规模,机场密度逐渐加大,机场服务能力逐步提高,现代化程度不断增强,初步形成了以北京、上海、广州等枢纽机场为中心,以成都、昆明、重庆、西安、乌鲁木齐、深圳、杭州、武汉、沈阳、大连等省会或重点城市机场为骨干,以及其他城市支线机场相配合的基本格局,中国民用运输机场体系初步建立。当前,我国大部分直辖市、省级行政中心城市机场以及厦门高崎、大连周水子、宁波栎社、青岛流亭、珠海金湾、三亚凤凰、桂林两江等机场均为 4E 以上飞行区级别。

截至 2016 年年底,我国民用航空(颁证)机场共有 218 个(不含港、澳、台地区),其中定期航班通航机场 216 个、通航城市 214 个。年旅客吞吐量 1 000 万人次以上的机场有 28 个,较上年净增 2 个,完成旅客吞吐量占全部境内机场旅客吞吐量的 79.1%,其中北京首都国际机场突破 9 000 万人次,上海浦东国际机场和虹桥机场合计突破 1 亿人次,北京、上海和广州三大城市机场旅客吞吐量占全部机场旅客吞吐量的 26.2%。年旅客吞吐量 200 万~1 000 万人次的机场有 21 个,较上年净减 1 个,完成旅客吞吐量占全部机场旅客吞吐量的 12.8%。年旅客吞吐量 200 万人次以下的机场有 169 个,较上年净增 7 个,完成旅客吞吐量占全部机场旅客吞吐量的 8.1%。年货邮吞吐量 1 万吨以上的机场有 50 个,较上年净减 1 个,完成货邮吞吐量占全部机场货邮吞吐量的 98.3%,其中北京、上海和广州三大城市机场货邮吞吐量占全部境内机场货邮吞吐量的 49.6%。年货邮吞吐量 1 万吨以下的机场有 168 个,较上年净增 9 个,完成货邮吞吐量占全部机场货邮吞吐量的 1.7%。

2016 年,我国机场主要生产指标保持平稳、较快增长,全年旅客吞吐量首次突破 10 亿人次,完成 101 635.7 万人次,比上年增长 11.1%。分航线看,国内航线完成 91 401.7 万人次,比上年增长 10.3%(其中内地至香港、澳门和台湾地区航线完成 2 764.5 万人次,比上年下降 1.4%);国际航线首次突破 1 亿人次,完成 10 234 万人次,比上年增长 19.3%。完成货邮吞吐量 1 510.4 万吨,比上年增长 7.2%。分航线看,国内航线完成 974.0 万吨,比上年增长 6.1%(其中内地至港、澳、台地区航线完成 93.6 万吨,比上年增长 4.2%);国际航线完成 536.4 万吨,比上年增长 9.1%。完成飞机起降 923.8 万架次,比上年增长 7.9%(其中运输架次为 793.5 万架次,比上年增长 8.8%)。分航线看,国内航线完成 842.8 万架次,比上年增长 7.1%(其中内地至港、澳、台地区航线完成 20.3 万架次,比上年下降 2.8%);国际航线完成 81.0 万架次,比上年增长 16.9%。

机场是航空运输业的一个重要组成部分,是飞机起降、停驻、维护的场所。机场的演变过程反映着民航事业的发展过程。场道使用面积和各种飞行保障设施决定使用飞机的大小、运载重量和飞行速度,净空标准和场道范围影响飞行安全。机场一般根据跑道的长度、机场范围以及相应的技术设施等要素来划分等级,跑道结构是主要依据。土质、草皮、戈壁性质的跑道属四级机场;碎石、沥青结构的跑道属三级机场;混凝土、碎石混合性质的跑道属二级机场或一级机场。机场的等级不同,可起降的飞机机型就不一样,承载能力也就不同。为了满足中国航空物流的快速发展需要,"十三五"期间中国机场建设将掀新高潮,这对缓解中国民航基础设施建设滞后与航空运输快速发展不相适应的状况会起到关键作用。

2. 我国主要民用机场简介

(1) 北京首都国际机场。

北京首都国际机场(Beijing Capital International Airport)于1958年3月2日正式投入使用,是国内首个投入使用的民用机场,已多次扩建。它位于北京市区东北方向,地理位置处在顺义区,不过由朝阳区管辖,距离天安门广场25.35千米。它是中国地理位置最重要、规模最大、设备最齐全、运输生产最繁忙的大型国际航空港。它不但是中国首都北京的空中门户和对外交往的窗口,而且是中国民航最重要的航空枢纽之一,是中国民用航空网络的辐射中心,是当前中国最繁忙的民用机场。它也是中国国际航空公司的基地机场。截至2017年7月,北京首都国际机场拥有三座航站楼,面积共计141万平方米;有两条4E级跑道、1条4F级跑道,长宽分别为3 800米×60米、3 200米×50米、3 800米×60米;机位共314个;共开通国内外航线252条。2016年,北京首都机场完成旅客吞吐量9 439.3万人次,位列亚洲第一、世界第二,仅次于亚特兰大哈茨菲尔德-杰克逊国际机场(Hartsfield-Jackson Atlanta International Airport);货运量194.3万吨,位居世界第15位。

【拓展视频】

(2) 上海浦东国际机场。

上海浦东国际机场(Shanghai Pudong International Airport)是中国(包括香港、澳门、台湾地区)三大国际机场之一,与北京首都国际机场、香港国际机场并称中国三大国际航空港。上海浦东国际机场位于上海浦东长江入海口南岸的滨海地带,距虹桥机场约40千米。浦东机场一期工程于1997年10月全面开工,1999年9月建成通航。一期建有1条4 000米长、60米宽的4E级南北向跑道,两条平行滑行道,80万平方米的机坪,共有76个机位,货运库面积达5万平方米,同时,装备有导航、通信、监视、气象和后勤保障等系统,能提供24小时全天候服务。机场航站楼由主楼和候机长廊两部分组成,均为三层结构,由两条通道连接,面积达28万平方米,到港行李输送带13条,登机桥28座。候机楼内的商业餐饮设施和其他出租服务设施面积达6万平方米。目前,浦东国际机场有两座航站楼和三个货运区,总面积82.4万平方米,有218个机位,其中135个客机位。拥有4条跑道,其中2条均为3 800米,另外2条分别长3 400米、4 000米。截至2016年年底,浦东机场已吸引了37家航空公司在此运营全货机业务,全货机通航31个国家、112个通航点,每周全货机起降近1 000架次。上海浦东国际机场和上海虹桥国际机场两座机场定期航班通航49个国家和地区的280个航点。其中,国内航点156个(包括港、澳、台航点6个),国际航点124个,上海浦东国际机场已通航全球250个城市。2016 年,浦东国际机场客运量 6 600.24 万人次,位居全球第九位;货运量 344 万吨,继续位居世界第 3 位。

(3) 香港国际机场。

香港国际机场(HongKong International Airport)于 1998 年 7 月 6 日正式启用,第二条跑道于 1999 年 5 月启用,是现在香港唯一运作的民航机场,位于新界的大屿山以北赤鱲角的人工岛,因此也称为赤鱲角机场。香港国际机场由香港机场管理局负责管理及运作,是国泰航空、港龙航空、香港航空、香港快运航空、华民航空及甘泉航空的基地机场。于 2007 年启用二号客运大楼、机场行政大楼、新商用航空中心飞机库等多项重要设施;2008 年完成海天客运大楼的永久化工程及第二间机场酒店香港天际万豪酒店等设施。香港国际机场是地区转运机场,目前设有 96 个停机坪,全天 24 小时运作。随着多项扩展计划的完成,香港国际机场正发展成为亚洲的客货运枢纽,是全球最繁忙的机场之一,目前共有 100 家航空公司在机场运营,每天提供约 1 100 架次航班连接全球逾 190 个航点。为满足日益增长的航空交通需求,香港国际机场正不断增添新设施,同时提升机场服务水平。截至 2016 年年底,机场共获得 60 多项殊荣。2016 年,客运量首次突破 7 000 万人次,达到 7 050 万人次,位居全球第 8 位、中国第 2 位;货运量 461.5 万吨,连续第七年成为全球最繁忙的货运机场。

3. 我国民用机场分布

(1) 大陆各个地区主要机场见表 2 – 1。

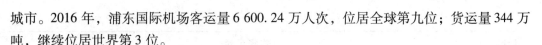
【拓展知识】

表 2 – 1 大陆各个地区主要机场

地区	机场名录
北京	北京首都国际机场 北京南苑机场
上海	上海虹桥国际机场 上海浦东国际机场
广东	广州白云国际机场 深圳宝安国际机场 珠海金湾国际机场 梅州梅县机场 湛江机场 揭阳潮汕机场 惠州平潭机场 佛山沙堤机场
浙江	杭州萧山国际机场 宁波栎社国际机场 温州龙湾国际机场 舟山普陀山机场 衢州机场 台州路桥机场 义乌机场
天津	天津滨海国际机场
重庆	重庆江北国际机场 重庆万州五桥机场 重庆黔江武陵山机场
海南	三亚凤凰国际机场 海口美兰国际机场 琼海博鳌国际机场 三沙永兴机场
江苏	南京禄口国际机场 常州奔牛国际机场 无锡硕放国际机场 盐城南洋国际机场 徐州观音国际机场 连云港白塔埠机场 南通兴东国际机场 淮安涟水机场 扬州泰州国际机场
湖北	武汉天河国际机场 宜昌三峡机场 恩施许家坪机场 襄樊刘集机场 神农架机场 十堰武当山机场
山东	青岛流亭国际机场 济南遥墙国际机场 济宁曲阜机场 潍坊机场 烟台蓬莱国际机场 临沂机场 威海国际机场 东营机场 日照机场
陕西	西安咸阳国际机场 榆林榆阳机场 延安二十里铺机场 汉中城固机场

续表

地区	机场名录
辽宁	沈阳桃仙国际机场 大连周水子国际机场 丹东浪头机场 朝阳机场 锦州锦州湾机场 鞍山腾鳌机场 长海大长山岛机场
福建	厦门高崎国际机场 福州长乐国际机场 武夷山机场 泉州晋江国际机场 连城冠豸山机场 三明沙县机场
湖南	长沙黄花国际机场 常德桃花源机场 张家界荷花国际机场 永州零陵机场 怀化芷江机场 衡阳南岳机场
江西	南昌昌北国际机场 九江庐山机场（注销） 景德镇罗家机场 赣州黄金机场 井冈山机场 宜春明月山机场
山西	太原武宿国际机场 长治王村机场 大同云岗机场 运城关公机场 吕梁机场 五台山机场 临汾乔李机场
西藏	拉萨贡嘎国际机场 阿里昆莎机场 昌都邦达机场 林芝米林机场 日喀则和平机场
甘肃	兰州中川国际机场 天水麦积山机场 敦煌机场 庆阳机场 嘉峪关机场 金昌金川机场 张掖甘州机场 甘南夏河机场
新疆	乌鲁木齐地窝堡机场 喀什机场 伊宁机场 克拉玛依机场 和田机场 哈密机场 库尔勒机场 阿克苏机场 阿勒泰机场 且末机场 库车机场 塔城机场 新源那拉提机场 吐鲁番交河机场 布尔津喀纳斯机场 博乐阿拉山口机场 富蕴可可托海机场
青海	西宁曹家堡机场 格尔木机场 德令哈机场 玉树巴塘机场 海西州茫崖花土沟机场 果洛大武机场
河南	郑州新郑机场 洛阳北郊机场 南阳姜营机场
宁夏	银川河东国际机场 固原六盘山机场 中卫沙坡头机场
黑龙江	哈尔滨太平国际机场 大庆萨尔图机场 牡丹江海浪机场 齐齐哈尔三家子机场 黑河机场 佳木斯东郊机场 伊春林都机场 加格达奇嘎仙机场 鸡西兴凯湖机场 漠河古莲机场 抚远东极机场
河北	石家庄正定机场 秦皇岛山海关机场 邯郸机场 唐山三女河机场 张家口宁远机场
贵州	贵阳龙洞堡国际机场 黔东南黎平机场 黔东南凯里黄平机场 黔南荔波机场 黔西南兴义万峰林机场 安顺黄果树机场 遵义新舟机场 铜仁凤凰机场 毕节飞雄机场 六盘水月照机场
安徽	黄山屯溪国际机场 合肥新桥国际机场 阜阳西关机场 池州九华山机场 安庆天柱山机场
内蒙古	呼和浩特白塔国际机场 赤峰玉龙机场 包头海兰泡机场 呼伦贝尔东山国际机场 通辽机场 鄂尔多斯伊金霍洛机场 巴彦淖尔天吉泰机场 阿拉善左旗彦浩特机场 阿拉善右旗巴丹吉林机场 额济纳旗桃来机场 二连浩特赛乌苏国际机场 满洲里西郊国际机场 乌海机场 阿尔山伊尔施机场 锡林浩特机场 乌兰浩特机场 乌兰察布集宁机场 扎兰屯成吉思汗机场
广西	南宁吴圩国际机场 桂林两江国际机场 北海福城机场 柳州白莲机场 梧州长州岛机场河池金城江机场 百色机场
吉林	长春龙嘉国际机场 延吉朝阳川机场 吉林二台子机场 长白山机场 通化三源浦机场 白城长安机场
云南	昆明长水国际机场 丽江三义机场 西双版纳嘎洒国际机场 迪庆香格里拉机场 大理机场 昭通机场 临沧机场 德宏芒市机场 普洱机场 腾冲驼峰机场 隆阳保山云瑞机场 文山普者黑机场 沧源佤山机场
四川	成都双流国际机场 宜宾菜坝机场 泸州机场 西昌青山机场 绵阳南郊机场 广元盘龙机场 九寨黄龙机场 南充高坪机场 达州河市机场 攀枝花保安营机场 稻城亚丁机场 甘孜康定机场 阿坝红原机场

注：截至2016年年底，我国共有颁证运输机场218个。

第 2 章 航空物流主要物质基础

(2)港、澳、台地区机场见表 2-2。

表 2-2 港、澳、台地区机场

地区	机场名录
香港	香港赤鱲角国际机场 香港启德机场
澳门	澳门国际机场
台湾	桃园国际机场 高雄国际机场 台北松山机场 台中机场 台南机场 马祖南竿机场 金门机场 马祖北竿机场

2.3 航 线

2.3.1 航线概述

1. 航线的定义

飞机飞行的路线称为空中交通线,简称航线。飞机的航线不仅确定了飞机飞行的具体方向、起讫点和经停点,而且还根据空中交通管制的要求,规定了航线宽度和飞行高度,以维护空中交通秩序,保证飞行安全。飞机航线的确定除了安全因素外,还取决于经济效益和社会效益。

案例 2-2

中国天空之争: 关于航线、时刻与审批的角力

2015 年 8 月,北京首都国际机场。北京至广州的海南航空航班上,机长王建锋通过无线通话系统告诉放行管制员"已准备好",这代表着航班所有放行文件手续已经准备齐全,随时可以离开停机位,启动发动机。有时,王建锋可以在机场放行频率里听见各种繁杂之音。放行管制员不断回答:"稍等,时间已抄收,等通知!"

2012 年以来,首都国际机场一直是全球第二繁忙的机场,单日高峰架次为 1 816 架次,平均每天起降 1 594 架次。王建锋告诉《瞭望东方周刊》记者,"在欧美机场,最繁忙航段日均流量一般不超过 400 架次,否则会立即采取空中分流等措施。"

根据中国民用航空局《2014 年全国民航航班运行效率报告》,2014 年,中国繁忙航段日均流量超过 500 架次的航段有 13 条,其中最繁忙航段日均流量超过 1 100 架次。在空中和地面保障资源严重不足的情况下,中国航班起降架次由 2006 年的 340 万架次增至 2014 年的 750 万架次,增长了 130%,年均增长达 10.8%。华北、华东和中南地区的航班量已接近饱和。

总之,中国的天空正变得越来越拥挤。

有限的航班时刻资源与快速增长的市场需求之间产生的矛盾,也在日益突出。对航空公司而言,拥有航线资源要通过获得航班时刻实现,航线时刻资源直接关乎客流量和最终收益。

可以说，一个时刻决定了一条航线的含金量，而航线则攸关一家航空公司的生死。

"像京沪这样的热门航线，好的'时刻'一年净利润将近9亿元，但新进入者已经很难再拿到。"吴鹏飞一直从事航空工程咨询工作。在航空圈子里，他听到太多后来者的抱怨。2011年，南方航空接收首架空客A380时就表示，这种机型最适合执飞北京始发的国际航线。如今南方航空已接收第5架A380，北京始发的国际航线依然没有拿到。目前这些飞机只能执飞广州始发的国际航线和部分国内航线。春秋航空用时5年，于2011年首次获得京沪航线的经营权。每天执行一个往返的航班，凌晨零点后抵达北京，次日早6点返回上海。开通该航线后，春秋航空当年损失超过1 000万元。

航线与时刻，中国的天空如何分配？

——摘自《瞭望东方周刊》，2015年9月1日

2. 航线的类型

航线按起讫地点归属分为国际航线和国内航线。

（1）国际航线。

国际航线是指跨越本国边境的航线，如北京—迪拜航线、上海—东京航线、广州—纽约航线等。

（2）国内航线。

国内航线是指起止点、经营点均在国内的航线，又可分为干线航线、支线航线和点对点航线。

① 干线航线是指连接北京和各省会、直辖市或自治区首府或不同省、自治区所属城市之间的航线，如北京—上海航线、上海—南京航线、青岛—深圳航线等。

② 支线航线是指一个省或自治区之内的各城市之间的航线。

【拓展知识】

③ 点对点航线是指确定一个起飞点，然后在中途不停留，直达指定的降落点的航线。

一般情况下，航线安排以大城市为中心，在大城市之间建立干线航线，同时辅以支线航线，由大城市辐射至周围小城市。

3. 世界主要航线

（1）西欧—北美北大西洋航空线。

该航线为当今世界最繁忙的航空线，主要往返于西欧的巴黎、伦敦、法兰克福与北美的纽约、芝加哥、蒙特利尔等机场。

（2）西欧—中东—远东航空线。

该航空线连接西欧各主要机场至远东的香港、北京、东京等各机场。途经的重要航空站有雅典、开罗、德黑兰、卡拉奇、新德里、曼谷和新加坡等。

（3）远东—北美北太平洋航线。

它是世界上又一重要航线，由香港、东京和北京等重要国际机场起始，经过北太平洋上空到达北美西海岸的温哥华、西雅图、旧金山、洛杉矶等重要国际机场，再接北美大陆其他航空中心。太平洋上的火奴鲁鲁（檀香山）、阿拉斯加的安克雷奇国际机场是该航线的重要中间加油站。

除以上三条最繁忙的国际航空线外，其他重要的航空线还有北美—澳、新航空线，西欧—东南亚—澳、新航空线，远东—澳、新航空线，北美—南美航空线，西欧—南美航空线。

2.3.2 国际航线中的航权

航空权（Traffic Rights）是指国际航线中体现的过境权利和运输业务权利，也称国际航空运输的业务或空中自由权。它是国家重要的航空权益，必须加以维护。在国际航空运输中交换这些权益时，一般采取对等原则。有时候某一方也会提出较高的交换条件或收取补偿费以适当保护本国航空企业的权益。航权包括以下几种。

【拓展视频】

1. 第一航权

第一航权是指领空飞越权，即一国或地区的航班不着陆而飞越他国或地区领土的权利。例如上海—巴黎，中途要飞越俄罗斯领空，那就要和俄罗斯签订领空飞越权，否则只能绕道飞行。

2. 第二航权

第二航权是指技术降落权，即一国或地区的航班在飞至另一国或地区途中，因非营运理由而降落在其他国家或地区的权利，诸如维修、加油等。例如北京—芝加哥，由于飞机机型的原因，不能直接飞抵，中间可以在安克雷奇降落加油，但不允许在安克雷奇上下旅客和货物。

3. 第三航权

第三航权是指目的地下客权，即某国或地区的航班自其登记国或地区载运客货至另一国或地区的权利。例如北京—莫斯科，俄罗斯将允许中国民航承运的旅客在莫斯科进港，但只能空机返回。

4. 第四航权

第四航权是指目的地上客权，即某国或地区的航班自另一国地区载运客货返回其登记国或地区的权利。例如上海—东京，日本允许旅客搭乘中国民航的航班出境，否则中国民航只能空载返回。

5. 第五航权

第五航权是指中间点权或延远权，即某国或地区的航班可以先在第三国的地点作为中转站上下客货。例如新加坡—厦门—芝加哥，新加坡航空获得第五航权，可以在新加坡—芝加哥航线上在厦门经停，上下客货。

第五航权是针对两个国家的双边协定而言的，在两国的协定中允许对方行使有关第三国运输的权利，但是在没有第三国同意的情况下，这个权利无效。因此航空公司在使用这个权利时，必然同时要考虑另外两国之间有没有相应的权利。第五航权之所以复杂，就是因为它涉及多个双边协定，并且在不同的协定中意味着不同种类的航权。

6. 第六航权

第六航权是指桥梁权,即某国或地区的航班在境外两国或地区间载运客货且中途经其登记国或地区的权利。例如伦敦—北京—首尔,国航将源自英国的旅客运经北京后再运到韩国。

7. 第七航权

第七航权是指完全第三国运输权,即某国或地区的航空公司完全在其本国或地区领域以外经营独立的航线,在境外两国或地区间载运客货的权利,而不用返回本国。例如伦敦—巴黎,由德国汉莎航空股份公司承运。

8. 第八航权

第八航权是指国内运输权,即某国或地区的航班在他国或地区领域内两地间载运客货的权利,但航机以本国为终点站。

9. 第九航权

第九航权也是指国内运输权,即某国或地区的航空公司可以到协议国做国内航线运营。

虽然第八航权和第九航权两者都是关于在另外一个国家内运输客货,但是第八航权只能是本国的一条航线在别国的延长,而第九航权可以是完全在另外一个国家开设的航线。

2.4 航空集装器

1972 年,波音公司的 B747-200F 大型专用货机在大西洋航线上投入运营,并采用了标准集装器装载系统,从而实现了国际标准集装器的航空运输。近年来,随着国际贸易货物对运输要求的变化,航空集装器运输在国际贸易货物运输中所占的比例明显增加。

2.4.1 航空集装器概述

1. 航空集装器的概念

航空集装器(Unit Load Device,ULD)主要是指为提高运输效率而采用集装板和集装箱等组成的装载设备。为追求最大装载质量,航空集装器自重都比较轻,制造材料一般采用铝合金或高强度纤维(玻璃钢)。为充分利用飞机货舱,避免因碰撞或摩擦对飞机造成损伤,需将航空集装器的上部制作成圆顶结构。随着技术发展和多式联运的要求,目前新型宽体飞机已能载运 20 英尺(ft)航空集装器。

2. 开展航空集装器运输的优点与条件

(1)航空集装器运输的优点。

① 通行便利,运送速度快。

② 节省费用。货物周转时间短，破损少，可减少仓储、包装、保险等费用支出。

(2) 开展航空集装器运输的条件。

① 有航空集装器货源，主要是价值高，对运送速度、安全性要求较高的货物。航空承运人通常只负责货物从一个机场到另一个机场的运输，而揽货、接货等业务由航空货运代理办理。

② 配备航空集装器专用装卸搬运设备。为装卸和搬运航空集装器，机场必须配备专用装卸搬运设备，如牵引车、挂车、吊机、货物输送机等。

2.4.2 航空集装器的种类

1. 根据是否注册分类

(1) 注册的飞机集装器。

注册的飞机集装器是国家政府有关部门授权集装器生产厂家生产、适于飞机安全载运、在其使用过程中不会对飞机的内部结构造成损害的集装器。

(2) 非注册的飞机集装器。

非注册的飞机集装器是指未经有关部门授权生产、未取得适航证书的集装器。非注册的集装器不能看作飞机的一部分，因为它与飞机不匹配，一般不允许装入飞机的主货舱，它仅适用于某些特定机型的特定货舱。

2. 根据形状分类

(1) 集装板(图 2.3)。

集装板(Pallet)是具有标准尺寸、四边带有卡销轨或网带卡销限、中间夹层由硬铝合金制成的平板。制成平板是为了方便货物在其上码放。网套由专门的卡锁装置来固定，用来把货物固定在集装板上。

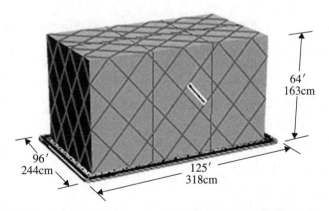

(资料来源：http://blog.sina.com.cn/s/blog_9b82da7001010hnj.html)

图 2.3 PMC 型集装板

（2）集装棚。

集装棚（Igloo）又分为非结构式集装棚和结构式集装棚。

① 非结构式集装棚：无底、前端敞开，套在集装板及网套之间。

② 结构式集装棚：与集装板固定成一体，不需要网套。

（3）集装箱（图2.4）。

（资料来源：http：//www.huangye88.com/fwxinxi/chuanbo56580095.html）

图2.4　航空AKE集装箱

集装箱（Container）又分为空陆联运集装箱、主货舱集装箱和下货舱集装箱。

① 空陆联运集装箱：空陆联运集装箱分为20英尺[①]或40英尺，高和宽为8英尺。这种集装箱只能装在全货机或客机的主货舱。

② 主货舱集装箱：主货舱集装箱只能装在全货机或客机的主货舱，这种集装箱的高度在163厘米以上。

③ 下货舱集装箱：下货舱集装箱只能装在宽体飞机的下货舱。

2.4.3　航空集装器的编号

每个集装器都有IATA（国际航空运输协会）编号，编号由9位字母与数字组成，例如AKE1203MU。9位字母与数字的含义如下。

1. 第1位

第1位为集装器的种类码，具体含义如下。

A：注册的飞机集装箱。

D：非注册的飞机集装箱。

F：非注册的飞机集装板。

G：非注册的集装板网套。

J：保温的非结构集装棚。

---

① 1英尺（ft）=304.8毫米=0.304 8米。

M：保温的非注册的飞机集装箱。
N：注册的飞机集装板网套。
P：注册的飞机集装板。
R：注册的飞机保温箱。
U：非结构集装棚。
X、Y、Z：供航空公司内部使用。

2. 第2位

第2位为底板尺寸码，具体含义如下。

A 或 1：88in①×125in/224cm×318cm

G 或 7：96in×238.5in/244cm×606cm

K 或 V：60.4in×61.5in/153cm×156cm

L：60.4in×125in/153cm×318cm

M 或 6：96in×125in/244cm×318cm

Q：60.4in×96in/153cm×244cm

P：47in×60.4in/119cm×153cm

3. 第3位

第3位表示集装器的外形以及与飞机的适配性，具体含义如下。

E：适用于B747、A319、DC10、L1011下货舱无叉槽装置的集装箱。

N：适用于13747、A310、DC10、L1011下货舱有叉槽装置的集装箱。

P：适用于B747COMB上舱及B747、DC10、L1011、A310下舱的集装板。

A：适用于B747F上舱集装箱。

4. 第4～7位

第4～7位集装器序号码，由各航空公司对其所拥有的集装器进行编号。

5. 第8～9位

第8～9位一般为集装器所属承运人或航空公司的ITAT二字代码。

2.5 其他航空物流处理设备

2.5.1 航空集装搬运与装卸设备

航空集装搬运与装卸设备主要有托盘拖车、集装器拖车、升降平台、传送车等。

---

① 1英寸(in)=2.54厘米。

1. 拖车

拖车是机场经常使用的短距离的搬运车辆，一般采用蓄电池或电动机作为动力驱动，或采用内燃机牵引车牵引。图2.5所示为机场集装箱拖车。

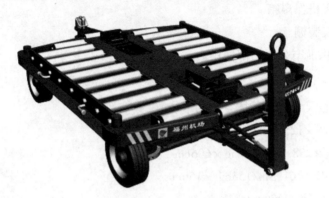

（资料来源：http：//www.airparts.cn/Details/Hk_ DeviceDetails.aspx？Device_ Id＝153&lm＝11）

图2.5　机场集装箱拖车（前侧图）

2. 升降平台

升降平台是用于拖车和集装箱卡车的过渡设备，可以使集装器做横向、纵向旋转及升降运动。图2.6所示为航空集装器升降平台。

图2.6　航空集装器升降平台

3. 传送车

传送车适用于飞机所运载的行李及散件的快速装卸，如图2.7所示。

（资料来源：http://www.carnoc.com/）

图2.7 传送车

2.5.2 航空货运存储系统与自动仓库

1. 航空货运存储系统

（1）集装板/箱存储系统。

集装板/箱存储系统主要包括升降式转运车和辊道式货架。

① 升降式转运车是集装板/箱多层存储系统中关键的集装板/箱处理设备，也是衡量货运站处理能力的标准之一。它可分为纵向升降式转运车和横向升降式转运车。

升降式转运车的控制方式有4种，即维修方式、手动控制、单机自动控制和在线自动控制。在线自动控制中升降式转运车无须驾驶员操作，所有的运行指令均来自货运站信息系统中的监控或管理层，并可将完成后的信息反馈至管理层，实现实时在线、全过程控制。

② 辊道式货架。辊道式货架用于存储航空货运专用的集装板/箱。按每一辊道上存放10英尺集装器数量和辊道台的输送方向分为10英尺或20英尺、纵向或横向辊道式货架，为有效利用存储空间一般采用20英尺纵向辊道式货架。

（2）散货存储系统和零星货物存储系统。

散货存储系统主要是由堆垛机、存储货架和出入库输送设备组成的。在航空货运站中使用的零散货物存储系统主要是层格式货架，用于小件和零星货物的存放。

2. 自动仓库

（1）自动仓库的优点。

① 提高物流的工作效率。自动仓库实现了对底层自动化设备的控制和管理，能够完成仓库中货物的自动出入库操作和存储操作，降低了工人的劳动强度，提高了物流工作效率。

② 加速资金周转。自动仓库实现了对所有出入库作业进行最佳分配及登入控制，并

对数据进行统计分析，以便对物流实施宏观调控，最大限度地降低库存量及资金占用，加速资金周转。

③ 有效合理地利用空间。自动仓库对具体仓库中的货物、货位等基本信息进行管理，优化了仓库存储的效率，实时管理货物的库存情况。自动化仓库还实现了库架合一，可以承受较大的载重，能够有效合理地利用空间。

(2) 自动仓库的种类。

① 拣选式高层货架仓库，是以拣选式巷道堆垛重机和高层货架为主组成的仓库。拣选式巷道堆垛重机没有货叉伸缩机构，而有带司机升降、拣选的司机室和作业平台，适用于多品种小件物品的零星出入库作业。

② 高架叉车仓库，是以高架叉车和高层货架为主组成的仓库。因为高架叉车向运行方向两侧进行堆垛作业时，车体无须直接转向，而使前部的门架或叉车做直角转向或侧移，这样做通道也大大减少。此外，高架叉车的升起高度比普通叉车要高，从而大大提高了仓库面积和空间的利用率。

③ 单元-拣选式仓库，是以单元-拣选式巷道堆垛起重机和高层货架为主组成的仓库。堆垛重机既有货叉伸缩机构，又有随载货台一起升降的司机室，因此既能实现单元托盘货物的入库作业，又能实现零星的拣选作业。

④ 箱盒式自动仓库，是采用箱盒单元方式来保管物料的自动仓库。箱盒单元货物要比托盘单元货物外形尺寸小、重量轻。箱盒式自动仓库适用于存放小型物料，以及一次入库量较少的情况。

本 章 小 结

航空物流的物质基础主要包括航空器、机场、航线和其他航空物流设备。航空器是指由人创制的，可以从空气的反作用力中取得在大气中的支撑而离开地面飞行的机器的总称。航空器可划分为轻于空气的航空器和重于空气的航空器两类。飞机是目前最常见的重于空气的航空器，其中民用飞机包括民用客机、全货机和客货两用机。机场是指供飞机起飞、降落、滑行、停放以及进行其他活动的划定区域，包括附属的建筑物、装置和设施等。飞机飞行的路线称为空中交通线，简称航线。航线按起讫点的不同分为国际航线和国内航线，其中国内航线又可分为干线航线、支线航线和点对点航线。为了加快航空运输的速度，需要使用航空集装箱等工具。总之，运输工具飞机的选择、飞机中转站机场的支持、科学合理的航线安排、航空集装箱的正确使用，以及集装箱搬运设备、存储系统的选择，都会影响航空物流的正常运转。

关键术语

航空器 Aircraft
直升机 Helicopter
机场 Airport
航空集装箱 Air Container
飞艇 Airship
喷气式飞机 Jet
航权 Traffic Rights
辊道式货架 Roller Rack

气球 Air Balloon
飞机 Airplane
航线 Air Route
集装板 Pallet
滑翔机 Aerodone
无人机 UAV
集装棚 Igloo

习 题

一、判断题

1. 直升机和飞机飞行是靠空气的浮力。( )
2. 一般的民用飞机的推力是小于飞机重力的。( )
3. 我国把大型民用机场称为空港，小型机场称为航站。( )
4. 飞机的航线只规定了飞机的飞行高度。( )
5. 航空集装器就是指航空集装箱。( )
6. 升降平台可使集装器做横向、纵向旋转及升降运动。( )

二、选择题

1. 轻于空气的航空器是( )。
   A. 直升机　　　B. 飞机　　　C. 飞艇　　　D. 滑翔机
2. 喷气式飞机是世界各国机群的主要机种，它装载量大、使用率高，每天可飞行约( )小时。
   A. 12　　　B. 16　　　C. 20　　　D. 24
3. 下面不属于一类机场的是( )。
   A. 北京首都国际机场　　　B. 上海浦东国际机场
   C. 重庆江北国际机场　　　D. 广州白云国际机场
4. 下面不属于干线航线的是( )。
   A. 北京—上海航线　　　B. 上海—南京航线
   C. 青岛—深圳航线　　　D. 南京—徐州航线

5. 航空集装器编号的第一位为集装器的种类码，下面属于非注册飞机集装器的代码是（　　）。

A. A　　　　　B. N　　　　　C. P　　　　　D. U

6. 4F机场的跑道长度、翼展、轮距的要求分别是在（　　）米以上。

A. 1 200、60、14　　　　　B. 1 200、52、9

C. 1 800、52、9　　　　　D. 1 800、60、14

三、简答题

1. 简述飞机的组成部分及其作用。
2. 简述机场的分类与组成。
3. 简述航线的分类与组成。
4. 什么是航权？它有哪几种？
5. 航空集装器是如何分类和编号的？

四、讨论题

一组3～4名同学。选择一个飞机型号，找到更多关于该型号飞机的信息，在班上演示自己的发现。

案例分析

东京国际机场（羽田机场）：社会效益与经济效益均衡发展

羽田机场不仅实现了机场的高效运行，还取得了商业经营的高效益，可谓两全其美，这得益于机场独特的运行模式以及职权分明的候机楼管理。

1. 独特的机场运行模式

1952年，美国向日本归还东京机场，同年机场更名为"东京国际机场"，定位为日本重要航空运输门户机场，并通过财界主要企业的协作成立了日本机场大厦株式会社，运用民间资本对机场候机楼进行建设和管理。东京国际机场紧邻海湾，飞机起降在海湾上空绕飞，不进入居民区，减少了飞机噪声污染对当地居民的影响。

机场的公共服务和商业经营，分别体现在航空业务和非航空业务两方面。东京国际机场以极其简单的标准划分二者，即以候机楼为界，候机楼建设、租赁、商业、餐饮等由日本机场大厦株式会社经营，除此之外，跑道、滑行道、停机坪的建设与管理、空中交通管制、地面服务、供油、配餐等，均由政府、航空公司、专业公司承担。如此划分，机场候机楼运营商不受任何市场准入限制，不需要具备航空运输专业管理的条件。而允许非航空专业公司投资建设候机楼，经营候机楼的商业、餐饮，使机场基础设施建设融资渠道更加广泛，行业垄断被打破后，市场竞争也推动管理水平不断提高。

日本机场大厦株式会社成立于1953年7月20日。截至2009年3月31日，公司大股东有日本航空公司、全日空航空公司、瑞穗实业银行、三菱东京UFJ银行、大成建设株式会社、日本通运株式会社等企业。公司在东京国际机场的业务包括建设、运行候机楼以及候机楼内商业、餐饮等。公司的经营宗旨：一是确保机场运行的绝对安全；二是基于顾客至上的理念，运行候机楼要达到方便性、舒适性、功能性的要求；三是做到既要保持正常秩序，又要高效的运行机制。候机楼营业收入主要来自设施管理运行、商品零售、餐饮这3部分。

2. 候机楼管理职权分明

日本机场大厦株式会社承建并经营机场候机楼。候机楼验收交付后，公司经营候机楼内的租赁、零售、餐饮业务，并保证楼内的供水、供电、设施运转和秩序正常，不涉及航空运输业务。航空公司向机场租赁工作区域及服务设施，自行经营候机楼内地面服务及登机前安全检查；机场在候机楼内公布综合航班信息，各航空公司公布各自航班信息，互不参与、互不影响；候机楼廊桥以外的跑道、滑行道、停机坪的建设与管理及空中交通管理由民航办公室（国土交通省下设机构）负责；航空煤油供应由原油加工公司负责，机场油料公司只负责建设机场输油管道，向航空公司提供加油服务并收取服务费；候机楼以外的公路交通、社会治安由当地警察部门负责。

日本机场大厦株式会社及其下属安保公司（JAT），以绝对安全为目标，在安保、防灾、危机管理等方面做了很多工作：一是建立安保等级的概念，将候机楼分为4类区域，即"公用区域（大厅等）""管理区域（办公区域）""限制区域""安保区域"，并根据安保等级细化安保制度，建立起完整的安保体制；二是采取多项安保措施；三是提高危机处理能力，加强员工应急处置培训，对员工进行综合防灾训练；四是设立防灾中心，由于日本处在地震带范围内，经常发生地震，当国家气象台预测到在羽田机场震度近5级以上时，机场防灾中心会及时发布地震警告，以减少地震对旅客和职员的损害。

3. 以高效运行解决商业开发挤占公共资源的矛盾

日本机场大厦株式会社在日本高度发达的商品经济环境下，为了应对日趋严酷的市场竞争，细化管理、挖掘资源，不断提高候机楼运行效率。东京国际机场有3座候机楼，总建筑面积63万平方米，2008年旅客吞吐量达到6 500万人次以上，与北京首都国际机场3座候机楼总建筑面积140万平方米，2008年旅客吞吐量5 600万人次相比，两者人均面积差距较大。在东京国际机场候机楼，商业面积占了大半部分，而且新建的国际候机楼内还将建设一条仿古商业街，未来这里会热闹得像百货商场。候机楼内采取了简化旅客地面运输流程设置布局：航空公司的补票柜台、值机柜台分区安置，简化登机安检程序，合理布置航班时刻显示器，加强工作人员引导、巡视等措施，化解了运输顺畅与安全限制之间的矛盾，提高了候机楼内航空运输效率。由此可见，通过简捷顺畅的流程、高效运转的机制来提高机场的运行效率，可以解决机场商业开发占用候机楼资源的矛盾，确保航空运输的安全、正常、有序。

4. 商业收益为机场公共服务提供资金保证

日本机场大厦株式会社在东京国际机场的业务不涉及航空运输、安全管理等专业领域，而是精准定位在候机楼商业、餐饮等高收益业务，依托自身商业优势，不断提高候机楼收益，甚至将商业拓展到其他机场乃至城市中心，且经营的商品批发业、零售业、免税品业务等都占有日本市场较大份额。机场商业收入的增长带动了地方税收的增加，为地方政府加快基础建设和提高公共服务水平提供了充足的资金。而机场运输保障能力得到提高，旅客吞吐量大幅增长，人流、物流、现金流更加活跃，又为机场商业发展创造了更多的商机。东京国际机场的公共服务与商业经营相对独立，互不交叉、互相支持，利益共赢、和谐发展，促进了机场的健康发展。

5. 实施"绿色机场"理念

在全球气候变暖、能源紧缺的背景下，以新能源、低能耗、低污染为基础的"绿色机场、科技机场"成为全球热点。东京国际机场认识到这一点，积极推进以高能效、低排放为核心的"低碳运动"，着力发展"低碳技术"。

日本机场大厦株式会社设施安全总部和其下属公司日本机场Techno株式会社共同制定有关管理制度，并管理候机楼内的设施维修、清洁以及绿化工作。公司的候机楼节能推进委员会制定了环保节能方案，确定目标数字，编制预算并予以实施。机场在节约电能方面采取多项措施：一是候机楼内空调运转做到循环开动、引进节能皮带、细化开启时间、风机系统采用逆变器等；二是为节省照明灯光用电，引进高性能反射板，安装太阳光感应器，细分照明系统线路，引进仿制的荧光管、交换稳定器等；三是引进LED照明灯光、安装人体感应器、贴窗膜（隔热膜）等，安装太阳能蓄电板。

——连炜．2010年11月30日《中国民航报》第4版同名文章

问题：

（1）东京国际机场是如何兼顾效益和效率的？

（2）我国同行应借鉴东京国际机场的哪些管理经验？

第 3 章 航空货物运输

【本章教学要点】

- 了解航空货物运输的特点、优势,以及航空货物运输合同的内容;
- 掌握普通货物航空运输的收运条件、文件和包装要求;
- 掌握特种货物、危险品和行李等航空运输的收运条件、文件和包装要求;
- 熟悉航空货物运输保险业务。

【知识架构】

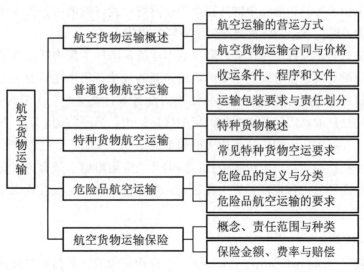

导入案例

【拓展知识】

从航空业诞生之日起,航空货物运输就以快速而著称。到目前为止,飞机仍然是最快捷的交通工具,水平方向飞行的一架喷气式飞机的速度为510米/秒,是声速(340米/秒)的1.5倍,时速为1836千米,具有先进性能的民航飞机,如波音767、747、空中客车等,飞行时速都在1000千米以上,这是其他运输方式望尘莫及的。快捷的交通工具大大缩短了货物在途时间,尤其是对于那些易腐烂、变质的鲜活商品,以及时效性、季节性强的报刊、节令性商品,抢险、救急品的运输而言,航空货物运输的优势更加明显。

——摘自《中国民用航空业年度研究报告》,2009年

与水路运输、铁路运输和公路运输相比较而言,航空运输仍然是目前最快捷的运输方式,在现代物流中占有重要地位。

3.1 航空货物运输概述

3.1.1 航空运输的营运方式

航空运输主要有4种营运方式,即集中托运、包机运输、班机运输和航空快件。

1. 集中托运

航空集中托运(Consolidation Transport)是指集中托运商(Consolidator)将发往同一方向的若干票单独发运的货物集中起来,作为一票货物交付给承运人,用较低的运价运输这些货物,类似于集装箱海运中的拼箱业务。货物运到目的港由分拨代理商(Break-Bulk Agent)统一清关后,再分别将货物交付给不同的收货人。

集中托运有利于发挥规模优势,降低成本运价,增加了集中托运商的利润。依据航空运价随着货物计费重量等级的增加而逐级递减的规律,集中托运商一方面将货物集中起来托运,将各低等级计费重量的小货集中为高等级计费重量的大货向航空公司托运,并从航空公司处获取高等级计费重量大货的优惠运价。另一方面,将不同的轻泡货和重货合理搭配,在有限的容积内达到最大的载重量,从而降低了单位货物运输的费率。

航空集中托运的空运单据由集中托运商填开,空运单据上载有的发货人和收货人分别为集中托运商和分拨代理商,集中托运商的分运单上载有的收发货人才是真正的收发货人。

2. 包机运输

包机运输(Chartered Carrier Transport)亦称固定包舱,是指航空公司按照约定的条件和费率,将整架飞机租给一个或若干个包机人,从一个或几个航空站装运货物至指定目的地。根据货运量的大小又可以分成整架包机和部分包机。

整架包机即包租整架飞机,指航空公司按照与租机人事先约定的条件及费用,将整架飞机租给包机人,从一个或几个航空港装运货物至目的地。包机人一般要在货物装运前一个月与航空公司联系,以便航空公司安排运载和向起降机场及有关政府部门申请、办理过境或入境的有关手续。包机的费用采用一次一议的原则,随国际市场供求情况变化,包机运费按每一飞行千米固定费率核收费用,并按每一飞行千米费用的80%收取空放费。因此,大批量货物使用包机时,均要争取来回程都有货载,这样费用比较低,若只使用单程,则运费会比较高。

部分包机是指由几家航空货物运输公司或发货人联合包租一架飞机或者由航空公司把一架飞机的舱位分别卖给几家航空货物运输公司装载货物,适用于托运不足一整架飞机舱位,但货量又较重的货物运输。

3. 班机运输

班机运输(Scheduled Airline Transport)指具有固定开航时间、航线和停靠航站的飞机。通常为客货混合型飞机,货舱容量较小,运价较贵,但由于航期固定,有利于客户安排鲜活商品或急需商品的运送。

按照业务的对象不同,班机运输可分为客运航班和货运航班。前者,一般航空公司通常采用客货混合型飞机,在搭乘旅客的同时也承揽小批量货物的运输;后者只承揽货物运输,大多使用全货机。由于到目前为止国际贸易中经由航空运输所承运的货量有限,所以货运航班只是由某些规模较大的专门的航空货物运输公司,或一些业务范围较广的综合性航空公司在货运量较为集中的航线开辟。

4. 航空快件

航空快件业务(Air Courier),是指从事快件运输的航空货物运输代理与航空公司合作,将进出境的货物或物品从发件人所在地通过自身或代理网络以最快速度运达收件人的一种快递运输方式。

从收运范围看,航空快件以收运文件和小包裹为主,包括贸易合同、货运单据、银行票据、小件资料、样品、礼品、小零配件等;从运输和报关单据看,航空快件的报关单据简单,运输单据完整,交付凭证(Proof Of Delivery,POD)相当于航空货物运输中的分运单且有收货人签收联,但其作用比分运单更多;从服务质量看,航空快件运输有完善的快递网络,因有专人负责而减少了交接环节,运送速度快于普通航空货物运输和邮递业务,航空快件在整个过程中处于电脑监控之下,有收货人签字的交付凭证方式使收、发货人都感到安全、可靠。

【拓展知识】

5. 陆空联运、海空联运、空空联运

联运是发挥不同运输方式的优点并将不同的运输方式进行整合的运营方式,分为陆空联运、海空联运、空空联运。

陆空联运(Train-Air-Truck)是火车、飞机和卡车的联合运输方式。如由香港入境或途经香港转运入境的货物可以从香港经陆路运输入境,在深圳办

【拓展知识】

理转关手续后,搭乘国内航班"空空转关"到其他目的地。由于国内航班的运输价格大大低于香港到北京的国际航班,这种陆运和空运"接力"的"陆空联运"模式为国外各地的货物经香港运至其他目的地开辟了一条低成本的新通道。

海空联运又称为空桥运输(Air-Bridge Service),是以海运为主,只是最终交货运输区段由空运承担。海空联运方式始于20世纪60年代,但到80年代才得以发展。采用这种运输方式,运输时间比全程海运少,运输费用比全程空运便宜。20世纪60年代,将货物从远东船运至美国西海岸,再通过航空运至美国内陆地区或美国东海岸,从而出现了海空联运。

空空联运(Air-Air)是货物以海关转关的方式经不同机场运抵目的地,实现了一次报检报关、一次录入、一次查验、一次放行,大大缩短了进出口货物的通关运输时间,节省了场地、货物存放费用等营运成本。

3.1.2 航空货物运输合同

1. 航空运输合同的概念

航空货物运输合同是指航空运输承运人使用民用航空器,将货物从起运点运输到约定地点,由托运人或者收货人支付货款或者运输费用的合同。它的法律依据是《中华人民共和国合同法》《中华人民共和国民用航空法》《中国民用航空货物国内运输规则》《中国民用航空货物国际运输规则》以及相关的国际公约等。

《中国民用航空货物国内运输规则》规定:"承运人(Carrier)是指包括接受托运人填开的航空货物运输单或者保存货物记录的航空承运人,和运送或者从事承运货物或者提供该运输的任何其他服务的所有航空承运人;代理人(Agent)是指在航空货物运输中,经授权代表承运人的任何人;托运人(Shipper)是指为货物运输与承运人订立合同,并在航空货物运输单或者货物记录上署名的人;收货人(Consignee)是指承运人按照航空货物运输单或者货物运输记录上所列名称而交付货物的人;托运人托运声明书(简称托运书)(Shipper's Letter of Instruction,SLI)是指托运人办理货物托运时填写的书面文件,是据以填开航空货物运输单的凭证;航空货物运输单是由托运人或者托运人委托承运人填写的,是托运人和承运人之间为在承运人的航线上承运货物所订立合同的证据。"

2. 航空货物运输合同的特点

(1)航空货物运输合同是标准合同。

航空货物运输合同又称格式合同,包含大量格式条款,合同的形式和条款基本上都是由承运人依据法律、行业惯例、经营需要单方预先制定的,国家对这些条款要加以审核,既要保护航空运输企业的利益,又要保护托运人的利益,这体现了国家对航空货物运输合同的监管和控制。因此,航空货物运输合同具有标准合同的性质。

(2)航空货物运输合同是双务、有偿合同。

航空货物运输合同对合同双方的权利和义务都做了详细的规定,例如,托运人应当认真填写，对托运书内容的真实性、准确性负责，并在托运书上签字或者盖章；承运人应当根据运输能力，按货物的性质和急缓程度，有计划地收运货物，届时，应当查验托运人的有效身份证件，凡国家限制运输的物品，必须查验国家有关部门出具的准许运输的有效凭证。这些都体现了航空运输合同的双务性。

托运人应按国家规定的货币和付款方式交付货物运费，除承运人与托运人另有协议者外，运费一律现付，即托运人需为其得到的运输服务支付报酬，同时，承运人可以收取地面运输费、退运手续费和保管费等货运杂费。这体现了航空运输合同的有偿性。

（3）航空货物运输合同是诺成合同。

诺成合同又称不要物合同，指仅以当事人意思表示一致为成立要件的合同，即合同自当事人双方意思表示一致时即可成立。航空货物运输合同以托运人交付货物作为承运人履行合同义务的条件，若承运人没有按约定向承运人交付货物，承运人不需承担履行合同的义务。

3. 航空货物运输合同的订立、原则及内容

（1）航空货物运输合同的订立。

《航空货物运输合同实施细则》规定："托运人填写的货物托运单经承运人接收，并由承运人填写货运单后，航空货物运输合同即告成立。"此外，托运人要求包用飞机运输货物，应填写《包机申请书》，经承运人同意接受并签订《包机运输协议书》后，航空包机货物运输合同即告成立。

（2）航空货物运输合同订立的原则。

① 合法规范的原则。订立航空货物运输合同，要遵守国家法律法规的规定，不得损害国家利益和社会公众利益。根据《航空货物运输合同实施细则》的有关规定，托运人利用航空运输方式运送货物时，承运人有权要求托运人填写航空货物运输单，托运人应当向承运人填交航空货物运输单，并根据国家主管部门规定随附必要的有效证明文件。托运人应对航空货物运输单上所填写内容的真实性和正确性负责。

② 平等互利的原则。不管是承运人、托运人还是收货人，在享受权利之前必须履行一定的义务，在法律地位上是完全平等的。同时，条款的拟定必须公平合理，有利于谈判各方目标的实现，使各方利益都能得到最大程度的满足。如承运人应按照货运单上填明的地点，按约定的期限将货物运达到货地点。货物错运到货地点，应无偿运至货运单上规定的到货地点，如逾期运到，应承担逾期运到的责任。而托运人托运货物，应按照民航主管机关规定的费率缴付运费和其他费用。除托运人和承运人另有协议外，运费及其他费用一律于承运人开具货运单时一次付清。同时，收货人应及时凭提货证明到指定地点提取货物。

（3）航空货物运输合同的内容。

航空货物运输单是航空货物运输合同订立和运输条件以及承运人接收货物的初步证据。航空货物运输单上关于货物的重量、尺寸、包装和包装件数的说明具有初步证据的效力。除经过承运人和托运人当面查对并在航空货物运输单上注明经过查对或者书写关于货物的外表情况的说明外，航空货物运输单上关于货物的数量、体积和情况的说明不能构成不利于承运人的证据。

航空货物运输单的内容由国务院民用航空主管部门规定。航空货物运输单至少应包括：出发地点和目的地点；出发地点和目的地点均在我国境内，而在境外有一个或者数个约定的经停地点的，至少注明一个经停地点；货物运输的最终目的地点，出发地点或者约定的经停地点之一不在我国境内的，货运单上应载明所适用的国际航空运输公约的规定，并明确载明有关的声明。

【拓展知识】

4. 航空货物运输合同各方当事人的责任

（1）托运人的责任。

根据《航空货物运输合同实施细则》第 3~11 条规定，托运人的责任主要有以下两项。

① 托运人有提供办理货物进出口手续的相关文件的责任。托运人应认真填写航空货物运输单，对货运单内容的真实性、准确性负责，并在货运单上签字或者盖章。托运人托运政府规定限制运输的货物以及需向公安、检疫等有关政府部门办理手续的货物时，应当随附有效证明。

托运人要求包用飞机运输货物，应先填写《包机申请书》，并遵守民航主管机关有关包机运输的规定。

托运人对托运的货物，应按照国家主管部门规定的标准包装，没有统一标准的，应当根据保证运输安全的原则，按货物的性质和承载飞机等条件包装。凡不符合包装要求的，承运人有权拒绝承运。

托运人必须在托运的货件上标明发站、到站，以及托运人单位、姓名和详细地址，按照国家规定标明包装储运指示标志。

托运国家规定必须保险的货物时，托运人应在托运时投保货物运输险。对于每千克价值在 10 元以上的货物，实行保险与负责运输相结合的补偿制度，托运人可在托运时投保货物运输险，具体办法另行规定。

托运人在托运货物时，应接受航空承运人对航空货物运输单进行查核，必要时，托运人还应接受承运人开箱进行安全检查。

托运货物内不得夹带危险物品，以及国家禁止运输和限制运输的物品。如发现托运人谎报品名夹带上述物品，应按有关规定处理。

托运在运输过程中必须有专人照料、监护的货物时，应由托运人指派押运员押运。押运是对货物的安全负责，并遵守民航主管机关的有关规定，承运人应协助押运员完成押运任务。

托运人托运货物，应按照民航主管机关规定的费率缴付运费和其他费用。除托运人和承运人另有协议外，运费及其他费用一律于承运人开具货运单时一次付清。

托运人必须提供货物运抵目的地时交给收货人办理进境手续的资料或者文件，托运人必须将这些文件附在航空货物运输单的背面，因没有此种资料、文件或者此种资料文件不充足,又或者不符合规定,对承运人造成的损失,托运人应当对承运人承担责任。除是承运人、其受雇人或者其代理人的过错造成的以外,承运人没有对此种资料或文件的正确性或充足性进行检查的义务。资料文件包括发票、装箱单、进出口许可证、配额证明、动植物检疫证明等。

② 托运人有遵守货物进出口国家(地区)政府有关规定的责任。托运人除应提供上述必要的资料或文件外,还必须遵守一切适用的法律以及始发地、目的地、经停地的任何国家(地区)适用的法律和政府规定,包括关于包装、运输和交付的规定。如果托运人未遵守有关国家(地区)政府的相关规定,而对自身造成损失或费用支出的,承运人不承担责任;而由于托运人未遵守政府的规定,给承运人造成的损失或费用的支出,托运人应当赔偿承运人。

(2) 承运人的责任。

根据《航空货物运输合同实施细则》第12~15条规定,承运人主要承担以下责任。

① 在规定时间、规定地点以规定方式交付货物。承运人应按照货运单上填明的地点,按约定的期限将货物运达到货地点。货物错运到货地点,应无偿运至货运单上规定的到货地点,如逾期运到,应承担逾期运到的责任。

承运人应于货物运达到货地点后24小时内向收货人发出到货通知。收货人应及时凭提货证明到指定地点提取货物。货物从发出到货通知的次日起,免费保管3日。

货物从发出提货通知的次日起,经过30日无人提取时,承运人应及时与托运人联系征求处理意见;再经过30日,仍无人提取或者托运人未提出处理意见,承运人有权将该货物作为无法交付的货物,按运输规则处理。对易腐或不易保管的货物,承运人可视情况及时处理。

② 因发生在航空运输期间的事件,造成货物的毁灭、遗失或者损坏的,承运人应当承担责任。承运人应按货运单交付货物。交付时,如发现货物灭失、短少、变质、污染、损坏时,应会同收货人查明情况,并填写货运事故记录。收货人在提取货物时,对货物状态或重量无异议,并在货运单上签收,承运人即解除运输责任。

③ 承运人对货物运输延误的责任。延误是指承运人没有按照合同约定的时间将货物运抵目的地。如果货物及时运抵目的地,但承运人没及时向收货人发出货物到达通知也称为延误。

(3) 收货人的责任。

收货人在接到提货通知后,应持提货证明或者其他有效证件在规定的时间内提取货物,逾期提取货物的,应当向承运人支付保管费。委托他人提货时,凭到货通知单和货运单指定的收货人及提货人的居民身份证或其他有效身份证件提货。如承运人或其代理人要求出具单位介绍信或其他有效证明时,收货人应予提供。

托运货物发生损失的,收货人最迟应在收到货物之日起10日内提出异议。货物发生延误的,收货人最迟应自货物交付或者处理之日起21日内提出异议。收货人应将所提异议写在运输凭证上或者另以书面提出。收货人未在上述规定期限内提出异议的,不能向承运人提起索赔诉讼，但承运人有欺诈行为的情形除外。

收货人提货时，对货物外包装状态或重量如有异议，应当场提出查验或者重新过秤核对。

收货人提取货物并在货运单上签收而未提出异议，则视为货物已经完好交付。

航空货物运输合同纠纷

【拓展案例】

青岛祥泰纺织品有限公司与韩国 AMA 公司达成出口协议，向日本出口服装，由韩国中小企业银行开具信用证，信用证号为 M0449405RS00025。为履行青岛祥泰纺织品有限公司与韩国 AMA 公司之间的服装买卖合同，AMA 公司于 2004 年 5 月 7 日向韩国中小企业银行申请开立了受益人为青岛祥泰纺织品有限公司的编号为 M0449405RS00025 的跟单信用证，到期日为 2004 年 6 月 12 日，信用证对所需单证中空运单的要求是收货人为韩国中小企业银行、标明"运费预付""通知申请人"。

根据青岛祥泰纺织品有限公司向三歐海运航空公司青岛办事处提示的贸易信息，三歐海运航空公司青岛办事处于 2004 年 6 月 4 日、6 月 6 日、6 月 7 日、6 月 8 日在中国青岛签发了以青岛祥泰纺织品有限公司为托运人，凭韩国中小企业银行指示 (To The Order Of Industrial Bank Of Korea) 作为收货人，运费到付、财务说明处填写为 AMA 公司，目的站机场为日本名古屋，编号分别为 SAM-2004 1596、SAM-2004 1599、SAM-2004 1601、SAM-2004 1607 的 4 份航空货运单。AMA 公司于 2004 年 7 月 21 日出具确认书，确认其已收到上述货物。青岛祥泰纺织品有限公司在向韩国中小企业银行主张支付信用证项下款项时，被以电汇余额后没有进行议付、透支、多运为由拒付。青岛祥泰纺织品有限公司于 2004 年 7 月 12 日接到韩国中小企业银行有关其并未将提货单交给 AMA 公司、其仍持有正本单证的回函后，以承运人擅自放货为由起诉三歐海运航空公司至法院。2005 年 3 月 21 日，法院判决青岛祥泰纺织品有限公司败诉。

——摘自《山东省青岛市中级人民法院民事判决书[(2004)青民四初字第 252 号]》

5. 航空货物运输合同的变更和解除

（1）航空货物运输合同的变更。

货物承运后，托运人可以按照有关规定要求变更到站、变更收货人或运回原发站。托运人对已承运的货物要求变更时，应当提供原托运人出具的书面要求、个人有效证件和货运单托运人联。要求变更运输的货物，应是一张货运单填写的全部货物。

对托运人的变更要求，只要符合条件的，航空承运人都应及时处理，但如果托运人的变更要求违反国家法律法规和运输规定，承运人应予以拒绝。

承运人由于执行国家交给的特殊任务或气象等原因，需要变更运输时，应及时与托运人或收货人商定处理办法。对于托运人的指示不能执行的，承运人应当立即通知托运人，并说明不能执行的理由。承运人按照托运人的指示处理货物，没有要求托运人出示其所收执的航空货物运输单，给该航空货物运输单的合法持有人造成损失的，承运人应当承担责任，但不妨碍承运人向托运人追偿。

(2) 航空货物运输合同的解除。

货物发运前，经合同当事人双方协商同意，或任何一方因不可抗力不能履行合同时，可以解除航空运输合同，但应及时通知对方。承运人提出解除合同的，应退还已收的运输费用；托运人提出解除合同的，应付给承运人已发生的费用。

6. 航空货物运输合同各方当事人的违约责任

(1) 承运人的主要违约责任。

从承运货物起至货物交付收货人或依照规定处理完毕时止，货物发生灭失、短少、变质、污染、损坏的，如果是已投保货物运输险的货物，由承运人和保险公司按规定赔偿。除上述情况外，均由承运人按货物的实际损失赔偿。

如果托运人或收货人证明损失的发生确属承运人的故意行为，则承运人除按规定赔偿实际损失外，还要由合同管理机关处以造成损失部分10%～50%的罚款。

货物超过约定期限运达到货地点，每超过1日，承运人应偿付运费5%的违约金，但总额不能超过运费的50%，但因气象条件或不可抗力原因造成货物逾期运到的，可免除承运人的责任。

货物在航空运输中因延误造成的损失，承运人应当承担责任；但是，承运人证明本人或者其受雇人、代理人为了避免损失的发生，已经采取一切必要措施或者不可能采取此种措施的，不承担责任。

在货物运输中，经承运人证明，损失是由索赔人或者代行权利人的过错造成或者促成的，应当根据造成或者促成此种损失的程度，相应免除或者减轻承运人的责任。

(2) 托运人的主要违约责任。

签订包机航空货物运输合同后，包机人因故要求解除合同时，应按规定交付退包费，并承担在此之前，承运人已经发生的调机等项的费用。

托运人未按照规定缴纳运输费用的，应承担违约责任。

因航空货物运输单上的说明和声明不符合规定、不正确或者不完全，给承运人或者承运人对之负责的其他人造成损失的，托运人应承担赔偿责任。

托运人在托运货物内夹带、匿报危险物品，错报笨重货物重量或违反包装标准和规定，而造成承运人或第三者损失的，托运人应承担赔偿责任。

(3) 收货人的违约责任。

由于收货人的过错，造成承运人或第三者的损失的，收货人应承担赔偿责任。

收货人应在规定的期限内提取货物，逾期提取的，应向承运人支付保管费用和其他应付费用。

(4) 航空货物运输的索赔时效。

托运人或收货人要求赔偿时，应在填写货运事故记录的次日起180日内，以书面形式向承运人提出，并随附有关证明文件。承运人对托运人或收货人提出的赔偿要求，应在收到书面赔偿要求的次日起60日内处理。

航空运输的诉讼时效时间为两年，自民用航空器到达目的地或者运输终止之日起计算。

3.1.3 航空货物运输的运价与费用

1. 基本概念

(1) 运价。

运价(Rates)亦称费率,是指承运人对运输每一重量单位(或体积)货物向托运人所收取的自始发地机场至目的地机场的航空费用。货物运价是出发地机场至目的地机场之间的航空运输价格,只适用于单一方向,一般以千克或磅为单位,不包括其他额外费用,如提货、报关、接交货和仓储费用等。

(2) 运费。

根据适用运价率所得的发货人或收货人应当支付的每批货物的运输费用,称为运费(Transportation Charges)。

(3) 实际毛重。

实际毛重(Gross Weight)是指包括货物包装在内的货物重量。一般情况下对于高密度货物,实际毛重可能会成为计费重量。

(4) 体积重量。

按照国际航协的有关规则,将货物的体积按一定的比例折合成的重量,称为体积重量(Volume Weight)。由于货舱空间体积的限制,一般对于低密度的货物,体积重量可认为是其计费重量。体积重量的折算以最长、最宽、最高的三边的厘米长度相乘计算,长、宽、高的小数部分按四舍五入取整。国际航空货物运输组织规定换算标准为每7 000立方厘米折合1千克,我国民航规定的换算标准为每6 000立方厘米折合1千克。

(5) 最低运费。

航空公司办理一批货物所能接受的最低运费(Minimum Charges)。

2. 运价的分类

(1) 根据运价制定的途径分为协议运价和国际航协运价。

协议运价是指航空公司与托运人签订协议,托运人保证每年向航空公司交运一定数量的货物,航空公司则向托运人提供一定数量的运价折扣。

【拓展知识】

国际航协运价是指 IATA 运价,是 IATA 在 TACT 运价资料上公布的运价。国际货物运价使用 TACT 的运价手册(Tact Rates Book),结合并遵守国际货物运输规则(Tact Rules)共同使用。

(2) 根据运价公布的形式分为公布直达运价和非公布直达运价。

公布直达运价是指承运人在运价手册上对外公布的运价,包括普通货物运价、指定商品运价、等级货物运价、集装货物运价。

非公布直达运价是指承运人未在运价手册上对外公布的运价,包括比例运价、分段相加运价。

3. 计费重量

计费重量一般采用货物的实际毛重与体积重量中比较高的那项;但当货物按较高重

量分界点的较低运价计算的航空运费较低时,则以较高重量分界点的货物起始重量作为货物的计费重量(Chargeable Weight)。

4. 运费计算

运费计算通常按以下步骤进行。

第一步:计算出航空货物的体积(Volume)及体积重量。

第二步:体积重量的折算,换算标准为每6 000立方厘米折合1千克。

第三步:计算货物的总重量(Gross Weight),总重量=单个商品重量×商品总数。

第四步:比较体积重量与总重量,取大者为计费重量。根据国际航协规定,国际货物的计费重量以0.5千克为最小单位,重量尾数不足0.5千克的,按0.5千克计算,0.5千克以上不足1千克的,按1千克计算。

第五步:根据公布的运价,找出适合计费重量的适用运价(Applicable Rate)。当计费重量小于45千克时,适用运价为GCRN的运价(GCR为普通货物运价,N表示重量在45千克以下的运价);计费重量大于45千克时,适用运价为GCRQ45、GCRQ100、GCRQ300等与不同重量等级分界点对应的运价(航空货物运输对于45千克以上的不同重量分界点的普通货物运价均用"Q"表示)。

第六步:计算航空运费(Weight Charge),航空运费=计费重量×适用运价。

第七步:若采用较高重量分界点的较低运价计算出的运费比第六步计算出的航空运费低,则取前者。

第八步:将第七步计算出的航空运费与最低运费M做比较,取高者。

5. 主要的航空货物运价率

(1)公布的航空货物运价率。

公布的航空货物运价率有以下4类。

① 普通货物运价率(General Cargo Rate,GCR)又称一般货物运价率,是为一般货物制定的,仅适用于计收一般普通货物的运价。

普通货物运价率,以45千克作为重量划分点,45千克(或100磅)以下的普通货物运价,运价类别代号为"N"。国内航空货物运输建立45千克以上、100千克以上、300千克以上3级重量分界点及运价,重量分界点运价类别代号为"Q"。当一个较高的起码重量能提供较低运费时,则可使用较高的起码重量作为计费重量。

② 等级货物运价率(Class Cargo Rate,CCR)指适用于规定地区或地区间指定等级的货物所适用的运价。等级货物运价是在普通货物运价的基础上增加或减少一定百分比而构成的。

等级运价加价,运价代号"S",按45千克以下的普通货物运价的1.5~2倍计收;等级运价减价,运价代号"R",按45千克以下的普通货物运价的50%计收。

③ 特种货物运价(Specific Cargo Rate,SCR)又称指定商品运价,运价代号"C",自始发地至指定的目的地而公布的适用于特定商品、特定品名的低于普通货物运价的某些指定物品的运价。

④ 起码运费，类别代号"M"，是指航空公司承运一批货物所能接受的最低运费。不论货物的重量或体积大小，当运价少于起码运费时，就要收取起码运费。

（2）非公布的直达航空运价率。

① 比例运价（Construction Rate）。在运价手册上除公布的直达运价外还公布一种不能单独使用的附加数，即比例运价。当货物的始发地或目的地无公布的直达运价时，可采用比例运价与已知的公布的直达运价相加，构成非公布的直达运价。

② 分段相加运价（Combination of Rate）。在两地间既没有直达运价也无法利用比例运价时可以在始发地与目的地之间选择合适的计算点，分别找到始发地至该点、该点至目的地的运价，两段运价相加组成全程的最低运价。

6. 声明价值附加费

根据法律规定，在国际航空运输过程中，承运人必须保证将货物安全、正点、完整地运至目的地。在整个航空运输期间，货物因损坏、灭失、短缺或者延误而产生的任何损失，承运人均应负赔偿责任。

国内航空运输托运人托运的货物，毛重每千克价值在 20 元人民币以上的，可办理货物声明价值，按规定交纳声明价值附加费（Valuation Charges），每张货运单的声明价值一般不超过 50 万元人民币，已办理托运手续的货物要求变更时，声明价值附加费不退。

国内航空运输声明价值附加费的计算方法为：［声明价值 – （实际重量 ×20）］×0.5%。

国际航空运输中，当货物价值大于 17SDR/kg（SDR 是 Special Drawing Rights 的缩写，即特别提款权）时，货主可以声明价值。承运人的责任限额为超过责任限额 17SDR/kg 部分价值的 0.75%。

国际航空运输声明价值附加费 =（声明价值 – 每公斤毛重赔偿限额 × 毛重）×0.75%。

7. 其他附加费

除了航空运费和声明价值附加费以外的其他附加费用（Other Charge），包括地面运费、燃油费、运费到付手续费等。其他附加费一般只有在承运人或航空货物运输代理人或集中托运人提供服务时才收取，例如：AC（Animal Container Fee），动物容器费；AS（Assembly Service Fee），集装服务费；AW（Air Waybill Fee），货运单费；FS（Fuel Surcharge），燃油附加费；各类手续费、杂项费等。

3.2 普通货物航空运输

3.2.1 普通货物概述

1. 普通货物的概念

普通货物（General Cargo）是指对飞机结构和运输组织无特殊要求的货物。

2. 普通货物的范围

普通货物通常指除毒品、武器、弹药、核材料、伪造的货币、国家禁止出口的文物、黄金、白银和其他贵重金属、珍贵动物及其制品、珍稀植物及其制品、淫秽物品、固体废物以外的其他货物。

3.2.2 收运条件和程序

1. 收运条件

（1）一般规定。

① 根据中国民航各有关航空公司的规定，托运人所交运的货物必须符合有关始发、中转和到达国家的法令和规定，以及中国民航各有关航空公司的一切运输规章制度。

② 凡中国及有关国际政府和空运企业规定禁运和不承运的货物，不得接受。

③ 托运人必须自行办妥始发海关、检疫等出境手续。中国民航各空运企业暂不办理"货款到付"（COD）业务。

④ 货物的包装、重量和体积必须符合空运条件。

（2）价值限制。

每批货物（即每份货运单）的声明价值不得超过10万美元或与其等值货币（未声明价值的，按毛重每千克20美元计算）。声明价值超过10万美元时，应分批交运（即分两份或多份货运单）。如果货物不宜分开，则必须经有关航空公司批准后方可收运。

（3）付款要求。

① 货物的运费可以预付，也可以到付，但需注意的是：货物的运费和声明价值费，必须全部预付或全部到付；在运输始发站发生的其他费用，必须全部预付或全部到付；在收运途中发生的费用应到付，但某些费用，如政府所规定的固定费用和机场当局的一些税收，如始发站知道时，也可以预付；在目的地发生的其他费用只能全部到付。

② 托运人可用人民币现金（或中国人民银行国内支票）向承运人或其代理人支付运费。但是，代理人不得接受托运人使用旅费证（MCO）或预付票款通知单（PTA）作为付款方式。

2. 收运程序

（1）在交运货物时，托运人应填写《国际货物托运书》并提供与运输有关的文件，托运人应对托运书上所填内容及所提供与运输有关运输文件的正确性和完备性负责。

（2）代理人在收运国际货物时，应认真完成以下程序。

① 着重检查。

一是检查货物内容。了解托运人所交运的货物是否属于特定条件下运输的货物，特别应注意交运的货物是否属于危险品，或货物中可能含有危险品。如属于或含有危险品，应按承运人与代理人的有关协议及国际航协有关危险物品规定中的规定办理。

二是检查货物的目的地。代理人应了解托运人所交货物的目的地是否是通航地点，如目的地无航站时，可建议托运人将货物到达站改为离目的地最近的一个通航地点，但收货人栏内仍须填货物的目的地。

三是检查货物的包装和体积。代理人在收运货物时，应检查货物的包装情况和尺寸。对于包装不牢、过于简陋以及带有旧标志的包装，应要求托运人重新包装。另外应检查货物的体积是否符合所装载机型的要求，对于联程货物，则应考虑其中转航站所使用的机型。

四是检查海关手续。检查货物的报关手续是否齐备。

② 请托运人填写托运书并进行检查。上述 4 点均符合要求时，请托运人填写托运书，代理人应着重检查托运书上有关各栏的填写。

货物品名栏（包括体积及尺寸）。检查货物品名栏内的品名是否填写得过于笼统，如"鱼罐头"不应笼统地填写为"食品"。另外应检查托运人所填写的货物尺寸是否注明计量单位，对于危险物品，则应要求注明其专用名称和包装级别。

收货人姓名和地址栏。代理人应了解收货人所在城市名称是否属于不同国家中的重名城市，遇到此种情况时，必须要求加上国名，运往美国的货物则还应加上州名。本栏不得出现"TO Order"字样，因为航空货运单不能转让。

托运人签字栏。检查托运人签字栏内是否有托运人的签字。

③ 对货物进行称重和测量尺寸。代理人对货物应进行称重和测量尺寸，以便计算出计费重量。如果托运人自己将货物重量填入栏内，代理人必须进行复核。

④ 计算运费。在计算运费前，必须准确地确定费率，计算完运费后，必须进行复核。

⑤ 填写航空货运单。填开货运单应按照现行的《航空货物运价手册》（TACT）规则部分第 6 章中货运单的填写要求填写。

⑥ 粘贴和拴挂货物标签。对于需要加贴货物有关标签的货物，应予加贴或拴挂。

⑦ 对货物、货运单和标签进行核对，以避免发生差错。

⑧ 预定吨位。需要预定吨位的货物，应事先定妥。特种货物和运输中需特别照料的货物，应事先安排妥当。

⑨ 填写货物的交接单，并将货物安全地送交到承运人处。

⑩ 编制销售日报表，并根据有关航空公司要求，按时交付运费。

3.2.3 文件

1. 货物托运书

根据《中国民用航空货物国内运输规则》，托运书是指托运人办理货物托运时填写的书面文件，是据以填开航空货运单的凭据。托运货物凭本人居民身份证或者其他有效身份证件，填写货物托运书，向承运人或其代理人办理托运手续。如果承运人或其代理人要求出具单位介绍信或其他有效证明，托运人也应予提供。托运政府规定限制运输的货物以及需向公安、检疫等有关政府部门办理手续的货物，应当随附有效证明。托运人应当认真填写托运书，对内容的真实性、准确性负责，并在托运书上签字或者盖章。国内民用航空货物运输的托运书的基本内容包括：货物托运人和收货人的具体单位或者个人的全称及详细地址、电话、邮政编码；货物品名；货物件数、包装方式及标志；货物实际价值；货物声明价值；普货运输或者急件运输；货物特性、储运及其他说明。运输条件不同或者因货物性质不能在一起运输的货物，应当分别填写托运书。

2. 航空货物运输单

航空货物运输单是指托运人或者托运人委托承运人填写的，是托运人和承运人之间为在承运人的航线上承运货物所订立合同的证据。航空货物运输单应当由托运人填写，连同货物交给承运人。如承运人依据托运人提供的托运书填写货运单并经托运人签字，则该货运单应当视为代托运人填写。

托运人应当对货运单上所填关于货物的说明或声明的正确性负责。

国内民用航空货物运输的航空货运单一式8份，其中正本3份、副本5份。正本3份为：第1份交承运人，由托运人签字或盖章；第2份交收货人，由托运人和承运人签字或盖章；第3份交托运人，由承运人接收货物后签字盖章。3份具有同等效力，承运人可根据需要增加副本。货运单的承运人联应当自填开货运单次日起保存两年。

货运单的基本内容包括：填单地点和日期；出发地点和目的地点；第一承运人的名称、地址；托运人的名称、地址；收货人的名称、地址；货物品名、性质；货物的包装方式、件数；货物的重量、体积或尺寸；计费项目及付款方式；运输说明事项；托运人的声明。

3.2.4 运输包装要求与计重

1. 普通货物航空运输的一般要求

托运人托运货物，必须符合以下条件。

（1）国家法律、政府规定、命令或要求非禁止运输的货物。

（2）货物的包装应适合航空运输的要求。

（3）托运政府限制运输以及需要向公安、检疫等政府有关部门办理手续的货物，应当随附有效证明。

（4）货物不致危害飞机、人员、财产的安全，不致烦扰旅客。

（5）除另有约定外，不承运声明价值超过规定限额的货物。

（6）运输条件不同或性质相互抵触的货物时，托运人应分别办理托运手续。

2. 普通货物航空运输的货物包装与标签

（1）托运人应当保证所托运货物的包装在运输过程中不致损坏、散失、渗漏；不致损坏和污染飞机、设备或其他物品。

（2）托运人应当根据货物的性质、重量及运输环境，采用适当的内、外包装材料和包装形式，对货物妥善包装。精密易碎、怕震、怕压、不可倒置的货物必须有相适应的包装措施。严禁使用草袋包装和草绳捆扎。

（3）货物包装内不准夹带危险物品、政府禁止运输和限制运输的物品、贵重物品、保密文件和资料等。

（4）托运人应当在每件货物外包装上标明出发站、到达站和托运人、收货人的单位、姓名及详细地址等。托运人应当根据货物性质，按国家标准规定的式样，在货物外包装上张贴航空运输的指示标贴。

（5）托运人使用旧包装时，必须除掉原包装上的残旧标志和标贴。

（6）托运人托运的每件货物，应当按规定粘贴或者拴挂承运人的货物运输标签。

3. 货物计重

（1）托运人托运的每件货物的重量一般不超过80千克，包装尺寸一般不超过40厘米×60厘米×100厘米。超过此重量和尺寸的货物，承运人可依据航线机型及始发站、中转站和目的站机场的装卸设备条件，确定可收运货物的最大重量和尺寸。

（2）每件货物包装的长、宽、高之和不得小于40厘米。

3.2.5 托运人与收货人的责任划分

1. 托运人的责任

（1）在交运货物时，托运人应填写《国际货物托运书》并提供与运输有关的文件，托运人应对托运书上所填内容及所提供与运输有关运输文件的正确性和完备性负责。

（2）托运人托运的货物与航空货物运输单上所列品名不符，包括在货物中夹带危险物品或政府禁止运输或限制运输的物品时，承运人按下列规定办理。

① 在始发站停止发运，运费不退，通知托运人。

② 在中转站停止运送，运费不退，通知托运人，并按照实际运送航段另核收运费。

③ 在目的站，另核收全程运费。必要时承运人可报请政府有关部门处理。

（3）托运人使用承运人的集装设备装货时，应遵守承运人的规定。对不按规定装载造成的损失，托运人应承担赔偿责任。

2. 收货人的责任

由于收货人的过错，造成的承运人或第二人损失，收货人应承担赔偿责任。

3.3 特种货物航空运输

3.3.1 特种货物概述

1. 特种货物的概念

特种货物是指在收运、储存、保管、运输及交付过程中，因货物本身的性质、价值或重量等条件，需要进行特殊处理，满足特殊运输条件的货物。

2. 特种货物的范围

常见的特种货物有：鲜活易腐货物(Perishable Cargo)、尸体骨灰(Human Remains)、活动物(Live Animal)、贵重物品(Valuable Cargo)、危险品(Dangerous Goods)、超大超重货物(Outsized and Heavy Cargo)、个人物品(Personal Effects)、作为货物交运的行李(Unaccompanied Baggage)等。

3.3.2 鲜活易腐品

1. 鲜活易腐品概述

鲜活易腐品是指在一般运输条件下易于死亡或变质腐烂的货物。在装卸、储存和运输过程中，由于气温变化和运输延误等因素可能导致其变质或失去原有价值，此类货物属于紧急货物，常见的有：鲜花(Flowers，PEF)；肉类(Meats，PEM)；水果蔬菜(Fruits and Vegetables，PEP)；水产品(Fish/Seafood，PES)；未感光胶片(Undeveloped Film，FIL)；种蛋(Hatching Eggs，HEG)；干冰(用于降温)(Dry Ice，ICE)。鲜活易腐货物一般要求在运输和保管中采取冷藏、保温等特别措施，以保持其鲜活或不变质。

2. 收运条件

(1) 基本条件。

鲜活易腐货物应具有必要的检验合格证明和卫生检疫证明，还应符合有关到达站国家关于此种货物的进出口和过境规定。政府规定需要进行检疫的鲜活易腐物品，托运人应当提供有关部门出具的检疫证明。

托运人交运鲜活易腐货物时，应书面提出在运输中需要注意的事项及允许的最长运输时间，按约定时间送到机场办理托运手续。除另有约定外，鲜活易腐物品的运输时限应不少于24小时(从预定航班的预计起飞时间前2小时算起)。

(2) 包装。

包装必须要适合鲜活易腐物品的特性。不致因在运输途中包装破损或有液体溢出而污损飞机、设备或其他装载物。

凡怕压货物，外包装应坚固抗压；需通风的货物，包装上应有通气孔；需冷藏冰冻的货物，容器应严密，保证冰水不致流出。

带土的树种或植物苗等不得用麻袋、草包、草绳包装，应用塑料袋包装，以免土粒、草屑等杂物堵塞飞机空气调节系统。

为便于搬运，鲜活易腐货物每件重量以不超过25千克为宜。

(3) 标签。

除识别标签外，货物的外包装上还应拴挂"鲜活易腐"标签和向上标签。

各类运输文件上应明显标明"Perishable"的字样。

单件包装上应贴挂"Perishable"的专用标志。

3. 文件

（1）货运单。

货运单品名栏"Nature and Quantity"应注明"PERISHABLE"字样；并注明已订妥的各航段航班号和日期。

（2）其他文件。

在"Handing Information"栏内注明其他文件的名称和注意事项，并将装有各种卫生检疫证明的信封订在货运单后面，随货运单寄出。

4. 其他运输要求

承运前必须查阅《TACT 规则》手册中的第七部分，关于各个国家对鲜活易腐物品进出口、转口的运输规定，例如机场能否提供冷库、清关的时间范围等，确定无误后方可承运。承运前还应查阅《TACT 规则》手册中第八部分有关承运人对鲜活易腐品的承运规定。

托运人应预先订妥航班、日期。鲜活易腐货物应优先发运，尽可能利用直达航班。在运输的过程中要注意尽量节省时间、确保质量。

【拓展知识】

收运鲜活易腐品的数量必须取决于机型以及飞机所能提供的调温设备。

鲜活易腐货物运达后，应由航空公司或其地面代理人立即通知收货人来机场提取。如果在周末和节假日无法办理清关手续，应尽量安排货物在工作日到达中转站或目的站。

需要特殊照料的鲜活易腐物品应由托运人提供必要的设施，必要时由托运人派人押运。

鲜活易腐物品在运输、仓储过程中，承运人因采取必要的防护措施所产生的费用，由托运人或收货人支付。

3.3.3 骨灰和灵柩

1. 骨灰和灵柩概述

骨灰应放入专门的容器（丧葬专用的罐、瓮等），并放置衬垫物以保护容器不致损坏，通常情况下骨灰的运输可被任何飞机接受而无须订舱。

灵柩必须放入密封的铅制或锌制并经过焊接的内棺，外包装用木制的容器，最外层还应用帆布或防水油布包裹以防止容器受损，外包装上应装有牢固的把手以便装卸，许多国家要求尸体必须经过防腐处理。

2. 收运条件

（1）托运人应当凭医院出具的死亡证明及有关部门出具的准运证明，并事先与承运人联系约定。

（2）尸体无传染性。

（3）尸体经过防腐处理，并在防腐期限以内。

(4)灵柩棺内铺设木屑或木炭等吸附材料,棺材应当无漏缝并经过钉牢或焊封,确保气味及液体不会外溢。

(5)在办理托运时,托运人须提供殡葬部门出具的入殓证明。

3. 其他运输要求

灵柩不可与其他货物混运,除非整票集运货都是灵柩,另外灵柩应装在全货机或有独立货舱的客机上并经过事先订舱。

3.3.4 贵重物品

1. 贵重物品概述

凡交运的一批货物中,含有下列物品中的一种或多种的,称为贵重货物。

(1)其声明价值毛重每公斤超过(或等于)1 000美元的任何物品,或者单件货物体积在0.1立方米以下、保险价值在8 000元人民币以上的物品。

(2)黄金(包括提炼或未提炼过的金锭)、混合金、金币以及各种形状的黄金制品,如金粒、片、粉、线、条、管、环等,以及铂、钯、铱、锇、钌、铷等各种形状的稀有贵重金属制品。但上述金属以及合金的放射性同位素不属于贵重货物,而属于危险品,应按危险品运输的有关规定办理(参见3.4危险品航空运输)。

(3)合法的银行钞票、有价证券、股票、旅行支票及邮票(从英国出发,不包括新邮票)。

(4)钻石(包括工业钻石)、红宝石、蓝宝石、绿宝石、蛋白石、玉石、珍珠(包括养殖珍珠),以及镶有上述钻石、宝石、珍珠等的饰物。

(5)金、银、铂制作的饰物和表。

2. 收运条件

(1)包装。

贵重货物应用硬质木箱或铁箱包装,不得使用纸质包装,必要时外包装上应用井字铁条加固,并使用铅封或火漆封志。

(2)标记与标签。

贵重货物只能使用挂签,除识别标签和操作标签外,不需要任何其他标签和额外粘贴物。货物的外包装上不可有任何对内装物作出提示的标记。

(3)价值。

① 托运人交运贵重货物应自愿办理声明价值。

② 每票货运单货物的声明价值不得超过10万美元。

③ 每票货运单货物的声明价值超过10万美元时,应请托运人分批托运,即分几份货运单托运,产生的运费差额或其他费用由托运人负担,或告知上级机关,按照给予的答复办理。

④ 每次班机上所装载的贵重货物,价值不得超过100万美元。

3. 文件

（1）货运单。

货运单应记载详细的托运人、另请通知人和收货人的名称、地址、联系电话；除在"Nature and Quantity of Goods"栏内填写真实的货物名称、准确净重、内装数量外，还应注明"Valuable Cargo"字样；注明已订妥的各航段航班号和日期。

（2）其他文件。

其他文件的名称和操作要求在"Handling Information"栏内注明，并参阅《TACT规则》手册中7.3部分国家规定相关内容。

4. 其他运输要求

（1）订舱。

订舱时优先使用直达航班；收运贵重货物前，必须订妥全程舱位，并符合有关承运人的运输条件；如需变更续程承运人，必须得到有关承运人的许可；托运人应预先将货物的航班安排情况通知收货人。

贵重货物如需特别安全措施，应在电文中特别注明。如果有关航站需采取警卫等特别安全措施，由此产生的费用应由托运人负担；如果托运人拒付，航空公司则不予收运。

（2）仓储。

贵重货物应存放在贵重货物仓库内，并随时记录出、入库情况，货物交接时必须有书面凭证并双方签字；保证始发站、中转站和目的站机场都设有贵重货物仓库；总重量在45千克以下、单件体积不超过45厘米×30厘米×20厘米的贵重货物，应放在机长指定的位置，有保险箱的尽量放在保险箱内，超过上述体积和重量的贵重货物应放在有金属门的集装箱内或飞机散舱内。

（3）运输。

运输贵重货物，应尽量缩短货物在始发站、中转站和目的站机场的时间，避开周末或节假日交运。

贵重货物不可与其他货物一起作为一票货物运输。

贵重货物在装机或装集装箱过程中，至少应有三人在场，其中一人必须是承运人的代表。装在集装箱内的贵重货物，装机站负责监护装机至飞机舱门关闭，航班离港后，装机站应立即用电话或电报通知卸机站，并做详细记录。卸机站接到通知后，应安排专人监督卸机直至货物入库。中转站接收中转的贵重货物，应进行复核。发现包装破损或封志有异，应停止运输，征求始发站的处理意见。如果发现贵重货物有破损、丢失或短少等迹象，应立即停止运输，填写货物不正常运输记录并通知有关部门。

贵重货物不得使用地面运输。

收货人提取货物前，应仔细检查货物包装，如有异议，应当场向承运人提出，必要时重新称重，并详细填写运输事故记录。

3.3.5 超大超重货物

1. 超大超重货物概述

超大超重货物是指体积超过机型限制、单件货物重量超过 150 千克的货物，常见的有大型机器、大型机器铸件、钢材等。

2. 收运条件

（1）订舱。

如果一票货物包括一件或几件超大超重货物，订舱时应说明货物的重量和尺寸，并在货运单内单独列明，承运人可提前制订装载计划并准备必要的固定设施。

（2）包装。

托运人所提供的包装应便于承运人操作，如托盘、吊环等，必须注明重心位置。

3. 其他运输要求

（1）运输总要求。必须设置牢固的能支持装卸和固定的装置。

（2）装载。

① 应设置便于叉车等装卸设备操作的装置，例如托盘与地面之间应留有 5 厘米的空间以便叉车操作。

② 装卸操作时应注意平衡，重心位置应在货运单上标明，并在货物上圈出。

（3）固定。应留意货舱的墙壁和地板上的锚定点，以便能牢固地将货物固定在机舱内。

（4）保护。若有易碎或危险物品，应采取不与其他部件混淆、不作为装卸和固定的部位、注意气候条件（雨、灰尘、严寒、温度）等保护措施。

3.3.6 生物制品

1. 生物制品概述

生物制品是应用普通或以基因工程、细胞工程、蛋白质工程、发酵工程等生物技术，获得的微生物、细胞及各种动物和人源的组织和液体等生物材料制备的，用于人类疾病预防、治疗和诊断的药品。

生物制品的种类包括疫苗（Vaccines）、细菌类疫苗（Bacterial Vaccines）、病毒类疫苗（Viral Vaccines）、联合疫苗（Combined Vaccines）、抗毒素及免疫血清（Antitoxin and Antisera）、血液制品（Blood Products）、细胞因子（Cytokines）及重组 DNA 产品（Recombinant DNA Products）、诊断制品（Diagnostic Reagents）、其他制品（Else Products）。

2. 收运条件

（1）未经中国民用航空总局特殊批准，承运人不能承运对人体、动植物有害的菌种、带菌培养基等生物制品。

（2）凡经人工制造、提炼，进行无菌处理的疫苗、菌苗、免疫血清等生物制品，托运人应提供无菌、无毒证明。

3.3.7 活体动物

1. 活体动物概述

由于航空运输的快捷性、安全性，活体动物的运输在整个国际航空运输中占有非常重要的地位。活体动物不同于其他货物，对环境的变化敏感性很强。由于活体动物的种类繁多、特性各异等因素，运输中容易出现各种各样的麻烦。因此，工作人员一方面应多了解各种动物的个性，另一方面应严格按照运输规则来组织运输。

IATA 每年出版一期《活体动物规则》（Live Animal Regulations，LAR），包括有关活体动物运输的各项内容，如包装种类、操作和仓储标准等，目的是保证活体动物安全到达目的地。

2. 收运条件

（1）基本条件。

① 交运的动物必须健康状况良好，无传染病，并具有卫生检疫证明。

② 托运人必须办妥海关手续，根据国家的有关规定，办妥进出口和过境许可证，以及目的地国家所要求的一切文件。

③ 妊娠期的哺乳动物，一般不予收运，除非兽医证明动物在运输过程中无分娩的可能，方可收运；但必须对此类动物采取防护措施。

④ 对于动物与尚在哺乳期的幼畜同时交运的情况，只有大动物与幼畜可以分开时，方可收运。

⑤ 有特殊不良气味的动物，不予收运。

（2）包装。

动物容器的尺寸，应适合不同机型的舱门大小和货舱容积，还应适应动物的特性，并为动物留有适当的活动余地，大型动物容器需满足用机械进行装卸的要求。

容器应坚固，防止动物破坏、逃逸和接触外界。容器上应有便于搬运的装置。动物的出入口处应设有安全设施，以防发生事故。容器必须防止动物粪便漏溢，污损飞机，必要时加放托盘和吸湿物（禁止用稻草作为吸湿物）。容器还必须有足够的通气孔以防止动物窒息。对不能离水的动物，应注意包装防止水的漏溢以及因缺氧而造成动物在途中死亡。必要时容器内应备有饲养设备和饲料。

3. 文件

（1）活体动物证明书。

托运人每交运一批动物，应填写活体动物证明书，一式两份，证明书应由托运人签字，一份交承运人留存，一份和其他证件一起附在货运单上寄往目的站。

填写完活体动物证明书，托运人声明动物健康状况良好，并根据 LAR 中的规定和有关承运人、国家的要求对货物进行适当的包装,以符合空运条件。

(2) 货运单。

货运单的品名栏内必须写明与 LAR 中一致的动物俗名和动物的数量,并注明已订妥的各航段航班号和日期。所有文件的名称和其他操作要求都应写在"Handling Information"栏中。

(3) 其他文件。

其他文件包括动物卫生检疫证明、有关国家的进出口许可证等。

(4) 标签和标记。

容器上应清楚地注明收货人的姓名和详细地址(与货运单上相同),还应注明动物的习性和特性、有关特殊饲养的方法及应注意的事项。

容器上应贴有"动物"标贴(Live Animal)、"不可倒置"标贴(This Side Up),对危害人的、有毒动物应贴"有毒"标贴(Poisonous)。

4. 其他运输要求

(1) 必须在订妥全程舱位之后方可收运。

(2) 动物运输不办理运费到付。

(3) 动物运输应尽量利用直达航班,如无直达航班,应尽量选择中转次数少的航班。

(4) 活体动物在运输过程中,由于自然原因而发生的病、伤或死亡,承运人不承担责任,除非证明是由于承运人造成的责任。

(5) 由于托运人的过失或违反承运人的运输规定,致使动物在运输过程中造成对承运人或第三者的伤害或损失时,托运人应负全部责任。

(6) 动物在运输途中或到达目的地后死亡(除承运人的责任事故外)所产生的一切处理费用,应由托运人或收货人承担。

案例 3-2

宠物进行航空运输规定多

【拓展知识】

美国每年有 200 多万活体动物及宠物经航空运输。宠物可以作为行李进行托运,也可作为航空货物进行空运,此外一些航空公司也允许将宠物带入机舱,但规定多。美国达美航空公司(Delta Air Lines, Inc.)提供了几种不同的方式,包括将其携带入客舱、作为托运行李运载或作为货物托运。

客舱中允许携带的宠物包括狗、猫和家养鸟类。宠物应可以宽松地安放在宠物箱内,且该宠物箱可放置于前排座位下;在达美登机口和下机口、达美候机厅及飞机上,旅客必须将宠物放置在宠物箱里,并关上笼门;宠物必须至少 8 周大;一次最多只能携带一只宠物;宠物将被算作一件手提行李。此外,达美对于带入客舱中宠物数量也有限制,头等舱 2 只,飞凡商务客舱 2 只,主舱 4 只。

猫、狗、家养鸟、豚鼠、兔子以及仓鼠可作为行李托运。灵长类动物,包括狐猴、猕猴、红毛猩猩、大猩猩和黑猩猩都不允许运载(服务动物除外)。每个航班旅客最多可托运 2 个宠物箱。

达美航空在进行宠物运输时,对天气、宠物健康、宠物箱等有严格规定。当气温低于零下12℃时,不允许将动物作为行李托运。当气温达到24℃时,不允许运输哈巴狗或扁平鼻类的狗和猫。当气温达到29.4℃以上时,不允许将动物作为行李托运。如果动物有健康问题,或恶劣环境会影响该动物的健康时,达美有权拒绝将此动物作为行李或货物托运。达美航空公司并不需要旅客为随身携带或托运的宠物出示健康证书,但目的地城市可能要求提供健康证书。宠物箱必须要符合美国农业部的要求。

需要注意的是,对于带入客舱或托运的宠物,达美需要收取一定的费用。

各个国家及地区对于航空运输宠物的规定不尽相同,比如飞往英国的航班不允许将宠物带入客舱或作为行李托运,而有的地区则要求提供健康证明,所以最好提前联系航空公司,了解相关信息。

——货运世界: http://www.cargoworld.cn/forum.php? mod = redirect&tid = 8921&goto = lastpost

3.3.8 行李航空运输

1. 行李概述

作为货物运送的行李(Baggage Shipped As Cargo),又称无人押运行李(Unaccompanied Baggage)。其仅限于旅客本人的衣服和与旅行有关的私人物品,包括手提打字机、小型乐器、小型体育用品,但不包括机器、机器零件、货币、证券、珠宝、表、餐具、镀金属器皿、皮毛、影片或胶卷、照相机、票证、文件、酒类、香水、家具、商品和销售样品。

2. 收运条件

(1)作为货物运送的行李,只能在旅客客票中所列各地点的机场之间运输,并且行李交付的时间不得晚于旅客乘机旅行当天。

(2)旅客须如实申报行李内容、提供有关的文件、自行办理海关手续,并支付所需费用。

(3)该货物运输的具体时间由承运人决定。

(4)行李折扣运价不得和任何普通货物运价或指定商品运价相加使用,以致相加后的运价低于适用的规定或组合运价。

3. 文件

(1)货运单。

收运此种货物,需将旅客的客票号码、所乘班机的航班号、乘机日期等填入货运单,在"货物品名及数量"栏内应填明"无人押运行李"。

(2)客票。

在客票"签注(Endorsement)"栏内应注明"unbag"字样,以及货运单号码、件数和重量。例如,unbag784—233337602PC 50K。

4. 其他运输要求

行李箱必须上锁,如果锁的钥匙和行李一同运往目的地,应把钥匙装入专用信封附在货运单上。

行李内还应装入标有行李内容和旅客姓名以及家庭地址的标签,行李箱上还应贴挂标有旅客姓名和目的地地址的标牌。

旅客要求将钥匙带往目的站时应将其装入自备的结实信封内,在信封上写明收货人和托运人的姓名、地址,然后由航空公司收运部门封妥,订在货运单之后。在货运单"处理情况(Handling Information)"栏中应填明"KEY OF UNACCOMPANIED BAGGAGE"。

在运输过程中,为了便于识别旅客交运的行李和作为货物运送的行李,在作为货物运送的行李上应加挂货物标签。

3.4 危险品航空运输

3.4.1 危险品概述

【拓展视频】

1. 危险品的概念

危险物品(Dangerous Goods,DG)是指在航空运输中,可能危害人身健康、安全或对财产造成损害的物品或物质。依据国际航协《危险物品规则》(Dangerous Goods Regulations,DGR)第4章危险物品表规则归类为危险品的物品或物质,是指在外界作用(受热、碰撞、震动)下,能发生剧烈的化学反应,瞬时产生大量的气体和热量,使周围压力急骤上升,发生爆炸,而对周围环境造成破坏的物品,也包括无整体爆炸危险,但具有喷射危险性,以及较小的爆炸或仅产生热、光、音响或烟雾等一种或几种作用的烟火物品。航空运输危险物品应按照《危险物品规则》进行。

2. 危险品的分类

(1)根据危险物品所具有的危险性进行划分。

根据不同危险性,将危险物品分为9类。其中第1、2、4、5、6类又分为若干项。类通过一个数字表示,例如第7类。项用两个数字表示,第一个数字是类别,第二个数字是项别。例如氧化物是第5类、第1项,则被表示为"5.1项"。每一个类、项都有一个特定的标准用以判断某物质是否属于此类、项。

类和项的数字是为了方便标识,而非危险性的顺序排列。

① 第1类,爆炸品。

1.1项,具有整体爆炸危险性的物品或者物质。

1.2项,具有喷射危险性而无整体爆炸危险性的物品或者物质。

1.3项,具有起火危险性、较小的爆炸和(或)较小的抛射危险性而无整体爆炸危险的物品或者物质。

1.4项,不存在显著危险性的物品和物质。

1.5项，具有整体爆炸危险性而敏感度极低的物质。

1.6项，无整体爆炸危险性且敏感度极低的物质。

② 第2类，气体。

2.1项，易燃气体。

2.2项，非易燃、非毒性气体。

2.3项，毒性气体。

③ 第3类，易燃液体。

④ 第4类，易燃固体、自燃物质、遇水释放易燃气体的物质。

4.1项，易燃固体。

4.2项，自燃物质。

4.3项，遇水释放易燃气体的物质。

⑤ 第5类，氧化剂和有机过氧化物。

5.1项，氧化剂。

5.2项，有机过氧化物。

⑥ 第6类，毒性(有毒的)物质和传染性物质。

6.1项，毒性物质。

6.2项，传染性物质。

⑦ 第7类，放射性物质。

放射性物质是自发和连续地放射出某种类型辐射(电离辐射)的物质。这种辐射对健康有害，可使照相底片或X光片感光，这种辐射不能被人体的任何感官(视觉、听觉、嗅觉、触觉)觉察到，但可用仪器鉴别和测量。运输指数TI是距离放射性货包或货物外表面1米处最大辐射水平的数值。表面辐射水平是距离放射性货包或货物外表面5厘米处的最大辐射水平。最大辐射水平不得超过0.005msv/h(0.5mrem/h)。

⑧ 第8类，腐蚀品。

⑨ 第9类，杂项危险物品。

(2) 根据危险物品的包装等级进行划分。

对于交运的同一类别或项别的物品或物质按其危险程度进行区分的另一种依据是包装等级(Packing Groups)。根据危险品所具有的危险程度的大小，某些类别的危险品划分为3个包装等级，分别用罗马数字Ⅰ、Ⅱ、Ⅲ表示：Packing Group Ⅰ High Danger，较大危险性；Packing Group Ⅱ Medium Danger，中等危险性；Packing Group Ⅲ Low Danger，较小危险性。

3.4.2 危险品航空运输的文件

1. 货物托运书

货物托运书是托运人办理货物托运时填写的书面文件，是填开航空货物运输单的凭据。托运人必须填写一式两份危险品申报单，签字后一份交始发站留存，另一份随货物运至目的站。申报单必须由托运人填写、签字并对申报的所有内容负责,任何代理人都不可替代托运人签字。托运人托运货物,应当遵守出发地、经停地和目的地国家的法律和规定。《中华人民共和国民用航空法》第 101 条规定,禁止以非危险品品名托运危险品。因此,托运人在货物托运书上,应声明所托运的货物是否是危险品。

2. 货运单

航空货物运输单是航空货物运输合同订立和运输条件以及承运人接收货物的初步证据。托运人应当对航空货物运输单上所填关于货物的说明和声明的正确性负责。当危险品进行航空运输时,货运单必须按照危险品规则的具体要求进行填写。货物的品名应如实申报。如果货运单上所列的货物为需要申报单的危险品,在货运单中的"Handling Information"栏应注明"Dangerous Goods As Per Attached Shipper's Declaration"。

3. 托运人危险品申报单

托运人托运危险品时应正确、如实地填写托运人危险品申报单(Shippei's Declaration for Dangerous Goods,DGD),确保所签署申报单的人员已按中国民用航空局的规定接受相关危险品知识训练。托运人危险品申报单适用于所有的危险品运输。该表格可用黑色和红色印制在白纸上,或只用红色印制在白纸上,表格左、右两边的斜纹影线必须使用红色,申报单的尺寸应与 A4 纸型一致,承运人不接收经变动或修改的申报单,除非签署人对某项变动或修改再次签名。DGD 签署人签字栏必须由签署人手写姓名,不可以打印。

4. 收运检查单

在收运危险品时,为了检查申报单、货运单及危险品包装件是否完全符合要求,收运人应使用危险品收运检查单。检查单有 3 种形式,分别为非放射性物质检查单、放射性物质检查单和干冰检查单。检查单由危险品收运人员填写,一式两份,经收运人员签字后生效。

5. 特种货物机长通知单

当空中出现紧急情况时,机长可以根据特种货物机长通知单(Special Load Notification to Capitain,NOTOC)中危险品的类别、数量及装载位置及时采取措施,并将机上载有危险品的信息通报有关空中交通管制部门,以便通知机场相关部门。

6. 其他有关文件

(1)航空运输危险品,托运人需要提供危险品的分类、识别资料,如产品性质说明、理化检测报告、安全技术数据、货物性质识别、鉴定报告等资料。

(2)对于危险品使用的 UN 规格包装,还应提供包装检测机构出具的包装性能测试报告。

3.4.3 危险品航空运输的原则

1. 预先检查原则

危险物品的包装件在组装集装器或装机之前,必须进行认真检查,包装件在完全符合要求的情况下，才可继续进行作业。危险品的包装件从飞机或集装器卸下时，也必须检查是否有破损或渗漏的迹象。如果发现有破损或渗漏迹象，必须检查飞机存放过危险品的地方或集装器的位置是否有损坏或污染。

发现放射性物质包装件发生破损或泄漏，除了检查和搬运人员之外，任何人不得靠近破损包装件，可以使用仪器测量破损或泄漏的放射性物质包装件的剂量。必须按照环保部门和（或）辐射防护部门提出的要求，消除对机舱、其他货物和行李以及运输设备的污染。机舱在消除污染之前，飞机不准起飞。

检查的内容包括：外包装无漏洞、无破损；包装件无气味，无任何漏泄及损坏的迹象；包装件上的危险性标签和操作标签正确无误、粘贴牢固；包装件的文字标记（包括运输专用名称、UN 或 ID 编号、托运人和收货人的姓名及地址）书写正确，字迹清楚。

2. 方向性原则

装有液体危险物品的包装件均按要求贴有向上标签（需要时还应标注"THIS SIDE UP"）。在搬运、装卸、装集装板或集装箱以及装机的全过程中，必须按该标签的指向使包装件始终保持直立向上。

3. 轻拿轻放原则

在搬运或装卸危险物品包装件时，无论是采用人工操作还是机械操作，都必须轻拿轻放，切忌磕、碰、摔、撞。

4. 固定货物、防止滑动原则

危险物品包装件装入飞机货舱后，装载人员应设法固定。防止危险物品在飞机飞行中倾倒或翻滚，造成损坏。

3.4.4 危险品航空运输包装

1. 总要求

危险品必须按照本章的规定和国际民航组织发布的《危险物品安全航空运输技术细则》（2017—2018 版）的相关规定进行包装。

2. 包装物有以下具体要求

（1）航空运输的危险品必须使用优质包装物，该包装物必须构造严密，能够防止在正常的运输条件下由于温度、湿度或压力的变化，或由于震动而引起的渗漏。

（2）包装物必须与内装物相适宜，直接与危险品接触的包装物必须能够抗拒该危险品的化学作用或其他作用。

（3）包装物必须符合《技术指南》中有关材料和构造规格的要求。

（4）包装物必须按照《技术指南》的规定进行测试。

（5）对基本用于盛装液体的包装物，则必须承受《技术指南》中所列明的压力而不渗漏。

（6）内包装物的包装、固定或垫衬，必须能防止货物在航空运输的正常条件下破损或渗漏，并能控制货物在外包装物内的活动。垫衬和吸湿材料不得与容器内所装物品产生危险反应。

（7）包装物必须在检查后证明其未受腐蚀或其他损坏时，方可再次使用。当包装物再次使用时，必须采取一切必要措施防止随后装入的物品受到污染。

（8）由于先前内装物的性质，使未经清洁的空包装物造成危害时，必须将其严密封闭，并按构成危害的情况加以处理。

（9）包装件外侧不得黏附构成危害数量的危险物质。

3.4.5 标记与标签

对危险品包装件进行正确的标记和标签是安全运输过程中的重要元素。标记和标签的作用有标明包装件中的物品、指明包装件满足相关标准、提供安全操作和装载信息、标明危险品的性质。

1. 标记种类

（1）基本标记。

基本标记是最基本的要求，每个含有危险品的包装件或合成包装都需要清晰地标示出运输专用名称（需要时补充以适当的技术名称）、UN 或 ID 编号（包括前缀字母 UN 或 ID）、托运人及收货人名称及地址。

（2）附加标记。

第 1 类爆炸品必须标明包装件内爆炸品的净数量和包装件的毛重。

第 2 类中的深冷液化气体包装件的每一侧面或桶形包装件每隔 120°角应印上"KEEP UP RIGHT"（保持直立）。在包装件表面必须印上"DO NOT DROP—HANDLE WITH CARE"（勿摔-小心轻放）。第 2~6 类、第 8 类的危险品，当一票货物超过一个包装件时，每个包装件中所含危险品的净数量必须标注在包装件上。当 DGR 4.2《危险物品品名表》中的 H、J、L 栏中标明为毛重（有大写字母"G"）时，包装件上的计重单位后也应注明字母"G"。这些数量必须标在 UN 编号和运输专用名称相邻的地方。

（3）UN 规格包装标记。

① 危险品的包装形式有单一包装和组合包装。

单一包装，即由单一材料制成的包装，如塑料桶、钢桶等。

组合包装，即由内包装和外包装组成的包装。内包装一般由罐或瓶等组成，材质可以是玻璃、塑料、陶土、铝、铁等。外包装一般由桶、箱等组成，材质可以是钢、铝、胶合板、纤维板、木材等。

② 危险品的包装类型有联合国规格包装、限量包装和其他包装。

联合国规格包装是按照国家主管部门认可的质量保障程序进行的，经过跌落测试、堆码测试、防渗测试、内压测试。联合国规格包装可以是组合包装，也可以是单一包装。联合国规格包装如图3.1所示。

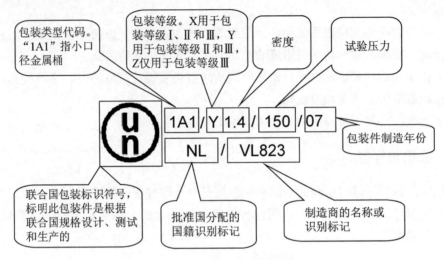

图3.1 联合国规格包装

限量包装没有联合国标识，但必须标注"LIMITED QUANTITY"或"LTD QTY"。经过跌落试验和堆码试验，表示方法为"Y"。限量包装必须是组合包装，且包装件最大允许毛重为30千克，而且有些危险品不允许使用限量包装。

其他包装，如气体钢瓶，干冰包装，磁性物质的包装，可以是组合包装，也可以是单一包装。

（4）合成包装件标记。

内部包装件上的UN规格标记可以不在合成包装件的外表面重现。如果合成包装件内所有的危险品的标记都看不清，则必须在合成包装件外表面标出"OVERPACK"及适用的其他标记。

2. 标签

（1）责任托运人负责在含有危险品的包装件或合成包装上贴标签（DGR7.2.1）。运营人及其地面代理人的职责仅仅是替换在运输过程中脱落或难以辨认的标签（DGR9.3.7）。

（2）标签的质量和规格。含有危险品包装件上所有的标签（包括危险性标签及操作标签），其外形、颜色、格式、符号及设计规格必须符合IATA DGR第7.3及7.4节的要求。标签的材料、印刷及黏合剂必须充分耐久，在经过正常运输条件的考验后（包括暴露在环境中），其牢固性和清晰度不会降低。

（3）标签的种类包括危险性标签和操作标签。

① 危险性标签（正方形倾斜45°）。所有类别或大多数危险品都需要贴此类标签。危险性标签分为上、下两部分，标签的上半部用于标示图形符号，下半部用于标示适用的类、项及配装组，如第1类爆炸品要注明配装组字母，还可以有文字说明危险性质，文

字应使用英文,除非始发国要求使用其他文字,在这种情况下应该标有英语译文。除了第 7 类放射性物质,这些文字的显示不是必需的,除非由于国家或运营人差异而要求必须使用文字。

② 操作标签。某些危险品需贴操作标签,有些可以单独使用,例如磁性物质 MAG、放射例外 RRE、例外数量的危险品 REQ、电池驱动的轮椅和移动辅助工具标签,有些又要同危险性标签同时使用,仅限货机 CAO、深冷液化气体 RCL、远离热源标签。

(4) 标签的粘贴。标签应粘贴在包装件的正确位置上,最好与运输专用名称、UN 编号及托运人、收货人的姓名地址粘贴于同一侧面;所有的标签必须牢固地粘贴或印制在包装件上,并且必须全部可见,不准被包装的任何部分或其他标签所遮盖;标签所处的背景必须与标签形成鲜明的颜色对比。

危险性标签只要求在包装件一侧粘贴。放射性物品的标签必须贴在包装件的两个相对的侧面上。

主要危险性标签与次要危险性标签相邻,主要危险性标签贴在左侧或上侧,次要危险性标签贴在右侧或下侧。

贴了方向性标签的包装件必须按照标签箭头所示的方向处理和装载。方向性标签必须粘贴或印制在包装件相对的两个侧面上。

3.5 航空货物运输保险

3.5.1 航空货物运输保险概述

1965 年,伦敦保险协会对常用的航空货物运输一切险制定了比较完整的《协会航空运输货物一切险条款》,该条款于 1982 年重新修订,并改名为《协会货物保险条款(邮报除外)》。《协会货物保险条款(邮报除外)》和该协会制定的《协会战争险条款》《协会罢工险条款》已成为目前国际保险市场采用较多的航空货物运输保险条款。中国人民保险公司也制定了《航空货物运输保险条款》,《公路货物运输保险条款》《水路货物运输保险条款》《铁路货物运输保险条款》可以在航空货物运输保险中有选择地使用。

1. 航空货物运输保险的概念

航空货物运输保险是以航空运输过程中的各类货物为保险标的,是当投保了航空货物保险的货物在运输途中因保险责任造成货物损失时,由保险公司提供经济补偿的一种保险业务。

金银、珠宝、钻石、玉器、首饰、古币、古玩、古书、古画、邮票、艺术品、稀有金属等珍贵财物,非经投保人与保险人特别约定,并在保险单(凭证)上载明的,不在保险标的范围以内;蔬菜、水果、活牲畜、禽鱼类和其他动物不在保险标的范围以内。

2. 责任范围

（1）赔偿责任条件。

保险货物在保险期限内无论是在运输还是存放过程中，由于下列原因造成的损失，保险人负赔偿责任。

① 由于飞机遭受碰撞、倾覆、坠落、失踪（3个月以上）、在危难中发生卸载以及遭遇恶劣气候或其他危难事故，而发生抛弃行为所造成的损失。

② 保险货物因遭受火灾、爆炸、雷电、冰雹、暴风雨、洪水、海啸、地震、地陷、崖崩所造成的损失。

③ 保险货物因受震动、碰撞等压力造成的破碎、弯曲、凹瘪、折断、开裂等损伤以及由此引起包装破裂而造成的损失。

④ 凡属液体、半流体或者需要用液体保藏的保险货物，在运输途中因受震动、碰撞或压力致使所装容器（包括封口）损坏发生渗漏而造成的损失，或用液体保藏的货物因液体渗漏而致保藏货物腐烂的损失。

⑤ 保险货物因遭受偷盗或者提货不着的损失。

⑥ 在装货、卸货和地面运输过程中，因遭受不可抗力的意外事故及雨淋所造成保险货物的损失。

（2）免于赔偿责任条件。

① 由于保险物本身的缺陷或自然损耗，以及由于包装不善或属于托运人不遵守货物运输规则所造成的损失。

② 托运人或被保险人的故意行为或过失所造成的损失。

③ 战争、军事行动、扣押、罢工、哄抢和暴动所造成的损失。

④ 核反应、核子辐射和放射性污染所造成的损失。

⑤ 在保险责任开始前，被保险货物已存在的品质不良或数量短差所造成的损失。

⑥ 市价跌落、运输延迟所引起的损失。

⑦ 属于发货人责任引起的损失。

⑧ 由于行政行为或执法行为所致的损失。

（3）航空货物运输保险的期限。

飞机在飞行途中，因机件损坏或发生其他故障被迫降落，以及因货物严重积压导致所保货物需用其他运输工具运往原目的地时，由保险人继续负责，但应办理批改手续。如果所保货物在被迫降落的地点销售或分配，保险责任的终止期以承运人向收货人发出通知后的15日为限。

航空运输保险的保险责任是自保险货物经承运人收讫并签发保险单（凭证）时开始，至该保险单（凭证）上目的地的收货人在当地的第一个仓库或储存处所时终止。但保险货物运抵目的地后，如果收货人未及时提货，则保险责任的终止期最多延长至收货人接到《到货通知单》以后的15日（以邮戳日期为准）。

3.5.2 航空货物运输保险的种类

1. 基本险

航空运输保险有航空运输险和航空一切险两个基本险别。

（1）航空运输险（Air Transportation Risks）指对被保货物在运输途中遭受雷击、火灾、爆炸，或由于飞机遭受恶劣气候或其他危难事故而被放弃，或由于飞机遭受碰撞、坠落或失踪等意外事故所造成的全部或部分损失负赔偿责任。被保险人对遭受承保责任内危险的货物采取抢救，防止或减少货损的措施而支付的合理费用，也由保险公司支付，但以不超过该批被救货物的保险金额为限。

（2）航空一切险（Air Transportation All Risks），除包括上述航空运输险的责任外，还负责由于外来原因所致的全部或部分损失。

（3）基本险的责任起讫。航空运输保险的责任起讫是"仓至仓"，即自被保货物运离保单上所载明的起运地仓库或储存处所开始，至货物到达保单所载明的目的地收货人的最后仓库或储存处所为止。如果未进仓，以被保货物在最后卸载地卸离飞机后满30日为止；如果不卸离飞机，以飞机到达目的地的当日午夜起满15日为止；如在中途港转运，以飞机到达转运地的当日午夜起满15日为止，后装上续运的飞机时保险责任继续有效。

由于被保险人无法控制的运输延迟、绕道、被迫卸货、重新装载、转载或承运人运用运输契约赋予的权限所做的任何航行上的变更或终止运输契约，致使被保险货物运输到非保险单所载目的地时，在被保险人及时将获知的情况通知保险人，并在必要时加缴保险费的情况下，本保险仍继续有效。保险责任按下述规定终止。

① 如果保险货物在非保险单所载目的地销售，保险责任至交货时为止，但不论任何情况，均以保险货物在卸载地卸离飞机后满15日为止。

② 保险货物在上述15日期限内继续运往保险单所载原目的地或其他目的地时，保险责任仍按上述第①款的规定终止。

③ 该保险索赔时效，从被保险货物在最后卸载地卸离飞机后计算，最多不超过2年。

2. 附加险

除投保上述任何一种基本险别外，经过协商还可以加保附加险。

（1）航空运输货物战争险（Air Transportation Cargo War Risks）指承保货物在航空运输途中因战争或类似战争行为的敌对行为或武装冲突以及常规武器和炸弹所造成的货物损失，但不包括由原子、核武器所造成的损失，或由于战争，执政当权者扣押、拘留所引起的航程丧失或损失。战争险是一种特殊附加险，只能在投保了主要险别的条件下，才能加保战争险。投保战争险要加收保险费。

（2）航空运输货物罢工险（Air Transportation Cargo Strike Risk）指承保被保险货物由于罢工者、被迫停工的工人或参加工潮、暴动、民众斗争的人员的行动，或任何人的恶意行为造成的直接损失,但不负责罢工期间由于劳动力的短缺或不能履行正常职责所致的保险货物的损失。

(3) 附加险的责任起讫。附加险的责任起讫与基本险的责任起讫相同。

3.5.3 航空货物运输险保险金额及保险费率

航空运输保险的保险价值按货价或货价加运杂费确定,保险金额按保险价值确定,也可以由保险双方协商确定。在保险有效期内,被保险人需要调整保险金额的,应当向保险人申请办理。

1. 确定保险金额

保险金额是投保人对保险标的的实际投保金额,是计算保险费的基础,也是在保险货物受损时,保险人承担赔偿责任的最高限额。

在国际货物运输业务中,保险金额一般是以货物的成本加保险费加运费(CIF)或运费保险费付至指定目的地(CIP)的发票金额为基础确定的。但是,在国际贸易中,若货物全部损失,而被保险人得到的补偿却只是 CIF 或 CIP 发票金额,已经支付的经营费用和预期利润仍然无法得到补偿。因此,各国保险法和相关国际惯例均规定,国际货物运输保险的保险金额,可以在 CIF 或 CIP 货价的基础上适当地加成,一般加一成(10%),加成的多少应视实际需要而定。

保险金额的计算可采用下面的公式。

$$保险金额 = CIF(或 CIP)发票金额 \times (1 + 加成率)$$

2. 保险费计算

保险金额乘以所规定的保险费率即得出保险费。我国人民保险公司的运输货物的保险费率分成两大类,即一般货物费率和指明货物费率。凡是损失率高、容易受损的货物名称列为指明货物费率。除指明货物以外的其他所有货物都属于一般货物费率。

一般附加险属于一切险范围内,所以投保一般附加险不另加保险费,特别附加险则加费。投保货物运输战争险和罢工险其中任何一项时,要另收保险费,如果两者同时投保,只收一项,不重复收取。

3. 航空运输货物损失的限额赔偿

(1) 航空货物损失赔偿的一般原则。

航空货物损失赔偿的一般原则是限额赔偿,即承运人的责任是有一定限额的。凡是未有声明价值由航空运输承运的货物,由于承运人的责任而造成损失时,承运人按照国际有关公约和国家法律及法规确定的限额,按实际损失赔偿。赔偿的前提是承运人的责任是有限的。以国际航空运输为例,承运人对普通货物承担的责任限额为每千克 20 美元,即使货主(托运人或收货人)托运的货物价值超过 20 美元,承运人也只能承担每千克 20 美元的赔偿。

保险货物发生保险责任范围内的损失时,按保险价值确定保险金额的,保险人应根据实际损失计算赔偿,但最高赔偿金额以保险金额为限。保险金额低于保险价值的,保险人对其损失金额及支付的施救保护费用按保险金额与保险价值的比例计算赔偿。保险人对货物损失的赔偿金额,以及因施救或保护货物所支付的直接合理费用,应分别计算,并各以不超过保险金额为限。

(2) 航空货物损失赔偿需注意的问题。

保险货物发生保险责任范围内的损失,如果根据法律规定或有关约定,应当由承运人或其他第三者负责赔偿一部分或全部的,被保险人应首先向承运人或其他第三者提出书面索赔,直至诉讼。被保险人若放弃对第三者的索赔,保险人不承担赔偿责任;如被保险人要求保险人先予赔偿,被保险人应签发权益转让书和将向承运人或第三者提出索赔的诉讼书及有关材料移交给保险人,并协助保险人向责任方追偿。由于被保险人的过错致使保险人不能行使代位请求赔偿权利的,保险人可以相应扣减保险赔偿金。

① 如果托运人在托运货物之前或同时既没有办理声明价值也未曾向保险人投保,一旦在航空运输期间货物发生损失,就应按照有关国际公约或国家有关法规予以赔偿;如果托运人办理了声明价值,就在声明价值额内按实际损失赔偿。

② 如果托运人投保了货物航空运输险,保险人应根据保险合同的约定,就自然灾害、意外事故造成的损失负赔偿责任,而由承运人过失造成的损失,应由承运人按责任限额赔偿,保险人不负担责任。

③ 如果托运人投保了货物运输险,承运人也投保了法定责任险,那么从理论上讲,保险人既要承担因不可抗力、意外事故造成的损失,又要承担因承运人的过失造成的损失,但二者必居其一,保险人实际上只承担其中的一种责任。

3.5.4 货损检验及赔偿处理

1. 货损检验

保险货物运抵保险凭证所载明的目的地后,如果发现保险货物受损,应当及时向当地保险公司申请检验,最迟不得超过 10 日,否则保险人不予受理。如果当地无保险公司,则由被保险人或收货人会同承运人共同检验,并由承运人出具检验证明加盖公章,向起运地保险人索赔。

2. 赔偿处理

被保险人向保险人申请赔偿时,必须提供航空货物运输单(保险单或保险凭证)、发票、装箱单、货物运输事故签证、索赔清单及救护保险货物所支出合理费用的单据。保险人在接到上述申请和单证后,根据保险责任范围,迅速核定是否应该赔偿。有关赔偿金额,经与被保险人达成协议后立即赔偿。

保险货物发生保险责任范围内的损失,保险人在保险金额限度内按实际损失计算赔偿。但如果被保险人投保不足,保险金额低于货物价值时,保险人应按保险金额与货物价值的比例计算赔偿。

保险货物发生保险责任范围内的损失，如果根据法律规定或者有关约定，应当由承运人或其他第三者负责赔偿一部分或全部的，则保险人不再赔偿或只赔偿其不足部分。如果被保险人提出要求，保险人也可以先予赔偿，但被保险人应签交权益追偿书给保险人，并协助保险人共同向责任方追偿。

保险货物遭受损失以后的残余部分，应当充分利用，经双方协商，作价折旧归被保险人，并在赔款中扣除。

在承运人会同收货人做出货物运输事故签证时起，被保险人如果在180日内不向保险人申请赔偿，不提出必要的单据、证件，即视为自愿放弃权益。

被保险人与保险人发生争议时，应当本着实事求是的态度协商解决；双方不能达成协议时，可以提交仲裁机构仲裁或法院处理。

本 章 小 结

随着航空货物运输在物流业中的地位日益突出，越来越多的企业开始选择这种快捷的运输方式。航空货物运输主要解决的问题是如何运送不同的货物，以及处理在运输过程中出现的争议，因此必须要了解与掌握不同货物在航空运输中应注意的事项和采取的流程。为确保承运人、托运人、收货人的利益，分清楚三者之间的责、权、利，从而产生了运输合同。为了补偿保险货物在空运过程中因遭受保险责任范围内的自然灾害或意外事故而造成的损失，以利于生产的发展和经营的稳定，航空货物运输保险是非常必要的。

关键术语

陆空联运 Train-Air-Truck　　　　　　海空联运又称为空桥运输 Air-Bridge Service
空空联运 Air-Air　　　　　　　　　　鲜活易腐货物 Perishable Cargo
尸体骨灰 Human Remains　　　　　　贵重物品 Valuable Cargo
航空运输险 Air Transportation Risks　　航空一切险 Air Transportation All Risks
航空运输货物战争险 Air Transportation Cargo Strike Risk

习　题

一、判断题

1. 航空运输主要有3种营运方式：集中托运、包板包舱运输和航空快件。（　　）
2. 航空货物运输合同是要物合同。（　　）

3. 凡是重量大而体积相对小的货物用实际重量作为计费重量。重量不足 0.5 千克的不计入。（　　）
4. 等级货物运价与普通货物运价没有关系。（　　）
5. 普通货物是指对飞机结构和运输组织无特殊要求的货物。（　　）
6. 危险品也是一类特种货物。（　　）

二、选择题

1. 航空货物运输合同成立的时间是（　　）。
   A. 托运人交货物托运单时　　　　B. 托运单经承运人接收时
   C. 承运人填发货运单时　　　　　D. 承运人填发货运单后
2. 将体积折算成千克时，我国民航规定以（　　）立方厘米折合为 1 千克为计算标准。
   A. 6 000　　　B. 7 000　　　C. 8 000　　　D. 10 000
3. 普通货物运价率，以（　　）千克作为重量划分点。
   A. 40　　　　B. 45　　　　C. 50　　　　D. 60
4. 在国际航空运输过程中，当货物价值大于（　　）时，货主可以声明价值。
   A. 15SDR／千克　B. 18SDR／千克　C. 17SDR／千克　D. 20SDR／千克
5. 下列不属于特种货物的是（　　）。
   A. 活动物　　　　　　　　　　B. 个人物品
   C. 作为货物交运的行李　　　　D. 电子元件
6. 航空货物损失赔偿一般是限额赔偿，国际航空运输承运人对普通货物承担的责任限额为（　　）。
   A. 每千克 20 美元　　　　　　B. 每千克 25 美元
   C. 每千克 30 美元　　　　　　D. 每千克 35 美元
7. 保险货物运抵保险凭证所载明的目的地后，如果发现保险货物受损，应当及时向当地保险公司申请检验，最迟不得超过（　　）。
   A. 5 日　　　　B. 10 日　　　C. 7 日　　　　D. 14 日

三、简答题

1. 航空货物运输的特点是什么？
2. 签订航空货物运输合同应该注意哪些事项？
3. 普通货物航空运输收运条件是什么？
4. 特种货物航空运输包括哪些？
5. 如何进行危险品航空运输？
6. 如何理解航空货物运输保险的作用？

四、讨论题

一组 3～4 名同学。选择一个我国的航空运输公司，访问该公司网站，找到该公司关于航空货物运输的规定，在班上演示自己的发现。

案例分析

波士顿空难

1973年，一架从纽约起飞的货机在空中起火，在波士顿机场迫降时飞机坠毁，机组人员全部遇难。

原因：货舱中的货物有未如实申报的危险品——硝酸。

调查结果：托运人签署了一份空白的托运人危险品申报单给货运代理，供货商用卡车将货物送交货运代理，货运代理将货物交给包装公司做空运包装。包装公司不了解硝酸的包装要求，将装有5L硝酸的玻璃瓶放入一个用锯末作为吸附和填充材料的木箱中。这样的包装共有160个，一些工人在包装外粘贴了方向性标签，一些人则没有贴。货物在交运时，货运单上的品名被改成了电器，危险品文件在操作过程中也丢失了。这160个木箱在装集装器时，粘贴了方向性标签的木箱是按照向上方向码放的，而未粘贴方向性标签的木箱被倾倒了。事后用硝酸与木屑接触做试验，证明硝酸与木屑接触后会起火：8分钟后冒烟、16分钟后木箱被烧穿、22分钟后爆燃、32分钟后变为灰烬。到达巡航高度时，因瓶子的内外压差，造成瓶帽松弛，硝酸流出与木屑接触后起火。实际起火的木箱可能不超过2个，但它导致了整架飞机的坠毁。类似的案例还有氧气发生器导致坠机。1996年5月11日，美国Valujet航空公司一架从迈阿密飞往亚特兰大的DC-9客机，起飞10分钟后坠毁，105名乘客和5名机组人员全部遇难。起火原因：货舱内有119个隐瞒申报的危险品——氧气发生器，该氧气发生器放置不当，起飞后由于震动而升温爆炸并引起火灾。2000年8月，美国联邦法官做出判决，要求Sabre科技维修公司（托运人）对此事故赔偿1 100万美元。

——连炜.2010年11月30日《中国民航报》第4版同名文章

问题：

（1）危险品运输的法律法规及相关规则有哪些？

（2）危险品有危险，为什么还要运输？

第4章 航空快递

【本章教学要点】

- 掌握航空快递的概念、特性和业务形态；
- 了解我国航空快递的发展现状，理解国企快递和民营快递的市场战略；
- 了解国际知名航空快递企业的发展现状。

【知识架构】

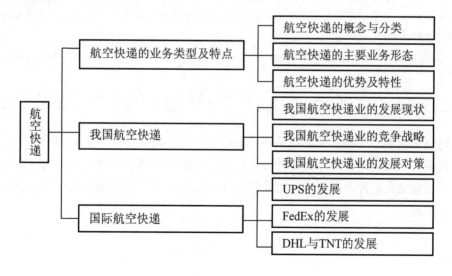

导入案例

经过50年的发展，敦豪(DHL)在全球快递和物流两大业务领域，共拥有36万名雇员，业务覆盖220多个国家和地区，在全球拥有6 500个服务设施、12万个目的地、3 500多万平方米仓储空间、400多架飞机、7.6万部作业车辆，每年为420多万客户提供服务，运货量超过15亿笔。

1969年，Adrian Dalsey，Larry Hillblom和Robert Lynn三人携带货物运送单据，乘坐飞机来往于美国旧金山和檀香山之间，使货物抵港前便可清关，以节省货主时间。此后三人以自己名字的首字母成立了DHL公司，开展空运文件和货运业务。2002年年底，敦豪被德国邮政收购，如今的敦豪已成为全球快递的领导者，年营业额超过260亿欧元。

在过去的几年，敦豪在亚太地区的总投资超过17亿美元，其中3.15亿美元用于在中国的快递及物流基础设施建设。自1990年开始，中国国内空运市场以每年超过20%的速度增长，在这一大背景下，敦豪全球货运物流空运部获准在中国17个城市开展货物空运业务。

敦豪全球货运物流空运部在全球和亚洲市场的占有率分别为11.1%和10%。中国货运物流市场正呈现出业务高速发展与企业整合并存的局面。中国经济的跳跃式发展，为敦豪拓展空运物流市场提供了广阔的空间。敦豪获得中国国内货物空运业务执照后，正式启动了中国国内货物空运业务。

敦豪的产品一直随客户需求的不断变化而推陈出新。基于丰富的行业经验和强大的作业能力，2004年，中外运敦豪在上海推出了"定时特派"服务，将完成派送的时间准确到1小时内，为客户带来显而易见的商业信用保证，并逐步在国内推广。此后，又陆续推出了"空运加速""珍宝箱""小珍宝箱""DHL重宝箱"等新的服务。

【拓展视频】

目前，DHL凭借其网络运输能力提供一系列行业解决方案，对需要创建有竞争性的供应链网络的客户提供支持，同时，也为中小企业提供了一体化的物流解决方案。除占主体的高科技行业外，也逐步建立了针对生活、时装、保健和快递消费品等领域的行业配套中心，并为客户提供DHL e-Track、DHL网上发件、DHL短信跟踪等方便快捷的信息服务。正是通过不断建立行业服务标准，满足客户个性化需求，DHL成了众多客户发展商业的理想合作伙伴。

如今，敦豪(DHL)与联邦快递(FedEx)、联合包裹(UPS)、天地公司(TNT)一起跻身全球4大快递物流公司行列。

——梁心琴，张立华. 空港物流规划与运作实务. 48页，本文对资料进行了改编

物流，顾名思义就是把货物从一处送往另一处，快捷与安全是其核心竞争力。甲地提供资源，乙地加工部件，丙地开展组装，成品供全球消费，如今人们对于经济全球化带来的这些变化已经习以为常，尤其是近几年掀起的海淘和跨境电商热潮，都离不开航空快递物流。

第4章 航空快递

4.1 航空快递的业务类型及特点

4.1.1 航空快递的概念与分类

1. 航空快递的定义

航空快递(Air Express Service)又称航空急件转运,是指具有独立法人资格的企业将货物或物品从发件人所在地通过自身或代理的网络运达收件人的一种快速运输方式。

航空快递是目前航空运输中最快捷的运输方式。不同于航空邮寄和航空货运,它由专门经营该项业务的公司和航空公司合作,通常为航空货运代理公司或航空快递公司,派专人以最快的速度在货主、机场、用户之间运输和交接货物。该项业务是在两个空运代理公司之间通过航空公司进行的,特别适用于急需的药品、医疗器械、贵重物品、图纸材料、货样及单证等的传送,被称为"桌到桌运输"(Desk To Desk Service)。

案例 4-1

大奖赛资料快递引起的纠纷

1999年10月21日,李明光为参加世界劳力士雄才伟略大奖赛,将重达1.5千克的论文、图片资料、证明性文件等委托中外运敦豪国际航空快件有限公司浙江分公司快递至瑞士,并缴纳了运费370元。李明光在办理托运的过程中,填写了编号为1807003811的DHL分运单,该运单形式为英文格式合同,其中第二、四联背面载有DHL合约条款,载明:"货物的丢失和破损将严格限定于第8条款所规定的范围之内"。该条款规定责任范围:"对于任何快件的丢失和损坏,我方责任仅限于下列最低者:①100美元;②由于丢失或破损带来的实际损失金额;③货物的实际价值。不包括对于您或其他人的任何商业或特殊价值。"

中外运敦豪国际航空快件有限公司浙江分公司接受承运李明光的"文件类"物品后,将该物品以国际航空运输方式快递至目的地瑞士。同年10月27日,李明光从中外运敦豪国际航空快件有限公司浙江分公司处取得回执传真件,李明光发现在回执中,委托运送的快件仅剩0.5千克。遂向中外运敦豪国际航空快件有限公司浙江分公司交涉。中外运敦豪国际航空快件有限公司浙江分公司告知该快件是完整送到的,但未向李明光出具完整送到1.5千克物品的证据,为此,李明光要求中外运敦豪国际航空快件有限公司浙江分公司继续调查承运物失少1千克的事实。2001年4月12日,中外运敦豪国际航空快件有限公司浙江分公司书面函告李明光称:"DHL是一个非常大的全球网络的速递快件公司,每天要处理的文件及包裹件量近千万,由于我们普遍依赖公司的全球电脑数据网络,快件的相关信息都通过网络从发送地传至目的地,在传递数据的时候还不能保证100%的准确和完整,往往会有缺失或不全,根据我们的经验,目的地的DHL公司在您这票快件到达时,未发现来自发件地的电脑数据,而由机器自动产生相关内容,由于文件通常为0.5千克,目的地操作员未做进一步的修改,以致您误以为快件只有0.5千克,作为同样的例子,同一张路单上有其他类似的没有发件地数据的快件(从发件人、收件人数据不全看出),其重量全部为 0.5 千克。由于当时您指出该文件对于您个人的重要性,我们理解您当时的心情,所以发文至目的地 DHL 询问此事,不久对方回答已经和您的收件人联系确认快件收到是完整的,我们将对方的报文同时复制给您,作为对此事件的解释。我们希望您能够理解我们是怀着和您同样的心情对待这一事件的,虽然我们不能要求任何国家的 DHL 工作人员在操作过程中必须在电脑数据输入方面一丝不苟,我们仍然就由于这一疏忽对您造成的不便及忧虑向您表示深深的道歉。"

李明光对中外运敦豪国际航空快件有限公司浙江分公司的解释不满,遂于 2002 年 5 月提起诉讼,要求中外运敦豪国际航空快件有限公司浙江分公司赔偿其经济损失 111 370 元(快件费 370 元,直接经济损失 71 000 元,精神损失费 40 000 元)。你如何看待这一事件?

——摘自《浙江省杭州市中级人民法院民事判决书[(2004)杭民一再终字第 19 号]》

2. 航空快递的分类

(1) 根据快件内件性质划分为信函类、商业文件类和包裹类 3 种。
(2) 根据寄递的距离是否跨越国境划分为国际快递和国内快递。

4.1.2 航空快递的主要业务形态

航空快递主要有以下 3 种业务形式。

1. 门/桌到门/桌

门/桌到门/桌(Door/Desk to Door/Desk)是航空快递公司最常用的一种服务形式。首先由发件人在需要时电话通知快递公司,快递公司接到通知后派人上门取件,然后将所有收到的快件集中到一起,根据其目的地分拣、整理、制单、报关、发往世界各地,到达目的地后,再由当地的分公司办理清关、提货手续,并送至收件人手中。在这期间,客户还可依靠快递公司的电脑网络随时对快件(主要指包裹)的位置进行查询,快件送达之后,也可以及时通过电脑网络将消息反馈给发件人。

2. 门/桌到机场

门/桌到机场(Door/Desk to Airport)服务形式与前一种服务形式相比,快件到达目的地机场后不是由快递公司去办理清关、提货手续并送达收件人的手中,而是由快递公司通知收件人自己去办理相关手续。海关有特殊规定的货物或物品多采用这种方式。

3. 专人派送

专人派送(Courier on Board)是指由快递公司指派专人携带快件在最短时间内将快件直接送到收件人手中。这是一种特殊服务,一般很少采用。

比较而言,门/桌到机场形式对客户来说比较麻烦,专人派送更加可靠、安全,同时费用也最高,而门/桌到门/桌的服务介于上述两者之间,适合绝大多数快件的运输。同时第二种服务较为简单,收费较低,但会使收货人感到不便。第三种服务周到,但费用高。第一种则是综合了另外两种服务的优点,大多数航空公司、空运代理公司、航空快递公司均采用这种业务形式。

4.1.3 航空快递的优势

航空快递的高服务质量主要体现在以下几个方面。

1. 速度更快

航空快递自诞生之日起就强调快速的服务，速度又被称为整个行业生存之本。一般洲际快件运送在 1～5 天内完成，地区内部只要 1～3 天。这样的传送速度无论是传统的航空货运业还是邮政运输都是很难达到的。

2. 更加安全与可靠

因为在航空快递形式下，快件运送自始至终是在同一公司内部完成，各分公司操作规程相同，服务标准也基本相同，而且同一公司内部信息交流更加方便，对客户的高价值、易破损货物的保护也会更加妥帖，所以运输的安全性、可靠性也更高。与此相反，邮政运输和航空货物运输因为都牵扯不止一位经营者，各方服务水平参差不齐，所以较易出现货损、货差现象。

3. 更方便

确切地说，航空快递不止涉及航空运输一种运输形式，它更像是陆空联运，通过将服务由机场延伸至客户的仓库、办公桌，航空快递真正实现了"门到门"服务，为客户提供便利。此外，航空快递公司对一般包裹代为清关，针对不断发展的电子网络技术又率先采用了 EDI（电子数据交换）报关系统，为客户提供了更为便捷的网上服务，快递公司特有的全球性电脑跟踪查询系统也为有特殊需求的客户带来了极大的便利。航空快递流程如图 4.1 所示。

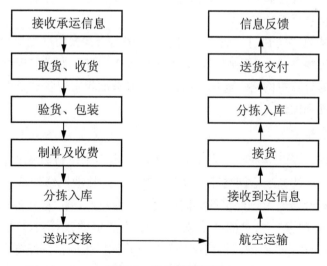

图 4.1 航空快递流程

与普通的航空货物运输所不同的是，航空快递公司办理快运业务时有专人负责在整个运输过程中的货物，从而使货物衔接时间大为缩短。此外，在运输途中货物始终在专人的监管之下，故比一般运输方式安全。其登门取货、送货上门、服务到办公室、代办各种运输和报关手续，给发、收货人带来极大方便，同时又能及时提供货物运输交接信息，对货物的查询能做到及时答复。

4.1.4 航空快递业特性分析

1. 航空快递业务的产品特征

航空快递不是简单的航空运输业的地面延伸，其运营模式不是"飞机+卡车"的简单加法，而是以航空货物运输生产力水平提高为根本的推动因素，是具有专门品质特征的航空运输"升级产品"。现代航空快递业的概念可以界定为以发挥快递运输网络经济效益为基础，以有时限服务的和高效的信息反馈为特征，为客户提供完整运输产品的产业组织。航空快递业所提供的"运输产品"，至少应具备以下基本特征。

（1）快捷、安全。

现代经济的发展需要快捷、安全的运输组织方式。远距离的快递运输必须建立在航空运输的基础上。快捷的需求使快递公司必须具备快速运输工具和负责集散货物、分发、派送的小型运输工具，而具备这种要求的运输工具显然是飞机和各种类型的专用汽车。安全的要求，一方面体现在速度上，即要高速、快捷，尽量减少货物运输中处于"危险"的时间；另一方面，快递公司在货源集散地的各项设施配置及处理程序要充分保证快件的安全。

（2）"门到门"或"桌到桌"的全程服务。

航空快递业必须提供"门到门"或"桌到桌"的运输产品，才能更贴近客户，才能更好地满足客户的个性化需求，在全方位优质服务的基础上留住客户。

（3）高效的信息反馈功能。

实现快递物品的"门到门"或"桌到桌"服务，必须及时准确地接收顾客信息，快速处理单证，实现物品的全程跟踪，随时解答顾客查询等。为了实现这些功能，快递公司必须配备先进的计算机网络、通信网络以及能够满足和实现各种个性化、特殊快递服务需求的特有软件和硬件。

2. 运输组织特点

航空快递系统是以航空货物运输先进的生产力水平为基础发展的，与之相适应的，航空快递业应以发挥快递运输网络经济效益为基础。运输业网络经济是指运输网络由于其规模经济与范围经济的共同作用，运输总产出扩大引起平均运输成本不断下降的现象。成对的"点对点"航线产生的规模经济和"轴心-轮辐"（Hub-and-spoke）航线网络结构的交互作用产生的范围经济，能够最大限度地发挥航空运输的网络经营效益。20世纪80年代，FedEx首创了中心辐射式包裹传输系统，其他国外的快递巨头也相继形成了这样的传输系统。其组织过程具有以下特点。

【拓展知识】

(1) 运输的全程性。

快递业中的"完整运输产品",是指客户所需要的从起始地到最终目的地的货物位移。简单来说,就是"门到门""货架到货架""桌到桌"的位移服务。随着跨国公司生产和经营的全球化,提供完整运输产品已不仅是对中国国内运输的要求,也早已跨越国界,成为对国际运输的要求。由于一些运输方式基础设施和生产组织的特点,不可能单独提供完整的运输产品。公路运输覆盖面广,是唯一具有高度可通达性的运输方式,它单独使用或者与其他运输方式联合,可以实现货物的全程运输。

(2) 运输的网络性。

远距离的快递运输系统是建立在陆空相连的运输网络基础上的。一方面,快递网络的末端需要公路运输的参与,利用公路运输覆盖面广的特点,为货物的空中运输集散货源,扩大航空快递的地区服务范围;另一方面,在支线航空运输尚不发达的地区,可以利用公路运输方式将货物通过网络汇集到干线上来。这一点,在当前又有另外的意义。在美国,随着互联网带来的文件业务量的下降,20世纪90年代呈现出隔夜运送市场饱和的迹象。为此,UPS决定为较重的包裹提供服务,宣布将运送达到150磅的包裹;FedEx进入UPS的传统领域,投资2亿美元购买地面车辆来增加地面服务,将"战场"从隔夜运送转移至2天和3天送达业务。FedEx模拟了UPS的策略,利用货车来降低成本。公路运输可以在不提高运输成本的情况下降低库存成本,这是正在经历的变革,客户要求的是航空、公路和铁路的联合运输。国外快递公司多年形成的陆空相连规模庞大的综合运输网络,满足了客户对完整运输产品的需要及运输多样化的需求,同时也奠定了快递公司网络规模化经营的基础。

(3) 运输的联合性。

快递运输属于联合运输。联合运输是综合运输思想在运输组织领域的体现,是综合性的运输组织工作。它不是一种新的运输方式,而是一种新的运输组织形式。在联合运输组织业务中,联合是核心,衔接与协作是关键。联合运输组织工作过程,实际上是各种运输方式合理运用和分工的过程。联合运输的产生是运输组织业务的一场革命性变化。它区别于传统的分段接力运输形式,打破了传统的不同运输方式、不同运输企业独立经营和独立组织运输的局面,把货物运输中不同运输方式的不同环节连成了一个不可分割的整体。

3. 承运方式

按航空快递完整运输产品的实现方式,可将快递公司划分为以下两种类型。

(1) 陆空一体化承运人。

快递运输的完整产品是通过企业方式来实现的,即以组成一体化大型企业内部管理的形式,以便形成覆盖全部或大部分货物位移的大型服务网络。1973年,在美国成立的联邦快递货运公司(FedEx),最初筹集资金4 200万美元,有雇员300多人,从法国引进6架破旧的猎鹰式小型机,购置40多台车辆。公司创立伊始的目标就是对包裹货物和重要文件提供"门到门"的送达服务。公司开创了一种全新的、高速可靠的包裹递送业务，并开辟了一体化承运人的先例，即将货物从离开托运人开始一直到送达收货人手中为止，全部由一家公司进行办理运送。到 1997 年，该公司已拥有 100 亿美元资产，143 000 名雇员，各型飞机 654 架，车辆 41 500 台，每天运送包裹 300 万件，航空运输年周转量 9.3 亿吨公里，当年度财政收入 115 亿美元，实现利润 5 亿美元。国外的其他快递巨头，如敦豪、联合包裹、荷兰 TPG 等，都同时经营定期或不定期全货运航班，能向顾客提供包括快件等货物的一体化航空运输服务。

【拓展视频】

（2）非一体化承运人。

该类经营人一般不拥有运输工具，只是组织完成合同规定货物的全程运输，是契约承运人对货物全程运输负责。这类经营人一般由传统意义上的运输代理人、无船承运人或其他行业的企业机构发展而成。这类公司一般有较强的运输组织能力和相对稳定的货源，在航空货运方面，不时从事包机业务，且多与客货兼营的航空公司有良好的合作关系，如日本的宅急便就利用日航和全日本的航空资源，发展快递业务。航空快递业的完整运输产品通过市场方式或联盟方式来实现。

两种类型各有特点，可以并存和融合，但从节约交易成本的目的看，运输企业的一体化方式似乎发展趋势更好。交易成本与内部管理成本的权衡，会因技术进步而发生变化。因此，运输业组织结构演进的特点，就是要在提供市场需要的完整运输产品的同时，尽可能地控制运输生产的全过程，只要网络特性所决定的密度经济和幅员经济支持这种一体化，就会出现运输方式内部或跨运输方式的大型运输企业。

4.2 我国航空快递

4.2.1 我国航空快递业的发展现状

我国航空快递业经营者可分为国外和国内两部分，下面分别分析其发展现状。

1. 国际快递巨头加快拓展中国业务

从 20 世纪 80 年代起，四大国际快递公司便纷纷进入中国。根据中国政策规定，国内快递市场对外资独资企业开放的时间为 2005 年。此前，外资快递只允许开展国际快递业务。目前，四家国际快递公司都在中国成立了合资或独资公司。四大快递企业通过并购、重组等一系列活动，在我国的业务规模不断扩大。目前，FedEx 在中国的员工总数超过 1 万名，且在各主要城市设立了近 90 个地面操作站和遍及国内主要城市和地区的服务网络，并积极参与"一带一路"建设；DHL 自从 1986 年和中外运合资以来，已在中国市场上建立起最大的国际快递服务网络，服务覆盖全国近 400 个城市，遍及绝大部分的人口聚集区和经济中心城市，拥有超过 6 500 名精通国际快递业务、熟悉本地情况的员工，并在全国各主要城市已建立超过 200 处作业设施，中国已经成为 DHL 在全球最大的市场。2005年，TNT与中远集团合资建立物流企业，同年收购华宇物流，极大地扩展了公司在中国的业务；2006年，UPS以1亿美元收购中外运位于国内20多个城市的国际快递业务的独家经营资格。截至目前，四大国际快递公司已经垄断了我国国际快递市场80%的份额，而且正在进入国内快递业务市场，对中国邮政和一些中小快递公司构成了极大的威胁。随着我国对快递业政策的逐渐开放，更多的外国快递公司要求"独立"，以达到对中国市场的垄断。他们一方面积极推进"中国策略"，抢占核心城市，并向二线城市进军；另一方面，把握快递的核心命脉——航线，准备在中国的天空布下"天罗地网"。2007年前后，联邦快递分别在广州白云机场建立亚太转运中心，在杭州萧山机场建立中国区转运中心；2007年11月26日，敦豪宣布将在上海浦东国际机场兴建北亚枢纽；同年美国快递巨头UPS在上海建立国际航空货运中心，2008年5月21日，其又将位于菲律宾的亚洲航空转运中心转移至深圳机场。这些企业拥有丰富的经验、雄厚的资金以及完善的全球网络，属于战略第一集团，领先于国内同行业的其他企业。

【拓展知识】

2. 国内航空快递业尚处于起步阶段

国内相继成立的货运航空公司，是在原客货兼营航空公司货运部的基础上，将货运业务从客运中独立出来建立的，作为原航空公司的控股子公司。通常此类航空货运公司拥有飞机，自主运营航班，并从母公司购买全部客机腹舱的机腹空间，母公司无须考虑组货销售剩余的机腹舱位。公司的主要业务仍是完成货物的空中运输，属于传统的货运航空公司的运作模式。1996年10月组建的中国邮政航空公司，自购运-8型飞机经营部分航线的邮件运输，其他通航城市的邮件运输仍由民航运输企业承担。2002年6月，南航和国家邮政局签约共同经营中国邮政航空公司，目前该公司的发展仍处于起步阶段。由于各种因素，中国民航的航空快递公司至今没有专营飞机，基本上依赖航空公司的网络系统来完成快递运输，自主性、独立性差，完成的只是航空运输业简单的地面延伸服务，航空快递业的网络规模化经营效益无从体现，它不是航空货运生产力水平提高推动的结果，而是在原有航空运输生产力水平下增设的一种附加值服务。快件公司基本上变成了航空公司的"货运代理"。此外，还有众多的大小快递代理公司。

【拓展知识】

近几年，随着我国电子商务的快速发展，快递业务迅猛增长。快递公司之间的竞争也日益激烈，这些快递公司开始拥有自己的飞机，抢占"制空权"。目前，国内共有三家快递公司拥有自己的飞机，作为先行者的中国邮政快递自2001年开通EMS邮政航线以来，目前拥有26架飞机，其中波音737-300机型14架、波音737-400机型8架、波音757-200机型4架。民企物流老大的顺丰也于2009年投资1亿元注册顺丰航空，2017年8月，顺丰航空第40架自有全货机安全落地深圳宝安国际机场，这40架货机中，包括17架波音737系列、1架波音747货机、17架波音757-200F、5架波音767-300F。据顺丰官网称，顺丰目前已经成为国内运营全货机数量最多的货运航空公司。顺丰控股表示，未来三年内，预计将把自有机队规模扩充至50架。2015年，继邮政、顺丰之后，圆通成为国内第三家拥有自有航空货运公司的快递公司，目前拥有大约10架自有货机，到2020年，货机规模有望达到30架左右。

4.2.2 我国航空快递业的竞争战略

1. 航空货运及航空快递发展对我国快递业的影响

航空货运业的发展从市场准入、竞争主体、网络建设、行业区位等方面都对我国的快递业产生着深远的影响。

对于航空货运公司而言，进入快递业最大的瓶颈是网络，网络的布局建设既需要一定的战略眼光，又需要假以一定的时日和机遇。而快递企业进入航空货运业面临的首要困难是融资困难，此外航权开放、运营成本高昂和人才短缺也是不得不考虑的因素，但是相比较而言，只要给予一定的政策扶持或融资便利，这些问题均可以迎刃而解，使得具有一定规模和实力的快递企业进入航空货运业远比航空货运企业进入快递产业所面临的阻力要小得多。从产业发展的角度看，快递企业进军航空货运业也更为科学合理。

鉴于以四大跨国巨头为首的外资在国际航空货运市场和国际快递市场上都已经占据了绝对的主流地位，所以，预计中、外资航空货运企业将会在国内航空货运市场上展开激烈的争夺。在快递领域，国内异地快递市场将成为外资、国营、民营三方竞争的焦点，特别是跨国巨头与国营快递企业的竞争将加剧。跨国公司在中国快递市场的竞争战略主要包括网络建设、价格战略和服务质量竞争3个方面。国际快递公司跻身我国市场，其优势在于有自主控制的全球网络、先进的全球通信技术和管理经验。在网络建设方面，我国快递公司，特别是国有企业如EMS、中外运等在国内网络上具有较大的优势，因而使其在国内异地快递市场上竞争力较强。外资快递公司清楚地意识到了这一点，从进入中国市场初始到今天，一直致力于在中国的网络建设。随着外资航空货运公司与国内航空货运公司在国内市场上竞争的加剧，接下来，那些在拥有机场的二、三线城市中网络更完备的中小快递企业很可能成为他们争夺的重点。

我国现有的快递企业主要集中在珠三角和长三角的上海、广州、深圳等城市。伴随航空货运业的发展，其3个主要节点，即珠三角、长三角和京津鲁地区在行业区位中显得尤为重要。未来快递企业在规划区位发展和市场划分时，不得不考虑机场及航空公司所在区位的因素。如此，一方面能更好地争取到航空货运业务链末端的地面运输和分拨业务，通过与航空货运公司的合作获取更多的利润空间；另一方面也为快递企业日后进入航空货运领域打下网络建设和战略布局的基础。

2. 我国快递企业进入航空货运及航空快递市场的策略

在我国，航空货运公司介入快递市场从事航空快递业务已有先例，虽然业务开展并不顺利，但至少显示了两个产业相互融合的趋势。

我国快递企业面对航空货运公司特别是外资公司的竞争威胁，必须主动采取措施。从长远发展来看，已经具备在全国范围内开展业务的国内快递企业，应该积极进入航空货运市场,组建航空货运公司,实施战略布局,以发展我国网络为重心,通过收购、合并、结盟实现优势互补,发挥协同效应。我国快递企业可采取的市场进入战略包括:兼并现有的中小航空货运公司,直接利用后者已有的航空货运运力和资源将快递产业链向上游和高端延伸;与外资形成战略联盟,利用外资丰厚的资金实力建设或改造货运中转枢纽,加强与机场的合作,充分利用其在国际上的网络优势,学习对方先进的管理经验;与其他国内快递企业并购联合,彼此利用已有的国内完备的网络优势、品牌优势,特别是在国营快递和民营快递企业之间开展合作,共同组建航空货运公司。

市场维护方面,应与客户形成长期伙伴关系,共同开拓业务。航空快递属于综合运输中的多式联运组织形式,航空快递与物流业密切相关。第三方物流企业能为客户提供一种长期的具有契约性质的服务,与客户间是一种战略协作伙伴关系;而一般的快递企业与客户间往往是短期的市场买卖关系。发展到一定阶段的快递业,特别是积极从事航空快递的企业,应该积极向航空物流方向发展,努力与客户形成战略协作的长期伙伴关系,共同拓展业务。

产品和营销策略方面,应积极开发高科技领域的潜在客户,从事高附加值含量的商品的快递服务。目前快递市场的目标客户主要来自高科技领域,从事高附加值的商品、半制成品的生产企业,往往产品价值高,但重量轻、体积小。航空快递市场的成长性和营利性主要取决于在这个市场上的竞争。

最后,竞争策略应由无差别服务的价格竞争向差异性服务竞争战略转化。到目前为止,航空货运领域的竞争仍然以价格竞争为焦点,严重同质化经营,各航空公司陷入了价格战的"囚徒困境"。随着越来越多的外资和民营资本的进入,市场竞争还将进一步加剧。我国企业应尽快转变竞争策略,由同质性服务的价格竞争转向异质性服务的竞争策略,对航空货运市场要进行深入研究和细分,从而形成自己独特的竞争优势。

【拓展知识】

总之,我国快递企业应加速与航空货运的业务交融,积极拓展航空快递市场,形成新的利润增长点,从而在激烈的市场竞争中立于不败之地。全球 500 强中四大快递企业的发展历程证明,快递企业要想做大、做强就必须走包机继而购买飞机的发展道路。从政府的角度来看,也应大力扶持快递行业中的骨干企业,培育我国富有实力的航空快递企业,这既是发展民族产业、促进长期可持续发展的需要,也是维护国家运输安全的需要。

4.2.3 我国航空快递业的发展策略

1. 国家要加大对航空快递业的扶持,规范市场秩序

(1)加大政策扶持。

由于我国的航空快递公司在经济实力上与国外的航空快递公司具有较大的差距,国家应该在政策上给予大力的支持,通过各种途径促进航空快递业快速、稳定发展。无论是在航空快递业较发达的美国,还是在注重航空快递业发展的欧洲,天空都是自由的,就是说国家对空域是开放的,所以就形成了较多的航空快递企业。在过去的几年,我国民航局采取了有力措施促进我国航空快递企业发展,包括降低机场收费、增加燃油费补贴、推动与国际接轨等措施。在国家给予有利政策的同时,各航空快递企业也应积极利用政策措施,提高竞争力。

(2)规范市场准入,强化管理。

相对于西方国家来说,我国目前对于航空快递的准入标准还是比较严格的。对关乎行业发展的运输费用、运输成本等,国家要制定统一的标准,对一些运输价格进行规定,避免参差不齐。国外航空快递业发展较早,国家对航空快递的管理也较早,积累了较多的经验,可以供我国借鉴。这就要求我国政府在管理上不断创新,及时调整政策以适应迅速发展的航空快递业。

(3)鼓励参与国外市场的竞争。

国家应鼓励我国的航空快递企业走出去,参与全球化的分工,分享信息。2008年金融危机后,世界市场低迷,中国风景独好,国外大型的航空快递企业都纷纷涌入我国快递市场,给我国航空快递企业造成了很大的压力。对于我国一些发展潜力好的航空快递企业,可以适当给予政策上的支持,鼓励合资和并购,壮大发展规模。

2. 我国航空快递企业要抓住机遇,迎接挑战

(1)充分利用优惠政策,把握时机。

我国近几年出台了许多有利于航空快递业发展的政策,仅2009年,我国民航局就出台了十几项措施。在机场利用、机场建设方面国家给予了大量的补贴和政策上的优惠,方便了公司进行业务的拓展。随着全球经济的复苏,航空快递业更加兴盛,我国航空快递企业要抓住有利时机,准确把握市场信息,努力发展壮大。

(2)增强自身实力,积极应对挑战。

要缩小与国际航空快递巨头之间的差距,其根本还是实力的竞争。但是从规模上来讲,我国目前最大的快递巨头——顺丰和中国邮政EMS也无法与国际航空快递企业相比,所以首先要壮大自己的实力,积极开拓市场,守住老客户,开发新客户与潜力客户,巩固国内市场的同时开发国际市场。我国的快递企业要勇敢地与国际快递巨头相抗衡,采取适合自己的策略,例如在航线的运营方面,国际快递巨头经营多数远程航线,然而我国的航空快递企业却经营少数的短程航线。

4.3　国际航空快递

在当今经济一体化的世界,国际航空快递服务作为一种快速跨境运输服务方式,日益受到社会各阶层客户的欢迎,并得到蓬勃发展。四大航空快递公司占据了全球绝大部分的国际航空快递市场份额,通过对其发展的分析,有助于更好地理解国际航空快递行业的发展。

4.3.1　UPS 的发展

联合包裹服务有限公司(United Parcel Service，UPS)是全球领先的物流企业，通过配备一整套包括包裹递送与货运服务、国际贸易简化、先进科技应用在内的、全面完善的解决方案，以实现全球商务的更高效管理。UPS 的总部设在美国亚特兰大，业务网点遍布全球 220 多个国家和地区。1907 年 8 月 28 日，作为一家信使公司创立于美国华盛顿州西雅图市，以货车经营国内陆运起家，直到 1982 年才开始投入航空界，从事空运和联邦快递竞争。1988 年 10 月，UPS 购下迅递公司(Asian Courier System)，开始在亚太地区经营其业务，总部设在新加坡，亚洲理货中心则分别设在中国香港、首尔、中国台北、东京和吉隆坡 5 个城市，并在这些城市设有转运站，利用自己的飞机在上述城市之间每周空运 6 次，并超过 700 航次。2005 年，中国快递市场开始对外正式开放，外资企业纷纷进入中国全面开展国际快递业务，UPS 在中国区也全面运营。2008 年，UPS 成为北京奥运会的物流与快递赞助商。随后，UPS 在中国市场有两个重大投入，一是投资建设上海国际转运中心，二是投资建设深圳亚太转运中心，目前这两个转运中心都已先后投入运营，成为 UPS 亚太区的空运枢纽。

2014 年，UPS 快递业务营业额为 488 亿美元，全年货运量为 460 亿份包裹和文件，每日递送量达 1 800 万件包裹和文件，每日美国空运量为 240 万件包裹与文件，每日国际递送量为 270 万件包裹与文件，全球有 4 841 个 UPS 店铺，1 001 个 UPS 客户服务中心，10 602 家特许经营店和 38 352 个 UPS 交货信箱。2016 年，UPS 共有 43.4 万名员工，全球营运中心 2 400 处，运件车队有 130 000 部送件车辆，私有空运机队有 269 架飞机，租赁飞机 305 架。同年，全球营收总额达 609.06 亿美元，成为多年来稳居前二的全球运输服务商，其成功原因除了强调顾客至上与不断改善服务品质和持续创新之外，稳健而又迅速的经营作风是其制胜的关键因素之一。未来，UPS 在亚太地区乃至中国市场无疑是具有极大潜力的，它面临的问题是如何在未来的激烈竞争中拓展更大的市场占有率，以保持其快递物流行业龙头的地位。

【拓展案例】

4.3.2　FedEx 的发展

联邦快递(Federal Express，FedEx)隶属于美国联邦快递集团，是航空快递运输业务的中坚力量。它为全球的顾客和企业提供涵盖快递、运输、电子商务和商业运作等一系列全面服务。作为一个久负盛名的企业品牌，联邦快递集团通过相互竞争和协调管理的运营模式，提供了一套综合的商务应用解决方案，使其年收入高达 500 多亿美元。同时联邦快递集团激励旗下超过 3.2 万名员工和承包商高度关注安全问题，恪守品行道德和职业操守的最高标准，并最大限度地满足客户和社会的需求，屡次被评为全球最受尊敬和最可信赖的雇主。

联邦快递是全球最具规模的快递运输公司之一，为全球超过 220 个国家及地区提供快捷、可靠的快递服务。FedEx 目前是世界数一数二的快递公司，目前在亚太地区 32 个国家和地区有近 28 000 多名员工，其亚太区总部设在中国香港，同时在上海、东京、新加坡均设有区域性总部。联邦快递设有环球航空及陆运网络，通常只需 1～2 个工作日，就能迅速运送时限紧迫的货件，而且确保准时送达。

联邦快递早于 1984 年收购在欧亚两地均设有办事处的货运公司 Gelco 时，已有发展国际网络的构思。1987 年，联邦快递在夏威夷设立首个亚太区办事处，将美国和亚洲客户，以及前 Gelco 的营运设施联系起来。1988 年，联邦快递开通直飞日本的定期货运服务。

1989 年，联邦快递收购著名的飞虎航空公司（Flying Tiger Line），使 FedEx 获拥 21 个国家/地区的航权。此后，联邦快递又获政府批准为日本、韩国、马来西亚、新加坡和泰国等提供文件、包裹和货件运送服务。

随着亚洲的经济发展日益蓬勃，联邦快递在区内的业务发展规模和货运量也不断增长。联邦快递深谙亚洲的潜力巨大，加上行政人员需要与亚洲客户建立更紧密的联系，因此于 1992 年将亚太区总部从夏威夷迁至中国香港。

1995 年，联邦快递在菲律宾开设苏比克湾转运中心，推出 FedEx AsiaOne 亚洲服务，为亚洲 11 个主要城市提供次日速递服务。

1997 年 9 月，联邦快递开通"环球"货运航班，由美国印第安纳州印第安纳波利斯起飞，经巴黎飞往阿拉伯联合酋长国的迪拜，为中东国家提供速递服务。该航班一直服务亚太区客户，前往印度孟买、泰国曼谷，以及菲律宾苏比克湾，然后经阿拉斯加安克雷奇飞返美国。

2002 年 4 月，联邦快递扩大位于菲律宾苏比克湾转运中心的主要分拣中心，使其占地面积达到 14 万平方英尺，相较之前扩大了一倍，并且增设了更先进的自动化系统，能缩短文件分类时间。

2002 年 9 月，联邦快递加强亚太区和欧洲的速递服务，升级使用 MD-11 货机，将每天前往欧洲的货运量提升一倍至 50 公吨。

2003 年 9 月，联邦快递开设全新直航航班，将深圳与其位于美国阿拉斯加安克雷奇的转运中心连接，开通世界第一条从中国南部直飞北美洲的直通航线。

2004 年 10 月，美国交通部联邦快递增设 12 班往返中美的货运航班，让联邦快递每周飞往中国的货机增至 23 班。2004 年 11 月，将中国作为以上海为中心的独立大区，为中国客户提供更为专注且反应速度更快的服务。

2005 年是联邦快递服务创新的一年。当年 3 月，联邦快递开通了全球航空速递运输业内首条从中国大陆直飞欧洲的航线，每日由上海飞往德国法兰克福，这条新航线也是联邦快递全新的环球西行航线的组成部分。该西行环球航线的起点和终点都设在美国田纳西州孟菲斯市。

4 月，美国交通部确认批准联邦快递新增 3 班货机飞往中国。

7 月，联邦快递宣布投资 1.5 亿美元在广州白云国际机场建设全新的亚太区转运中心。

8月，联邦快递开通了航空速递运输业内首条中国至印度的次日达直航航线，该航线是联邦快递全新环球东行航线的组成部分，连接欧洲、印度、中国、日本和联邦快递位于美国孟菲斯的转运中心。

2006年1月，联邦快递位于广州白云国际机场的亚太区转运中心正式破土动工。同月，联邦快递和天津大田集团有限公司签署协议，收购大田集团在双方从事国际速递业务的合资公司——大田—联邦快递有限公司中50%的股权，以及大田集团在中国的国内速递网络。该协议签署后，联邦快递在中国拥有超过6 000名员工。

此时联邦快递每星期可提供26班货机往返中国，在亚太区内聘有超过1万名员工，服务逾30个国家和地区，提供业内无可比拟的跨太平洋空运速递服务。联邦快递自设MD-11和A310宽体机队，每星期提供超过400班货机往来曼谷、北京、宿雾、胡志明市、香港、雅加达、高雄、吉隆坡、马尼拉、大阪、槟城、首尔、上海、深圳、新加坡、苏比克湾、悉尼、台北和东京，以及欧美多个主要城市。

2007年5月，联邦快递宣布在中国正式推出次日送达国内服务。2008年10月，广州亚太区转运中心投入运营，承担了原本设在菲律宾的亚太区转运中心的业务，FedEx成为第一个在中国设立洲际转运中心的跨国货运巨头。根据公司在美国成功运作的"中心辐射"创新运转理念，亚太区运转中心现已连接了亚洲地区18个主要经济与金融中心。

2012年9月6日，国家邮政局批准联邦快递、UPS经营国内快递业务。

2016年5月25日，FedEx以44亿欧元（约49亿美元）收购了荷兰TNT快递，这意味着全球最大的空运网络与欧洲最大的陆运网络的结合。

根据联邦快递集团的2016年全财年业绩报告，2016财年的收入达504亿美元，其中快递包裹业务约264亿美元，地面包裹业务约165亿美元，零担运输业务约62亿美元。截至2017年11月30日，联邦快递拥有664架飞机、9万余量运输车辆、连接全球220个国家和地区、665个世界服务中心、1 850个官方服务机构、6 650个授权服务点，平均每个工作日运送的包裹超过600万个，另外还有11个航空快递枢纽、超过375个机场、2 100个航空节点。

4.3.3　DHL的发展

敦豪航空货运公司（DHL）是最早进入中国的跨国快递巨头，于1969年由Adrian Dalsey、Larry Hillblom和Robert Lynn在加利福尼亚成立。目前，DHL总部设在比利时的布鲁塞尔，是由德国邮政、DANZAS、DHL这3部分整合而成的，由德国邮政100%控股，主要包括DHL Express、DHL Parcel & DHL eCommerce、DHL Global Forwarding、DHL Freight和DHL Supply Chain这5个业务部门。

作为2016年销售额达776.06亿美元的国际物流巨头，DHL在国际航空快递领域中稳居前三的地位。DHL拥有强大的全球航空速递网络，服务遍及228个国家和地区，超过350 000名员工，3 002个服务网点及35个国际转运中心。此外，机队约有420架飞机，机型主要包括空中客车 A300 型货机和波音 757 型货机，有 76 200 多部作业车辆，机队的枢纽机场设在比利时的布鲁塞尔。

1986 年 12 月 1 日，由敦豪（DHL）与中国对外贸易运输集团总公司各注资 50%，在北京正式成立中外运敦豪国际航空快件有限公司，将敦豪作为国际快递业领导者的丰富经验和中国外运集团总公司在中国外贸运输市场的经营优势成功地结合在一起，是中国成立最早、经验最丰富的国际航空快递公司。1993 年，经中国对外贸易经济合作部批准，中外运敦豪开始向中国各主要城市提供国内快递服务，成为第一家获得此类服务执照的国际航空快递公司，同时也成为第一家在我国提供国际航空速递服务的公司。

【拓展案例】

随着中国经济的迅速增长，中外运敦豪创下骄人业绩，公司业务年平均增长率为 40%，营业额跃升 60 倍之多。中外运敦豪已在中国建立了最大的合资快递服务网络，拥有 82 家分公司，超过 7 100 名高素质员工，服务遍及全国 401 个主要城市，覆盖中国 95% 的人口和经济中心，稳居中国航空快递业的领导地位。随着 DHL 宣布退出美国国内市场，中国已成为 DHL 在全球的最大市场。

4.3.4　TNT 的发展①

TNT 集团是世界顶级的快递与物流公司之一，总部设在荷兰的阿姆斯特丹，是全球领先的快递邮政服务供应商，为企业和个人客户提供全方位的快递和邮政服务。拥有 151 000 名员工，分布在 200 多个国家和地区。2008 年，集团销售收入为 111.5 亿欧元，

【拓展知识】

运营收入为 9.82 亿欧元。TNT 积极承担社会责任，同联合国粮食计划署和联合国环境署分别结成合作伙伴关系，以共同应对全球饥饿和污染问题，在企业社会责任方面的努力获得了国际社会的认可。2008 年，TNT 连续第二年在道琼斯可持续发展指数（DJSI）评估中得分最高，并在碳披露项目（Carbon Disclosure Project，CDP）的碳密集产业指数评选中位居榜首。TNT 拥有超过 26 610 辆货车和 40 架飞机，近 2 376 个快递服务中心、转运中心以及分拣中心，每周在全球递送 440 万个包裹、文件和货件。TNT 拥有欧洲最大的空陆联运快递网络，提供"门到门"的递送服务，而且是全球第一家获得"投资于人"认证的快递企业。在被收购前的 2015 年，TNT 全年营收为 69.14 亿欧元，比 2014 年的 66.80 亿欧元增加了 3.5%；调整后的营业利润为 1.51 亿欧元，上年同期为 2.09 亿欧元；归属于母公司股东的亏损为 5 000 万欧元，上年同期为亏损 1.95 亿欧元。

TNT 大中国区是 TNT 快递的分支机构。在大中国区，TNT 拥有近 20 000 名员工。TNT 中国（内地）成立于 1988 年，主要提供国际快递和国内陆运服务。它拥有 34 家国际快递分公司及 3 个国际快递口岸。在国内公路快运方面，TNT 通过其所属的全资陆路运输公司天地华宇，运营着国内最大的私营陆运递送网络。其国内陆运业务下辖 1 500 个营业网点，服务覆盖中国 600 多个城市。此外，TNT 还在中国提供领先业界的直复营销

---

① 虽然 TNT 公司已经被收购，但其发展的成功与失败经验仍值得学习，故依旧保留此部分。

服务。TNT 中国(香港)成立于 1978 年,下辖 2 个运营中心。在不断推进公司业务并取得巨大成功的同时,TNT 中国(香港)始终坚持以客户为中心。作为进出中国的主要门户,TNT 中国(香港)为客户提供全面的国际和跨境服务。TNT 中国(台湾)为客户提供一流的服务体验,稳定且经验丰富的管理团队已将 TNT 中国(台湾)建成一家杰出的快递运营机构,并能始终如一地为客户提供创新的递送解决方案。

2016 年 5 月 24 日,TNT 快递被 FedEx 以 44 亿欧元收购,作为收购协议的一部分,TNT 将剥离两条航空货运线,即欧盟所有并控制下的 TNT Airways 和 Pan Air Líneas Aéreas,这两条线路不能被非欧盟国家企业所收购。最终这两条线路在 FedEx 收购 TNT 之后,由爱尔兰航空集团 ASL Aviation Group 收购。

本 章 小 结

航空快递是航空货运业非常重要的组成部分,以快捷、安全、方便、高效的特点服务于客户,受到客户的欢迎。由于商业竞争的日趋激烈,对航空快递的需求也与日俱增,中国航空快递市场的需求更是迅速增长,所以给进入我国的国际航空巨头和本土快递企业提供了非常好的发展空间。国际航空快递的四大巨头(UPS、FedEx、DHL 和TNT)以其雄厚的实力和丰富的市场拓展经验,在中国获得了快速的增长。中国本土快递企业要想取得市场竞争的胜利,应该采取正确的战略,发挥自己的优势,扬长避短,抓住市场机会快速成长,以占据有利的市场地位。

关键术语

航空快递业务 Air Express Service   敦豪快递 DHL
门/桌到门/桌 Door/Desk to Door/Desk   联合包裹服务 United Parcel Service
门/桌到机场 Door/Desk to Airport   联邦快递 FedEx
专人派送 Courier on Board   荷兰天地快运 TNT

习　　题

一、判断题

1. 航空快递,又称航空急件转运,是目前航空运输中最快捷的运输方式。　　(　　)
2. 航空快递与航空邮寄和航空货运一样,都需要托运人自行报关。　　　　(　　)
3. 国内航空快递业尚处于起步阶段。　　　　　　　　　　　　　　　　　(　　)

二、选择题

1. 下列不属于航空快递主要3种业务形式的是(　　)。
   A. 机场到机场　　　　　　　　B. 门/桌到门/桌
   C. 门/桌到机场　　　　　　　　D. 专人派送
2. 最早从事航空快递的公司是(　　)。
   A. UPS　　　B. FedEx　　　C. DHL　　　D. TNT
3. 最早进入中国的跨国航空快递巨头是(　　)。
   A. UPS　　　B. FedEx　　　C. DHL　　　D. TNT

三、简答题

1. 简述航空快递流程的主要业务形态和流程。
2. 简述我国航空快递的发展情况。
3. 简述全球四大快递公司的发展情况。

四、讨论题

一组3～4名同学。对比顺风控股(集团)股份有限公司、中国邮政速递物流股份有限公司、中外运空运发展股份有限公司、民航快递有限责任公司这4家公司航空快递的业务信息，在班上演示自己的发现。

案例分析

快递业转型升级　大力发展航空快递

1. 航空快递上演"三国杀"

"国家队"邮政航空成立于1996年，是国内首家专营特快邮件和货物运输的航空公司。截至2017年，共计自有33架全货机，其中22架波音737、11架波音757，总运能638吨。北京、南京的双枢纽布局，已经成为一个标杆式的快递航空模板，并通过不断升级主力机型来调整机队运力结构，提升中国邮政自主航空网运营能力和网络时限，为实现EMS在电商时代的快速发展进行布局。

在中国民营快递企业中，顺丰最早借力航空货运。自2003年开始，顺丰便凭借包机和租赁客机腹舱资源的"轻资产"运营方式，在业内树立"快"的品牌优势。2009年，顺丰自组货运航空公司。2016年伊始，顺丰在深圳家门口迎来了2015年年底在新加坡交付的首架B767-300全货机，在B767全货机落地不到一小时，由厦门太古完成客改货改造的一架全新的波音757-200全货机也降落到了深圳机场。截至2017年，顺丰的货机数量达到了40架，其中5架波音767、18架波音757、17架波音737，总运能1 029吨，目前以深圳、杭州作为双枢纽，预计到2020年，其鄂州机场将投入使用。

在顺丰之外，"四通一达"中，圆通2015年在航空领域的动作最大。圆通总裁兼董事长喻渭蛟曾多次在公开场合表示："没有自己的飞机，就谈不上真正的快递。"自2015年6月获批自建航空公司之后，圆通加速货运航空布局。9月26日完成"淘宝号"飞机的首航，正式成为继邮速递、顺丰速运之后第三家拥有自有飞机的快递企业。按照圆通的发展战略，未来圆通将实施"航空为主，汽运、铁路为辅"的运营战略，目的是为消费者提供"最具性价比"的快递。截至2017年，自有6架波音737

全货机，总运能84吨，以杭州为运营基地，未来圆通航空将实行"双枢纽"的发展战略，建立以杭州和成都为中心的两个航空枢纽，在分别覆盖东西部地区的同时，还能服务到东南亚和中欧等地区的国际业务。

2. 微利时代竞争升级

快递巨头们争相布局航空快递的背后是快递业竞争激烈，面临行业升级。

近年来快递行业高速发展，竞争也尤为激烈，价格战和人力成本的上升让行业进入微利时代。"通达系"快递虽占据了国内快递业务量的大部分，但以电商件为主，利润不高且不断呈现下降趋势。有业内人士指出，快递业已经进入"五毛"时代，每票快件利润不超过0.5元。

深陷价格战泥潭的快递业急需从中摆脱出来，顺丰及"四通一达"纷纷在速度与服务上寻求突破口，发展对技术和时限相对要求高的商务、生鲜和国际类快递业务，以谋求更高的附加值。参照国际快递巨头的经验，进军航空快递成为必由之路。

中国快递物流咨询网首席顾问徐勇对本报记者表示："航空是快递业做大做强的重要标志，中国与美国相比，飞机架数太少。快递业务结构以网购为主，东中西部发展不平衡，这两方面制约了航空快递的发展。即便像顺丰搞几十架飞机，从中国的市场和规模效应来看也是不匹配的。美国联邦快递和UPS加在一起1 200多架。无论是按人口比还是按市场规模，中国机队规模都偏小，有市场空间。"

中国航空快递市场是世界货运市场发展最快的一部分。据波音《世界航空货运预测》报告，世界航空货运量在未来20年间将年均增长4.7%，而中国国内市场和亚洲内部市场每年将分别增长6.7%和6.5%。

2014年，中国大陆的快递件量已经超过美国成为全球第一，但中国大陆航空企业现役的全货机总数量不足100架，而美国仅联邦快递一家快递企业的自有货机就超过600架。以此来看，未来国内快递市场的全货机需求量将持续上升，或有更多快递企业尝试进入。

3. 考验与限制

尽管快递企业对于发展航空快递野心勃勃，但新进入者还需要面临运营的考验。和货车不一样，运营和管理自主航空队伍，不仅"烧钱"，而且管理难度也很大。此外，在航线时刻和货运枢纽建设上，快递企业仍然需要取得突破。

航空快递的需求主要在一线城市之间，但一线城市航班时刻紧张，快递系航企的发展受到了繁忙机场时刻紧张的限制，比如通常只能在每天夜航的七八个小时飞行，飞机利用率不足，各方面成本也随之提升。

2016年2月6日，民航局网站发布公示，拟批准圆通和顺丰两家货运航空公司的共4条涉京航线的新开或加密申请，这也是民航货运航线申请首次进入公示阶段。

另外，中国航空快递还有一个强大的阻碍，中国机场的设计是为旅客设计的，没有考虑到整个货运业，尤其是快递的需求。这就需要快递企业避开航空客运，谋求建立货运枢纽。

反观国际快递公司的全球枢纽，联邦快递选择孟菲斯、UPS选择路易维尔、DHL选择莱比锡，这些货运核心枢纽都满足4个条件：一是在功能上避开航空客运，错开省会城市和人口密集城市；二是设在全国的中部，2小时的航程能覆盖全国80% GDP的来源地；三是在功能上与铁路、公路等交通方式良好对接；四是机场当地具备完整的口岸功能。

目前，顺丰已经开始在湖北鄂州投资建设全国乃至全球性的航空货运枢纽，它是顺丰航空快递运输体系布局建设的核心，将全面打造覆盖全国、辐射全球的航路航线网络。

——改编自：熊晓辉. 竞逐航空货运 快递业"空战"一触即发[N]. 中国经营报, 2016年2月22日第C12版.

问题：

(1) 谈谈你对快递企业开展航空快递业务的认识。

(2) 探讨当前快递企业的"由地上天"和航空企业的"由天下地"现象？

第 5 章 航空货运代理

【本章教学要点】

- 了解航空货运代理的特点,区分合法航空货运代理和非法航空货运代理;
- 掌握航空货运代理的类型和法律责任;
- 掌握国内航空货运代理和国际航空货运代理的基本流程。

【知识架构】

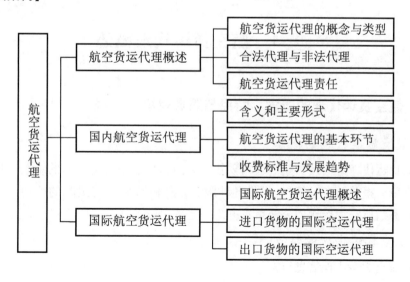

导入案例

锦程国际物流集团股份有限公司是中国最大的国际物流企业之一，其重要业务是为客户提供航空货运代理服务。公司于1990年6月26日正式创立，前身是大连锦联进出口货运代理公司。当时国内市场经济刚刚起步，中国国际航空货运代理市场完全被大型国有航空货代公司垄断，国有企业机制和思想意识还远未从计划经济条件下转换过来。锦联进出口货运代理公司因为适应了市场经济初期国际航空货运代理市场的要求，机制灵活，注重满足客户需求，积极开展新业务，得以迅猛发展。1995年，锦联进出口货运代理公司更名为锦程国际货运有限公司。锦程在管理上与国际接轨，2001年通过了ISO 9001质量体系认证，并成为CIFA（中国国际货运代理协会）副会长单位、FIATA（国际货运代理协会）联系会员。2002年8月，组建集团，并正式更名为锦程国际物流集团股份有限公司。2005年，锦程国际物流集团实施全球化服务网络布局，全球设立超过200家集团成员企业。2007年，"锦程"商标被认定为首个物流行业的中国驰名商标。2009年，在"2008年度中国国际货代物流百强"评比中，锦程国际物流集团股份有限公司综合实力排名第五名，位列民营国际货代物流业第一名。

航空货运代理在锦程国际物流集团的发展中发挥了重要作用。目前，锦程国际物流集团具备完全的空运一级代理业务资质，可从事国际、国内货物的航空运输代理和国际空运代理业务。公司在全球多个空港拥有海关监管仓库和普通货物仓库，具备先进的仓储操作设备及完善的货物操作系统。公司与国航、南航、东航、海航、港龙、国泰、华航、全日空航、大韩、泰航、马航、菲航、卡塔尔航空、阿联酋航空、俄航、北欧航空、美国航空、加航、澳航等国内外几十家主流航空公司保持长期、良好的合作关系。

——根据锦程物流集团网站（http://www.jctrans.cn）有关资料整理

【拓展视频】

5.1 航空货运代理概述

5.1.1 航空货运代理的概念、特点与服务对象

1. 航空货运代理的概念

航空货运代理是指接受航空公司委托，专门从事航空货物运物的组织工作（如揽货、订舱、制单、报关、交运等），提供各种服务，从而获取一定报酬的公司，即由专门承办此类业务的航空货运代理公司负责办理一定的手续，并赚取佣金的行为。

2. 航空货运代理的特点

（1）航空货运代理信息丰富。

航空货运代理公司一般长年专门从事航空货运的代理工作，业务娴熟，在市场开拓方面拥有巨大的专业优势，大都对运输环节和有关规章制度十分熟悉，并与民航、海关、商检和交通运输部门有广泛而密切的联系，具备代办运输手续的有关条件。同时，

航空货运代理公司在世界各地都设有分支机构或代理人，能够及时联络，控制货物运输的全过程。

（2）航空货运代理节约了大量的成本。

航空货运代理公司的主要业务就是代理集中托运，即把若干单独发运的货物组成一整批货物，用同一份总运单发运到同一到站，由其在当地的代理人负责接货，报关后分拨给实际收货人。这种集中托运方式可以从航空公司争取到较低的运价，代理公司和货主都可以从这种服务中获益，航空公司也可以从代理公司的服务中获利。虽然航空公司要向代理公司支付一定的酬金，但是代理公司为其组织了成批货源，承揽了大批客户，将各个客户的货物集中起来托运，为其节省了大量的人力、物力和时间，从而有助于其进一步开拓空运市场。同时，收货人和发货人可以从货运代理那里得到方便、快捷的全过程的增值服务，可以节约成本、提高效率、增强其在本行业的竞争能力。

（3）航空货运代理的性质。

航空货运代理公司作为货主和航空公司之间的桥梁和纽带，可以是货主的代理，代替货主向航空公司办理托运或提取货物；也可以是航空公司的代理，代替航空公司接收货物，出具航空公司的总运单和自己的分运单。目前航空货运代理人已经渗透到航空货运的各个角落，为航空公司开拓国际国内货运市场，促进航空货运市场的发展发挥了巨大作用。因此，可以将航空货运代理看作是中间人、托运人或者收货人。

【拓展视频】

3. 航空货运代理的服务对象

（1）发货人。

航空货运代理人代替发货人办理航空运输过程中所有的手续，包括：以最快最省的运输方式，安排合适的货物包装，选择货物的运输路线；向客户建议仓储与分拨；选择可靠、效率高的承运人，并负责缔结运输合同；安排货物的计重和计量；办理货物保险；货物的拼装；装运前或在目的地分拨货物之前把货物存仓；安排货物到港口的运输，办理海关和有关单证的手续，并把货物交给承运人；代表托运人或进口商承付运费、关税税收；办理有关货物运输的任何外汇交易；从承运人处取得各种签署的提单，并将其交给发货人；通过与承运人与货运代理在国外的代理联系，监督货物运输进程，并使托运人知道货物去向。

（2）航空公司。

货运代理在空运业上充当航空公司的代理。在国际航空运输协会以空运货物为目的而制定的规则上，他被指定为国际航空协会的代理。在这种关系上，他利用航空公司的货运手段为货主服务，并由航空公司向他支付佣金。同时，作为一个货运代理，他通过提供适于空运程度的服务方式，继续为发货人或收货人服务。

5.1.2 航空货运代理的类型

航空货运代理按权限大小分为一级代理和非一级代理两类。

1. 航空货运一级代理

一级代理是指可以直接从航空公司领运单，直接报关、交接的代理公司，是航空公司的主要分销商。一级代理主要的业务权限有以下几种。

（1）可经营国际航线或港、澳、台地区航线的民用航空运输销售代理业务，代理客运销售量2 000人次客票或者代理货运销售量100吨。

（2）交接权是一种许可权，需要一级代理向当地的机场地面代理公司申请。

（3）领单权，可以向航空公司领取货运单。

（4）订舱权，可以向航空公司订舱交货。

（5）可以向海关申请监管仓库。

2. 航空货运非一级代理

非一级代理是指自身没有直接的地面交接权、报关权等权利的代理公司，这些公司的优势一般在于直接面对客户或者海外代理。二代、三代都是非一级代理。

（1）非一级代理经营国内航线的民用航空运输销售代理业务，代理客运销售量5 000人次客票或者代理货运销售量200吨。

（2）非一级代理是由各省级交通主管部门批准设立的货运业务代理人。

（3）非一级代理的业务权限必须由一级代理授权才能取得。

一般海外代理指定货物比较多，是非一级代理公司主要货源之一，这些公司如果和航空公司关系良好也可以直接向航空公司订舱位，取得优惠运价，甚至价格比一级代理的价格还要便宜，但是他们没有交接权，必须找一家一级代理公司做挂靠，用其名义去交接，即由一级代理代其向当地的机场地面代理公司交易。

5.1.3 航空货运代理存在的必然性

随着航空货运业务的发展，航空货运代理业便应运而生。航空货运代理业之所以能得以存在并发展，是因为它所提供的服务为货主及航空公司双方均带来便利。

（1）航空货运代理使航空公司更好地发展主业。航空公司的主要业务为飞行保障，它们受人力、物力等诸多因素影响，难以直接面对众多的客户，处理航运前和航运后繁杂的服务项目，这就需要航空货运代理公司为航空公司出口揽货、组织货源、出具运单、收取运费、进口疏港、报关报验、送货、中转，使航空公司可集中精力，做好自身业务，进一步开拓航空运输。

（2）航空货运代理使货主不必花费大量的精力去熟悉繁复的空运操作流程。采用航空货运形式进出口货物，需要办理一定的手续，例如：出口货物在始发地交航空公司承运前的出舱、储存、制单、报关、交运等；进口货物在目的地机场的航空公司或机场接货、监管储存、制单、报关、送货及转运等。航空公司一般不负责上述业务，收、发货人可通过航空货运代理公司办理航空货运业务，也可自行向航空公司办理航空货运业务。

(3) 航空货运代理在办理航空托运方面具有无可比拟的优势。航空货运代理大多对航空运输环节和有关规章制度十分熟悉，并与各航空公司、机场、海关、商检、卫检、动植检及其他运输部门有广泛而密切的联系；具有代办航空货运的各种设施和必备条件；同时各航空货运代理公司在世界各地或有分支机构，或有代理网络，能够及时联络，掌握货物运输的全过程。因此，货主委托航空货运代理公司办理进出口货物运输比自行安排货物出运更为便利。

5.1.4 航空货运合法代理与非法代理

随着民航局下放航空运输销售代理资格权限，以及认可航空货代销售企业的设立由过去的行政审批转变为准民间性的行业协会，国内航空货运市场的活力大大增强，而航空货运非法代理也随即出现。保障合法航空货运业参与人的正当权益，也是一个必须要认真面对的问题。

【拓展案例】

1. 航空货运合法代理人设立条件

在航空货物运输业中，由于航空货运企业自身对市场的占有能力有限，同时因为市场布局未延伸到一些偏远地区，所以空运业内形成一定规模的公司，往往会采用授权代理的方式，选择一些中小规模的物流公司作为代理销售机构，并给予一定的优惠，由代理机构对空运业务进行承揽，由航空运输企业进行实际承运。

《民用航空运输销售代理业管理规定》中指出，民用航空运输销售代理业是指受民用航空运输企业委托，在约定的授权范围内，以委托人名义代为处理航空客货运输销售及其相关业务的营利性行业。民用航空运输销售代理人，是指从事空运销售代理业的企业。这也就是实践中经常提到的货代。合法代理人应当依法取得中华人民共和国企业法人资格，在注册资本、营业条件方面必须具备以下条件。

(1) 销售代理人的注册资本数额应当符合下列要求。

① 经营一类空运销售代理业务的，注册资本不得少于 150 万元人民币。

② 经营二类空运销售代理业务的，注册资本不得少于 50 万元人民币。

③ 销售代理人每增设一个分支机构或者一个营业分点，应当增加注册资本 50 万元人民币。兼营空运销售代理业务的销售代理人，其专门用于销售代理业务的资本数额应当符合上列要求。

(2) 销售代理人应当具备下列营业条件。

① 有固定的独立营业场所。

② 有电信设备和其他必要的营业设施。

③ 有民用航空运输规章和与经营销售代理业务相适应的资料。

④ 有至少 3 名取得航空运输销售人员相应业务合格证书的从业人员。

(3) 外国法人或者外国人航空货运合法代理人的设立条件。

外国法人或者外国人依照中华人民共和国有关法律设立中外合资经营企业、中外合作经营企业，并具备各项设立条件的，经民航行政主管部门批准，可以在中华人民共和国境内经营一类空运销售代理业务；经民航地区行政管理机构批准，可以在中华人民共和国境内经营二类空运销售代理业的货运销售代理业务。

2. 航空货运非法代理人的特征

（1）航空货运非法代理人是指未通过民用航空运输企业委托的授权，仍以委托人名义代为处理航空客货运输销售及其相关业务的营利性业务的企业。狭义的非法代理，往往通过利用航空货运企业在下放折扣环节管理上的漏洞，设立空壳公司，与被代理人内部人员串通等方式，取得较低的运费折扣价格，并以此价格，以被代理人的名义承揽业务。较为常见的是一些中小规模的物流公司以及个人等。

广义的非法代理，不仅既包括上述的情形，还包括具备合法运营资格的航空货运企业或代理销售企业，超越合法的经营范围，从事未经授权的代理活动。如一些大中规模的航空运输企业或代理销售企业，因为其国际、国内航权以及其他硬件条件有限，也会在未被授权的情况下以一些国际、国内航空货运企业的名义揽货。

（2）航空货运非法代理人对航空运输企业权益的侵害方式是多样的。航空货运非法代理人既缺乏合法的运营授权，又缺乏专业的服务，不仅严重干扰了空运市场的秩序，降低了行业的诚信度，而且侵害了合法空运企业的潜在市场利益。同时，一些非法代理机构还在自己的报价单、网站、运营场所未经授权使用航空运输企业的商标，对合法运营企业的商标权以及商业信誉也会造成不同程度的侵害。在法律适用的层面，不仅既涉及民事私法领域，又涉及行政、刑事公法领域，具备较强的交叉性。

3. 航空货运非法代理人代理行为的界定

非法代理的法律本质实际是一种没有代理权或超越代理权的行为，合法航空货运企业、非法代理机构、实际托运人之间实际上存在合同关系。非法代理机构对代理权的滥用程度的不同，引发的法律责任也不同，除了一般的民事违约、违法行为外，性质严重的，还可能构成《刑法》中的非法经营罪或合同诈骗犯罪。

在非法代理行为的民事关系中，由于非法代理机构缺乏合法的授权，根据《民法通则》第六十六条："没有代理权、超越代理权或者代理权终止后的行为，只有经过被代理人的追认，被代理人才承担民事责任。未经追认的行为，由行为人承担民事责任。"之规定，在无权代理情况发生的情况下，并不是实际托运人航空货运企业之间直接缔结的合同，而是由两种合同关系组成的，即非法代理机构与航空货运企业相互之间成立航空货运运输合同，而非法代理机构与托运人之间成立航空货运委托合同。这样的法律后果是：实际托运人无权对实际航空货运企业主张权利，只能向非法代理机构主张，实际航空货运企业也没有必要对实际托运人承担任何义务。

4. 对航空货运非法代理人代理行为的打击

非法代理行为具有违法行为与违约行为的双重特征，针对危害社会的违法行为，行政、司法部门等国家公权的介入，不仅对非法代理人的打击力度上升一个层级，而且对合法承运企业的现实救济也是非常有效的。所以一旦航空运输企业发现非法代理行为可能发生，可以根据其紧迫性的程度及时采取以下法律救济途径。

① 根据运输合同（航空货运单）或结算协议中的约定内容，航空运输企业可以停止非法代理机构继续使用其具备折扣权限的账号，改用现金结算的方式。

② 依据《中华人民共和国合同法》（以下简称《合同法》）第三百一十五条："托运人或者收货人不支付运费、保费以及其他运输费用的，承运人对相应的运输货物享有留置权，但当事人另有约定的除外。"之规定，航空运输企业在举证托运人可能存在逃避、隐匿债务或拖欠运费等行为的情况下，可以立即行使对非法代理机构托运货物的留置权，对货物进行扣押，作为非法代理机构的履约担保。

③ 根据《合同法》的相关规定，航空运输企业可以选择撤销、解除运输合同，并要求非法代理机构赔偿损失。

④ 根据《中华人民共和国国际货物运输代理业管理规定》《中华人民共和国国际货物运输代理管理规定实施细则（试行）》《民用航空运输销售代理业管理规定》《民用航空运输凭证管理规定》等，航空运输企业可以要求民航行政主管部门或地方工商部门对非法代理机构进行查处，责令停止违法行为、取缔其非法经营、没收其非法所得并处以罚款。

⑤ 根据《刑法》的有关规定，可以对涉嫌构成非法经营罪、合同诈骗罪的非法代理机构，要求当地公安机关对其予以查处，并追究主要责任人的刑事责任。

5.1.5 航空货运代理的责任

1. 基本责任

由于航空货运代理公司是中间人、托运人或者收货人，因此他既对委托方承担责任，又对航空公司承担责任，具体表现在以下两方面。

（1）航空货运代理的职责。

航空货运代理人与航空承运人或货主之间本质上属于委托人和受托人之间的关系，根据与委托方订立的协议或合同规定，或根据委托方指示进行业务活动时，货运代理人应认真负责地完成此项委托，尤其是在授权范围之内，代理人必须积极履行以下代理职责。

① 亲自、积极履行代理职责，不得怠慢，如实汇报一切重要事项。在委托办理业务中向委托方提供的情况、资料必须真实。

② 正确履行代理职责。

③ 为委托人保守商业秘密，货运代理过程中所得到的资料不得向第三者泄露，同时，也不得将代理权转让与他人。

④ 销售代理人必须遵守国家关于航空运输价格和运输销售代理服务费用的规定。

⑤ 销售代理人不得将航空运输票证转让他人代售，或者在未登记注册的营业地点填开航空运输票证。

⑥ 销售代理人与民用航空运输企业按照平等互利原则，协商确定空运销售代理手续费标准，但是民航行政主管部门和物价主管部门规定法定标准的除外。

⑦ 销售代理人应当在其营业地点公布各项营业收费标准，并将此标准报核发空运销售代理业经营批准证书的民航行政主管部门或者民航地区行政管理机构备案。

⑧ 销售代理人可以在获准的代理业务类别范围内，与中华人民共和国境内有经营权的任何民用航空运输企业签订空运销售代理合同，从事民用航空运输销售代理经营活动。民用航空运输企业或者销售代理人在委托代理经营活动中，不得实施不正当竞争行为。

如未能尽勤谨之责，或者在处理事务时有过失，实际上是未尽订立合同的义务，属违约行为，因此造成委托人经济损失的，应承担赔偿责任。

（2）免除责任。

航空货运代理人对下列原因造成的货物损失不承担责任，但如能证明货物的灭失或损害是由货运代理人的过失或疏忽导致，故应对该货物的灭失、损害承担赔偿责任。

① 由于委托方的疏忽或过失。

② 由于委托方或其他代理人在装卸、仓储或其他作业过程中的过失。

③ 由于货物的自然特性或潜在缺陷。

④ 由于货物的包装不牢固、标志不清。

⑤ 由于货物送达地址不清楚、不完整、不准确。

⑥ 由于对货物内容申述不清楚、不完整。

⑦ 由于不可抗力、自然灾害、意外原因。

2. 货运代理的赔偿责任

① 如果货物交接地点的市价或时价与发票金额有差别，但又无法确定其差额，则按发票金额赔偿。

② 对古玩、无实际价值货物的其他特殊价值，不予赔偿。（除非做特殊声明并支付了相应费用。）

③ 对已发生货物灭失的货物运费、海关税收，以及其他费用负责赔偿，但不赔偿进一步的损失。

④ 对货物的部分灭失或损害则按比例赔偿。

⑤ 如货物在应交付日后约定天数内仍未交付，则构成延误交货，货代应赔偿因延误而可能引起的直接后果和合理费用。

案例 5-1

航空货运代理中的关系

2003年年初，意大利代理商陈伟明与汇泰公司签订丝绸服装贸易合同，贸易条件为FOB上海。同年4月23日，陈伟明与意大利国际货运咨询责任有限公司米兰分公司（以下简称米兰分公司）签订了一份委托运输合同,合同约定由米兰分公司为陈伟明实施从中国到意大利进口货物的运输。陈伟明交托所有的进口货物由米兰分公司独家经营托运,不得转托其他公司代理托运。陈伟明把从中国出口的货物交米兰分公司在中国办事处的负责人何绥凤,后者必须在一个星期内把所收到的货物运到意大利,保证不发生交货延误。货到米兰后,陈伟明要立即给付米兰分公司运费才可提货,否则,陈伟明还要支付仓库保管费。

合同签订后,陈伟明于同年4月29日传真告知汇泰公司的中介中发公司通知汇泰公司,此次出口货物包括以后的出口货物都交由米兰分公司承运,运费由其在米兰提货时支付,并告知了米兰分公司中国办事处负责人何绥凤在杭州的住址,要求汇泰公司速与其接洽办理出口手续。

为便于订舱发运,汇泰公司按照何绥凤的要求改用东方航空公司(以下简称东航)的《国际货物托运书》,将填好的托运书传真给何绥凤。何绥凤将托运书交给了东航的销售代理华迅公司。

汇泰公司于同年5—9月先后7次按照何绥凤的指示将货物送到上海虹桥机场华迅公司的仓库。该公司签收了货物,随后代填并签发了6票东航货运主运单,还委托华力空运有限公司上海分公司签发1票中国国际航空公司主运单。华迅公司签发的6票主运单上记载的托运人为华迅公司,收货人为比利时米兰分公司。华迅公司还签发7票航空货运分运单,分运单上记载的托运人为汇泰公司,收货人为托运书上汇泰公司指定的意大利诸客户。在此期间,华迅公司按照航空公司预付运费的要求,先后向东航和华力空运有限公司上海分公司支付了7票货的空运费(外汇人民币)449 311.50元(其中6笔系上海到布鲁塞尔空运费、1笔为上海到米兰空运费)。

货物发送后,华迅公司未将航空分运单正本托运人联交汇泰公司,亦未向汇泰公司索要空运费。7票货物于同年5—9月陆续运到米兰,陈伟明先后向米兰分公司支付了全程水陆运费、清关费及杂费,提取了货物。米兰分公司分别开具了发票和收据,同时声明该批货物运送合同已履行完毕。2005年2月10日,华迅公司致函汇泰公司称:当时汇泰公司委托米兰分公司,但米兰分公司与华迅公司有代理协议,现米兰分公司将收款权交给华迅公司,要求汇泰公司依照航空分运单支付上海到米兰7票货的全程空运费101 712.824美元。汇泰公司以运费由外商支付,本公司无支付运费义务为由拒付,双方酿成纠纷。请问汇泰公司与华迅公司之间是否构成委托运输关系?

——物流沙龙:http://www.logclub.com/thread-573-1-1.html

5.2 国内航空货运代理

5.2.1 国内航空货运代理概述

1. 发展概况

中国的航空货运代理业是随着我国改革开放和对外贸易的发展逐步发展起来的。1984年以前,中国对外贸易运输总公司及其各分公司是我国唯一的货运代理,是对外经贸部下属的各专业进出口公司的货运总代理,也是航空公司的代理。

改革开放后的中国国际货运代理行业,由中外运独家代理变为多家经营,经济成分由全民所有制发展为中外合资、外商独资、股份制、有限责任公司等所有制形式。

1991—1994年是中国境内国际货运市场发展的高峰时期,承运人和货运代理收益颇丰,1992年7月底,经营航空货运代理业务的公司有290多家。根据民航资源网数据,截至2017年年底,我国民航运营机队总规模达到3 261架,其中,全货运飞机143架;截至2016年年底,已开辟定期航班通航56个国家的145个城市,国际航线达到739条,国内航空公司定期航班从38个内地城市通航香港,从10个内地城市通航澳门,大陆航空公司从48个内地城市通航台湾地区;2016年全国民航运输机场完成货邮吞吐量为1 510.4万吨。有9家全货运公司从事航空货运运营,933家代理企业从事国际、国内航空货运的一类代理业务,1 124家代理企业从事国内航空货运的二类代理业务,另有90余家境外航空公司开展了至中国内地的国际货邮运输业务。2016年度中国货代物流空运前十强排名,见表5-1。

【拓展知识】

表5-1　2016年度中国货代物流空运前十强排名

序号	企业名称	空运营业额/万元
1	敦豪全球货运(中国)有限公司	656 234
2	中国外运长航集团有限公司①	460 406
3	港中旅华贸国际物流股份有限公司	275 093
4	爱派克斯国际物流(中国)有限公司	224 558
5	上海青旅国际货运有限公司	219 389
6	日通国际物流(中国)有限公司	166 253
7	新时代国际运输服务有限公司	143 171
8	中远海运航空货运代理有限公司	141 215
9	嘉里大通物流有限公司	136 294
10	唯凯国际物流股份有限公司	127 170

(资料来源:中国国际货运代理协会网站http://118.26.162.39:801/zl/hdbq/2017-07-28-3230.html)

2. 国内航空货物运输代理业务的含义和主要形式

国内航空货物运输代理业务是指对出发地、约定的经停地和目的地均在中华人民共和国境内的民用航空货物运输的代理业务。在代理业务的操作过程中,适用《中华人民共和国民用航空法》《中国民用航空货物国内运输规则》及各航空公司运输总条款。

国内航空货物运输代理业务主要分为国内空运出港业务、国内空运进港业务以及国际联程货物运输业务等。

3. 国内航空货运代理的作用

① 国内航空货物运输是现代物流的主要组成部分之一,在现代物流中起着重要作用。

---

① 2015年12月29日,中国外运长航集团整体并入招商局集团,成为其全资子企业。

② 作为经济发展和社会生活的联系纽带，国内航空货物运输是连通市场生产与供给的渠道之一。

③ 由于具备迅速、安全等优点，国内航空货物运输成为在传统运输方式无法满足货物运输要求时的一种优质选择。

4. 经营国内航空运输销售代理业务手续

（1）销售代理人经营国内航空运输销售代理业务，需经中国民用航空局地区治理局审查批准，领取经营许可证，并到所在地工商行政管理机关申请登记、领取《营业执照》后，方能经营销售代理业务。

（2）销售代理人申请经营许可证，应当提供以下信息和证件。

① 销售代理人的名称、地址、电话。

② 销售代理人的组织机构、人员和通信设备情况，主要负责人姓名及简历。

③ 销售代理人的资金证实。

④ 申请经营的业务范围。

⑤ 销售代理人所属的地区、厅、局或相当于上述级别的行政主管领导部门开具的证实文件。证实文件应列明主管部门的名称、性质、负责人姓名和职务、地址、电话、申请理由，并声明对所证实的销售代理人负安全和经济方面的担保责任。

（3）销售代理人必须以书面的形式与被代理的航空运输企业签订销售代理合同，明确双方的权利和义务，合同时间不宜过长，一般应一年签订一次。

（4）销售代理人必须具备以下条件。

① 有健全的组织管理机构。

② 有两名（含）以上熟悉航空运输业务并经所代理的航空运输企业审查和考试合格的业务人员。

③ 有固定的营业场所和必要的通信设备。

④ 有资金证实。

5. 销售代理人办理代理业务收取手续费用的标准

由航空运输企业与销售代理人共同协商，报经当地物价部门审查批准后实行。

5.2.2 国内航空货物运输代理业务的基本环节

1. 国内空运出港业务

（1）业务受理。

① 国内空运调度首先进行信息查询，确定通过网络、传真及班车带回的货物中是否有到港空运货物及到港中转的预报业务。

② 按预报出港货物委托信息提供的目的地、件数、重量、体积、委托人等要求，做好记录。

③ 接收委托人委托空运的传真文件，按客户提出的要求做好预订舱记录。

④ 受理委托人要求空运的电话咨询，了解货物情况及目的地、件数、重量、提供方式，做好电话预订舱记录。

（2）订舱。

① 审核预订舱记录内容与网络提供的信息是否相符，如有异议应立即与委托人核实，同时将正确信息补充输入电脑系统。

② 根据订舱记录分别向航空公司订舱或预订舱。

订舱：按已到达的空运货物量直接向航空公司订舱，获取航班号，并将确认的航班信息输入电脑系统。

预订舱：根据订舱记录中未到的货物或委托人预报的空运信息，向航空公司预订舱位，将航空公司确认的预订信息输入电脑系统。

（3）审核单证。

接到空运出港或委托人前来委托空运的信息，审核由委托人填写的航空公司国内货物托运书所列内容，仔细核对货物品名、件数、体积大小、包装和完好程度，确定计费重量，甄别所托货物是否属禁运品，核实委托人及收货人的详细单位名称、姓名、联系电话是否齐全，核对无误后请委托人在委托书上签名确认。

（4）提货、打包和称重。

需空运的货物到达后，进行卸货，磅秤实际重量，丈量体积，计算计费重量，司磅人员确定计费重量后在航空托运书上签名确认，将托运书交制单员。

在磅秤货物重量的同时，仔细检查货物包装是否符合航空要求，对包装不符合航空要求的货物，应向委托人建议加固外包装或改包装，并为委托人提供打包、改包装服务。为货物打包时，要根据航空要求以及货物特点，以牢固、不易破损为原则。贵重物品、易碎物品在加固后，必须在货物的外包装上粘贴特殊标识，如防潮、防倒置、勿倾斜、轻搬轻放等。

仓库操作人员将货物分拣与归类，同时提交制单员制单。

（5）制单。

制单员根据国内货物托运书分别制作总运单、分运单。

① 操作过程中，制单员应按委托人要求，详细填制所到达的城市名及该城市代号，托运人、收货人名称、地址、联系电话、件数、重量、计费重量、航班日期、货物名称、外包装情况，对特殊体积的货物需注明体积尺寸。

② 在储运注意事项及其他栏内，对已订舱的货物应填"已订舱"，有随机文件的应注明随机文件份数，需机场自提的货物应写明机场自提。

③ 正确填写运价，按计费重量填写不同等级运价以及燃油费。运单填写完毕后，制单员签名，填写制单日期。

④ 对"门到门"的货物，由制单员将运单及委托人填写的国内货物托运书一并进行复印，并将复印件交予到港调度制作派送单。

(6)代理保险和代理商检。

如果客户委托代理保险业务,航空货代操作人应按客户货物类别向合作保险公司投保;如果客户委托代理商检业务,航空货代应向相关机构办理检验及证明手续。

(7)出仓与航空交接。

根据目的地将货物分批堆放,将需要打包的货物进行包装,加固货物。跟车员、司机将货物分类装车、包装、制作航空吊牌。航空票签或吊牌上必须填明运单号、目的地城市名称、件数、重量。航空运单与航空票签必须为同一航空承运人。

(8)货物跟踪与信息反馈。

货代操作人员通过网上查询、电话查询或者发传真到航空公司等形式查询已通过安检的货物和航班号,并将查询结果反馈给客户。

合作货代是指在目的地机场接送和派发货物的合作单位,操作人为已出航班的货物制作派送委托书,传真给合作代理,并确认。

(9)事故处理。

若上述环节发生意外情况,货代相关人员应第一时间通知客户和收货方,并采取相应措施,用最短的时间解决问题。

(10)结算费用。

根据分运单的总价对单票空运业务进行结算。

① 对委托人现场收取运费的,按分运单标明的总价开具发票,列明收费项目、运单号连同分运单(第一联)交委托方,收取现金或支票。

② 凡与公司签订业务合同、协议的委托人,采用公司内部划账结算方式,列为月结账客户,结算时将分运单(第一联)交委托人。

③ 制作单票结算单,将运单上所显示的收费内容分类计算,列明收入与支出并显示所得利润。单票结算单应填明委托人名称、收入来源、支出流向。

2. 国内空运进港业务

(1)业务受理。

根据始发站合作代理预告的到港货物信息,目的站航空货运代操作人员安排车辆接货,同时将到港货物的信息录入电脑系统,注明货物件数、重量、体积、到港航班号及到达时间。

(2)机场提货。

在飞机抵达两小时内,航空货代操作人员前往机场与航空公司人员现场进行单货交接,核对货运单号,清点货物票数、件数,然后在航空公司交接清单上签字。

(3)提货通知。

货物运至到达站后,除另有约定外,航空货代操作人员用电话或以书面形式向收货人发出到货通知,急件货物的到货通知应当在货物到达后两小时内发出,普通货物应当在24小时内发出。根据运单或合同上的发货人名称及地址寄发到货通知单。到货通知单一般发给实际讫货人,告知其货物已到港,催促其迅速办理相关手续。到货通知单需要填写的项目有公司名称、运单号、到货日期、应到件数及重量、实到件数及重量、合同号、货物名称、是否为特种货物、货运代理公司业务联系人及其电话等。

（4）收费放行。

① 自提货的收费放行。当收货人凭到货通知单和本人居民身份证或其他有效身份证件提货时，应仔细核对收货人提供的单位介绍信或其他有效证明，然后登记证件号码，根据货物重量开具发票，向提货人收取提货费，之后将货物交提货人。收货人提取货物时若对货物外包装状态和重量有异议，应当场提出查验或重新过磅核对，否则，视为完好交付。

② 派送货物及收费。对于需要派送的货物，在接到货物到港预报时，确定派送地点，同时与委托方确定派送费用，开具应收费用发票，向收货人收取。按货物的航班到港时间、派送地址、联系人电话等信息，与收货人及时取得联系，确定派送时间，同时向收货人提供货物情况和了解收货人的卸货条件。当货物送达收货人地点时，收货人应当场清点货物，在派送单上签字并注明收货日期。

（5）派送货物信息反馈。

在完成货物派送交付后，应将由收货人签字的签收单及相关单证以传真或电邮方式及时反馈给始发站合作代理。

3. 国内航空货运单各联用途

货运单一式八联，其中正本三联，副本五联。

第一联，甲联：正本3，蓝色，为托运人联。作为托运人支付货物运费并将货物交由承运人运输的凭证。

第二联，乙联：正本1，绿色，为财务联。作为收取货物运费的凭证交财务部门。

第三联，丙联：副本7，白色，为第一承运人联。由第一承运人留交其财务部门作为结算凭证。

第四联，丁联：正本2，粉红色，为收货人联。在目的站交收货人。

第五联，戊联：副本4，黄色，为货物交付联。收货人提取货物时在此联签字，由承运人留存，作为货物已经交付收货人的凭证。

第六联，己联：副本5，白色，为目的站联。由目的站机场留存，也可作为第三承运人联，由第三承运人留交其财务部门作为结算凭证。

第七联，庚联：副本6，白色，为第二承运人联。由第二承运人留交其财务部门作为结算凭证。

第八联，辛联：副本8，白色，为代理人联（存根联）。由货运单填写人留存备查。

货运单的三联正本具有同等法律效力。一联交承运人、一联交收货人、一联交托运人，分别由托运人签字或盖章，由承运人接收货物后签字或盖章。

货运单的承运人联应当自填开次日起保存两年。中国民用航空货运单如图5.1所示。

中国民用航空
货 运 单

目的站联

出发站			到达站		
收货人名称				电话	
收货人地址					
发货人名称					
空陆转运	自	至	运输方式		
货物品名	件数及包装	重量			价 值
		计 费	实 际		
航空运费：(每公斤$)		$	储运注意事项		
地面运输费：(每公斤$)		$			
空陆转运费：(每公斤$)		$			
中 转 费：(每公斤$)		$			
其他费用：		$			收运站 日期 经手人
合 计：		$			
(货物运费总数以角为单位，角以下四舍五入)					
货物到达处理记录					
到达日期	通 知	提货日期	交件人	收货人	

图 5.1 中国民用航空货运单

5.2.3 航空货运代理收费标准

1. 国内航空货物运价类别

(1) 普通货物运价。

① 基础运价(代号 N)。民航局统一规定各航段货物基础运价，为 45 千克以下普通货物运价，金额以角为单位。

② 重量分界点运价(代号 Q)。国内航空货物运输建立 45 千克以上、100 千克以上、300 千克以上 3 级重量分界点及运价。

(2) 等级货物运价(代号 S)。

急件、生物制品、珍贵植物和植物制品、活体动物、骨灰、灵柩、鲜活易腐物品、贵重物品、枪械、弹药、押运货物等特种货物实行等级货物运价，按照基础运价的 150% 计收。

(3) 指定商品运价(代号 C)。

对于一些批量大、季节性强、单位价值低的货物，航空公司可申请建立指定商品运价。

(4) 最低运费(代号 M)。

每票国内航空货物最低运费为 30 元人民币。

(5) 集装货物运价。

以集装箱、集装板作为一个运输单元运输货物可申请建立集装货物运价。

2. 国内航空货物运价使用规则

(1) 直达货物运价优先于分段相加组成的运价。

(2) 指定商品运价优先于等级货物运价和普通货物运价。

(3) 等级货物运价优先于普通货物运价。

3. 国内航空货物运价使用规则

(1) 货物运费计费以"元"为单位，元以下四舍五入。

(2) 最低运费，按重量计得的运费与最低费相比取其高者。

(3) 按实际重量计得的运费与按较高重量分界点运价计得的运费比较取其低者。

(4) 分段相加组成运价时，不考虑实际运输路线，不同运价组成点组成的运价相比取其低者。

4. 国内航空邮件运费

普通邮件运费按照普通货物基础运价计收；特快专递邮件运费按照普通货物基础运价的 150% 计收。

5.2.4 中国航空货运代理的发展趋势

我国空运货代市场正从简单的代理托运人货物向为托运人货物增值方向发展，伴随着企业发展战略的差异化，航空货运代理也有不同的战略发展道路可供选择，主要呈现以下发展趋势。

1. 一体化趋势

(1) 纵向一体化趋势。

在产品或服务的生产或分销过程中，一个厂商如果参与了其中两个以上的相继阶段，则称为纵向一体化。航空货运代理纵向一体化可以整合企业间的物流资源，形成同盟，降低交易费用，消除市场的不确定性，提高物流运作效率，降低物流成本。航空货运代理纵向一体化通常是向上游发展，包括控制运力和参股方式两个方面。

① 控制运力是提高空运货代核心竞争力的一个重要途径。《中外运空运发展股份有限公司关于拟参与四川航空集团公司改制重组意向的公告》中表示，整合"运输"与"货代"这两个航空货运价值链上最重要的环节，可以大大提升国内货运服务层次，降

低成本，从而在国内货运市场赢得竞争优势。控制运力之后，进而可以整合其他环节，从而参与货运价值链上更多利益的分享。因此，逐步进入航空承运人领域是航空货运代理公司的战略选择。

② 参股方式可避免联盟模式中存在的利益矛盾，有利于协作。有些机场为了改善经营业绩和提高业务效率，往往引入具有活力的空运货代参股。空运货代为了掌握上游资源，也希望与机场合作。2005年3月28日，四川省政府国有资产监督管理委员会、中外运空运发展股份有限公司、四川化工控股有限责任公司三家共同签署了《四川航空集团公司改制重组出资人合作意向书》，中外运空运发展股份有限公司正式入股川航集团。中外运空运发展股份有限公司参股后，新公司股本结构为：四川国资委占注册资本的49%，中外运空运发展股份有限公司和四川化工控股有限责任公司分别占注册资本的49%和2%。1999年，锦海捷亚国际货运有限公司往上游进行扩张，与德国汉莎航空公司、上海机场（集团）有限公司三方合资的具有国际一流水准的机场货运站项目获得成功。空运货代直接参与机场货运站的投资和管理，在中国是第一家。

（2）横向一体化趋势。

横向一体化，源自市场营销和战略管理，又称"水平一体化"或"平整合"，是指企业收购或兼并同类产品生产企业以扩大经营规模的成长战略。可以从扩大原有产品的生产和销售、向与原产品有关的功能或技术方向扩展、向与上述两个方向有关的国际市场扩展或向新的客户类别扩展3个方向进行。

通过价格策略和其他营销策略吸引较大的货量，从而降低货运价格。例如，航空公司300千克以上货物的运价为每千克30元，1 000千克以上的运价为每千克20元。A空运货代手中有600千克货物，B空运货代手中有500千克货物，双方都达不到1 000千克的运价分界点。A空运货代为吸引更多的货量，可以向其他货运代理发出每公斤运价25元要约。B空运货代单独拿不到这样低的等级运价，就会考虑将500千克货物再次委托给A空运货代，1 100千克货物都以A空运货代的名义向航空公司订舱，这样A货代能获得每千克20元的运价。A、B双方都有利可图。

为了增加货运量，有的空运货代以契约的形式，通过结盟的方式增加自己的货量，同时有效地扩大自己的网络，增强服务能力。契约的主要形式有加盟、联盟和兼并，例如，2013年9月，中国货运航空公司正式加入天合货运联盟，成为天合货运联盟全球第十一位成员。

2. 多元化发展趋势

多元化发展战略又称多样化战略、多角化战略、多种经营战略，是指一个企业同时在两个或两个以上行业中进行经营。多元化发展战略包括相关多元化和非相关多元化两种基本方式。

近年来，外国货运航空公司和以航空快件运输为主的巨型物流企业利用中国民航逐步开放航空货运市场和机场对外自主权扩大的机遇，大举增开飞往中国特别是上海浦东机场的航线航班，包括货运包机航班。到2004年年底，共有24家外国货运航空公司开航上海浦东。这些公司每周飞行近290个货运及快递航班,且大多是大型B747F型货机,约占浦东机场国际和地区货班数的65%。特别应提及的是,自1999年4月8日,中美两国签订新的航空运输协定后,美方航空承运人从原来的联合、西北航空公司两家增加到4家,每周航班从27班增加到54班。出乎多数业内人士的预料,美国运输部批准FedEx和UPS加入中美航线,并于1999年年底和2000年年初开辟至上海、北京直飞航线。俄罗斯也有多家航空公司经营到我国天津、石家庄、太原、呼和浩特、哈尔滨、沈阳等地的货运包机。

【拓展视频】

5.3 国际航空货运代理

5.3.1 国际航空货运代理概述

航空货物运输最早出现在法国。第二次世界大战后,大批军用机转入民用运输,西方发达资本主义国家开始大力发展航空工业,开辟国际航线,逐步建立了全球性的航空运输网络。尤其是宽体飞机的出现和全货机的不断发展,使得国际航空货运在经济发展中的地位越来越重要。在全球交易中,对时间敏感性的货物、高价值和高技术货物的进出口数量增长迅猛,大大推动了航空货运业的发展。

1. 国际航空货运代理的内涵

《国际货物运输代理业管理规定实施细则》规定:"国际货物运输代理企业是指在中国境内依法注册并经商务部授权机构备案登记的从事国际货运代理业务的企业及其分支机构。"《中华人民共和国商务部公告2003第82号》指出:"国际货运代理企业作为独立经营人从事国际货运代理业务,是指国际货运代理企业接受进出口货物收货人、发货人或其代理人的委托,签发运输单证、履行运输合同并收取运费以及服务费的行为。"

2. 国际货运代理企业备案登记管理

(1) 商务部建立国际货运代理企业备案管理制度。

国际货运代理企业自依法取得工商营业执照之日起30个工作日内应向商务部或其授权的机构办理国际货运代理企业备案登记,并应于每年3月底前,报送上一年度企业经营信息。

外商投资国际货运代理企业依法取得《外商投资企业批准证书》并办理工商登记注册手续后,应依照前款规定报送上一年度企业经营信息。

商务部授权地方商务主管部门(以下简称备案登记机构)负责办理本地区国际货运代理企业备案登记。

(2) 国际货运代理企业备案登记程序。

① 填写《国际货运代理企业备案登记证》(以下简称《备案证》),并由法定代表人

签字、盖章。《备案证》可通过商务部政府网站下载或到备案登记机构领取。

② 提交营业执照复印件、组织机构代码证书复印件、符合本实施细则规定的责任保险合同（复印件）、多式联运提单样本（如签发）、国际货运代理货运单和航空货运分运单样本（如签发）等备案材料。

③ 备案登记机构自收到企业提交的全部材料之日起 5 个工作日内，应在《备案证》上加盖备案专用印章，完成备案手续。

（3）国际货运代理企业变更。

国际货运代理企业备案信息发生变更的，应在自变更事项发生之日起 30 日内办理《备案证》变更手续；逾期未办理的，其《备案证》自动失效。

国际货运代理企业已在工商部门办理注销手续或被吊销营业执照的，自营业执照注销或被吊销之日起，其《备案证》自动失效。

3. 国际货运代理业务管理

（1）国际货运代理企业的业务。

① 揽货、订舱（含租船、包机、包舱）、托运、仓储、包装。

② 货物的监装、监卸、集装箱拼装拆箱、分拨、中转及相关的短途运输服务。

③ 报关、报检、报验、保险。

④ 缮制签发有关单证、交付或收取运费、结算及交付或收取杂费。

⑤ 国际展品、私人物品及过境货物运输代理。

⑥ 国际多式联运、集运（含集装箱拼箱）。

⑦ 国际快递（不含私人信函）。

⑧ 依法可从事的其他国际货运代理业务和物流业务。

（2）国际货运代理企业的企业责任险。

国际货运代理企业应投保国际货运代理企业责任险，其责任范围包括企业从事货代业务应承担的法律责任，错误、疏忽遗漏等责任。投保国际货运代理企业责任险的最低赔偿限额不低于 100 万元人民币，保险期限应不少于 1 年并应逐年连续投保。企业每增设一个分支机构，增加数额不低于 20 万元人民币的赔偿限额。

国际货运代理企业要变更责任险内容的，应在保险合同变更后 30 日内，到原备案机关办理相关的备案变更手续。

国际货运代理企业应向中华人民共和国境内的保险公司投保国际货运代理企业责任险。

中国境内保险公司使用的国际货运代理企业责任险的保险条款、费率标准、保险合同范本等应经中国保险监督管理委员会备案后方可使用。

4. 国际货运代理多式联运提单编号登记制度

（1）国际货运代理多式联运提单。

国际货运代理企业从事多式联运经营，收到托运人交付的货物时，应当签发国际多式联运单据。国际多式联运单据包括国际货运代理多式联运合同和国际货运代理多式联运提单等法律文件。

国际多式联运单证在实践中一般称为国际多式联运提单，主要有 4 种，即波罗的海国际航运公会（BIMCO）制定的 Combidoc、国际货运代理协会联合会（FLATA）制定的联运提单（FBL）、联合国贸易和发展会议（UNCTAD）制定的 Multidoc 以及多式联运经营人自行制定的多式联运单证。多式联运提单与海上运输提单的性质与作用是一致的，主要包括：多式联运提单是双方在合同确定的货物运输关系中权利、义务和责任的准则；是多式联运经营人接管货物的证明和收据；是收货人提取货物和多式联运经营人交付货物的凭证；是货物所有权的证明，可以用来结汇、流通、抵押等。多式联运提单可分为可转让提单（指示提单、不记名提单）和不可转让提单（记名提单）两类。

（2）国际货运代理企业多式联运提单实行编号登记制度。

国际货运代理企业签发国际货运代理多式联运提单的，应向商务部办理提单编号登记。国际货运代理企业办理多式联运提单登记，应提交国际货运代理多式联运提单登记申请表，企业法人营业执照（复印件），国际货运代理多式联运提单正本样本（中英文本），国际货运代理企业《备案证》或外商投资国际货运代理企业《外商投资企业批准证书》，符合规定的国际货运代理提单责任保险合同（复印件），企业提单签单印鉴或签单人签字手迹（图片或电子扫描图片），企业内部被授权可签发提单的分支机构、代理人名单及其签单章印鉴、签字手迹（图片或电子扫描图片）。

商务部在收到国际货运代理企业提交的申请文件 10 个工作日内完成多式联运提单的登记，向申请企业颁发《国际货运代理多式联运提单登记证》（以下简称《多式联运提单登记证》），企业获得专属的"多式联运提单登记码"。

国际货运代理企业每签发一份多式联运提单，应通过多式联运提单登记编号系统生成 16 位多式联运提单编号，编号实行一单一号。国际货运代理企业签发的多式联运提单应载明多式联运提单登记码、签发提单编号和企业的中英文名称、地址、电话、传真、电子邮箱等。境外企业签发自中国境内始发的国际货运代理多式联运提单，应按照规定办理提单登记编号。

国际货运代理企业签发国际货运代理多式联运提单的，应投保国际货运代理多式联运提单责任险，不得代理签发未经商务部登记编号的境外货运代理提单。

5. 法律责任

（1）国际货运代理企业应禁止的行为包括未履行企业备案登记义务、未报送企业年度经营信息、未履行国际货运代理提单登记编号义务、未投保国际货运代理企业责任险或多式联运提单责任险、代理签发未经商务部登记编号的境外货运代理提单、其他违法违规的经营行为。

（2）国际货运代理企业有以下违法行为的，商务部依照法律法规予以查处，构成犯罪的，移交司法机关处理。

① 伪造、变造、涂改、出租、出借《备案证》《业务统计表》《多式联运提单登记证》和责任保险合同及其他的业务单证。

② 采取不正当竞争行为影响行业经营秩序和行业利益的。

③ 以商业贿赂方式承揽各项业务的。

④ 滥用优势地位，以歧视性价格或其他限制性条件实施经营行为，危害外贸秩序的。

（3）法律责任。国际货运代理企业违反《国际货物运输代理业管理规定实施细则》并经商务部查实后，可给予以下处罚。

① 警告并责令其限期改正。

② 对违法违规企业处以3万元人民币以下罚款。

③ 将企业违规情况通知工商、海关、税务、检验检疫、外汇等部门，并建议相关部门依照有关法律法规进行处罚。

④ 商务部可按照《对外贸易经营者违法违规行为公告办法》的规定，发布违法违规企业名录和处罚公告，并将有关企业名录和处罚决定通知工商、海关、检验检疫、外汇、税务、公安等机关，地方商务主管部门和行业中介组织等部门。

5.3.2　国际航空进口货物运输代理

1. 代理预报

接收国外代理人在交货后发来的各项预报信息，包括运单、航班号、货物件数、重量、品名、收货人等，做好所有接单、接货前的准备工作。收到预报后，代理人应特别注意两点：一是中转航班信息，中转点航班的延误会使实际到达时间和预报时间出现差异；二是分批货物，从国外一次性运来的货物在国内中转时，由于国内载量的限制，往往采用分批的方式运输。

2. 接单接货

一级航空货运代理公司在与机场货运站办理交接手续时，应根据总运单核对实际货物。若存在有单无货或有货无单的现象，应及时告知机场货运站，并要求其在国际货物交接清单上注明，同时在舱单数据中做相应说明。若发现货物短少、破损或其他异常情况，应向机场货运站索要商务事故记录，作为实际收货人交涉索赔事宜的根据。

（1）抽单。

货代在收到取单通知后，应向航空公司设在机场的进口柜台抽单，取回随机文件、总运单及航空货运代理交接单，而后便可进行理单、拆单工作了。

（2）提货。

货代凭到货通知向货站办理提货事宜。交接时要做到：单、单核对，即交接清单与总运单核对；单、货核对，即交接清单与货物核对。提货问题的处理方式见表5-2。

表 5-2　提货问题的处理方式

总运单	清　单	货　物	处理方式
有	无	有	清单上加总运单号
有	无	无	总运单退回
无	有	有	总运单后补
无	有	无	清单上划去
有	有	无	总运单退回
无	无	有	货物退回

3. 货物驳运进仓

一级航空公司代理公司与机场货运站单货交接手续办理完毕后，即根据货量安排运输工具，驳运至该一级货运代理公司自行使用的海关监管仓库。

4. 理货与理单

理货的主要内容包括：逐一核对每票件数，再次检查货物破损情况，遇有异常，确属接货时未发现的问题，可向民航提出交涉；按大货或小货、重货或轻货、单票货或混载货等区分，分别堆存、进仓；登记每票货储存区号，并输入计算机。

一般情况下，运费预付货物和运费到付货物、集中托运货物和单票货物应该区分开来，还应将集中托运进口的每票总运单项下的分运单整理出来。货运代理公司的有关人员将总运单、分运单及随机单证、始发地代理人预先寄达的单证、目的地收货人预先递交的单证等进行审核，只要单证齐全、符合报关条件的就可转入制单报关程序。否则，需与货主联系，敦促其补交有关单证，使之符合报关条件。

5. 到货通知

（1）到货通知的特点。

单据录入后，根据运单或合同上的发货人名称及地址寄发到货通知单。到货通知单一般发给实际收货人，告知其货物已到空港，催促其速办报关、提货手续。具体应做到以下几点。

① 早：到货后，第 1 个工作日内就要设法通知货主。

② 快：尽可能用传真、电话预通知客户，单证需要传递的，尽可能使用特快专递，以缩短传递时间。

③ 妥：一星期内须保证以电函、信函形式第三次通知货主，并应将货主尚未提货情况告知发货人的代理人；两个月时，再以电函、信函形式第四次通知货主；三个月时，货物可能须交海关处理，此时再以信函形式第五次通知货主，告知货主货物将被处理，提醒货主采取补救办法。

（2）到货通知的内容。

到货通知应向货主提供到达货物的以下内容。

① 运单号、分运单号、货运代理公司编号。

② 件数、重量、体积、品名、发货公司、发货地。

③ 运单、发票上已编注的合同号、随机已有单证数量及尚缺的报关单证。

④ 运费到付数额、货运代理公司地面服务收费标准。

⑤ 货运代理公司及仓库的地址（地理位置图）、电话、传真、联系人。

⑥ 提示货主海关关于超过 14 日报关收取滞报金及超过 3 个月未报关货物上交海关处理的规定。

6. 制报关单并预录入

制单的依据是运单、发票及证明货物合法进口的有关批准文件。因此，制单一般在收到客户的回复及确认，并获得必备的批文和证明之后方可进行。不需批文和证明的，可直接制单。

报关单上需由申报单位填报的项目有进口口岸、经营单位、收货单位、合同号、批准机关及文号、运输工具名称及号码、贸易性质（方式）、贸易国别（地区）、原产国别（地区）、进口日期、提单或运单号、运杂费、件数、毛重、海关统计商品编码、货名规格及货号、数量、成交价格、价格条件、货币名称、申报单位、申报日期等。

在手工完成制单后，将报关单的各项内容通过终端输入海关报关系统内，并打印出报关单一式多联（具体份数按不同贸易性质而定）。完成电脑预录入后，在报关单右下角加盖申报单位的"报关专用章"。然后将报关单连同有关的运单、发票、装箱单、合同，并随附批准货物进口的证明和批文，由经海关认可并持有海关签发的报关员证件的报关员，正式向海关申报。

7. 进口商品的相关检验

根据进口商品的种类和性质，按照进口国家的有关规定，对其进行商品检验、卫生检验检疫、动植物检验检疫等。上述检验前要填写中华人民共和国出入境检验检疫入境货物报检单，并到当地的出入境检验检疫局进行报检。

报检一般发生在报关前，即"先报检、后报关"。报检报验时，一般需由经出入境检验检疫局认可，并持有出入境检验检疫局签发的报验员证件的报验员，凭报关单、发票、装箱单（正本或复印件），向当地的出入境检验检疫局进行报检报验。出入境检验检疫局核查无误后，或当即盖章放行，或加盖"待检章"。如是前者，则单证货物可转入报关程序，且在海关放行后，可直接从监管仓库提货；如是后者，则单证货物可先办理报关手续，海关放行后，必须由出入境检验检疫局对货物进行查验，无误后方能提货。

8. 进口报关

进口报关，就是向海关申报办理货物进口手续的过程。报关是进口程序中最关键的环节，任何货物都必须在向海关申报并经海关放行后才能提出海关监管仓库或场所。把报关称为一个过程，是因为其本身还包含许多环节，大致可分为初审、审单、征税、验放 4 个阶段。

【拓展视频】

(1) 初审。

从总体上对报关单证做粗略的审查。一般只审核报关单所填报的内容与原始单证是否相符，申报价格是否严重偏离市场平均水平(海关建有商品价格档案库)，商品的归类编号是否准确，报关单的预录入是否有误等。也就是说，初审只对报关单证做形式上的审核，不做实质性的审查。如果报关单证在形式上符合海关要求，负责初审的关员就在报关单左下角的"初审"一栏内签章，以示初审通过。

(2) 审单。

审单是报关的中心环节，狭义的报关就是审单。海关的报关窗口履行审单的职责。审单是从形式上和内容上对报关单证进行全面、详细审核。审核内容包括报关单所填报的货物名称、规格、型号、用途及金额与批准文件所批注的是否一致，确定关税的征收与减免事宜等。

如果报关单证不符合《海关法》的有关规定，则不接受申报。可以通关时，审单的关员则在报关单左下角的"审单"一栏内签章。

(3) 征税。

不管货物是否应该征税，征税都是一个必经的报关环节。征税关员的职责是根据报关单证所填报的货物名称、用途、规格、型号及构成材料等，确定商品的归类编号和税率。如果商品的归类编号或税率难以确定，海关可先查看实物或实物图片及有关资料后再行征税。若申报的价格过低或未注明价格，海关可以估价征税。征税部门除征收关税外，还负责征收增值税、消费税、行邮税及免税货物的监管手续费等。

货主在按照海关出具的税单如数缴纳税款后，征税的关员即在报关单左下角的"征税"一栏内签章，并通过电脑核销税单。

(4) 验放。

验放是报关程序的最后一个环节。货物放行的前提是海关报关系统终端上显示，必须提供的单证已经齐全，税款和有关费用已经结清，报关未超过报关期限，实际货物与报关单证所列完全一致。放行的标志是在运单正本上加盖放行章。

验放关员在放行货物的同时，将报关单据(报关单、运单、发票各一份)及核销完的批文和证明全部留存海关。如果报关超过了《海关法》规定的报关期限，必须在向海关缴纳滞报金之后才能放行。

如果验放关员对货物有异议，可以要求开箱，查验货物。此类查货与征税查货目的不同，征税关员查看实物主要是为了确定税率，验放关员查验实物是为了确定货物的物理性质、化学性质，以及货物的数量、规格、内容是否与报关单证所列完全一致，有无伪报、瞒报、走私等问题。

除经海关总署特准免检的货物以外，所有货物都在海关查验范围之内。

(5) 报关期限与滞报金。

报关期限与滞报金的问题虽不属于报关环节，却是进口货物报关不容忽视的一个问题，收货人及其报关代理人都必须对此有充分的了解。

报关期限是指货物运抵口岸后,收货人或其货运代理公司、报关行向海关报关的时间限制。《海关法》规定的进口货物报关期限为自运输工具申报进境之日起的14日内。超过这一期限报关的,由海关征收滞报金。

滞报金的计征时间为自运输工具申报进境之日起的第15日到货物报关之日。滞报金每天的征收金额为货物到岸价格的0.05%。

9. 送货或转运

货物无论送到进境地当地还是转运到进境地以外的地区,收货人或其货运代理公司、报关行都必须首先完成清关或转关手续,然后才能从海关监管仓库或场所提取货物。提取货物的凭证是海关及出入境检验检疫局盖有放行章的正本运单。未经海关放行的货物处于海关的监管之下,不能擅自提出监管仓库或场所。货主或其货运代理公司、报关行在提取货物时需结清各种费用,如国际段到付运费、报关费、仓储费、劳务费等。货物出库时,提货人应与仓库保管员仔细检查和核对货物外包装上的合同号、运单号、唛头及件数、重量等与运输单据所列是否完全一致。

若出现单货不符或货物短少、残缺或外包装异形的情况,航空货运代理公司应将机场货运站出具的商务事故记录交给货主,以便后者办理必要的索赔事宜。

航空货运代理公司可以接受货主的委托送货上门或办理转运。在将货物移交货主时,办理货物交接手续,并向其收取货物进口过程中所发生的一切费用。

10. 费用结算

货运代理公司收取的费用包括到付运费及垫付佣金,报关费,仓储费,装卸费,报检、海关预录入等代收代付费用,以及关税等。与货主的费用结算方式,根据委托代理合同的约定进行。

5.3.3 国际航空出口货物运输代理

航空货物出口程序,是指航空货运代理公司从发货人手中接货直到将货物交给机场货运站这一过程所需通过的环节、所需办理的手续以及必备的单证。出口程序的起点是从发货人手中接货,终点是货交航空公司或代理航空公司在机场进行地面操作业务的机场货运站。进口程序的起点是从航空公司或机场货运站接货,终点是货交收货人。这两套程序所构成的流程图正好表明了航空货运代理公司的货运业务范围。由此也可以看出,航空公司只负责从一个机场至另一个机场的空中运输。

1. 市场销售

市场销售是指航空货运代理公司为争取更多的出口货源到各进出口公司和有出口经营权的企业进行推销的活动。销售时一般需向出口单位介绍本公司的代理业务范围、服务项目以及各项收费标准等,特别是介绍优惠运价和服务优势与特色。市场销售在整个出口运输代理业务中处于核心地位,直接影响着货运代理公司的生存和发展。

作为航空公司的运输销售代理人,货代有义务也有责任帮助航空公司销售飞机舱位,只有把飞机舱位销售出去了,让飞机配载足货物,才能真正说明其工作的成效,对于航空公司而言,货代的工作才有真正的实质的意义。

另外,我国空运市场的开放度比较高,目前执飞国际航线的不仅有国内的多家航空公司,还有100多家外国航空公司,竞争比较激烈。因此,目前承揽货物已成为货代业务的核心,是航空货运代理的一项至关重要的工作。

2. 委托运输

航空货运代理公司与出口单位(发货人)就出口货物运输事宜达成协议后,可以向发货人提供《国际货物托运书》作为委托书。委托书由发货人填写并加盖公章,作为委托和接受委托的依据。对于长期出口或出口货量大的单位,航空货运代理公司一般都与之签订长期的代理协议。

发货人发货前,首先需要填写委托书,即货物托运书,并加盖公章,作为货主委托代理公司承办航空货物出口运输的依据。托运书(Shipper's Letters of Instruction,SLI)是托运人用于委托承运人或其代理人填开货运单的一种表单,其上列有填开货运单所需的各项内容,托运人必须逐项认真地填写。

(1) 托运人(Shipper)。要求填写托运人的单位全称、详细地址、联系电话、传真。

(2) 收货人(Consignee)。要求填写收货人的单位全称、详细地址、联系电话、传真等。航空运单不能转让,本栏目不得出现"to order"或"to order of the shipper"字样。

(3) 始发站机场(Airport of Departure)。要求填写始发站的全称,可填城市名。

(4) 目的地机场(Airport of Destination)。要求填写目的地机场的全称,机场名称不明确时,可填城市名,注意标明所在国家,以免混淆。

(5) 要求路线/申请订舱(Requested Routing/Requested Booking)。本栏用于航空公司安排运输线路,如果托运人有特别要求,也可以在此填写。

(6) 供运输用的声明价值(Declared Value for Carriage)。用于填写供运输用的声明价值金额,该价值即为承运人赔偿责任的金额。

(7) 供海关用的声明价值(Declared Value for Customs)。用于填写目的站海关征收税费。

(8) 保险金额(Amount of Insurance)。本栏暂不需填写。

(9) 处理事项(Handling Information)。填列附加的处理要求,例如,除收货人之外,托运人还希望在货物到达时另行通知他人,即可在此填写通知人姓名。

(10) 货运单所附文件(Documents Accompany Air Waybill)。填列随附在货运单上运往目的地的文件,要求填写所附文件的名称。

(11) 件数和包装方式(Number And Kind of Packages)。填列货物的总件,注明其包装方法。

(12) 实际毛重(Actual Gross Weight)。由承运人或其代理人在称重后填写,如托运人已经填写,承运人或其代理人必须复核。

(13) 运价类别(Rate Class)。用于填写所适用的运价、协议价、杂费、服务。

(14) 计费重量(Chargeable Weight)。由承运人或其代理人在测量货物的尺寸后填写,如托运人已经填写,承运人或其代理人必须复核。

(15) 费率(Rate/Charge)。此栏不需填写。

(16) 托运人签字(Signature Of Shipper)。托运人必须在本栏鉴字。

(17) 日期(Date)。填写托运人或其代理人交货的日期。

3. 审核单证

货代从发货人处取得单据后,应指定专人对单证进行核对,查看单证是否齐全,内容填写是否完整规范。单证应包括以下内容。

(1) 托运书。

(2) 发票、装箱单。发票上要加盖公司公章(业务科室、部门章无效),标明价格术语和货价(包括无价样品的发票)。

(3) 报关单。注明经营单位注册号、贸易性质、收汇方式,并要求在申报单位处加盖公章。

(4) 外汇核销单。在出口单位备注栏内,一定要加盖公司章。

(5) 许可证。合同号、出口口岸、贸易国别、有效期要符合要求,内容与其他单据相符。

(6) 商检证。商检证、商检放行单、盖有商检放行章的报关单均可,商检证上应有海关放行联字样。

(7) 进料/来料加工核销本。注意本上的合同号是否与发票相符。

(8) 索赔/返修协议。要求提供正本,合同需双方盖章,若对方无章,可以签字代替。

(9) 到付保函。凡到付运费的货物,发货人都应提供到付保函。

4. 预配舱和预订舱

货运代理人对所接受的委托进行汇总,依据各个客户报来的预报数据,计算出各航线的总件数、重量、体积,按照客户的出运要求和货物情况,以及不同机型对板箱的重量和高度要求,制定预配舱方案,同时为每票货物配上运单号。

订舱,就是向航空公司申请运输并预订舱位的行为。货物订舱需要根据发货人的要求和货物本身的特点进行。一般来说,紧急物资、鲜活易腐物品、危险物品、贵重物品等,应尽量预订直达航班的舱位(运费相对昂贵)。非紧急的货物,可以预订转运航班的舱位(运费相对低廉)。订舱时,应在订舱单上写明货物的名称、体积、重量、件数、包装种类、目的港及要求出运的时间等。航空公司根据实际情况安排航班和舱位。航空货运代理公司订舱时,可按照发货人的要求选择最佳航线和最理想的承运人(即航空公司),同时为其争取最合理的运价。订妥舱位后,航空货运代理公司应及时通知发货人备单、备货。

5. 接单、接货

接单,就是航空货运代理公司在订妥舱位后,从发货人手中接过货物出口所需的一切单证,其中主要是报关单证;接货,是指航空货运代理公司与货主进行空运出口货物的交接,并将货物储存于海关监管仓库或场所。

接货一般与接单同时进行。对于通过空运或铁路从内地运往出境地的出口货物,航空货运代理公司可按照发货人提供的运单号、航班号及接货地点、接货日期,代其提取货物。如果货物已在启运地办理了出口海关手续,发货人应同时提供启运地海关的关封。

接货时应根据发票和装箱单清点货物,核对货物的数量、品名、合同号或唛头等是否与货运单据上所列一致,检查货物外包装是否符合运输要求、有无残损等,然后与发货人办理交接手续。

货物可先进入货运代理公司的海关监管仓库,或者直接进入航空公司或为其提供地面服务的机场货运站的海关监管仓库。

6. 制单

制单,是指填写航空货运单,包括总运单和分运单。填写航空货运单是出口业务中最重要的环节,运单填写正确与否,直接关系到货物能否及时、准确地运达目的地。运单的填写应严格符合单货一致、单单一致的要求,必须详细、准确地填写各项内容。填写航空货运单的主要依据是发货人提供的《国际货物托运书》。托运书上的各项内容都应体现在航空货运单上,例如:发货人和收货人的全称、详细地址、电话、传真、联系人、电子邮箱;出口货物的名称、件数、重量、体积、包装方式;承运人和代理人的名称;城市名称;始发港和目的港等。除了托运书的内容之外,运单上还要注明航班号和日期、运单号、运价类别、运费等内容。航班和日期,要填写已订妥的航班和日期。

(1) 运单号。

一般由11位数字组成,前3位和后8位之间间隔一定的距离,前3位数字为航空公司的代号,如中国国际航空公司的代号是999,日本航空公司的代号是131,法国航空公司的代号是057,德国汉莎航空公司的代号是020,意大利航空公司的代号是055。后8位数字的前7位是顺序号,第八位数字为检查号(一般为前7位数字除以7后的余数。因此第八位数应为0~6中的任意一位,而不可能是7~9中的任意一位)。由这11位数字组成的运单号,也就是每票货物的编码。

(2) 货物的实际重量。

以航空公司或机场货运站与货运代理公司进行交接过磅时所取得的重量为准。重量单位可以用千克(kg)或磅(lb)来表示。

(3) 运价类别。

一般用"M""N""Q""C""R""S"等代号来表示。M代表起码运费;N代表45千克以下普通货物的运价;Q代表45千克以上普通货物的运价;C代表特种商品运价;R代表折扣运价,即45千克以下普通货物运价的等级运价;S代表加价运价,即45千克以上普通货物运价的等级运价。

（4）运费和代理费。

一般填写在运单左下侧的运费栏目内，预付运费填在"prepaid"一栏内，到付运费填在"collect"一栏内。代理费，即应付代理的费用，填在"agent charge"一栏内。运费和代理费的前面都冠以货币种类。如果是直接发给国外收货人的单票托运货物，缮制航空公司的运单即可；如果是以国外代理为总运单收货人的集中托运货物，必须在缮制航空公司总运单的同时，缮制由航空货运代理公司出具的以实际海外客户为收货人的分运单，以便国外代理对总运单下的各票货物进行分拨。

7. 出口商品的相关检验

根据出口商品的种类和性质，按照进、出口国家的有关规定，对其进行商品检验、卫生检验检疫、动植物检验检疫等。上述检验前要填写中华人民共和国出入境检验检疫出境货物报检单，并到当地的出入境检验检疫局进行报检报验。

不同的出口货物在商检方面有不同的规定和限制，应根据各类货物的"商品编码"监管条件进行相应的操作。

非动植物及其制品类，要求填写卫检申报单，加盖卫检放行章。

动植物类货物除卫检申报单外，还需动植检报验单并加盖放行章。

化工类产品须到指定地点检验证明是否适合空运，而不同的出口货物亦有各种规定和限制。

8. 出口报关

客户可自行选择报关行，也可委托货运代理公司进行报关，但无论如何，都需要将发货人所准备好的所有报关资料，连同航空公司的正本运单及时交给报关行，以便及时报关，使货物及早通关并运输。

海关审核无误后，海关关员即在用于发运的运单正本上加盖放行章，同时在出口收汇核销单和出口报关单上加盖放行章，在发货人用于产品退税的单证上加盖验讫章，粘上防伪标志，完成出口报关手续。

9. 出仓单

正式的配舱单制定后就可着手编制出仓单。出口仓库依据出仓单制订出仓计划，安排货物出仓，与装板箱环节交接。出仓单的主要内容有出仓单日期、承运航班的日期、装载板箱形式及数量、货物进仓顺序编号、总运单号、件数、重量、体积、目的地三字代码和备注。

出仓单的作用有：出仓单交给出口仓库，用于出库计划，出库时点数并向装板箱交接；交给装板箱环节，是向出口仓库提货的依据；出仓单交给货物的交接环节用作从装板箱环节收货凭证和制作国际货物交接清单的依据，该清单用于向航空公司交接货物，出仓单还可用于外拼箱；出仓单交给报关环节，当报关有问题时，可有针对性地反馈，以采取相应措施。

10. 提板箱和装板箱

货运代理凭航空公司出具的集装器领取凭证，向航空公司箱板管理部门申领板、箱及相应的塑料薄膜和网套。货运代理公司可以在自己的仓库、场地装板、装箱，也可在航空公司指定的场地装货。

（1）提板箱。

除特殊情况外，航空货运均以集装箱、集装板形式装运货物。因此，货代需根据订舱计划向航空公司办理申领板、箱的相应手续，以便装货。

订妥舱位后，航空公司吨控部门将根据货量出具航空集装箱、板凭证，货运代理公司凭此向航空公司箱板管理部门领取与订舱货量相应的集装板、集装箱。提板、箱时，应领取相应的塑料薄膜和网。对所使用的板、箱要登记、销号。

（2）装板箱。

航空货运代理公司将体积为 2 立方米以下货物作为小货交与航空公司拼装，大于 2 立方米的大宗货和集中托运货拼装，一般均由货运代理自己装板、装箱。大宗货物、集中托运货物可以在货运代理公司自己的仓库、场地、货棚装板、装箱，亦可在航空公司指定的场地装板、装箱。

装板、装箱时要注意以下几点。

① 不要用错集装箱、集装板，用错板型、箱型。每个航空公司为了加强本航空公司的板、箱管理，都不允许本公司的板、箱为其他航空公司的航班所用。不同公司的航空集装箱、航空集装板因型号、尺寸有异，如果用错会出现装不上飞机的现象。

② 不要超装箱、板尺寸。一定型号的箱、板用于一定型号的飞机，板、箱外有具体尺寸规定，一旦超装箱、板尺寸，就无法装上飞机。因此，装箱、板时，要注意货物的尺寸，既不超装，又要在规定的范围内用足箱、板的可用体积。

③ 货物要垫衬，封盖好塑料纸，以防潮、防雨淋。

④ 集装箱、板内货物尽可能配装整齐，使结构稳定，并扎紧网索，防止运输途中倒塌。

⑤ 对于大宗货物和集中托运货物，尽可能将整票货物装在一个或几个板、箱内运输。已装妥整个板、箱后，剩余的货物尽可能拼装在同一箱、板上，防止散乱、遗失。

11. 签单

航空货运单在盖好海关放行章后还需到航空公司签单，接受航空公司的再次审核，只有签单确认后才允许将单、货交给航空公司。

12. 交接

交接是货运代理公司按预订舱位的航班时间，根据航空公司规定，向航空公司或机场货运站交单、交货。

交单，是指将随机单据和应由承运人留存的单据交给航空公司。随机单据主要包括第二联航空运单正本、分运单、发票、装箱单以及品质鉴定书、出口商品配额等。

交货，是指与航空公司办理与单据相符货物的交接手续。交货之前必须粘贴或拴挂货物标签，核对清点货物，缮制货物交接清单，机场货运站审单验货后，在交接清单上签收。航空公司或机场货运站接单、接货后，将货物存入其出口仓库内，同时将单据交航空公司吨控部门，以平衡配载。

13. 航班跟踪和传递信息

由于航空运输易受天气等因素的影响，在单、货交接给航空公司后，货运代理还需对航班、货物进行跟踪，以备及时处理各种不正常的运输情况。尤其是对于需中转的货物，代理人在货物出运后，应主动向航空公司了解联程航班的信息，确认中转情况。

在整个出口货物的操作过程中，代理人应及时将各种信息传递给发货人，做好信息服务，例如，向其提供订舱信息、报关信息、货物的交接信息，以及货物在运输过程中的跟踪信息。与此同时，在货物发运后，把应交发货人留存的单据（包括第三联航空运单正本、盖有海关放行章的出口货物报关单、出口收汇核销单等）交付发货人。对于集中托运货物，还应将到货预告发给目的地代理，以便其做好接货与分拨处理准备。

14. 费用结算

出口代理工作完成后，货运代理公司需要与各相关方结算费用，主要涉及与发货人、承运人和国外代理人三方面的结算。

与发货人结算费用，即向发货人收取航空运费（在运费预付的情况下），同时收取地面操作费以及各种服务费和手续费。

与承运人结算费用，就是向承运人支付航空运费，同时向其收取代理佣金。

与国外代理人结算主要涉及付运费和手续费。到付运费实际上是由发货方的航空货运代理公司为收货人所垫付的，因此收货方的航空货运代理在将货物移交收货人时，应收回到付运费并退还发货方的代理人。同时发货方的航空货运代理公司应向目的地的货运代理公司支付一定的手续费及产生的其他相关费用。

由于航空货运代理公司之间存在长期的互为代理协议，因此与国外代理结算不采取一票一结的办法，而采取抵消账单、一月一结的办法。按照惯例，每月初由发货方的代理公司缮制并出示账单，交收货方的代理公司确认。

本 章 小 结

航空货运代理的出现是航空货运市场社会分工和专业化发展的结果。早期的航空货物运输主要依靠航空公司自己开拓市场，但效果不甚明显，"机等货"和"货等机"的现象比比皆是。随着航空货运市场的发展，出现了中间商——在航空公司和货主之间联系业务的航空货运代理公司。航空货运代理之所以能够产生并迅速发展起来，与航空货运代理本身的特点紧密相关。采用航空运输方式运送货物需要办理一定的手续和业务，如出港（出口）货物在始发机场交给航空公司承运之前的销售、接货、订舱、制单、报关、交运等；进港（进口）货物在目的地机场从航空公司接货、接单、送货或转运等。这类业务航空公司一般不负责办理，因而专门承办此类业务的行业——航空货运代理业便应运而生，其经营主体是航空货运代理公司。本章介绍了航空货运代理的概念、类型、经营责任等基本内容，并重点阐述了国内航空货运代理和国际航空货运代理的基本业务操作流程、实施细节、行业规范、责任划分和费用结算等内容。

 关键术语

货运代理公司 Freight Forwarder　　　　　运价类别 Rate Class
托运人 Shipper　　　　　　　　　　　　　收货人 Consignee
始发站机场 Airport of Departure　　　　目的地机场 Airport of Destination
保险金额 Amount of Insurance　　　　　　处理事项 Handling Information
托运人签字 Signature of Shipper　　　　实际毛重 Actual Gross Weight
航空货运代理公司 Air Freight Forwarder　计费重量 Chargeable Weight
件数和包装方式 Number and Kind of Packages
货运单所附文件 Documents Accompany Air Waybill
供海关用的声明价值 Declared Value for Customs

习　题

一、判断题

1. 航空货运代理公司的主要业务就是代理集中托运。　　　　　　　　　　（　　）
2. 一级代理是指可以直接从航空公司领运单，直接报关、交接的代理公司，形象来说他们就是航空公司的主要分销商。　　　　　　　　　　　　　　　（　　）
3. 非法代理只是一种超越代理权的行为。　　　　　　　　　　　　　　（　　）
4. 1984年以前，中国对外贸易运输总公司及其各分公司是我国唯一的航空货运代理。
　　　　　　　　　　　　　　　　　　　　　　　　　　　　　　　　（　　）
5. 国际多式联运提单与海上运输提单的性质与作用是一致的。　　　　　（　　）

二、选择题

1. 不可以将航空货运代理看作是（　　）。
　　A. 发货人　　　　B. 中间人　　　　C. 托运人　　　　D. 收货人
2. 经营一类空运销售代理业务的，注册资本不得少于（　　）人民币。

A. 100万元　　B. 150万元　　C. 200万元　　D. 250万元
3. 销售代理合同一般应多长时间签订一次？（　　）
　　A. 每次业务　　B. 1个月　　C. 1年　　D. 6个月
4. 我国执行国际货运代理企业备案管理制度的部门或单位是（　　）。
　　A. 航空公司　　B. 民航局　　C. 机场　　D. 商务部
5. 国际航空货运单的运单号前3位数字为航空公司的代号，中国国际航空公司的代号是（　　）。
　　A. 999　　B. 131　　C. 057　　D. 020
6. 我国航空货运代理公司与国外代理结算办法是（　　）。
　　A. 一票一结　　　　　　　　B. 抵消账单、一月一结
　　C. 抵消账单、一年一结　　　D. 抵消账单、一周一结

三、简答题
1. 我国国际航空运输运单共为一式几联？其中包括几张正本？
2. 航空运单的作用有哪些？
3. 航空运单中的M、N、Q、C、R、S分别代表什么？
4. 航空货运代理的职能是什么？
5. 空运出口运输代理业务的程序包括哪些环节？
6. 空运进口运输代理业务的程序包括哪些环节？

四、讨论题
一组3～4名同学。中外运空运发展股份有限公司是我国最早上市的航空货运代理公司，访问该公司的网站，了解其发展历程，在班上演示自己的发现。

案例分析

秘密转包惹恼重庆航空货运代理商

2004年4月1日，重庆航空货运十余家代理商遇到了从来没有过的怪事：从这一天开始，由重庆机场货运有限公司包下的所有从重庆出发飞往厦门与福州的航班，代理商都不能到机场货运公司拿单发货，而需辗转到成都鹏展公司（以下简称鹏展公司）拿单发货。就在同一天，鹏展公司以涨幅20%～30%的价格垄断了整个航线的所有航班。

"黑幕！一定有黑幕！西南航空货运从来都是竞标代理，这一次非但没有竞标，重庆机场货运公司在十多家同时都有代理权的代理商面前，竟还私下将航班转包给代理人，我们连代理底价都不知道。"一名怕受机场货运公司打压而不愿透露姓名的代理商向记者一吐"冤屈"。据悉，重庆机场货运公司有史以来第一次以特殊方式夺得承运权，其代理方式被代理商称之为国内首次出现的航空货运私下转包行为。

1. 秘密操纵的代理权

几乎所有接受采访的代理商对于此次获得西南航空飞往厦门与福建航班乘运权的重庆机场货运公司

（以下简称机场货运公司），都是敢怒而不敢言。在这次事件中，代理商最愤怒的是不明底价，当然，不明底价的另一面就是不知道机场货运公司是以什么方式与鹏展公司交易的。"如果此后国内其他航班都以这种方式出现，机场货运公司又当裁判又当运动员，那么，今后的所有承运权都可能陷入暗箱操作。"一代理商怒目圆睁发泄自己的愤懑。据悉，机场货运公司此前从来不承包任何航线的航班，因为机场货运公司最主要的任务是服务，将出港与到达货物安全快捷地送达就是最主要的业务。此外，与普通代理商最大的区别是，由于体制原因，重庆机场货运公司长期以来都是业务主动上门，因此公司没有市场业务员。也就是说即便是机场货运公司承接了航班代理权也没有能力拉到满额的货运业务。那么为什么机场货运公司突发奇想要承接业务呢？这是因为机场货运公司也有了赢利的念头。

据悉，厦门航空公司在年前曾与重庆最大的航空货运代理商晶鑫公司接触，希望能够将所有航班货运包给晶鑫公司，但因价格因素，晶鑫公司退出厦门航空公司的包机业务。既然晶鑫公司退出，机场货运公司就有足够理由交纳原先并不承担的承运费，包下航班，这本是无可厚非的。在采访中几乎所有代理商也异口同声表示对机场货运公司包下厦门航班无异议。

那么问题出在哪儿？问题出在西南航空公司飞往厦门与福州航线上。机场货运公司可以承接所有厦门与福州从重庆飞往全国各地的航班，但是却不能在不明标底的情形下，包下西南航的业务。因为代理西南航的代理商有十余家，他们都有资格承接业务。然而，在十多家代理商毫不知情的情况下，机场货运公司不仅以基地公司的身份得到了包机业务，还私下将业务转给了成都鹏展公司。之所以称为"私下"，是因为截至当时记者发稿时，许多代理商还不知道货代必须到鹏展公司开单，鹏展公司负责人李玉也承认这个不能回避的现实。有代理商表示，如果鹏展与机场货运两家公司是合作方式，那么代理商可以同时在两家公司开单，但如果只能在一家公司拿单，除了转包，别无解释。

2. "大三通"的诱惑

据悉，国家民航局不允许转包形式。同年4月15日，记者在机场货运公司与总经理吕鸿戈有15分钟的对话。吕鸿戈否认机场货运公司有包机业务，同时又语意含糊地承认，此次和厦航及鹏展公司之间有与以往不同的合作方式。当问及是什么方式时，吕鸿戈称："这是商业秘密，无可奉告。"

至于为什么不进行招标就把业务给了鹏展公司，吕鸿戈表示航班代理从没有招标这一说法。他态度强硬地说这是机场货运第一次运作，是改革，所以与以往的方式有所不同。

对于"转包"之说，如果机场货运公司与鹏展公司的合作可以用降低风险的理由做解释，那么更多的代理商认为，机场货运公司大可不必采用秘密合作方式，完全可以公开招标，因为他们可以用更高的价格来承担这条航线的风险。

采访到此，记者很困惑，既然鹏展公司从机场货运公司手中得到西南航业务，为什么不向处理所有西南航货运的西南航劳动服务公司直接承接业务呢？而其他代理人居然放言，可以用更高的价格替机场货运公司承担风险，那么，这其中关系非业内人不能洞悉其中奥妙了。至此，不得不探究为什么厦门与福州航班会让代理人高度紧张。据了解，厦门、福州航班每年到了4—5月期间就成了热门航线，因为有大量的水蜜桃从渝运往当地，水蜜桃到旺季时可以占整个航运的10%的运量，此外猪内脏也充当了这条航线货运的主力，但仅凭这两项内容还不足以使该航线成为代理人眼红的紧俏业务。一位代理商在不经意间点破了这条航线热门的缘由。据称，厦门机场是国内数一数二的大机场，这个机场在3年前就已建设好，其目的是针对台湾与内地将要实现的"大三通"。目前台湾与内地实行的是民间"小三通"，还看不出货量的大增长。如果两地"大三通"实现，那么台湾的半导体出口，内地农副产品、土特产外销，都将从厦门涌出，更何况厦门离港口很近，潜力巨大。这位代理商还以香港做对比，他说自从香港回归祖国之后，每天从内地运往香港的肉类、蛋类都是上百吨甚至上千吨计，因此厦门航线一头连接台湾，一头连接内地的天府之国，其经济价值无法估量。

既然是有潜力的热线，厦门与福州航线被鹏展公司一手垄断之后，价格自然直线上升。尽管鹏展公司负责人李玉也否认转包，只承认与机场货运公司是一种新型的合作方式，但同时他也承认鹏展公司同样在承担代理人包机后的风险。那么鹏展公司为什么不直接从厦航或者西南航承接业务呢？李玉表示这是因为公司早期没有做出考虑，因此"现在我们为机场货运公司代理做市场"。李玉认为公平是相对的，强制手段在某些时候也是应该的，否则价格战只能使国家利益受损。这种强制手段是否由机场货运公司来执行呢？据悉，机场货运公司有保护市场的职责，作为基地公司，其权力显而易见。为了保护市场，做出相应的包机业务，然后交由其他代理人来做业务，作为监督者，谁又来监督这种行为呢？

记者在采访过程中没有得到任何肯定的答复。看来这一次机场货运公司开天辟地的行动并没有得到同行的掌声，那么它的对错，由谁来裁定？

——http：//info.jctrans.com/huoyun/hyal/200411163004.shtml

问题：
（1）谈谈你对航空货运竞标代理的认识。
（2）结合本案例，你认为应该如何发展航空货运代理市场？

第 6 章　航空邮政

【本章教学要点】

- 了解航空邮件的运输、装卸与交付流程；
- 掌握航空邮件承运的程序；
- 掌握航空邮件的运输规定与邮件运费的计算方法。

【知识架构】

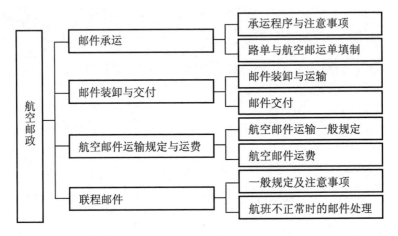

第 6 章 航空邮政

> **导入案例**
>
> 美国航空邮政是如何兴起的？邮政（Postal Service）是国家经营的以传递信函为主的通信事业。英国于19世纪前期在主要城市设置邮政机构，采用在信封上贴邮票的方式，作为邮资（寄递费用）已付的凭证，为大众寄递各种邮件，是现代邮政的开始。航空邮政是将寄件人交寄的信函等邮件经过处理，主要利用航空运输，投交收件人的邮递方式。航空邮政具有速度快、效率高的特点，在邮政运输中占有非常重要的地位。
>
>
> 【拓展视频】
>
> 第一次世界大战结束时，美国人对航空的兴趣仅仅集中在邮政运输上。1911—1912 年，美国邮政部在国内 25 个州进行了 50 余次航空邮递试验。1918 年，美国国会拨专款 10 万美元建立了华盛顿与纽约间的航空邮路。同年 5 月 15 日，美国总统威尔逊和夫人出席了航线开通仪式，这一天成为美国航空邮政和美国商业航空的诞生日。1919 年，美国邮政部着手开通航空邮政航线，打通由美国东海岸到西海岸的空中走廊。仅 1919 年，就陆续开通了克里弗兰到芝加哥、纽约到克里弗兰、旧金山到菜诺的 3 条航线。
>
> 第一批邮件飞机大多数是战争留下来的 DH-4s 型飞机。这些飞机没有无线电和导航救助，也没有导航仪器，飞行员都是依靠估算来航行的，是非常危险的工作。在第一批 40 名邮政局飞行员中，有 3 名在 1919 年的坠机事故中遇难，还有 9 名于 1920 年遇难。随着新航线的开通和航空邮政业务的扩大，美国邮政逐步改进了机上设备和地面服务设施。1922 年，美国邮政部建立夜间航行系统。1925 年，纽约—旧金山整条航线都建立起夜间机场和夜间导航灯塔，夜航飞机上装备导航灯、着陆灯和带伞照明弹。
>
> 1925 年，美国国会通过《航空邮政法案》，要求美国政府把航空邮政事业转交给民间经营，以此来鼓励商业航空运营。到 1927 年，私人承包商已经完全从邮政局手中接管了航空邮件业务。美国私人承包商投资航空运输业，并且兼营客运。1929 年，美国航空客运量达到 16 万人次，居世界第一。
>
> 航空邮政事业的发展为美国民用航空开辟了道路，奠定了基础，使得美国的民用航空事业从此超过欧洲，逐渐成为世界上航空客运最发达的国家。
>
> ——摘自《航空邮政：美国民航事业的兴起》，北京航空航天大学航空航天数字博物馆

6.1 邮件承运

邮件是指包括信件、印刷品、汇款通知和报刊等在内的，每件不超过 30 千克的包裹。航空邮件是指邮局交给航空运输部门利用航空飞行器寄递的国内邮件或国际邮件。航空飞机在速度上远超过其他各种水陆路运输工具，使得邮件能在最短的时间内到达距离遥远的地方。因此，航空邮政是我国邮政运输的发展方向。

组织航空邮政的原则是：首先，时限要求高的特快专递邮件尽可能利用干线飞机运输，保证它们能以最快的速度传递；其次，必须充分考虑空陆联运，保证空中和地面运输工具的配合利用，彼此相辅相成；最后，充分利用预订吨位，节省航空运费。

邮政部门应根据邮件的流量、流向，按照民航航班时刻表提供的航班选择合适的航班，对于邮件量大、流量相对稳定而民航运力又紧张的航线，可以采取固定吨位运邮。

而流量不稳定且运力不紧张的航线,采取预留吨位运邮。无论哪种方式,邮政部门应提前 30 日与民航部门洽定航班、班期和吨位。为方便航空邮件的交接,一般邮政企业应在机场设置邮件转运站,负责与航方进行邮件的交换。

航邮双方一经确定好运邮航班、班期和固定吨位,航方应严格按照邮方指定的内容发运邮件,不得随意变更。确因天气等其他客观原因,无法按邮方指定的航班发运时,航方应尽早通知邮方,尽快协商临时变更邮件发运计划并开具记录。因联运或其他原因导致邮件量骤增而超过固定吨位或预留吨位时,邮方应提前 2 小时(国际邮件 4 小时)通知航方,双方洽商增加吨位。若邮件量下降,邮方亦应提前 2 小时(国际邮件 4 小时)通知航方。航方因故无法按固定吨位或预留吨位数量发运时,按先特快专递后普通邮件(邮政快件、函件、包裹等)的次序发运。

6.1.1 承运程序及注意事项

1. 承运程序

(1)邮局应按约定时间将邮件送到机场交运。邮局交运邮件应按航线和到达地点分别交运。

(2)承运人(或承运人指定的邮件运输代理人)按与邮政部门约定的时间接收邮件及其邮件路单。

(3)邮政部门应向承运人(或承运人指定的邮件运输代理人)提供邮件的件数、重量以及预订运输的航班,据此填开航空邮运结算单(以下简称邮件运单)。

(4)航站值班人员应按航空邮件分路单上所登记的项目对邮件进行核对和检查。

(5)逐袋核对邮件号码、重量和到达地点是否与分路单相符。

(6)核对分路单的编号和邮袋件数、到达地名是否与总路单相符。

(7)检查每个邮袋的外部情况,包括袋身有无破损、袋身破损处有无缝补、袋口扎绳是否松动和绳子有无折断接头、铅封痕迹是否清楚和有无撬动痕迹、内物有无散碎或渗漏现象等。

(8)一切检查无误后,方可在总路单上签收。对于不符合承运条件的邮袋,应剔除并让邮局取回。

(9)出现下列情况之一,可以暂停接收邮件。

① 不可抗力。

② 邮件的件数或重量与邮政部门提供的数据不相符。

③ 某些航线出现货物严重积压或邮件的数量超过航线机型的载运能力。

④ 因承运人执行抢险救灾任务或政府指派运输任务而不能保证邮件运输舱位的。

⑤ 机场关闭。

2. 注意事项

在使用航空运输邮件时应注意以下几个方面。

【拓展视频】

(1) 航空邮件的托运和承运双方要相互协作、紧密配合，才能完成好航空邮件运输工作。邮件运输应遵循航班计划安全、迅速、准确、经济的原则。

(2) 航空邮件应当按种类用完好的航空邮袋分袋封袋，加挂"航空"标牌。每件邮件的重量不得超过 30 千克。

(3) 承运人对接收的航空邮政信函应优先组织运输。

(4) 航空邮件内不得夹带危险物品及国家禁止运输和限制运输的物品。

(5) 航空邮件应当进行安全检查，邮政部门和承运人应各自分别承担邮件的安全检查责任。

(6) 根据邮件运输时限的不同，航空邮件按照相应的公布货物运价计收邮件运费。

(7) 承运人运输邮件，仅对邮政企业承担责任。

 案例 6-1

广州白云国际机场航空邮件惊现大量 "弹药"

2007 年 11 月 19 日上午约 7 时 50 分，广州白云国际机场货检人员对一批发往贵阳的航空邮件进行 X 光扫描检查时，检查员突然发现一件邮件图像呈现一团模糊不清的金属，局部特征类似弹药制品，货检员立即将邮件扣下。货检部门知会邮政人员来到现场，打开了铅封的邮包检查，检查员从邮件中查出了 36 发步枪和手枪的子弹及弹壳。发现如此大量的弹药在机场安检工作中实属罕见。但经确认，这批子弹全部都是用过后、通过技术手段复原的 "空壳"，只是虚惊一场。

对此，安检部门估计邮件接收人是收藏爱好者，而发货人认为子弹是打过的，可以通过邮递托运。但是按照《中国民用航空安全检查规则》的规定，弹药及其仿制品属于禁止旅客随身携带或者托运的物品，检查员随即退运了这批 "弹药"。

——摘自《信息时报》，2007 年 11 月 20 日

6.1.2 路单处理

邮局在交运邮件时，应按照要求份数填写邮件路单并交给承运人，承运人应按照相关规定处理有关路单。

1. 总路单

总路单一式两份，一份经航站值班人员核对后签退给邮局交运人员，另一份由承运人收存，总路单也是邮局与承运人交接邮件和路单的交接凭证之一。

2. 分路单

分路单一式四份，当地邮局、承运人各存一份备查，其余两份随同邮件由飞机转交给到达站，一份经过目的地邮局核对后签退给到达站，另一份交目的地邮局留存。对于联程邮件，邮局应多填一份分路单，交给承运人随机带给联程站点存查。

3. 国际航空邮件总包路单

对于国际航空邮件，邮局应填写 AV7 国际航空邮件总包路单。此项路单所需份数，

应根据寄达邮局、海关和出发地承运人和邮局交接等需要确定。

4. 邮件路单更改与签注

邮件路单如有更改、签注,应请邮局工作人员处理并签章。

6.1.3 航空邮运结算单的填写

承运人按邮方的邮件总路单接收邮件,根据邮件路单填开航空邮运结算单。航空邮运结算单是承运人进行邮件运输的票证,是承运人及其代理人接收和承运邮件、承运人与承运人或承运人与代理人之间收入结算所使用的票证,也是承运人运输邮件的凭证,其作用同货运单。

1. 航空邮运结算单的用途

邮件运单一式七联,具有以下用途。

第一联,财务联淡绿色,如图 6.1 所示。该联同邮件运费结算汇总清单送收邮件的承运人财务部门,并由其转送邮运运费清算单位作为记账凭证。

××-×××××××××

始发站		目的站		航空邮运结算单	
邮件托运局名称、地址:				中 国 国 内 航 空	
电话:		联系人:			
邮件接收局名称、地址:				始发站航方接收邮件单位及制单人员 (签章)	
电话:		联系人:		制单日期: 制单地点	
承运人		航班日期		到达站	应分运费
第一承运人:					
第二承运人:					
第三承运人:					
邮件种类 (特快、普快)		件数 (包括尺寸和体积)		实际重量 /公斤	计费重量 /公斤
航空运 费/元	费率/公斤(特快)			储运注意事项及其他	
	费率/公斤(普快)				
总额/元				到达站交接情况 航方交付单位及经手人(签章) 邮方接收单位及经手人(签章)	

第一联(财务联) ××-×××××××××

图 6.1 航空邮运结算单

第二联，结算联，淡蓝色。该联同邮件运费结算汇总清单送接收邮件的承运人财务部门，并由其转送邮运运费清算单位向邮方结算邮件费用。

第三联，第一承运人联，淡粉色。该联随邮件运往目的站，目的站凭此联与当地邮局（代理人）办理交接手续。

第四联，中转联，淡橙色。该联作为承运人向邮运运费清算单位结算运输收入的凭证。

第五联，第二承运人联，淡粉色。该联由中转机场的商务部门核对备查之用。直达运输时此联不用。

第六联，目的站联，淡黄色。该联作为承运人向邮运运费清算单位结算运输收入的凭证。

第七联，存根联，白色。该联由接收邮件的承运人存查备用。

2. 航空邮运结算单的填写方法

航空邮运结算单的填写方法如下。

（1）始发站栏，填写始发站机场所在城市名称。有两个或两个以上机场的城市应在城市名称后注明机场名称，例如上海虹桥、上海浦东。

（2）目的站栏，填写目的站机场所在城市名称（不指中转站和邮件实际通过陆运抵达地点），有两个或两个以上机场的城市应在城市名称后注明机场名称。

（3）邮件托运局名称、地址栏，填写送交邮件的邮局名称、地址、电话和联系人姓名。

（4）邮件接收局名称、地址栏，填写运达目的地接收邮件的邮局名称、地址、电话和联系人姓名。

（5）承运人和航班日期栏，由民航运输部门填写自始发站载运航空邮件的承运人的名称、航班号及承运日期。

（6）到达站栏，由民航运输部门填写第一承运人载运的航空邮件到达的中转航空港或第二、第三承运人将邮件最终运往的目的站。在填写此栏时，应靠上书写到达站和承运人，留出适当空间，以备遇到中转或变更到达站及承运人时书写之用。

（7）应分运费栏，承运人财务部门填写相应的承运人按规定的分配办法，计算出承运人应得的邮运运费数额。邮局交运邮件后，按民航局规定的运价计算收取的航空运费。

（8）储运注意事项及其他栏，填写根据航空邮件托运人提出的在空运中需要注意的事项等。

（9）邮件种类栏，由制单的民航运输部门填写托运航空邮件人交运邮件的具体种类（特快、普快等）。

（10）件数栏，填写托运航空邮件人交运航空邮件的件数及尺寸或体积。

（11）实际重量栏，填写航空邮件经过过磅后的实际重量，以千克为单位。

（12）计费重量栏，填写邮件的计费重量，如是轻泡邮件，填写按体积折算出的计费重量（轻泡邮件计费重量的折算方法同货物）。

（13）航空运费栏，分特快、普快两栏，填写承运人按规定的运价和邮件的计费重量计算出的航空运费。

（14）总额栏，填写航空运费以下各栏收费的总和。

（15）制单日期、制单地点、始发站航方接收邮件单位及制单人员（签章）栏，由民航方面接收邮件的运输人员填写航空邮运单的具体日期、地址（机场）、接收邮件的民航具体单位名称（区分航空公司、分公司、机场、省局和航站）及制单人等，同时加盖销售单位专用公章。

（16）到达站交接情况栏，在邮件运达目的站后，承运人向目的站邮局交付邮件时由送交方与接收方填写签章，用于备查。

6.2 邮件装卸、运输及交付

6.2.1 邮件装卸、运输

1．邮件装卸

（1）在装卸车辆出入仓库时，均应按照装机小单，或舱单、路单，清点邮件件数，检查包装和按到达的先后分站堆放整齐。

（2）装卸邮件时要做到轻拿轻放，不得拖、摔，也不得用邮件衬垫其他货物，要防止水淋、水淹。

（3）要注意按照邮件的袋牌进行操作。

【拓展知识】

① 凡是拴有白底红杯袋牌或红杯"水"袋牌的邮件，都是易碎或液体包裹，装卸时要注意小心轻放。

② 凡是拴有白底红字袋牌、白底黑字红色"△"记号袋牌、绿底黑字红色"△"记号袋牌的邮件，都是装有挂号信函、特种挂号信函或贵重物品的保价邮件，对此类邮件的装卸应加倍注意，要在装卸单上注明件数，并避免装在有旅客的座舱内。

（4）在装卸邮件时，如发现邮袋破裂，内件可能损坏短少时，应做以下处理。

① 在装机前或在中途站发现，应停止发运并会同邮局进行处理，并填写事故记录。

② 在卸机时发现，应填写事故记录，并请机组人员签字证明。

2．邮件运输

（1）承运人应按照货邮发运顺序优先保证邮件运输。

（2）承运人应根据航线运力合理安排邮件运输，如果发生运力调整或运力不足时，在征得邮政部门同意后可安排异地中转。

（3）因天气、机型变更或舱位不足造成邮件落卸时，承运人应及时通知邮政部门，并向目的站拍发电报，落下的邮件应安排下一个航班运出。

（4）邮件运输出现不正常情况时，按照货物查询程序处理。

(5) 每日填写销售日报和运费结算汇总清单各一式两份。交公司结算中心审核后，由结算中心分别交邮局和民航结算中心。

6.2.2 邮件交付

1. 邮件交付地点与时间

进出港邮件，按航、邮双方指定的民航进出港航班逐班在机场交接。出港邮件，应在预定班机起飞前两小时办理交接手续；进港邮件，应在班机到达一个半小时内办理完交接手续。

2. 邮件交付注意事项

（1）应会同邮局人员一起点交邮件，不得让邮局单方面自行验收。点交时应根据分路单逐件核对邮件号码、件数、重量和到达站名。点交后请邮局工作人员在一份分路单上签收并将路单留存备查，另一份分路单随同邮件一起交给邮局人员。

（2）交付邮件时，应与邮局工作人员一起认真检查邮件是否完好无损。如果发现袋身破损、封志脱落、内部损坏或缺少等现象，应会同邮局人员拆开查验，航空运输人员不得自行拆开，如属国际邮件还应有海关人员及机组在场。如果卸机时未填写运输事故记录，应予补办。航空运输部门、邮局双方应及时追查处理。

（3）如果分路单没有随同邮件到达，可先将邮件点交邮局人员，请其出具临时收据，在收据上写明收到邮件的号码、件数、重量和原发局名等。分路单寄到后，留一份连同临时收据存查，一份补送邮局。

（4）国内进港航空邮件交接单一式两份，作为承运人与邮局的交接凭证，应按照栏目详细填写，如果发生少收、多收情况，承运人应及时发报向始发站查询，此单双方各留存一份。

6.3 航空邮件运输规定与运费

6.3.1 航空邮件运输一般规定

1. 邮件承运范围

（1）承运人、航站均接受邮局交运的国内和国际航空邮件。

（2）为保证飞行安全，邮局不得收寄和交运危险物品及航空运输禁止收运的物品。

2. 班期时刻与运送路线

（1）承运人应将班期时刻、运价等资料按时提供给当地邮局。如果班期时刻临时变更或有加班飞机等情况，也应随时通知邮局。

(2)机场值班人员应将载运邮件飞机的起飞和到达时间及时通知邮局,以便邮局按时交接邮件。

(3)邮件的运送路线要做到运程合理、速度最快。

3. 预留吨位

(1)机场货运配载部门根据邮局的要求,参照邮件的一般运量,在每次班机上预留一定吨位,用以载运邮件。在预留吨位数量以内的邮件,应保证当班飞机清运,超出预留吨位的邮件,应优于普通货物尽量当班清运,如果确实载量不足,应按照先信函、报纸后包裹的顺序发运。

(2)如因气候等特殊原因造成飞机载量少而需要落卸邮件时,必须经值班领导批准,未运出的邮件应在下次班机上优先运送。

(3)如果邮件交运量经常与预留吨位相差较大时,应与邮局协商调整吨位。如果临时有较大量邮件交运时,邮局应尽可能与承运人联系,协商解决。

4. 封包要求

(1)航空邮件应一律用完好的航空邮袋封袋(用非航空邮袋封袋时,要加挂"航空"标牌),不得散件或用绳索捆扎交运。

(2)对运往同一通航地点的同类小型邮件袋,应汇封总袋交运。

(3)航空邮件袋牌上的地点要书写清楚、准确,不得使用同音字或字迹潦草。对寄往非通航地点的邮件袋,应在袋牌上加注到达地名。

(4)航空邮件总路单分普快、特快专递两种。按100%N运价付费的邮件分路单登入普通总路单,按150%N运价付费的邮件分路单登入特快专递总路单。

(5)联程邮件可以由出站的邮局直接封包寄往到达站。

5. 邮局自备陆地交通工具

为了减少装卸和交接环节,邮局应自备交通工具到机场交接邮件。

6. 航空邮件的责任与赔偿

承运人运输邮件,仅对邮政企业承担责任。

(1)承运人从邮件收运起到交付邮方止,承担运输责任。对下列原因造成的损失,承运人不承担责任。

① 不可抗力。

② 邮件本身性质引起的变质、减量、破损或损毁。

③ 邮袋及封口完整,铅封及扎绳无异状而内件短少。

(2)如因承运人原因造成邮件遗失、短少、污染、损毁、逾限,按以下办法赔偿。

① 文件类特快专递、邮政快件、信函、报纸、杂志、印刷品按邮政规章赔偿。

② 物品类特快专递、邮政快件及包裹按中国民航局货物国内运输规章赔偿。

(3)如因邮方违章贩运国家禁止运输、限制运输的物品及危险品,其责任由邮方承担,由于邮件包装不妥或其性质发生变化而腐蚀、污染行李和货物,邮方应承担赔偿责任。

（4）因天气、机型变更或舱位不足造成邮件落卸时，承运人应及时通知邮政部门，并安排最快的后续航班发运，以确保邮件的运输速度。

6.3.2 航空邮件运费

1. 邮件重量

每袋邮件按照毛重计算，邮件重量以邮局在路单上所开列的重量为准，民航一般不再过秤，但应注意检查核对，必要时也可过秤。

2. 计费单位

（1）报纸、杂志以 0.5 千克为计费单位。

（2）其他各类航空邮件以 100 克为计费单位。

（3）凡尾数不足一个计费单位的，按照一个计费单位计算。此项计费单位均按照分路单所列重量为准。

3. 邮件运费

承运人按《航空运邮规定》（中国民航局发（1991）28 号文件），向邮方收取邮件运输费。

（1）航空邮件按运输时限的不同计收相应的运费，普通邮件按照国内普通货物运价计收，特快专递按照普通货物运价的 150% 计收。

（2）寄往同一到达站的邮件，虽然由不同航线运送，其运费均按照出发站到到达站两地之间规定的费率结算。

（3）邮件因航班不正常，在中途改变陆运或飞机，将邮件过带至他站后又运回到达站，均按原路单计算运费，承运人和邮局互不扣除或找补运费。

4. 运费计算

（1）各类邮件的运费由当地承运人与当地邮局直接结算。

（2）承运人应于每月月终根据分路单结算邮件重量和运费，经与当地邮局核实后编制本月邮件运费结算清单。

【拓展知识】

（3）邮局应在每月 9 日以前将上月的邮件运费付清，承运人收到运费后填写货运单，将托运人联交给邮局作为收清运费的凭证。中国邮政的国际航空函件资费表，见表 6 – 1。

表 6 – 1 国际航空函件资费表　　　　　　　　　　（单位：元）

项　目	计费单位	第一组	第二组	第三组
信函	20 克和 20 克以内	5.50	6.00	7.00
	20 克以上续重每 10 克或其零数加收	2.50	2.80	3.30
明信片	每件	5.00		
航空邮件	每件	5.50		

续表

项　目	计费单位	第一组	第二组	第三组
印刷品	20克和20克以内	4.50	5.00	6.00
	20克以上续重每10克或其零数加收	2.20	2.50	2.80
盲人读物	（基本资费免收）每10克收取航空运费	0.60	0.80	1.00
小包	100克和100克以内	25.00	30.00	35.00
	100克以上续重每100克或其零数加收	23.00	27.00	33.00
印刷品专袋	5 000克和5 000克以内	485.00	610.00	730.00
	5 000克以上续重每1 000克或其零数加收	100.00	120.00	145.00

航空函件寄达国家和地区分组如下。

第一组(21个)：阿联酋、阿曼、巴基斯坦、巴林、菲律宾、格鲁吉亚、柬埔寨、卡塔尔、科威特、老挝、马尔代夫、马来西亚、孟加拉国、缅甸、尼泊尔、斯里兰卡、泰国、文莱、新加坡、印度、印度尼西亚。

第二组(52个)：阿塞拜疆、朝鲜、哈萨克斯坦、韩国、吉尔吉斯斯坦、蒙古、日本、塔吉克斯坦、土耳其、土库曼斯坦、乌兹别克斯坦、伊拉克、约旦、越南、阿尔巴尼亚、爱尔兰、爱沙尼亚、奥地利、白俄罗斯、保加利亚、比利时、冰岛、波兰、丹麦、德国、法国、芬兰、荷兰、捷克、克罗地亚、拉脱维亚、立陶宛、卢森堡、罗马尼亚、马耳他、摩尔多瓦、挪威、葡萄牙、瑞典、塞尔维亚、斯洛伐克、斯洛文尼亚、乌克兰、西班牙、希腊、匈牙利、意大利、英国、加拿大、美国、澳大利亚、新西兰。

第三组：其他国家和地区。

6.4　联程邮件

航空邮件运输的方式包括直运和联运。直运就是发寄局和寄达局两地在同一航线上，邮件需要利用航空直运到达目的地；联运就是发寄局和寄达局不在同一航线上，邮件需要两条及以上航线接运才能到达目的地。采用联运方式经过两个或两个以上航班运送的邮件称为联程邮件。

干线航空通运局在选择联航航站时，必须是国家邮政局指定的中转航站和航空经转局，联航邮件的中转站不得超过两个，发运路由要尽可能顺向，经转时限为3小时，航路互转时限为4小时。

6.4.1 一般规定及注意事项

1. 一般规定

（1）联程邮件运到联程站后不必运交市内邮局，而由机场邮局交换站径直办理转运手续，以减少交接环节。

（2）邮局应在联程邮件的分路单及袋牌上加盖"联程"戳记，以便区别。

（3）联程邮件的运费，由出发站核收至到达站，联程站不另计收。

2. 注意事项

（1）联程站值班人员应根据货邮舱单和分路单核对邮件件数、重量和到达地点。

（2）检查邮件是否完好无损。

（3）联程邮件在联程站等候转运期间，邮局交换站和承运人仓库应予妥善保管，不得到处堆放，并注意防止续程飞机漏装。

（4）应利用最快的联程航班优先运送联程邮件，最迟不应超过第二天运出，不得积压。

（5）联程站应将联程邮件的路单号码、件数、重量，原出发站及到达站填写在货邮舱单上，不得省略，以免发生不正常情况时不易查核。

（6）联程邮件的分路单如未随同邮件到达联程站，可先按照邮袋牌上写明的到达站名，由联程站（邮局交换站）填写代分路单后予以转运，并通知出发站补送分路单。

6.4.2 航班不正常时对邮件的处理

1. 航班不正常时出发站对邮件的处理

出发站遇航班延误、取消或改变航路等情况，应及时通知邮局，便于邮局另行安排发运。

2. 航班不正常时中途站对邮件的处理

如飞机将邮件过带至中途站时，中途站应利用其他飞机将邮件带至到达站。如果中途站遇航班延误、中断飞行等情况需要改用地面运输时，应通知当地邮局自行办理续运。

本 章 小 结

航空邮政是我国邮政运输的发展方向。航空邮件路单包括总路单、分路单、国际航空邮件总包路单3种；承运人根据邮件路单填写航空邮运结算单；航空邮政包括邮件装卸、邮件运输和邮件交付3个流程；航空邮件按照毛重计算，计费标准按国际航空函件资费表进行;航空邮件运输的方式包括直运和联运,采用联运方式经过两个或两个以上航班运送的邮件称为联程邮件。

关键术语

邮政 Postal Service　　　　　　　航空邮件 Air Mail
邮政特快专递服务 EMS　　　　　联程航班 Connecting Flight
邮件承运 Mail Carrier　　　　　　航班延误 Flight Delays

习　题

一、判断题

1. 航空邮政是我国邮政运输的发展方向。　　　　　　　　　　　　　　（　　）

2. 组织航空邮政运输的原则是首先必须充分考虑空陆联运,保证空运和地面运输工具的配合利用,彼此相辅相成。　　　　　　　　　　　　　　　　　（　　）

3. 交付邮件时,如发现袋身破损、封志脱落、内部损坏或缺少等现象,航空运输人员要自行及时拆开查验。　　　　　　　　　　　　　　　　　　　　（　　）

二、选择题

1. 邮件每件不超过（　　）。
   A. 10 千克　　　B. 20 千克　　　C. 30 千克　　　D. 40 千克

2. 总路单一式两份,一份经航站值班人员核对后签退给邮局交运人员,另一份由（　　）收存。
   A. 航站值班人员　B. 承运人　　　C. 发件邮局　　　D. 收件邮局

3. 出港邮件,应在预订班机起飞前（　　）小时办理交接手续。
   A. 一个半　　　B. 两个半　　　C. 三个半　　　D. 两

4. 进港邮件,应在班机到达后（　　）小时内办理完交接手续。
   A. 一个半　　　B. 两个半　　　C. 三个半　　　D. 两

三、简答题

1. 简述航空邮件承运的程序。

2. 如何填写航空邮运结算单?

3. 简述航空邮件装卸与交付流程。

4. 小王托朋友在国内买了一套清华大学考研试卷,重为 35 克,想让他寄到新加坡国立大学,邮费应该付多少钱?

四、讨论题

一组3～4名同学。到附近邮局了解航空邮件承运的情况。

案例分析

国际航空邮件帮助国际卖家缩短邮件时间

家住杭州的李小姐是众多网络卖家之一,她在ebay有一家属于自己的小店,主要销售一些具有中国特色的首饰、刺绣服饰等商品。这些商品成本都不高,却因为其浓郁的东方特色而深受外国朋友的喜爱,因此李小姐从不会担心订单太少,让李小姐困扰的,反而是国际航空邮件的时间和价格问题。

通过国内邮政局发出的国际航空邮件往往存在时间长、价格高、查询难的情况,这也是一直困扰着大多数网络卖家的问题。

1. 国内邮政局发出的国际航空邮件时间长

货物以国际航空邮件形式发出很久后国外客户还是抱怨没收到包裹,有时候买家会怀疑是包裹丢了,虽然卖家可以劝客户再多等几天,但大多数情况下为了不得到差评,卖家会选择补寄一件给客户,但事实上包裹并没有丢,只是中国邮政发出的国际航空邮件投寄时间太长。

2. 国内邮政局发出的国际航空邮件查询困难

一些价格较高的商品,通过国际航空邮件平邮方式寄出,一旦客户没有收到,就无法证明卖家已发出了商品,这样会降低自己的信用度,所以,大多数卖家会选择国际航空邮件挂号方式来邮寄这类国际航空包裹,但是在邮寄过程中还是会出现部分无法查询的情况。

3. 国内邮政局发出的国际航空邮件价格高

通过中国邮政发国际航空邮件的卖家,会发现其他国家的竞争对手打出的运费很低,所以大多数客户会对高额运费表示不满。甚至eBay也会发出警告信,商家如存在有意提高运费的虚假行为将关闭其账号。但事实上,是卖家有意提高运费吗?当然不是,只是因为国内邮政局发出的国际航空邮件价格一直相对较高。面对客户的抱怨和eBay的警告,卖家唯一能做的,是降低自己的运费,这样一来也就降低了利润。

4. 国内邮政局发出的国际航空邮件操作麻烦

以李小姐为例,她必须每天亲自去附近的邮局寄件,虽然她要发出的航空邮件体积不大,重量也算轻,但是由于订单很多,所以每次都要拎着大量的包裹去邮局,碰到邮局人多,还要排队。这样一来,她花费了大量时间在国际包裹的投寄上,也没有办法进一步开发市场了。

一次偶然的机会,李小姐在网上看到了深圳前海三态现代物流有限公司(简称"三态速递",http://www.sfcservice.com/)的广告,抱着试试看的心态她打了电话进行咨询,在对国际航空邮件进一步了解之后,她注册成为三态速递的客户。随后李小姐惊喜地发现,曾经困扰她的关于国际航空邮件运输的问题全部迎刃而解了。

三态速递的国际航空邮件投寄时间比在国内邮政局投寄的国际航空邮件时间大大缩短,例如,到美国的国际航空包裹,国内邮政局的国际航空邮件到达需要10～25个工作日,而三态速递的国际航空包裹只需7～14个工作日就能到达,特别是在交通便利的大城市,例如,New York、Paris、Los Angeles、Toronto,一般在7个工作日内就能收到国际航空包裹。李小姐再也不必听客户的抱怨,不必耐着性子劝客户再等待,更不必重复寄货了。

三态速递的国际航空邮件价格便宜并且查询更为方便。比如一个寄到美国的银质手镯,重量不足100克,李小姐用国内邮政局的国际航空邮件挂号的形式来邮寄,需要161元,而用三态速递国际航空邮件只需要121.15元。并且,邮件从到达总部便可以上网轻松查询。

三态速递减少卖家操作环节。每天上午11点,快递公司会上门取走李小姐当天想发出的国际航空包裹,即使前一天李小姐回答客户的问题到凌晨,她也不需要再痛苦地逼自己起床拎着大堆航空包裹去邮局排队了,并且有了更多的时间专注发展新的领域。能够充分休息并且生意也越来越好的李小姐,现在每天都容光焕发。

李小姐说,选择三态速递之后,运费减少了,产品竞争力增加了,成交率也明显上升了。目前她每周要发出的航空邮件有160～240个,每周都会返还给她一个国际包裹一块钱的处理费,等她每周可以发300个以上的航空邮件以后,每月的返还金额就有2 000元,就算扣除快递费,也还有剩余。而且,照现在她的销售量提高的速度来看,这个小小目标很快就会实现了。

问题:

(1) 李小姐通过国内邮政局发出的国际航空邮件存在哪些问题?

(2) 中国邮政面对网络购物的兴起,应该如何改进服务以满足网络卖家的需求?

第 7 章　航空物流计划

【本章教学要点】

- 了解航空物流计划的含义、特点和分类；
- 掌握航班计划的编制方法、单一航线的选择和航线网络布局与结构优化等；
- 掌握航线运输生产计划的编制方法，航线机型和航班次数的选择方法；
- 掌握航站计划的编制内容和吨位控制的管理方法。

【知识架构】

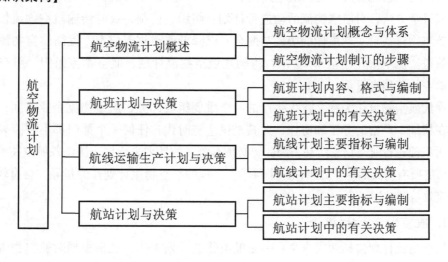

导入案例

【拓展视频】

合理编排航班计划可减少飞行延误。处理航班延误是一个世界性的难题,尽管各航空公司出台了很多解决方案,但航班延误引起的纠纷还是时有发生,航班延误率仍然居高不下。

统计发现,计划原因导致延误率高的公司,其航班正常率较低。计划原因引起的延误率每提高1%,航班正常率会下降1.5%~3%。原因很简单,"先天性"的不足,"后天"难以弥补,并且会给后续航班造成连锁反应。

根据对航班计划的长期关注和不正常原因的统计分析,目前各公司在安排计划时存在的不合理方面主要有:航线结构不太合理,仍然存在"甩辫子"航班、"三角"航班和环行航班,这些问题主要存在于那些运力较少、运营基地不多的中小航空公司;运力安排不合理,航空公司过于追求飞机利用率,忽视备份运力;航段时间、过站时间安排不够,对滑行时间几乎不考虑;航班计划编排人员欠缺航务知识,不清楚飞机运行的各个环节;出于与对手的竞争,被迫修改航班时刻。要解决以上问题,关键在于合理编排航班计划,减少飞行延误。

——杨中全.合理编排航班计划,减少飞行延误,中国民航报,2005年7月

7.1 航空物流计划概述

7.1.1 航空物流计划的概念与特点

所谓航空物流管理,是指航空物流企业根据航空物流的规律,应用物流管理的基本原理和科学方法,对航空物流活动进行计划、组织、控制,及时传输航空物流信息,使各项航空物流活动实现最佳的协调与配合,以降低航空物流成本,提高航空物流效率和经济效益。从本章开始至第10章,将阐述航空物流计划、航空物流组织、航空物流控制和航空物流信息管理。

现代航空物流作为社会化大生产的一个重要组成部分,航空物流企业之间、企业内部存在精细、严密的分工和协作,尤其是供应链时代,任何一个部门都不可能离开其他部门而单独进行航空物流活动,因此,必须有统一的计划来指挥、协调各航空物流企业及其内部的所有物流活动。如果以一个科学、合理的航空物流计划作为指导,会有较好的航空物流效益和效率。

1. 航空物流计划概念

航空物流计划包括两层含义:一是航空物流计划工作,是指根据对航空物流企业外部环境与内部条件的分析,提出在未来一定时期内要达到的航空物流企业目标以及实现目标的途径的管理活动。二是航空物流计划形式,是指用文字和表格等形式所表述的航空物流企业及企业内不同部门和不同成员,在未来一定时期内航空物流活动的方向、内容和

方式的安排。航空物流计划建立在航空物流调研及预测的基础上，为未来一定时期内的航空物流活动制定目标和任务，是航空物流管理的中心环节。

2．航空物流计划的特点

航空物流计划的优劣主要体现在首位性、效益性、平衡性、应变性及承诺性等特点上。

（1）首位性。

航空物流活动的任务始于航空物流计划，航空物流计划是现代航空物流活动的一种预测与构想，即预先进行航空物流运营行动安排。其实质是对要达到的目标及途径进行事先规定，因而航空物流计划贯穿于航空物流组织、协调和控制等各项航空物流管理职能当中，是航空物流管理的首要职能。

（2）效益性。

航空物流计划不仅要确保航空物流企业目标的实现，而且要从众多的方案中选择最优的方案，以达到合理利用资源和提高效益的目的。因此，必须以经济效益及社会效益最大化原则来安排航空物流活动。效益性是航空物流计划工作的根本要求，特别是经济效益，它是航空物流绩效评价的主要内容，也是物流管理的主要目标。

（3）平衡性。

从外部来看，航空物流企业的计划必须考虑整个航空物流系统、物流行业的发展情况。从内部来看，航空物流企业的各个环节、阶段在时间和空间上要相互配合。

（4）应变性。

应变性也称弹性，是指在航空物流计划中要考虑到未来不确定性因素的影响，根据航空物流计划执行情况和环境变化而定期修订。

（5）承诺性。

航空物流计划是对客户的保证，对未来的承诺。因此，没有特殊情况，原则上不应随意调整。这类特性，在对外公布的航班计划上表现得较突出。

7.1.2　航空物流计划体系

航空物流计划的种类很多，可以按不同的标准进行分类，主要有计划的重要性、时间界限、计划内容等。但是依据这些分类标准进行划分，所得到的计划类型并不是相互独立的，而是密切联系的，共同构成航空物流计划体系。

1．按航空物流计划的重要性划分

从航空物流计划的重要程度来看，可以将航空物流计划分为航空物流战略计划、航空物流战术计划和航空物流作业计划。

（1）航空物流战略计划。

航空物流战略计划是为航空物流企业在一个较长时期设立总体目标和寻求提升企业在航空物流服务市场中地位的计划。它是纲要性的，不规定具体的细节，趋向于包含持久的时间间隔。

（2）航空物流战术计划。

航空物流战术计划规定航空物流企业总体目标如何分解为具体目标，例如对航空物流量的分析，航空物流设备与设施的更新、维修及预算，航空物流成本分析，航空物流绩效的目标及达到这一目标的措施等。

（3）航空物流作业计划。

规定航空物流企业具体目标如何实现的细节的计划，称为航空物流作业计划。航空物流作业计划与战略计划、战术计划在时间框架上、范围上和是否包含已知的一套组织目标方面是不同的。航空物流作业计划时间很短，它覆盖较窄的领域和规定具体的细节。此外，航空物流战略计划与战术计划的重要任务是设立总体目标和具体目标，而航空物流作业计划假定目标已经存在，只是提供实现目标的方法。

2. 按航空物流计划的时期界限划分

航空物流管理人员习惯于采用长期、中期和短期来描述计划。

（1）长期航空物流计划。

长期航空物流计划，也称航空物流远期计划、航空物流远景规划或航空物流发展战略规划，描述了组织在较长时期（通常5年及其以上）的发展方向和方针，主要包括物流量的预测，航空物流企业发展规模，航空物流活动构成，未来航空货邮与行李的运输、储存、装卸搬运等航空物流活动的规模，机械化、自动化、信息化程度，未来的航空物流绩效等，绘制了航空物流企业长期发展的蓝图。

（2）中期航空物流计划。

中期航空物流计划一般是对2～3年内的航空物流经营策略的规划，它包括航空物流市场开拓、客户服务、战略伙伴的选择、实现航空物流成本的最小化及航空物流绩效的分析等。

（3）短期航空物流计划。

短期航空物流计划，也称航空物流运营计划，具体规定了航空物流企业的各个部门在未来各个较短的计划时期（通常为年、季、月、旬），应该从事何种航空物流活动，从事该种航空物流活动应达到的质量和数量要求，为各个部门在近期内的航空物流活动提供了依据。

3. 按航空物流计划的内容划分

根据计划内容不同，可以将航空物流计划分为航班计划、航线物流计划和航站物流计划。

（1）航班计划。

航班（Flight）是指飞机由始发站按规定的航线起飞，经过经停站至终点站或不经经停站直达终点站的运输飞行。在国际航线上飞行的航班称国际航班，在国内航线上飞行的航班称国内航班。广义的航班计划是包括了航空公司的机队规划、航线网络、中长期航班计划、短期计划、飞机计划（与飞机维修计划有关）、机组计划等内部资源计划。狭义的航班计划就是按照 IATA 标准,航空公司以季(IATA Season)为周期制订并公布的航班计划。它是规定航空运输正班飞行的航线、机型、班次和班期、时刻的计划,一年分夏秋季(3—10 月)和冬春季(10—次年 3 月)两季。

(2)航线物流计划。

航线物流计划,又称航线计划,是按航线规定空中运输飞行主要任务量的计划,主要指标有飞行班次、飞行小时、运输量、周转量、小时生产率、航线载运比率等。

(3)航站物流计划。

航站物流计划,简称航站计划,是规定地面工作主要任务量的计划。一条航线连接两个或几个机场,而作为机场一部分的航站(Terminal),一侧连着机坪,另一侧又与地面交通系统相联系,在实现运输方式的转换过程中起着重要作用。所以,航线的运量实际上是由相关航站组织销售,即相关航站的客货运量构成了航线运量,所以航线计划和航站计划是相辅相成的。航站计划的主要指标有发运量、发运收入、客座利用率和出港载运率等。

航空物流企业的上述三类计划的内容是互相联系、依存的,各项计划之间必须互相适应、衔接平衡。行业管理部门对各航空公司、机场的航空物流量任务汇总,形成航空物流综合计划,它是航站计划和航线计划的综合反映。其主要指标有飞行小时、运输量、总周转量、发运量、发运收入等。下面,本书主要介绍航空物流企业的这三类计划及相关的决策问题。

7.1.3 制订航空物流计划的步骤

航空物流企业在制订各类别、层次航空物流计划体系时,一般按照以下步骤。

首先,航空物流计划制订部门要调查掌握企业内、外部条件,例如,航空物流市场需求、机队规模、飞机维修要求、机组可飞行时间、机场时刻(Slot)、财务赢利要求等限制条件;其次,要分析航空物流市场的发展趋势,预测内、外部条件的变化,分析自身在航空物流市场竞争中的优势和劣势,在上一期计划的基础上,综合考虑编排出航班计划,经过和机场协调及报经民航管理当局批准后对内、外发布。航班计划是组织航空物流活动的依据,需要对其确定的目标进行分解,提出明确的措施,从而制订出航线计划和航站计划。制订航空物流计划的步骤如图 7.1 所示。

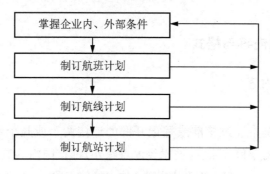

图 7.1 制订航空物流计划的步骤

7.2 航班计划与决策

7.2.1 航班计划的作用

航班计划是规定计划期正班飞行的航线、机型、班次、班期、航班号和起飞及到达时刻的计划，是航空物流企业中最重要的生产计划，也是编制航线物流计划和航站物流计划的基础。

【拓展案例】

航班计划是航空物流市场研究的结果，是对计划内开辟和撤销某航线及在此航线上运力投入规模所做出的系统安排，是航空物流企业经营的准则。航班计划在航空物流企业的经营管理中有以下3方面的作用。

（1）航班计划是航空物流企业经营规划工作的核心。

航空物流市场研究的结果是发现和提供航空物流企业发展的机会，是否利用这些机会，在多大程度上利用，在什么时间内利用，这些都是航班计划工作中需要关注的主要问题。如果一个航空物流企业没有准确和完善的航班计划，经营管理就是一句空话，因此航班计划是全部经营规划的核心。

（2）航班计划是航空物流企业的战略决策。

航班计划中的航线是航空物流企业向社会提供的用于满足社会需要的产品，而这一产品的选择对于航空物流企业来说是至关重要的。如果选择不当，企业就会亏损，从而使企业处于不稳定状态，影响经济效益，也就丧失了赢利的机会，所以航班计划不是短期的战术性安排，而是事关航空物流企业长期发展的战略决策，必须慎重对待。

（3）航班计划是提高航空物流企业经济效益的关键。

航班计划的编制，一方面要根据航空物流市场要求，另一方面要根据企业已有和将有的能力。编制航班计划的目的在于使企业的生产力得到充分发挥，并提高经济效益。对于航空物流企业来说，效益实现于生产的过程，但却开始于计划的过程，如果市场机会把握不准，企业经济效益的提高就会成为泡影，所以抓经济效益，应该从编制航班计划抓起。

7.2.2 航班计划的内容与格式

1. 航班计划的内容

（1）航线。

航线(Air Route)是指经过核准或登记开辟的连接两个或几个地点的航空交通运输线。其中，所有的起飞点和着陆点(技术经停点除外)都在国内的航线称为国内航线，如京—广线；航线中任意一个起飞点和着陆点(技术经停点除外)在外国领土上的航线称为国际航线;任意一个起飞点和着陆点在中国香港、澳门的航线称为地区航线(经中国香港、澳门飞往外国的航线为国际航线)。列入航班计划的航线必须具备以下条件。

① 有定期航班飞行。
② 有足以保证安全飞行的机场和地面设备、设施。
③ 经过核准或登记。核准或登记机关有民航局运输司、民航局空管局、军队有关部门。目前,国内货运航线的经营权一般采用登记的方式取得。

(2) 机型。

机型(Aircraft Type)是指在某一航线上准备选用的飞机型号。正确选择机型是保证航线经营效益的重要方面。

(3) 航班号。

为方便运输,每个航班均编有航班号(Flight Number,FLT N.)。航班号,即航班编号或代号,按照统一规定编排,由公司代码和航班编号两部分组成。公司代码通常采用 IATA 代码,如中国国际航空股份有限公司(简称国航)代码为 CA、中国东方航空股份有限公司(简称东航)代码为 MU、中国南方航空股份有限公司(简称南航)代码为 CZ、海南航空股份有限公司(简称海航)代码为 HU、厦门航空有限公司(简称厦航)代码为 MF、四川航空股份有限公司(简称川航)代码为 3U、深圳航空公司(简称深航)代码为 4G、山东航空公司(简称山航)代码为 SC。后面的数字,正班航班由 3 位或 4 位数字组成。单数表示由航空公司的运营基地出发向外飞的航班,双数表示飞回基地的回程去程航班。例如,HU7181 是海航的海口—北京的航班,HU7182 是海航的北京—海口的回程航班。

(4) 班次。

班次(Frequency),即在某条航线上每个星期的航班飞行次数,一个来回为一个班次。它表示航空公司在各条航线上的运力投放情况。

(5) 班期。

班期(Schedule)指航班飞行日期。

(6) 时刻。

时刻(Time)指航班起飞和到达时间,即每个航班的关舱门时间和开舱门时间。

2. 航班计划表

常见的航班计划表格式见表 7-1。

表 7-1 航班计划表

航线	机型	班次	航班号		班 期							时 刻				备注
			去程	回程	一	二	三	四	五	六	七	起飞	降落	起飞	降落	
北京—广州	A321	7	CA1301	CA1302	√	√	√	√	√	√	√	15:00	18:00	20:00	23:00	

7.2.3 航班计划的编制

1. 航班计划工作流程与阶段

（1）准备阶段。

准备阶段要做的主要工作是收集和整理航班计划工作所需要的以下各种信息和资料。

① 市场需求及竞争对手情况，包括客、货流量、流向，本企业市场份额，主要客户的需求重点及其数量和季节性，其他公司可能的航班编排计划等。

② 上期计划和上年同期计划的有关数据和执行情况。

③ 各办事处与各业务部门的意见反馈，如对开辟新航线及航线经营权的使用、备份运力安排的建议等。

④ 企业生产能力，包括飞机可用能力、机组能力、维修能力等。

⑤ 有关机场条件及地面保证设施，包括跑道条件、通信导航设施、候机楼及货运仓库能力等。

⑥ 成本与效益情况，如原有航线、机型的运输成本、客座率、载运率、小时生产率等。

⑦ 其他可能对航班计划执行造成影响的因素，如天气变化、油料供应、空中交通管制（Air Traffic Control，ATC）等。

（2）分析阶段。

根据准备阶段收集的各项资料，对各条航线的经营状况、竞争态势进行分析，对其发展趋势做出判断，形成航班计划基本决策。

（3）制定草案阶段。

在分析的基础上，安排好航线、机型、每周班次、班期、起飞和到达时刻，制定出多个航班计划方案，经过内部平衡后，选出2~3个备选方案和主方案，报总裁办公会通过，以主方案为基础进行航班协调。

（4）协调与实施准备阶段。

① 航班协调。各有关部门如客运部、航务签派中心等参加航班协调会及相关工作。

② 方案调整。因运力、机组、时刻、地面保障或航线经营策略变化等原因，造成原计划方案必须改变时，可使用备用方案。如变化较大，需经公司领导研究后决定。

③ 信息发布。内部信息发布随时进行，各有关单位随时进行准备实施；向社会公众发布信息主要通过电脑订座订舱系统进行，所有航班信息以权威部门（市场部下的航班管理处）下发为准。

分析阶段和制定草案阶段是整个航班计划工作的核心，涉及航线布局、机型选择、班次和班期的安排等许多决策问题，将在后面详细介绍。

2. 编制航班计划的时间要求

为了适应航空运输市场需求的变化，我国航空公司目前每年编制两期航班计划：一是夏秋航班计划，自3月下旬至10月下旬执行；二是冬春航班计划，自10月底至次年3月下旬执行。

 案例 7-1

【拓展案例】

2011—2012年冬春航季航班计划

自2011年10月30日—2012年3月24日，全国民航开始执行2011—2012年冬春航季航班计划。2011—2012年冬春航季全民航按运营公司代码计，有32家国内航空公司(含货运公司)安排国内航班每周43 429班，其中客运航班每周42 603班，货运航班每周826班；共有17家航空公司安排国际航班每周3 957班，通航国家55个，通航城市125个；内地40个航点与香港地区之间每周安排880个航班，其中客运航班每周678班，货运航班每周106班，内地16个航点与澳门地区之间每周安排80个客运航班；已安排大陆39个航点与台湾桃园等4个航点之间的定期航班每周共550班，其中客运航班每周508班，货运航班每周42班。

——摘自《中国民航报》，2011年10月29日

3. 航班计划的平衡

航班计划的编制是个系统工程，在向社会公众发布前，必须平衡考虑到以下各方面的因素。

（1）飞机使用的平衡。

飞机使用的平衡是航空公司内部的平衡，是对本公司经营的各条航线的班期进行的协调，基本要求是各型飞机每天出动架次力求均匀，最大限度地提高飞机利用率。目前，大多数航空公司的航班计划的编制由市场部下的航班管理处负责，在实际编制过程中，航班计划部门要充分征求来自运行控制部门、飞行单位、机务维修等直接参与航班生产人员的意见，有效沟通，充分协调，提高航班计划编制的科学性。要根据公司内控因素，例如飞机状况、维护能力、运行管理能力、地面保障能力和机组支持能力等因素客观地、科学地安排航班量。同时，考虑航班的季节性和航线走向也是非常重要的。

（2）航班班期密度的平衡。

航班班期密度的平衡是经营相同航线的航空公司之间对航班密度与班期的协调，基本要求是同一航线上各公司投入的运力总量及时间分布要适应需求。

（3）航站工作量平衡。

航站工作量平衡是在航空公司与机场之间对航线班期与密度的协调，基本要求是航站每天进出港飞机架次力求均匀，使机场设备、设施得到合理利用。要清醒认识机场因素的影响，例如，拟飞航线是支线还是干线，是飞往繁忙机场还是空闲机场；机场地面代理单位保障能力如何(如维护水平、特种车提供等)；飞机场有否滑行道、停机位数量；机场进离场程序难易程度，始发机场是否处于其他飞机飞越航线之下而常受流量控制等问题。

案例7-2

优化航班编排，首都机场5分钟只排7班

2010年，首都机场平均每日始发航班170多班，从首都机场始发的航班正常率不足70%，有近1/3从首都机场始发的航班延误，航线走向布局和航班时刻容量是影响首都机场始发航班延误的两个重要因素。2011年2月16日，中国民用航空华北地区管理局（简称"华北局"）召集国航、东航、南航、海航等27家国内航空公司航班时刻协调员，对2011年夏秋季2 000多条航线航班时刻进行集中协调，把北京首都国际机场（简称"首都机场"）航班时刻计划由过去的1小时细化至5分钟时段。此次航班时刻集中协调，更加注重航线的走向、航班时刻的分布、航班时刻计划的细化等内容，重点对首都机场始发航班的航线走向和航班时刻容量进行细化，从个别5分钟时段计划安排十几个甚至达到多个航班，细化到5分钟时段只安排7个航班左右，并且优化航班编排，使首都机场5个出港点的航班时刻密度趋于均衡，最大限度地提高机场运行效率，提升航班正常水平，这对于从源头上治理首都机场航班延误将起到重要作用。

【拓展视频】

——摘自《中国民航报》，2011年2月22日

7.2.4 航班计划中的有关决策

二十大报告指出，要"优化配置创新资源"。航空公司合理地编制航班计划，就可以合理配置资源，产生较好的经济效益和社会效益，这离不开单一航线的选择、运力投入安排、航线网络布局与结构优化等问题的科学决策。由于运力投入的安排决策在航线运输生产计划中也会涉及，在此先阐述单一航线的选择和航线网络布局与结构优化这两个决策问题，运力投入的安排将在下节讲述。

1. 单一航线的选择

单一航线的选择，包括进入或退出某一航线，是航班计划编制的开始，航线选择的合理性和可行性是航班计划合理的基础。开辟新的航线市场，或进入一个新的航线市场，要看是否具备以下条件。

（1）经济和政治上的稳定。

这种稳定表现为是否有长期经营的可能性，经济的增长刺激了航线市场的需求，政治上的稳定是航线市场稳定的依据。

（2）有比较充足的客货运量，并有较好的前景。

通过对该航线市场的调查和预测，如果对该航线市场的客货运量现状和发展趋势持乐观态度，便可以进入该市场，在考察运量时，要考虑以下3种情况。

① 市场需求旺盛而供给不足，且需求有继续增长的趋势。此时是进入市场的最佳时机，这样可以争取到较多的市场份额。

② 市场需求量大，供给也充足，市场显得相对狭小。此时要考虑本企业的竞争能力，谨慎进入或放弃这一市场。

③ 目前市场需求不大，但市场有很大的潜力，几年后可能成为一条"热线"，对于这样的市场，企业应根据自己的财务实力，适时果断进入该市场（适时就是在竞争中首先进入市场，并在进入该市场时企业有相对雄厚的财务实力）。

（3）有适宜的机场和航路。

经政府空中交通管制单位批准的、飞机能够在地面通信导航设施指挥下，沿具有一定高度、宽度和方向在空中做航载飞行的空域，称之为航路（Airway）。机场和航路是航空公司进行运输生产的客观条件，机场和航路的状况直接影响航空运输生产的进行和航线的经济效益。选择航线应从3个方面考虑。

① 从使用的角度和安全的角度看机场和航路是否符合一定的标准要求，包括机场所允许的最大起飞重量、最大着陆重量、跑道长度、气象条件、净空条件、导航条件、航路的最低安全高度和高度层的配备等。例如，某公司在某航线上使用三叉机型，而它的目的地机场为高原机场，当夏季到来时，气温升高，由于机场本身性能的限制，势必要减载起飞，飞机载运率低，从而影响经济效益，飞机本身也没得到充分的利用。

② 从经济角度看飞机和航路的条件对航班正常性和成本的影响程度，例如，机场和航路上大雾、雷雨、台风出现频繁，使航班不能正常起飞，正点率低，社会效益不好，从而影响了经济效益；或由于备降、改航、绕航、延误造成成本增加，也会影响经济效益。另外，虽然该航线上的运量很大，但地面的机场很小，则会限制机型或运力的投入，或航路上有许多限制区、禁区这些客观原因也会影响企业效益。

因此，对新开航线的机场、航路的气象、地理和使用条件等数据要有充分的了解，并做出准确的判断。

③ 从航线的长短和备降机场的分布上考虑，当航线较长，但由于飞机本身载重量的限制，将迫使企业选择合适的经停点，经停点选择得好，可以充分发挥飞机的性能，使业载达到最优。备降机场的分布和选择在很大程度上影响着飞机载油量，例如备降机场距目的地机场的距离较近，则航行备用油量较少，且天气情况如促进航班正常率的提高，也会相应地提高经济效益。

（4）具备适宜的机型。

飞机是航空公司进行运输生产的主观条件，是民航运输企业满足社会需求、实现企业目标的工具，运力的状况对航线的选择具有决定意义。由于飞机的技术性能是一定的，它的使用范围也是一定的，因此要求既要使航线适应飞机——根据机型选择合适的航线，又要使飞机适应航线——根据航线选择适宜的飞机。在航线选择中，要根据已有的运力或将要增加的运力，看所选航线是否适合。

（5）企业已有的航线有协同作用。

新航线的开辟不仅要有利于该航线本身，而且要有利于公司整个航线网络的改善，使各航线之间能相互输送运量，并使公司在总体收益上有所提高，切忌不可以新航线挤旧航线，除非准备撤销旧航线。

（6）对于国际航线，要有利于双边进入市场。

选择国际航线时更要有充分的准备，要进行经济调查和可行性分析研究，例如我国开航新加坡，我方确定的航线为北京—广州—新加坡，而对方航线确定为新加坡—上海—北京，相比之下新加坡航空公司的载运率就比我方的高，这是有一定原因的。

（7）获得或可能获得该航线的经营权。

在我国航线经营权属于国家，因为空间也是一种资源，这种资源属于国家所有。经营某条航线，企业必须向航空运输主管机关提出申请，经批准后方有权使用，所以企业要开辟或进入某一航线市场，必须准备充足的资料和方案，作为申请航线权的理由，并接受管理部门的审查。

（8）当有以下情况出现时，可做出退出航线市场的选择。

① 航线市场供应增加，竞争激烈，企业在竞争中处于不利地位，市场占有率低（市场占有率＝本公司销售量/市场销售量）。

② 由于地面运输方式的改进和规模扩大，使航空运量锐减。

③ 航线运营收不抵支，且有继续恶化的趋势。

退出某一市场航线，也要提前向航空运输主管机关提出申请，经批准后方可实施。

2. 航线网络布局与结构优化

航线网络（Airline Network/Route Network）是指某一地域内的航线按一定方式连接而成的构造系统，是航空公司航班计划和机组安排等运行计划的先决条件，对航空公司的运行效率和服务质量有着直接、重要的影响，是航空公司生存和发展的基础。民航运输航线网络根据网络中的航线结构形式可分为城市对式航线网络、线形航线网络和枢纽辐射式航线网络。

城市对式航线网络（City-to-City Network/Point-to-Point Network）又被称为点对点式航线网络。这种航线网络中的航线为直飞航线，旅客不需要经过第三个机场（或城市）进行中转。

线形航线（又被称为城市串式航线或甩辫子航线）是指飞机从始发地至目的地的途中，经一次或多次停留，在中途机场补充旅客，以弥补起止机场客源的不足。可见线形航线是城市对式航线的衍生形式。

枢纽辐射式航线网络（Hub-and-Spoke Network）又可称为中枢辐射式航线网络、枢纽航线网络或轮辐式航线网络，是指含有枢纽机场（或城市）和非枢纽机场（或城市）的航线网络模式。严格意义上的枢纽航线网络只在枢纽机场之间开通直达航线，任两个非枢纽机场之间不开通直达航线，而是通过枢纽机场进行中转。根据枢纽数目是一个还是多个，这种网络又可分为单枢纽航线网络和多枢纽航线网络。

一个航空公司不可能只有一架飞机飞一条航线，而是有多架飞机飞若干条航线。这就要求在编制航班计划时，在单个航线研究的基础上，对整个航线网络做全盘考虑，寻求总体最优化。在对航线网络与结构进行综合考虑时，要考虑以下几个方面。

（1）要兼顾航空公司和客户两方面的利益。

在设计航线网络时，航空公司总是想用较少的飞机或航班来满足市场需求，且希望获得低运行成本、高载客率，以获得最大利润，而客户则对高航班频率、多直达航班、少转机时间等高质量服务充满期待。由此可以看出,在航线网络设计时客户的预期和航空公司的收益之间存在冲突,因此要设计出合理有效的航线网络必须兼顾航空公司和客户两方面的利益。

(2) 各航线之间要有利于对外竞争的支持关系。

各航线之间要有扩大运量的促进关系,而不是彼此削弱,造成航线之间的竞争。航线的多样化、不同航线之间相互的服务和衔接是竞争的有力手段,所以彼此服务的航线、航班、时刻的安排会大大增加每个航班对旅客的吸引力。

(3) 各航线之间彼此的运力合理分配。

根据不同季节,合理调整对各航线运力的投入,可提高企业的经济效益。在供大于求的情况下,要充分提高飞机的利用率,降低航线成本,在供小于求的情况下,要合理调配飞机,将其用于效益较高的航线。

(4) 航线结构要具有分散风险的功能。

航线太少,航班集中安排在少数赢利大的航线上,从短期收益观点看这样是正确的,但也有一定的风险,一旦由于政治、经济、军事原因造成需求下降或无法正常运营,企业将没有回旋的余地。作为一家航空企业,应不惜牺牲一些眼前的收益作为建立一个风险较小的航线网的代价,腾出部分运力建立新的航线,使企业有一定的回旋余地。

(5) 大力发展混合式航线网络。

目前国内多数机场限制了大型飞机的起降,航路导航和管制手段及设备落后,导致航线结构绝大部分是城市对式航线结构,枢纽辐射式航线网络很少,典型的中心枢纽站还没有形成。我国要适应天空开放的大趋势,增强自身竞争实力,实现建设航空强国的宏伟目标,就必须改造传统的城市对式航线网络布局,构筑中枢辐射航线与城市对式航线并存互补的混合式航线网络。

7.3 航线运输生产计划与决策

7.3.1 航线运输生产计划的主要指标

航线运输生产计划的指标主要有两类:一类是航线运输生产计划的计算指标;另一类是航线运输生产计划的考核指标。前者是中介性指标,后者是最终的考核指标,前者为后者的计算提供基础数据。

1. 航线运输生产计划的主要计算指标

(1) 航线距离。

航线距离是指航线从起点站到终点站之间的长度。该指标无须计算,由航行部门提供,但应注意航线距离与航段距离的区别。航段(Route Segment 或 Route Leg)是指飞行计划中规定的两个相连续的重要点之间航线的一部分。一条航线可以是一个或多个航段。飞机从起飞到下一次着陆之间的飞行距离称为航段距离。凡航段的两端都在国内的称为国内航段，两端或有一端在国外的称为国际航段，两端或有一端是中国香港、澳门的称为地区航段。

(2) 飞行班次。

飞行班次是指飞机自起点站到终点站的飞行次数，按单程计算。只要是同一航班号，无论其经停点多少，只统计为一个班次。在计划工作中，一般每计划年全年周数按照52周算，每计划季按照13周算，2个计划月按照9周算，1个计划月按照4周算。详见表7-2。

表7-2 计划期周数分布表

计划期时间分配	所执行的航班计划	执行周数	每周班次
1月1日—3月31日(周六)	2012—2013年冬春航班	13周	2
4月1日(周日)—10月27日(周六)	2013年夏秋航班	30周	4
10月28日(周日)—12月31日	2013—2014年冬春航班	9周	3

计划年飞行班次 = $2\sum$ (每周班次 × 执行周数) = 2 × (上年 - 计划年冬春航班每周班次 × 计划年全年周数 + 计划年夏秋航班每周增加班次 × 自增加日至计划年底周数 - 计划年 - 下年冬春航班每周班次 × 自减少日至计划年底周数)。

【例7-1】某航空物流公司成都—兰州—敦煌—乌鲁木齐航线航班计划安排如下。

2012—2013年冬春航班计划：每周2班。

2013年夏秋航班：每周增加2班。

2013—2014年冬春航班：每周减少1班。

根据上述资料确定该航线2013年计划期年飞行班次。

解：

2013年年飞行班次 = 2 × (2 × 13 + 4 × 30 + 3 × 9) = 2 × 173 = 346班；或者

= 2 × (2 × 52 + 2 × 39 - 1 × 9) = 2 × 173 = 346班

(3) 飞行千米。

飞行千米是指计划期运输飞行的里程，为航线中各航段距离之和，以收费距离计算。

计算公式为：飞行千米 = 航线距离 × 飞行班次。

(4) 航速。

航速通常是指飞机空速表所指示的速度。航线运输生产计划中用的是平均航速，计划中还应注意表速、真速与地速的区别。

① 表速，又称指示空速，是修正了仪表误差后，空速表的指示速度。该速度的英文缩写为IAS(Indicated Air Speed)。飞行员在飞行中主要使用指示空速。《航空器飞行手

册》和《使用手册》中，性能图表上所使用的速度也是指示空速。

② 真速，又称真空速、真实空速，表示航空器飞行时相对于周围空气的速度，其英文缩写为 TAS(True Air Speed)。真空速与表速之比等于海平面标准大气的密度与状态与飞行高度上的空气密度之比的平方根。因此，表速比真速要小，高度越高，差别越大。

③ 地速，就是飞机相对于地面的速度，可以通过地面导航台、GPS 等测得。地速的英文缩写为 GS(Ground Speed)。在有风的情况下，地速和真速是不一致的，真速和风速的矢量和等于地速。在无风的状态下，真速和地速应该是一致的。

(5) 飞行小时。

飞行小时是指从飞机滑动前撤除轮挡起至飞机着陆停稳后安放轮挡止的全部时间，为方便操作，可以计为飞机靠自身动力开始滑动起至飞行航段结束滑行到停机位置的全部时间，即飞机地面滑行时间和空中飞行时间之和。例如，某个航段的飞行时间，应等于飞机在该航段的空中飞行时间与在地面起飞、降落时的滑行时间相加。一个航班的飞行时间，等于该航班各航段飞行小时的总和。

计算公式为：飞行小时 = 飞行公里 ÷ 平均航速。

(6) 平均运程。

平均运程是指平均每一吨货邮或每一位旅客被运送的里程。在有一个以上经停点的航线上，货邮被运送的距离是不相等的，只能根据报告期的实际情况求平均数，这就是平均运程。

计算公式为：货邮平均运程 = 货邮周转量 ÷ 货邮运输量，旅客平均运程 = 旅客周转量 ÷ 旅客运输量。

(7) 最大业载。

最大业载，又称可提供业载，是指飞机每次运输飞行时，按照有关参数计算出的飞机在该航段上所允许装载的最大商务载量。

计算公式为：最大业载 = 飞机最大起飞全重 – 飞机基重 – 燃油重量。

在我国，从 2001 年起成人旅客重量按 90 千克计算，不再计算行李重量。

(8) 最大周转量。

最大周转量，又称可用吨公里或可提供吨公里、有效吨公里，是指飞机最大所能产生的周转量，即最大业载与航段距离的乘积，反映运输飞行中的综合运载能力。

2. 航线运输生产计划的主要考核指标

(1) 总运输量。

总运输量是计划期内运输的旅客、货物、邮件的总数量。它不考虑运距，发一次航班，计算一次运输量。

计算公式为：总运输量 = 总周转量 ÷ 平均运程。

(2) 总周转量。

总周转量是计划期内运输生产的总产量，它是运输量和运输距离的复合指标，综合反映计划期运输生产的总规模、总任务。

计算公式为：总周转量＝总运输量×平均运程。

（3）航线载运比率。

航线载运比率是指某型飞机在某一航线上的最大载运能力的利用程度。

计算公式为：航线载运比率＝计划期运输总周转量÷计划期最大周转量。

（4）飞行小时生产率。

飞行小时生产率是指某型飞机每飞行一小时所完成的周转量，是反映飞机技术经济性能和运输生产效率的重要质量指标。

计算公式为：飞行小时生产率＝总周转量÷飞行小时。

7.3.2 航线运输生产计划的编制

1. 准备阶段

（1）分析整理统计资料。

航空公司要根据报告期始以来航线运输统计资料，分析各航线、各机型的生产率、航速、平均运程、每班最大业载和客货周转量比重等资料，研究它们发展变化的规律。

（2）预计报告期主要生产指标的完成情况。

航空公司要根据报告期始以来的航线运输生产计划执行情况，充分考虑航空物流市场和公司自身可能的变化因素，预计报告期末时主要生产指标的完成情况。

计算公式为：报告期末预计达到的指标值＝报告期的上一期末实际指标值＋报告期指标值预计增加值－报告期指标值预计减少值。

（3）航空物流市场需求调研、预测与开发。

航空物流市场需求调研预测首先必须在市场细分的基础上，找准目标市场。按照不同的划分方式，航空物流市场需求也可以分为多种。根据货物的类别分为普通货物运输需求和特殊货物运输需求。根据运输距离可分为长途货物运输需求和短途货物运输需求。

航空物流市场需求调研就是运用科学的方法收集目标航空物流市场的资料，并运用统计分析的方法对所收集的资料进行分析研究，发现市场机会，为航线运输生产计划的编制者提供科学决策所必要的信息依据的一系列过程。航空物流市场预测是根据目标航空物流市场过去和现在的表现，应用科学的预测方法对航空物流市场未来的发展变化进行预计或估计，为航线运输生产计划的编制者进行科学决策提供依据。航空物流市场调研是航空物流市场预测的基础，航空物流市场预测是航空物流市场调研的延伸和深化，二者被认为是连贯分析航空物流市场过程的两个阶段。

（4）航空物流企业运输生产能力分析。

【拓展视频】

航空物流企业要根据计划期拥有的航线经营权和获批的航班计划向空中交通管理局申请航路。航空物流企业依据申请到的航路，并综合考虑计划期拥有的飞机架次和各类飞机配载能力等资料，分析企业的运输生产能力。各类飞机配载能力见表7－3。

表7-3 各类飞机配载能力

机 型	波音737-500			
舱位	前舱	中舱	后舱	备注
舱门尺寸/厘米	121×48	无	121×78	小型机:波音737-300前舱舱门尺寸为121厘米×88厘米
最大载量/千克	2 488	无	2 721	
可利用体积 CU.M	10.47	无	14.28	
机 型	波音757-200			
舱位	前舱	中舱	后舱	备注
舱门尺寸/厘米	107×139	111×139	81×121	小型机,散舱形式
最大载量/千克	426	4 509	2 476	
可利用体积 CU.M	17.69	20.41	6.62	
机 型	波音767-300			
舱位	前舱	中舱	散舱	备注
舱门尺寸/厘米	340×170	178×170	96×110	小型机
最大载量/千克	20 411	17 574	2 794	
可利用体积 CU.M	88.27	80.15	12	
板箱装载情况	4板	7箱(大箱)		
机 型	波音777-A型			
舱位	前舱	中舱	散舱	备注
舱门尺寸/厘米	269×170	269×170	91×114	可容纳长3米、宽2米、高1.6米的物体。波音777-200前舱可装6板,后舱装8箱
最大载量/千克	30 617	22 226	4 082	
可利用体积 CU.M	126.97	96.36	21.18	
板箱装载情况	6板	12箱	可进长5米,宽0.4米物体	
机 型	空中客车A320			
舱位	前舱	中舱	后舱	备注
舱门尺寸/厘米	123×182	无	123×182	空客A340前舱可装4板(可换箱),后舱装8箱
最大载量/千克	3 402	无	3 607	
可利用体积 CU.M	13.28	无	14.38	

2. 正式编制阶段

这个阶段的主要工作是进行试算平衡,编制出航线运输生产计划。试算平衡的方法有以下两种。

(1) 先定载运率法。

① 根据有关资料填列航线、机型、航距和每班最大业载。

② 计算飞行班次、飞行万千米、飞行小时、最大周转量。

③ 参考报告期水平，考虑计划期影响因素，确定航线载运率、平均运程、客货周转量比重。

④ 计算周转量、运输量、小时生产率。

【例7-2】报告期成都—兰州—敦煌—乌鲁木齐航线总距离为2 500千米、机型A320、航速1 000千米/小时、每班最大业载7 000千克、航线载运率75%、旅客平均运程1 500千米、货邮平均运程1 250千米、旅客周转量比重40%，航线总距离、机型、航速、每班最大业载、旅客平均运程、货邮平均运程指标的水平同报告期，计划期航线载运率提高了4.762%，航班计划安排如下。

现行航班计划：每周2班

计划期年初：每周2班

计划期夏秋：每周增加2班

计划期冬春：每周减少1班

根据上述资料确定计划期该航线运输生产计划指标。

解：

① 填列航线、机型、航距、航速和每班最大业载。

航距 = 2 500 千米；航速 = 1 000 千米/小时，每次最大业载 = 7 吨。

② 计算飞行班次、飞行万千米、飞行小时、最大周转量。

飞行班次 = 2 × (2 × 13 + 4 × 30 + 3 × 9) = 2 × 173 = 346 班；或者

　　　　　= 2 × (2 × 52 + 2 × 39 − 1 × 9) = 2 × 173 = 346 班；

飞行万千米 = 2 500 × 346 ÷ 10 000 = 86.5 万千米；

飞行小时 = 865 000 ÷ 1 000 = 865 小时；

最大周转量 = 7 × 86.5 = 605.5 万吨千米；或者

　　　　　　= 7 × 2 500 × 346 ÷ 10 000 = 605.5 万吨千米。

③ 确定航线载运率、平均运程、客货周转量比重。

航线载运率 = 75% × (1 + 4.762%) = 78.57%；

旅客平均运程 = 1 500 千米；

货邮平均运程 = 1 250 千米；

旅客周转量比重 = 40%。

④ 计算总周转量、总运输量、飞行小时生产率。

总周转量 = 计划期最大周转量 × 航线载运率 = 605.5 × 78.57% = 475.75 万吨千米；

旅客周转量 = 475.75 × 0.4 = 190.3 万吨千米；

货邮周转量 = 475.75 × 0.6 = 285.45 万吨千米；

旅客运输量 = 1 903 000 ÷ (0.090 × 1 500) = 14 096 人；

货邮运输量 = 2 854 500 ÷ 1 250 = 2 283.6 吨；

飞行小时生产率 = 4 757 500 ÷ 865 = 5 500 吨千米/小时。

（2）先定小时生产率法。

① 据有关资料填列航线、机型、航距和每班最大业载。

② 计算飞行班次、飞行万千米、飞行小时、最大周转量。

③ 参考报告期水平、考虑计划期影响因素，确定飞行小时生产率、平均运程、客货运周转量比重。

④ 计算周转量、运输量、载运率。

【例7-3】报告期成都—兰州—敦煌—乌鲁木齐为2 500千米，机型A320、航速1 000千米/小时、每班最大业载7 000千克、小时生产率5 000吨千米/小时、旅客平均运程1 500千米、货邮平均运程1 250千米、旅客周转量比重40%，航线总距离、机型、航速、每班最大业载、旅客平均运程、货邮平均运程指标的水平同报告期，飞行小时生产率比报告期提高10%，航班计划安排如下：

现行航班计划：每周2班

计划期年初：每周2班

计划期夏秋：每周增加2班

计划期冬春：每周减少1班

根据上述资料确定计划期该航线运输生产计划指标。

解：

① 填列航线、机型、航距、航速和每班最大业载。

航距 = 2 500千米；航速 = 1 000千米/小时，每次最大业载 = 7吨。

② 计算飞行班次、飞行万千米、飞行小时、最大周转量。

飞行班次 = 2 × (2 × 13 + 4 × 30 + 3 × 9) = 2 × 173 = 346班；或者

= 2 × (2 × 52 + 2 × 39 − 1 × 9) = 2 × 173 = 346班；

飞行万千米 = 2 500 × 346 ÷ 10 000 = 86.5万千米；

飞行小时 = 865 000 ÷ 1 000 = 865小时；

最大周转量 = 7 × 86.5 = 605.5万吨千米；或者

= 7 × 2 500 × 346 ÷ 10 000 = 605.5万吨千米。

③ 确定小时生产率、平均运程、客货周转量比重。

小时生产率 = 5 000 × 1.1 = 5 500吨；

旅客平均运程 = 1 500千米；

货邮平均运程 = 1 250千米；

旅客周转量比重 = 40%。

④ 计算总周转量、总运输量、载运率。

总周转量 = 小时生产率 × 飞行小时 = 5 500 × 865 ÷ 10 000 = 475.75万吨千米；

旅客周转量 = 475.75 × 0.4 = 190.3万吨千米；

货邮周转量 = 475.75 × 0.6 = 285.45万吨千米；

旅客运输量 = 1 903 000 ÷ (0.090 × 1 500) = 14 096人；

货邮运输量 = 2 854 500 ÷ 1 250 = 2 283.6 吨；

航线载运率 = 475.75 ÷ 605.5 × 100% = 78.57%。

从【例7-2】和【例7-3】可以看出，先定载运率法和先定小时生产率法这两种试算平衡的方法得出的结果是相同的。

7.3.3 航线运输生产计划中的有关决策

如果确定了要开辟或进入某航线市场，进而就要研究运力投入问题，即研究为该航线提供多大运输能力，具体来说是以何种机型、多少班次服务于该航线市场。

运力投入的确定，基本依据是该航线市场的调查和预测的数据，包括年、月、周、日平均运量，季节性客货流规律、峰值、时间分布等，在这些数据的基础上，确定以下问题。

1. 航线机型的选择

在机场和航路的一定使用范围内，如果企业只有一种机型，则选择问题就不存在了。如果企业有多种机型，就要根据该航线的特点，认真地进行航线机型选择，主要从以下两个方面考虑。

（1）使用角度。

能在同一航线上进行飞行的若干机型，其使用上的差异主要表现在航速、客座和业载、舒适性上，在业载一定的情况下，根据机舱内空间结构的布置，将飞机分为以下3类。

① 货机型，全部舱位都载货。

② 客机型，前舱、中舱、后舱载客，只在散舱（或称下舱）载货。

③ 客货组合机型，前舱、中舱载客，后舱、散舱载货。

一般情况下，应根据航线平均运量和运量的时间分布选择业载适宜的机型。运量大而集中的用较大业载的机型，运量小而分散的用较小业载的机型。

在业载一定的情况下，应根据客货量的比例选择适宜的机型，以充分利用业载。在客运量很大而货运量很小的航线上，如旅游城市，则选择客机型。在工业较发达且人员流动量也很大的城市，则应考虑客货组合机型。另外，还要根据旅客的身份、旅行的性质和要求选择舒适的机型。

（2）经济角度。

从经济角度选择机型，主要是根据航段的长短和标准飞行剖面，选择接近其经济航程和经济飞行剖面的机型，航段长，选择机型应充分考虑到所选机型能否达到或接近标准飞行剖面和经济飞行剖面，这时如选择短程飞机，经停过站地点多，则达不到理想的效益，过站多、费用多、航线成本增加，所以在选择机型时应科学地计算，反复推敲，得出最优的经济效益。

2. 航班次数选择

在机型一定的情况下，航班安排次数决定了该航线运力投入的总规模，而这个规模对市场需求和对企业的成本运价、收益水平都是至关重要的影响因素。所以航班次数确定要多方权衡，并主要考虑以下几个方面。

（1）航班次数和运量关系。

航班安排多少，应根据运量的大小，在有竞争的情况下，应考虑自己所能取得的市场份额，从这个意义上讲，运量是自变量，班次是因变量，班次是运量的函数。但是从供给促进需求水平、影响需求的角度看，班次的多少又是自变量，运量是因变量，运量是班次的函数，也就是说，在班次很少的前提下，实际运量和需求量都是很低的。当班次达到一定水平时，实际运量和需求量就会大幅度上升达到峰值，使市场达到饱和状态，此时若再增加航班的班次，几乎不能再吸引额外的需求。由此可见，一定数量、一定强度的稳定供给，将会培养出一定数量的稳定需求。因此航班安排要有一定的密度，以利于社会利用航班。用供给促进需求这点在新开辟的航线上尤其重要。如果只根据实际运量安排班次，就可能出现运量越小，班次越少，而班次越少，运量就越小的恶性循环。

另外，航班次数还和航线长度有关，长航线如国际航线，旅客对时间的要求，即对航班密度的要求较低，故而航班次数对运量影响不大。但对短航线来说，如国内干、支线、班次对运量影响就会较明显。

（2）航班次数与载运率的关系。

在运量需求规模一定的情况下班次少，载运率就高，班次多，载运率就低。一般来说载运率高对企业有利，因为生产效率较高，单位收益率高，但也有不利的方面，就是拒载旅客人数多，使收益总水平降低。高载运率对需求者不利，一部分需求者得不到满足，而且服务质量会下降。而低载运率对需求者来说是有利的，需求可及时得到满足，服务水平会提高，但对企业不利，会导致生产效率低。因此航班班次的安排应使载运率维持在一个适宜的数字，既满足消费者，又不使企业受损。一般情况下，载运率为60%～80%较为适宜，但根据我国目前空运市场的情况可适当提高到70%～85%。

（3）航班次数和收益水平的关系。

班次对收益水平影响很大，所以航班次数的确定要考虑收益水平。在一定范围内，班次的增加会使航线的总成本增加，另外，运量也随之增加，由于收入是运量的函数，而运量又是班次的函数，所以收入也与班次有函数关系，企业在取得一定收入的前提下要确定出一个对企业有利的最佳班次。

7.4 航站计划与决策

7.4.1 航站吞吐量计划的主要指标

航站吞吐量是指计划期内进港（机场）和出港（机场）的货邮物流量、行李量与旅客

【拓展视频】

人数。航站吞吐量计划的指标也分为两类：一类是航站吞吐量计划的计算指标；另一类是航站吞吐量计划的主要指标，前者为后者的计算提供基础数据。

1. 航站吞吐量计划的主要指标

（1）出港班次。

出港班次是指计划期本航站（机场）出发的航班次数，包括本航站（机场）始发航班和过站航班。

（2）进港班次。

进港班次是指计划期到达本航站（机场）的航班次数，包括终止于本航站（机场）的航班和过站航班。

（3）发运量。

发运量是指计划期本航站（机场）始发和中转的运量。始发的运量是指以本航站（机场）为起点的运量，中转的运量（或称联运运量）则是在本航站（机场）中转的运量。

（4）到达运量。

到达运量是指计划期内到达本航站的运量（不含过站运量）。过站运量是指仍要使用到达本航站（机场）的航班（同一航班号）继续其航程的运量。过站运量单独统计，但计算吞吐量时只统计一次。

2. 航站吞吐量计划的计算指标

（1）每班最大业载。

每班最大业载是指每个出港航班最大能够装载的旅客、货邮的重量。始发航班按照报告期平均水平计算，过站航班按照分配到的配额计算（一个配额同时代表一个座位和100千克吨位）。

（2）每班可用客座。

每班可用客座是指每个出港航班客机使用的座位数。始发航班按照报告期平均水平计算，过站航班按照配额座数计算。

（3）出港载运率。

出港载运率是指计划期内本航站（机场）出港航班承运的旅客、货物、邮件重量（吨）与航班可提供业载之比，反映本航站（机场）出港航班运力的利用程度，用百分比表示，指出港航班发运量与最大业载之比。

计算公式为：出港载运率 =（发运量 + 过站运量）÷ 最大业载（或配额吨位）× 100%。

计算出港载运率时所使用的出港运量应同时包括出港航班上的始发运量、中转运量和过站运量，出港最大业载（或配额吨位）则应是该航班可提供的最大业载（或配额吨位），而非只是在本航站（机场）可提供的最大业载（或配额吨位）。公式中的运量计算，货物和邮件按实际过磅重量计算，旅客体重按每个成人旅客90千克计算，儿童和婴儿体重分别按成人体重的1/2和1/10计算。

(4) 出港客座利用率。

客座利用率是指计划期内本航站(机场)出港航班承运的旅客数与航班可提供的座位数之比,反映机场出港航班座位的利用程度。

计算公式为:客座利用率 = 出港旅客数(或旅客发运量) ÷ 可用客座数(或配额座数) × 100%。

计算出港航班座位利用率时所使用的出港旅客数(或旅客发运量)应同时包括出港航班上的始发旅客、联运旅客和过站旅客,出港航班可用客座数(或配额座数)则应是该航班可提供的全部座位数,而非只是在本机场可提供的座位。

7.4.2 航站吞吐量计划的编制

1. 准备阶段

(1) 航站运输统计分析。

主要根据报告期始以来各航线的每班最大业载、出港客座利用率、出港载运率等指标,分析研究它们发展变化的规律性,供编制航站吞吐量计划时参考。

(2) 预计报告期主要生产指标的完成情况。

航空物流企业要根据报告期始以来的航站吞吐量计划执行情况,充分考虑航空物流市场和企业自身可能的变化因素,预计报告期末时主要生产指标的完成情况。

计算公式为:报告期末预计达到的指标值 = 报告期的上一期末实际指标值 + 报告期指标值预计增加值 - 报告期指标值预计减少值。

(3) 航空物流市场需求调研、预测与开发。

主要指在对本航站(机场)周围航空物流市场需求调研、预测的基础上,更加注重开发提供有针对性的航空物流服务,满足客户的要求。

(4) 航站负荷能力分析。

航空物流企业要根据本航站(机场)停机坪大小、航站楼面积、安检设施状况、服务流程等资料,分析本航站负荷能力,主要包括本航站(机场)年吞吐能力、春运等高峰期小时业务量能力。

2. 编制阶段

这个阶段的主要工作是预测航站吞吐量,编制出航站吞吐量计划。编制方法有以下3种。

(1) 预测法。

根据历史数据,预测计划期本航站的进出港班次和吞吐量,以预测数作为计划数。预测方法主要有时间序列预测和因素分析预测。

① 时间序列预测法是将本航站的进出港班次和吞吐量的历史资料和数据,按照时间顺序排列成一系列,根据时间序列所反映的发展过程、方向和趋势,将时间序列外推或延伸,以预测本航站的进出港班次和吞吐量未来可能达到的水平。时间序列预测法具体

分为平均预测法、指数平滑预测法、趋势延续预测法、季节指数预测法等多种方法。

② 因素分析预测法是凭借航空物流管理理论与实践经验，通过分析影响本航站的进出港班次和吞吐量预测值的各种因素的作用大小与方向，对其未来的发展变化做出推断。因素分析预测法具体分为因素列举归纳法、相关因素推断法、因素分解推断法等多种方法。

（2）增减因素计算法。

在报告期实际完成数据的基础上，考虑计划期可能引起吞吐量增加和减少的因素，确定计划指标，航站吞吐量计划计算表，见表7-4。

表7-4 航站吞吐量计划计算表

项目	吞吐量		备注
	旅客/人	货邮/吨	
一、报告期预计完成数			
二、计划期增加因素			
1. 增加航班			
2. 改机型（小改大）			
3. 提高载运率			
4. 航班改期增加额			
5. 其他增加因素			
三、计划期减少因素			
1. 减少航班			
2. 改机型（大改小）			
3. 航班改期减少额			
4. 其他减少因素			
四、计划数			

计算公式为：航站吞吐量计划数 = 报告期预计完成数 - 计划期增加因素引起增加数 - 计划期减少因素引起减少数。

航班变动差额，指由于报告期中途调整航班而引起计划期增加或减少的运量。

【例7-4】报告期B767-300机型始发航班年初每周20班，夏秋航班每周增加10班，计划期每周班次不变，则：

航班变动差额 = 10 × 13 = 130（报告期预计完成出港班次 = 20 × 13 + 30 × 39 = 1 430班；计划期出港班次 = 30 × 52 = 1 560班）。

（3）按进出港班次测算法。

根据航班计划测算出计划期出港（进港班次），根据统计数据测算平均每班发运量（到达运量），最后确定计划期发运量（到达运量）。

以发运量计划为例加以说明，航站发运量计划表，见表7-5。

表7-5 航站发运量计划表

项目	机型	出港班次			每班最大业载		计划客座率/%	计划载运率/%	计划每班业载		发运量	
		现行	计划增加	合计	客/人	货邮/千克			客/人	货邮/千克	客/人	货邮/吨
总计												
一、国内												
1. 正班												
始发												
过站												
……												

① 出港班次——始发航班。

计算公式为：现行航班 = 报告期冬春计划每周班次 × 全年用数；

计划年增加 = 计划期每周增（减）班次自增（减）至年末周数；

合计 = 现行航班 + 计划年增加。

举例：B767-300 机型报告期冬春始发航班每周20班，计划期夏秋航班每周增加20班，计划期夏秋每周班次减少10班，则：

现行航班 = 20 × 52 = 1 040（班）；

计划每年增加 = 20 × 39 - 10 × 9 = 690（班）；

合计 = 1 040 + 690 = 1 730（班）。

② 出港班次——过站航班。

计算公式为：现行航班 = 2 ×（报告期冬春计划每周班次 × 52）；

计划年增加 = 2∑计划期每周增（减）班次 × 自增（减）至年末周数；

合计 = 现行航班 + 计划年增加。

③ 每班最大业载。始发航班按照报告期平均水平计算，过站航班按照配额计算。

④ 载运率、客座率参照报告期水平，考虑计划期影响因素确定。

⑤ 计划每班业载。

计算公式为：合计 = 每班最大业载 × 计划载运率；旅客 = 每班可用客座（配额）× 计划客座率；

货邮 = 合计业载量 - 计划每班客业载 × 单位旅客重量。

⑥ 发运量。

计算公式为：旅客（人）= 计划每班客业载 × 出港班次；

货邮（吨）= 计划每班货业载 × 出港班次 ÷ 1 000。

【例7-5】A320 机型报告期冬春始发航班每周5班，全年共飞行235班，完成旅客发运量30 000人，货邮发运量800吨，累计提供可用客座35 250座，最大业载4 700吨，已知计划期夏秋航班每周增加1班,客座率、载运率分别比报告期提高一个半百分点和一个百分点,确定各项发运量计划指标。

出港班次:现行航班 = 5 × 52 = 260(班);计划年增加 = 1 × 39 = 39(班);合计 = 260 + 39 = 299(班);每班可用客座 = 35 250 ÷ 235 = 150(座);每班最大业载 = 4 700 ÷ 235 = 20(吨)。

计划载运率 = (30 000 × 0.090 + 800) ÷ 4 700 + 0.01 = 3 500 ÷ 4 700 + 0.01 = 0.745 + 0.01 = 75.5%

计划客座率 = 30 000 ÷ 35 250 + 1% = 85.1% + 1.5% = 86.6%

计划每班业载合计 = 20 000 × 0.755 = 15 100(千克)

计划每班客业载 = 150 × 0.866 = 130 人

计划每班货邮业载 = 15 100 − 130 × 90 = 15 100 − 11 700 = 3 400(千克)

客发运量 = 130 × 299 = 38 870 人

货邮发运量 = 3 400 × 299 ÷ 1 000 = 1 016.6(吨)

7.4.3 航站计划中的有关决策

航空公司在执行每一次航班任务时,针对货物运输所提供的运力可表示为航班货运的舱位(Flight Class)或吨位(Tonnage)。建立航班吨位控制(Tonnage Control)管理制度,既可以充分利用飞机的吨位和舱位,又能够防止盲目收运货物造成长期积压。吨位控制管理是航站物流计划决策的重要内容,是航空物流企业获得经济效益的重要手段。一般情况下,航班始发站为货物吨位控制站。经停站、外站需要运输货物应通过电话、电报、传真等方法向吨位控制部门申请,同意后方可收运。

1. 吨位控制管理方法

吨位控制管理一般采用配额控制、自由销售、随售随报和申请等方法。

(1) 配额控制。

配额控制(Quota Control)是指吨位控制部门给货运量较大的航站固定分配一定重量和体积的配额,在配额范围内配额站可以自行掌握收运货物,配额站超过配额时,需要向吨位控制部门申请,配额过剩时,要将过剩配额归还给吨位控制部门。

(2) 自由销售。

在任何情况下,既不管航班是满载还是空载,也不受时间限制,各航站货运部门在固定的重量范围内不必报告吨位控制部门就可以收运货物的方法,称为自由销售(Free Sale)。

(3) 随售随报。

当航班刚开始收货或重量还较多时,在规定的重量范围内可随时收运货物,但需要报告吨位控制部门,称为随售随报(Real-Time Sale Report)。

(4) 申请。

申请(Application)有两种情况:一是超过随售随报的限定重量,需要向吨位控制部门申请；二是在航班接近满载时，吨位控制部门发出航班关闭、需要申请吨位的电报后，各航站不能采取随售随报的办法收运货物，不论是否在随售随报的规定重量范围内，都要向吨位控制部门申请。

2. 吨位控制管理的一般规定

（1）始发货物实行计划收运。

（2）中转货物实行吨位分配制度。

有中转业务的航站，除做好本站始发货物的计划收运外，还应在其他始发航站给予本中转站的配额内对前方站实行吨位分配，即给前方站预留适当吨位。前方站超过配额时，需经中转站同意后方可收运。

（3）急货、鲜活货物要保证优先运输。

急货、鲜活货物和有时限要求的货物应实行预订吨位，但应尽可能给予照顾，力争做到随运随收、随运随转，不得积压。属于押运的货物按押运货的规定办理。

（4）充分利用直达航班，减少中转环节，避免迂回运输。

凡有直达航班的货物，一般都应安排直达航班运输。但对于数量多、货件大、班次少的货物，直达运输确有困难，需要中转时，必须经中转站同意，按吨位分配规定，尽量减少迂回运输。

（5）加强仓库管理，合理配货，保证按收运顺序发货。

仓库管理要做到货位清楚、堆码整齐、通道畅通。除急件或特大件货外，一般货物要保证按顺序出仓，避免先收后运的现象。

（6）全程订妥吨位方可收运的货物。

有运输时限要求的货物、危险物品、活体动物、贵重物品、鲜活易腐品、灵柩、骨灰、超大超重货物、批量较大的货物、单票体积在2立方米以上的货物、联程中转货物必须全程订妥吨位，方能收运。

（7）吨位预订的程序。

托运人或代理人可直接书面向承运人吨控部门申请预订，也可以用电报、传真或电话提出预订申请。如果货源稳定也可以用协议办法固定吨位配额。吨位控制人员收到预订信息后，应根据航班舱位和吨位使用情况，合理安排航班吨位、舱位，并尽快给予答复。托运人或代理预订吨位应提供下列内容，受理人员应详细记录在吨位控制表上。

① 航班号、始发站、中转站、到达站、航班日期和时间。

② 托运人或代理人的单位、地址、联系人姓名、电话、传真。

③ 预订吨位货物的件数、总体积、货物品名、包装、单件的尺寸和体积(最大的)。

④ 托运注意事项。

本 章 小 结

航空物流计划包括两重含义：一是航空物流计划工作，二是航空物流计划形式。航空物流计划的优劣主要体现在首位性、效益性、平衡性、应变性及承诺性等特点上。航空物流计划的种类很多，可以按不同的标准进行分类。从航空物流计划的重要性程度来看，可以将航空物流计划分为航空物流战略计划、航空物流战术计划和航空物流作业计划；从航空物流计划的时期长短来看，可以分为长期、中期和短期航空物流计划；根据计划内容不同，可以将航空物流计划分为航班计划、航线物流计划和航站物流计划。

航班计划是规定计划期正班飞行的航线、机型、班次、班期、航班号及起飞和到达时刻的计划，是航空物流企业中最重要的生产计划，也是编制航线物流计划和航站物流计划的基础。我国航空公司目前每年编制夏秋和冬春两期航班计划。单一航线的选择和航线网络布局与结构优化是航班计划的两个主要决策问题。航线物流计划，又称航线计划，是按航线规定空中运输飞行主要任务量的计划，主要指标有飞行班次、飞行小时、运输量、周转量、小时生产率、航线载运比率等。航线运输生产计划中的有关决策涉及以何种机型、多少班次服务于该航线市场等问题。航站计划的主要指标有发运量、发运收入、客座利用率和出港载运率等。航站计划主要涉及航班吨位控制管理决策。吨位控制管理一般采用配额控制、自由销售、随售随报和申请等方法。

 关键术语

航班 Flight　　　　　　　　　　　　航班号 Flight Number
机场时刻 Slot　　　　　　　　　　　航段 Route Segment
吨位控制 Tonnage Control　　　　　　航班舱位 Flight Class
航路 Airway　　　　　　　　　　　　航站 Terminal
空中交通管制 Air Traffic Control　　　城市对式航线网络 City-to-City Network
枢纽辐射式航线网络 Hub-and-Spoke Network

习　　题

一、判断题

1. 航空物流计划就是航空物流计划工作。　　　　　　　　　　　　　　　（　）
2. 航班计划是航空物流企业经营规划工作的核心。　　　　　　　　　　　（　）
3. 航速通常是指真实空速。　　　　　　　　　　　　　　　　　　　　　（　）

4. 计算每班最大业载,过站航班按照分配到的配额计算,一个配额同时代表一个座位和 100 千克吨位。   (   )

二、选择题

1. 航空物流管理的首要职能是(   )。
   A. 航空物流计划   B. 航空物流组织
   C. 航空物流控制   D. 航空物流信息管理
2. 夏秋季航班计划的时间是(   )。
   A. 4—9 月   B. 3—10 月   C. 6—9 月   D. 6—11 月
3. 航班计划不包括的内容是(   )。
   A. 航线   B. 机型   C. 最大业载   D. 班期
4. 在计划工作中,每计划季按照(   )周算。
   A. 10   B. 11   C. 12   D. 13
5. 计算出港载运率时,每个成人旅客重量按(   )千克计算。
   A. 50   B. 60   C. 75   D. 90
6. 吨位控制管理一般采用(   )方法。
   A. 配额控制   B. 自由销售   C. 随售随报   D. 申请

三、简答题

1. 航空物流计划有什么特点?
2. 简述航班计划的内容。
3. 进入一个新的航线市场,要具备哪些必要的条件?
4. 简述航线运输生产计划的主要指标。
5. 如何选择航线机型和航班次数?
6. 吨位控制管理有哪几种方法?

四、讨论题

一组 3～4 名同学。选择一个我国的航空公司,访问该公司的网站,查看其现运行的航班计划。

国航制订航班计划的重要着眼点

2009 年 10 月 25 日,国航西南分公司 2009 年冬春季航班时刻表即将运行,新航季中该公司精心调整航班时刻,增加中转衔接机会,扩大航线网络覆盖面,恢复成都直飞西双版纳航线,新开成都至珠海、达州至深圳航线,增加成都至广州航班量,并安排在整点时刻,每两小时一班,为成都航空枢纽建设注入活力。

第一招:增加运力投入,蓉穗航线整点出发。

新冬春季航班时刻从 2009 年 10 月 25 日起开始实行，到 2010 年 3 月 27 日结束。在新航季中，国航西南分公司将新增 1 架 200 座的 A321 客机投入运营，通航城市 54 个，比 2009 年夏秋季略有增加。

新开成都至珠海航线，每周二、周四、周五、周日执飞，航班号 CA4391/2，11：30 从成都起飞，13：30 到达珠海，14：20 从珠海起飞，16：45 回到成都，这是目前唯一成都直飞珠海的航班。

新开达州至深圳航线，航班号为 CA4366/5，每周二、周四、周五、周日各一班，达州起飞时间为 19：50，到达深圳时间为 21：50；深圳起飞时间为 17：10，到达达州时间为 19：00；空中飞行时间约为 2 小时。

国航在成都至广州的航线上每天增加一个航班，达到每天 7 班，并特意将时刻安排在整点起飞，从上午 8：00 到晚上 19：00，大约每两小时一班，便于旅客记忆，为将来推出两地之间"快线式"穿梭航班做好准备。

调整昆明运力布局、增加成都直接点对点辐射云南省内的航线，恢复成都直达西双版纳航线，吸引向往云南冬季温暖气候的北方旅客。

第二招：提高航班衔接质量，打造成都航空枢纽。

增加联程品质高的航线衔接机会，以保证重点航线和重点衔接方向航班延续性。成都是内地连接西部地区的门户、华南与西南之间的最佳中转点，也是国航发展规划中的重要航空枢纽。新航季国航通过新增通航点、扩大大理航线网络覆盖面，以及加大重点航线大理频次等措施，积极提升成都枢纽中转大理、敦煌的服务质量。

据统计，经过精心编排，新航季成都—敦煌航班达到每周 3 630 个，比去年同期增长 409 个，增幅为 12.7%，其中华南方向衔接机会增幅较大，达到了 21%，尤其以西南大理至华南方向增加最明显，每周增加衔接机会达到 59 个，国际及地区航班衔接机会达到了 336 个，同比 2008 冬春增长了 149 个，增幅为 79%，衔接机会的增加为华南地区和大理、香港、新加坡旅客游九寨、进大理提供了更方便的选择，成都航空枢纽地位得到加强。

第三招：精心编排保正点。

航班正点是旅客最关心的问题，也是国航制订航班计划的重要着眼点。成都地区冬季多雾，西南高原机场气候复杂多变，通过分析机场天气特点、总结历史经验，国航西南营销中心精心编排航班时刻，将一些长期延误的航班进行了重点调整，尽量避开天气不正常的时段，例如将成都—达州—北京航班由早班调整到中午起飞，避开了达州雾最大的时刻，减少航班延误的可能性。

新航季中，国航西南分公司还继续大力推进 RNP 精密导航技术在特殊高原机场的运用，同时，国航是成都双流机场唯一一家有资格使用二类盲降技术起降的航空公司，这种导航技术可以降低飞机运行标准，可以在成都冬季出现大雾天气时减少飞机等待时间，提升航班正点水平。

——摘自中国国际货运航空有限公司官方网站(http：//www.airchinacargo.com)

问题：

(1) 国航在制订航班计划时考虑了哪些因素？

(2) 国航为什么要提高航班衔接质量？

【拓展视频】

第 8 章 航空物流组织

【本章教学要点】
- 了解和认识国外主要的航空物流组织;
- 掌握中国航空物流管理机构及其职能;
- 掌握国内外主要的航空物流法规。

【知识架构】

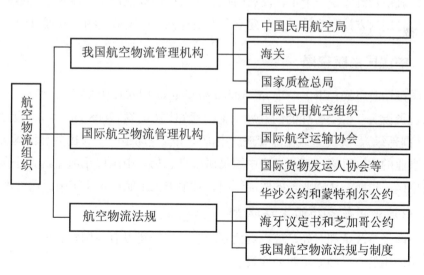

> **导入案例**
>
> 由于航空物流业国内与国际性并重，尤其在国际航空物流中，在适用法律层面，由于不同法域的法律的制定背景、应用环境不同，存在各种差异，比如《华沙公约》《蒙特利尔公约》，以及国内《民用航空法》等对航空货运单的法律地位阐述是存在差异的。《华沙公约》《蒙特利尔公约》规定，航空货运单或者货物收据是订立合同、接收货物和所列运输条件的初步证据。《蒙特利尔第四号议定书》规定，航空货运单或者货物收据是订立合同、接收货物和所列运输条件的证明。而国内法则排除了对"货物收据"的认可，《中华人民共和国民用航空法》规定，航空货运单是航空货物运输合同订立和运输条件以及承运人接收货物的初步证据。此外，各个公约的缔约国不同，公约的约束力也不同，所以说如果适用不同的法律完全可能导致不同的法律后果。这种差异的表现存在于各个环节，而且是很具体的，应给予足够的重视。
>
> ——摘自《关于航空货运单具体法律问题的分析》（辽宁成功金盟律师事务所　刘志超律师）

航空物流组织包括微观航空物流组织和宏观航空物流组织两大类。微观航空物流组织是航空物流活动的主体——航空物流企业，这在1.3节中已经介绍了。宏观航空物流组织是指行使行业管理职能的政府机关或非营利组织，本章要介绍的就是这类组织。

8.1　我国航空物流管理机构

中国航空物流业是一个正在发展的行业。新中国成立以来，根据中国建设社会主义不同历史时期的方针和路线，逐步建立和不断完善了中国航空物流管理机构。

8.1.1　中国民用航空局

中国民用航空局（Civil Aviation Administration of China，CAAC），简称中国民航局。根据《国务院关于部委管理的国家局设置的通知》（国发〔2008〕12号），设立中国民用航空局（副部级），属交通运输部管理。中国民用航空局是中华人民共和国国务院主管民用航空事业的国家机构，其前身为中国民用航空总局。中国民用航空局是中国政府管理和协调中国民用航空运输业务的职能部门，对中国民用航空事业实施行业管理。

1. 中国民用航空局的主要职责

在中国经济改革和对外开放以后的新时期，根据建设有中国特色的社会主义的总方针，中国民用航空局确立了新的职责。

① 研究并提出民航事业发展的方针、政策和战略；拟定民航法律法规——《中华人民共和国民用航空法》，经批准后监督执行；推进和指导民航行业体制改革和企业改革工作。

② 编制民航行业的长期发展规划；对行业实施宏观管理；负责全行业综合统计和信息化工作。

③ 制定保障民用航空安全的方针政策和规章制度，监督管理民航行业的飞行安全和地面安全；制定航空器飞行事故和事故征候标准，按规定调查处理航空器飞行事故。

④ 制定民用航空飞行标准及管理规章制度，对民用航空器运营人实施运行合格审定和持续监督检查，负责民用航空飞行人员、飞行签派人员的资格管理；审批机场飞行程序和运行最低标准；管理民用航空卫生工作。

⑤ 制定民用航空器适航管理标准和规章制度，负责民用航空器型号合格审定、生产许可审定、适航审查、国籍登记、维修许可审定和维修人员资格管理并持续监督检查。

⑥ 制定民用航空空中交通管制标准和规章制度，编制民用航空空域规划，负责民航航路的建设和管理，对民用航空器实施空中交通管制，负责空中交通管制人员的资格管理；管理民航通信、航行情报和航空气象工作。

⑦ 制定民用机场建设和安全运行标准及规章制度，监督管理机场建设和安全运行；审批机场总体规划，对民用机场实行使用许可管理；实施对民用机场飞行区适用性、环境保护和土地使用的行业管理。

⑧ 制定民航安全保卫管理标准和规章制度，管理民航空防安全；监督检查防范和处置劫机、炸机预案，指导和处理非法干扰民航安全的重大事件；管理和指导机场安检、治安及消防救援工作。

⑨ 制定航空运输、通用航空政策和规章制度，管理航空运输和通用航空市场；对民航企业实行经营许可管理；组织协调重要运输任务。

⑩ 研究并提出民航行业价格政策及经济调节办法，监测民航待业经济效益，管理有关预算资金；审核、报批企业购买和租赁民用飞机的申请；研究并提出民航行业劳动工资政策，管理和指导直属单位劳动工资工作。

⑪ 领导民航地区、自治区、直辖市管理局和管理民航直属院校等事业单位；按规定范围管理干部；组织和指导培训教育工作。

⑫ 代表国家处理涉外民航事务，负责对外航空谈判、签约并监督实施，维护国家航空权益；参加国际民航组织活动及涉民航事务的政府间国际组织和多边活动；处理涉香港特别行政区及澳门、台湾地区的民航事务。

2. 内设机构

根据上述职责，中国民用航空局设16个内设机构（副司局级）。

（1）综合司。

协助局领导处理日常政务工作，负责机关文电、会务、机要、档案、政务公开、保密、外事接待、新闻发布和信访等工作；承担重要文稿的起草工作。

（2）航空安全办公室。

组织协调民航行业系统安全管理工作；起草民航安全管理和民用航空器事故及事故征候调查的法规、规章、政策、标准及安全规划；综合协调民航飞行安全、空防安全、航空地面安全工作并监督检查安全工作部署的情况；组织协调国际民航组织安全审计及航空安全方面的国际交流合作事宜；组织民航事故调查员、航空安全监察员的专业培训和委任工作；指导民航行业安全教育培训和安全科技研究应用工作；综合管理民航行业航空安全信息，分析航空安全形势，发布安全指令、通报，提出安全建议和措施；按规定组织或参与民用航空器事故调查工作，指导民用航空器事故征候调查工作，监督检查安全建议落实情况。

（3）政策法规司。

组织起草民航行业发展综合政策；组织起草民航行业法律法规和规章立改废草案；指导民航行业行政执法工作并监督检查；承办相关行政复议和行政应诉工作；负责民航监察员的基础法律知识培训、考核和证件管理工作；负责民航行业法律研究及其信息收集工作，指导民航企事业单位的法律工作；负责国际民航法律事务，开展对外法律交流；办理民用航空器所有权、抵押权、占有权和优先权的登记以及变更、注销工作，承担民用航空器国际利益登记的相关管理工作；负责民航行业体制改革工作和民航行业社团组织的管理工作；承办民航企业和机场联合、兼并、重组的审批和改制、融资的审核工作，受理民航企业、机场关于不公平竞争行为的投诉，维护民航企业、机场和公众合法权益。

（4）发展计划司。

起草民航行业规划、投资、外资、统计、价格、收费（不含行政性收费）以及节能减排的相关法规、规章、政策、标准，并组织实施；提出民航行业的发展战略、中长期规划以及与综合运输体系相关的专项规划建议，按规定组织编制和实施有关专项规划；承担民航固定资产投资和建设项目管理、行业价格、收费管理，组织协调航油供应保障、行业统计有关工作；审核购租民用航空器的申请；监测行业运行情况；指导民航行业节能减排工作。

（5）财务司。

提出民航行业经济调节、财税等政策建议，拟定直属单位财务管理和会计核算规章制度、管理办法，并组织协调实施；监测和分析民航行业经济运行和效益，提出应对措施；负责民航部门预算和决算；承担机关和直属单位的政府采购、财务资金管理、资产管理、监督检查和绩效考核工作；承担民航政府性基金有关工作；负责航空公司涉及安全运行的财务保障能力考核工作。

（6）人事科教司。

拟定局直属单位人事、劳动、教育、科技工作的规章制度，并组织实施；承担机关及直属单位的干部人事、机构编制、劳动工资管理工作；按权限承担直属单位的领导干部管理工作；组织拟定民航行业特有工种职业标准，组织开展民航行业职业技能鉴定工作；指导民航行业人才队伍建设、直属院校教育、行业培训、科技和信息化工作，组织重大科技项目研究，承担民航行业职业资格有关管理工作；承担民航安全监察专员的日常管理工作。

（7）国际司（港、澳、台办公室）。

起草民航对外合作政策，承办民航国际合作、外事和对外航空权利谈判工作，承办与港、澳、台合作与交流的有关事务；承办外国和港、澳、台航空运输企业常驻机构及人员的审核工作。

(8) 运输司。

起草民航运输、通用航空及其市场管理、危险品航空运输管理、运输服务质量管理、民航消费者权益保护的相关法规、规章、政策、标准，并监督执行；规范航空运输市场秩序，监督管理服务质量；承担航空运输企业及其航线航班的经营许可管理工作；负责机场地面服务机构的许可管理；拟定并实施内地与港、澳、台地区的航空运输安排；组织协调重大、特殊、紧急航空运输和通用航空任务；承担国防动员有关工作；负责危险品航空运输的监督管理；规范通用航空市场秩序。

(9) 飞行标准司。

起草民航飞行运行、航空器维修、危险品航空运输和航空卫生政策及标准并监督执行，承担民用航空器运营人、航空人员训练机构及设备、民用航空器维修单位的审定和监督检查工作，承担民航飞行人员、飞行签派人员和维修人员的资格管理；负责飞行标准委任单位代表、委任代表、飞行标准监察员、局方委任代表的相关管理工作；审批机场飞行程序和运行的最低标准并监督执行；承担民用航空器型号合格审定中的运行评审工作，参与民用航空器的事故调查。

(10) 航空器适航审定司。

起草民用航空产品以及民航油料、化学产品的适航审定管理以及相应环境保护的相关法规、规章、政策、标准，并监督执行；负责相关产品的生产许可审定、合格审定或适航审定；承担民用航空器的国籍登记工作；承担民航标准和计量有关的工作。

(11) 机场司。

起草民用机场的建设、安全、运营管理政策和标准并监督检查；承担民用机场的场址、总体规划、工程设计审核工作，承担民用机场及其专用设备的使用许可管理工作；承担民航建设工程招投标、质量监督和相关单位资质管理工作，组织工程行业验收；承担民用机场应急救援、环境保护、土地使用、净空保护有关的管理工作；承担机场内供油企业安全运行监督管理的工作。

(12) 公安局。

承担民航行业空防安全监督管理工作；起草民航安全保卫管理的政策和标准，审核民航企事业单位的航空安全保卫方案并监督执行；指导防范和处置非法干扰民航事件，承担处置劫机、炸机事件的综合协调和日常工作；指导和监督民航安全检查和空中安全保卫工作；组织、指导民航专机安全警卫和刑事侦查工作，监督管理机场公安及消防救援工作；管理直属公安队伍。公安局列入公安部序列，由中国民用航空局、公安部双重领导，党政工作以中国民用航空局为主，公安业务工作以公安部为主。

(13) 空管行业管理办公室。

起草民航空管法规、规章、政策、标准和技术规范并监督执行；编制民航空管发展和建设规划并监督执行；承担民航空管单位的安全审计工作，指导民航空管系统的安全管理体系建设，负责民航空管运行安全的监督检查工作；拟定航班时刻和空域容量等资源分配政策，并监督检查执行情况；负责空中交通管制人员、航空情报人员、航空电信人员、航空气象人员资格管理和空管监察员的业务培训工作；负责民航空管设施设备的使用许可和开放运行许可管理工作，负责民航无线电台(站)址的审批、气象探测环境许可管理和民航无线电频谱的规划与管理工作等。

(14) 直属机关党委(思想政治工作办公室)。

组织、指导局机关和直属单位学习马列主义、毛泽东思想、邓小平理论、"三个代表"重要思想、科学发展观、习近平中国特色社会主义和党的路线、方针、政策；督促、检查局机关各部门和直属单位党组织贯彻局党组有关决定、指示和工作部署；负责局机关和直属单位领导班子思想政治建设；组织、指导局机关和直属单位党组织建设；负责局机关和直属单位思想政治工作、精神文明建设、党的宣传教育、干部出国政审和统战工作等。

(15) 全国民航工会。

组织领导民航系统工会，贯彻落实党的路线、方针、政策以及中国民航工会全国委员会和常务委员会确定的工作任务和决定；参与涉及劳动关系、职工利益的政策、措施、制度的制定；指导民航企事业单位建立健全职工代表大会制度；组织和指导民航各级工会开展群众性安全生产、劳动竞赛、技能比武及合理化建议活动；组织开展"送温暖"工程，依法维护职工参加养老、医疗、失业、工伤和生育保险的权利。

(16) 离退休干部局。

贯彻党中央、国务院有关离退休干部工作的方针、政策并具体组织实施；负责局机关离退休干部的管理，组织离退休干部学习、参加政治活动；负责局机关离退休干部经费管理、生活服务、文体活动、健康休养、医疗保健等工作。

此外，中国民用航空局还下设华北地区管理局、东北地区管理局、华东地区管理局、中南地区管理局、西南地区管理局、西北地区管理局和新疆管理局共7个民用航空地区管理局，负责对辖区内民用航空事务实施行业管理和监督。7个民航地区管理局根据安全管理和民用航空不同业务量的需要，共派出40个中国民用航空安全监督管理局，负责辖区内的民用航空安全监督和市场管理，见表8-1。

表8-1 各地区管理局管辖的监管局

地区管理局	安全监督管理局	地区管理局	安全监督管理局
华北地区	北京、天津、河北、山西、内蒙古	东北地区	黑龙江、吉林、辽宁、大连
华东地区	上海、江苏、浙江、山东、安徽、福建、江西、厦门、青岛、温州	中南地区	河南、湖北、湖南、广西、海南、广东、深圳、桂林、三亚
西南地区	四川、重庆、贵州、云南、丽江	西北地区	陕西、甘肃、宁夏、青海
新疆管理局	乌鲁木齐、喀什、阿克苏(运行办)		

8.1.2 海关

海关，是国家的进出关境监督管理机关。《中华人民共和国海关法》(简称《海关法》)规定,国务院设立海关总署,统一管理全国海关。海关按照《海关法》和国家有关法律法规,在国家赋予的职权范围内自主、全权行使海关监督管理权,不受地方政府(包括同级党的机构)和有关部门的干预。

中华人民共和国海关是国家的进出境监督管理机关,实行垂直管理体制,在组织机构上分为3个层次:第一层次是海关总署(General Administration of Customs,the People's Republic of China,GAC);第二层次是广东分署,天津、上海2个特派办事处,42个直属海关和2所海关院校(上海海关学院和中国海关管理干部学院);第三层次是各直属海关下辖的742个隶属海关和办事处(含现场业务处)。中国海关现有关员(含海关缉私警察)近6万人,实行关衔制度。目前,共有国家批准的海、陆、空一类口岸253个,此外还有省级人民政府原来批准的二类口岸200个,通关监管点4 000个。

海关总署是中国海关的领导机关,是中华人民共和国国务院下属的正部级直属机构,统一管理全国海关。海关总署机关现内设18个部门、8个在京直属企事业单位,管理4个社会团体(海关学会、报关协会、口岸协会、保税区出口加工区协会),并在布鲁塞尔、莫斯科、华盛顿以及中国香港等地设有派驻机构。中央纪委监察部在海关总署派驻纪检组监察局。

根据《海关法》,中国海关总署主要有以下4项职责。

1. 进出境监管

中国海关总署依照《海关法》规定,对进出境运输工具、货物、行李物品、邮递物品和其他物品进行监管。海关对进出口货物的监管是海关管理的重要组成部分,也是对外贸易管理的重要组成部分。根据《海关法》,海关对进出口货物实行分类管理。

① 对于少数统一经营和联合经营的进出口商品,海关根据进出口公司的经营权进行监督,即该公司是否为国家指定有权经营这类商品的外贸公司。

② 对于放开经营但实行许可证管理的进出口商品,凭对外贸易管理部门签发的许可证进行管理。

③ 对需进行法定检验、动植物检疫、药物检验、文物鉴定或者其他国家管制的货物,凭主管机构签发的证明文件进行管理。

总而言之,任何进出口货物在进、出关境时,都必须凭有关单据及证明文件办理报关手续。进口货物自进境起到办妥海关手续止,出口货物自向海关申报起到出境止,过境、转运和通运货物自进境起到出境止,应当接受海关监管。海关对进出口货物的监管过程分为申报、征税、查验和放行4个环节。目前,我国对于绝大多数商品不征收出口税,只对极少数原料、材料和半成品征收出口税。因此,目前出口货物通常只需经过申报、查验和放行3个环节。

2017年,全国海关监管的主要进口货物有谷物及谷物粉2 559万吨、大豆9 554万吨、食用植物油577万吨、原油41 957万吨、成品油2 964万吨、煤及褐煤27 090万吨、天然气6 857万吨、铁矿石及其精矿107 474万吨、钢材1 330万吨、纸浆2 372万吨、原木及锯材9 279万立方米、固态废物(废塑料、废纸、废金属)3 961万吨、铜及铜材469万吨、初级形状的塑料2 868万吨、汽车及汽车底盘124万辆、集成电路3 769.9亿个、二极管及类似半导体器件5 172.5亿个、液晶显示板24亿个、自动数据处理设备及其部件50 588万台、金属加工机床88 656台；全国海关监管的主要出口货物有水海产品421万吨、大米119.7万吨、中药材及中式成药155 553吨、稀土51 199吨、煤及褐煤817万吨、焦炭及半焦炭809万吨、原油486万吨、成品油5 216万吨、矿物肥料及化肥2 416万吨、塑料制品1 168万吨、陶瓷产品2 343万吨、鞋类450万吨、箱包及类似容器310万吨、钢材7 543万吨、未锻轧铝及铝材479万吨、贵金属或包贵金属的首饰607吨、电线和电缆173.5万吨、汽车及汽车底盘104万辆、船舶8 013艘、自动数据处理设备及其部件154 208万台、电动机及发电机278 219万台、二极管及类似半导体器件2 954.9亿个、集成电路2 043.5亿个、液晶显示板19.3亿个。

2. 征收关税和其他税

【拓展知识】

海关税收是国家财政收入的重要来源，也是国家实施宏观调控的重要工具。根据法律规定，中国海关总署除担负征收关税任务外，还负责对进口货物征收进口环节增值税和消费税。2017年，全国海关税收净入库18 967.81亿元，比上年增长23.26%，其中，关税2 997.77亿元，进口环节税15 970.03亿元，分别比上年增长15.13%和24.92%。2017年全国海关审价补税210.29亿元，同比增长43.4%，补税23.06万宗，同比下降30.13%，平均单宗审价补税9.12万元，同比增长1.05倍。2017年全国海关实际审核减免税款530.8亿元，同比增长11.2%，其中，支持科技创新、内外资鼓励项目、慈善捐赠、集成电路、远洋渔业和中粮储油等税收进口优惠政策项下减免税进口货值和减免税款增幅明显，进口货值同比增长15.5%、75.1%、23.4%、15.7%、25.1%、58.1%，减免税款同比增长14%、26.2%、25.5%、15.3%、21.2%和67.7%。随着减税降费力度加大，以及多边贸易体制下各项优惠贸易安排的逐步落实，2017年，关税加权平均税率为3%，下降5%。受此影响，进口商品综合平均税率整体下降2.2个百分点(为19.6%)。自1980年恢复征税以来，海关累计征税7.43万亿元，占同期中央本级财政收入的比重保持在30%左右。

3. 查缉走私

法律规定，海关是查缉走私的主管部门。中国海关总署为维护国民经济安全和对外贸易秩序，对走私犯罪行为给予坚决打击。我国实行"联合缉私、统一处理、综合治理"的缉私体制，海关在公安、工商等其他执法部门的配合下，负责组织、协调和管理缉私工作，对查获的走私案件统一处理。1999年组建的海关缉私警察，是国家打击走私违法犯罪活动的主力军，按照海关对缉私工作的统一部署和指挥，负责对走私犯罪案件的侦查、拘留、执行逮捕、预审工作，综合运用刑事执法与行政执法两种手段严厉打击走私。2010年，海关共立案侦办走私犯罪案件1 360起，案值252.2亿元，涉嫌偷逃税额35.8亿元；立案调查走私行为案件1.2万起，案值41.1亿元，涉嫌偷逃税额3.7亿元；立案调查违规及其他违法案件6.2万起，案值347.2亿元。当年，海关通过归类、审价、稽查补税140.6亿元。同时，全国海关坚决查缉毒品、文物、武器弹药、濒危动植物和反动、淫秽、盗版、散发性宗教宣传品等走私违法犯罪活动，积极配合有关部门开展打击骗汇、骗退税、制售假冒伪劣产品等经济犯罪的斗争，为维护国家经济安全和社会稳定做出了积极贡献。

4. 编制海关统计报表

根据《海关法》规定，编制海关统计报表是中国海关总署的一项重要业务。海关统计是国家进出口货物贸易统计，负责对进出中国关境的货物进行统计调查和分析，科学、准确地反映对外贸易的运行态势，实施有效的统计监督。中国海关总署按月向社会发布我国对外贸易基本统计数据，定期向联合国统计局、国际货币基金组织、世界贸易组织及其他有关国际机构报送中国对外贸易的月度和年度统计数据，数据发布的及时性居世界领先地位。中国海关总署定期编辑出版《中国海关统计》月刊和年鉴，积极为社会各界提供统计信息资料和咨询服务。

8.1.3 国家质量监督检验检疫总局

中华人民共和国国家质量监督检验检疫总局（General Administration of Quality Supervision, Inspection and Quarantine of the People's Republic of China，AQSIQ），简称国家质检总局，是中华人民共和国国务院主管全国质量、计量、出入境商品检验、出入境卫生检疫、出入境动植物检疫、进出口食品安全和认证认可、标准化等工作，并行使行政执法职能的直属机构。十三届全国人大一次会议审议通过的《国务院机构改革方案》明确"原国家质量监督检验检疫总局的出入境检验检疫管理职责和队伍划入海关总署"，截至2018年8月，转制组建正式完成，机构职能、组织机构等相关信息还未公布，所以本节还是以原国家质量监督检验检疫总局的相关内容进行阐述。

1. 组织机构

国家质检总局内设17个司（厅、局），即办公厅、法规司、质量管理司、计量司、通关业务司、卫生检疫监管司、动植物检疫监管司、检验监管司、进出口食品安全局、特种设备安全监察局、产品质量监督司、执法督查司（国家质检总局打假办公室）、国际合作司（港澳台办公室）、科技司、人事司、计划财务司、督察内审司，并设立机关党委和离退休干部局。另外，中共中央纪律检查委员会和国家监察部向国家质检总局派驻了纪律检查组和监察局。

国家质检总局对中国国家认证认可监督管理委员会（中华人民共和国国家认证认可监督管理局，简称国家认监委）和中国国家标准化管理委员会（中华人民共和国国家标准化管理局，简称国家标准委）实施管理。国家认监委（副部级）是国务院授权的履行行政管理职能，统一管理、监督和综合协调全国认证认可工作的主管机构。国家标准委（副部级)是国务院授权的履行行政管理职能,统一管理全国标准化工作的主管机构。

国家质检总局下设17个直属事业单位,即质检总局机关服务中心、质检总局信息中心、质检总局国际检验检疫标准与技术法规研究中心、质检总局干部教育中心、国家质量监督检验检疫总局发展研究中心、中国纤维检验局、中国计量科学研究院(国家时间计量频率中心、国家标准物质研究中心)、中国检验检疫科学研究院(国家食品安全危害分析与关键控制点应用研究中心)、中国特种设备检测研究院、中国标准化研究院、中国信息安全认证中心、中国合格评定国家认可中心、中国物品编码中心、全国组织机构统一社会信用代码数据服务中心、中国质量认证中心、中国质检报刊社和中国质检出版社,为质检决策和实施提供技术等方面的支持。

中华人民共和国WTO/TBT(《世界贸易组织贸易技术壁垒协议》)国家通报咨询中心和中华人民共和国WTO/SPS(《世界贸易组织实施卫生与植物卫生措施协定》)国家通报咨询中心设在国家质检总局。

经民政部批准,14个行业学、协会挂靠在国家质检总局,即中国出入境检验检疫协会、中国国际旅行卫生保健协会、中国认证认可协会、中国质量检验协会、中国计量协会、中国防伪行业协会、中国质量万里行促进会、中国设备监理协会、中国特种设备安全与节能促进会、中国品牌建设促进会、中国检验检疫学会、中国消费品质量安全促进会、中国标准化协会、中国计量测试学会。

为履行出入境检验检疫职能,国家质检总局在全国31个省(自治区、直辖市)共设有35个直属出入境检验检疫局,海陆空口岸和货物集散地设有近300个分支局和200多个办事处,共有检验检疫人员3万余人。质检总局对出入境检验检疫机构实施垂直管理。

为履行质量技术监督职责,全国共设有31个省(自治区、直辖市)质量技术监督局,并下设2 800多个行政管理部门,共有质量技术监督人员18万余人。质检总局对省(自治区、直辖市)质量技术监督机构实行业务领导。

2. 国家质量监督检验检疫总局的主要职责

(1)质量管理。

根据《中华人民共和国产品质量法》及其实施条例,国家质检总局组织实施国家关于质量振兴的政策措施,对全国质量管理工作进行宏观指导,组织实施国家质量奖励制度和推进"名牌战略"的工作,推广先进的质量管理经验和科学的质量管理方法,承办建立重大工程设备质量监理制度的有关事宜,实施缺陷产品召回制度,推进开展"质量兴市"工作,组织国家宏观质量水平测评工作,组织建立企业质量信用制度,组织质量专业技术人员职业资格考试,组织重点产品质量事故的调查并提出整改意见,负责产品防伪的监督管理工作。

(2)通关管理。

国家质检总局参加国家对外开放口岸的规划和验收等有关工作,依法制定《出入境检验检疫机构实施检验检疫的进出境商品目录》,对涉及环境、卫生、动植物健康、人身安全的出入境货物、交通工具和人员实施检验检疫通关管理,在口岸对出入境货物实行"先报检、后报关"的检验检疫货物通关管理模式。

出入境检验检疫机构负责实施进出口货物法定检验检疫,并签发入境货物通关单和出境货物通关单,海关凭此放行;签发出境检验检疫证书至100多个国家和地区;依法对出入境检验检疫标志和封识进行管理;负责签发普惠制原产地证、一般原产地证、区域性优惠原产地证和专用原产地证及注册等相关业务。

2001年,开始实行"大通关"制度,以提高通关效率。通过"三电"工程建设,即出入境货物电子申报、电子监管、电子放行,大大提高了口岸通关速度,并实现了报检、检验检疫、签证通关、统计汇总的网络化管理,作为"金质工程"的重要组成部分,中国电子检验检疫系统已于2016年10月28日在全国范围内全面上线使用,标志着全国检验检疫业务全面进入"通关一体化"时代,实现检验检疫执法管理的科学化、规范化、制度化和一体化,提高了全国检验检疫通关的效率。

(3)出入境卫生检疫管理。

根据《中华人民共和国国境卫生检疫法》及其实施条例,国家质检总局负责在我国口岸对出入境人员、交通工具、集装箱、货物、行李、邮包、尸体骸骨、特殊物品等实施卫生检疫查验、传染病监测、卫生监督和卫生处理,促进国家对外开放政策的实施,防止传染病的传入和传出,保证出入境人员的健康卫生。

(4)出入境动植物检疫管理。

【拓展案例】

根据《中华人民共和国进出境动植物检疫法》及其实施条例,国家质检总局对进出境和旅客携带、邮寄的动植物及其产品和其他检疫物,装载动植物及其产品和其他检疫物的装载容器、包装物、铺垫材料,来自疫区的运输工具,以及法律法规、国际条约、多双边协议规定或贸易合同约定应当实施检疫的其他货物和物品实施检疫和监管,以防止动物传染病、寄生虫病和植物危险性病、虫、杂草以及其他有害生物传入和传出,保证农、林、牧、渔业的正常生产和人体健康,促进对外贸易的发展。

检疫的措施主要包括风险分析与管理措施、检疫审批、国外预检、口岸查验、隔离检疫、实验室检测、检疫除害处理、预警和快速反应、检疫监管等。

(5)进出口商品检验管理。

根据《中华人民共和国进出口商品检验法》及其实施条例,国家质检总局对进出口商品及其包装和运载工具进行检验和监管。对列入《出入境检验检疫机构实施检验检疫的进出境商品目录》(以下简称《目录》)中的商品实施法定检验和监督管理;对《目录》外商品实施抽查;对涉及安全、卫生、健康、环保的重要进出口商品实施注册、登记或备案制度;对进口许可制度民用商品实施入境验证管理;对法定检验商品的免验进行审批;对一般包装、危险品包装实施检验;对运载工具和集装箱实施检验检疫;对进出口商品鉴定和外商投资财产价值鉴定进行监督管理;依法审批并监督管理从事进出口商品检验鉴定业务的机构。

(6) 进出口食品安全管理。

根据《中华人民共和国食品卫生法》和《中华人民共和国进出口商品检验法》及相关规定，国家质检总局对进出口食品和化妆品安全、卫生、质量进行检验监督管理，组织实施对进出口食品和化妆品及其生产单位的日常监督管理。对进口食品（包括饮料、酒类、糖类），食品添加剂，食品容器，包装材料，食品用工具及设备进行检验检疫和监督管理。建立出入境食品检验检疫风险预警和快速反应系统，对进出口食品中可能存在的风险或潜在危害采取预防性安全保障和处理措施。

参与制定并实施《中华人民共和国动物及动物源食品中残留物质监控计划》及《中华人民共和国动植物源性食品农药残留物质监控计划》，参与在全国范围内对动物及动植物源性食品进行农兽药残留监测。

(7) 特种设备安全管理。

根据国务院颁布的《特种设备安全监察条例》（国务院总理令第373号），国家质检总局管理锅炉、压力容器、压力管道、电梯、起重机械、客运索道、大型游乐设施、场（厂）内机动车辆等特种设备的安全监察、监督工作；拟定特种设备安全监察目录、有关规章和安全技术规范并组织实施和监督检查；对特种设备的设计、制造、安装、改造、维修、使用、检验检测等环节和进出口进行监督检查；调查处理特种设备事故并进行统计分析；负责特种设备检验检测机构的核准和相应检验检测人员、作业人员的资格考核工作。

8.2　国际航空物流管理机构

随着国际民航运输对世界经济的影响日趋重要，民航运输的战略地位日益显著。民航运输行业与国际金融和世界贸易的联系越来越密切，国家以及跨地区性的组织（包括经济组织），都力图参与更多的国际民航运输事务。

8.2.1　国际民用航空组织

国际民用航空组织（International Civil Aviation Organization，ICAO）是协调世界各国政府在民用航空领域内各种经济和法律事务、制定航空技术国际标准的重要组织。1944年11月1日—12月7日，52个国家参加了在美国芝加哥召开的国际民用航空会议，签订了《国际民用航空公约》（通称《芝加哥公约》）。这是国际民用航空运输业界的一部重要法典，取代了之前的《巴黎公约》和《哈瓦那公约》，它对国家领土主权、无害通过的权利、保障国际飞行安全等内容在技术和行政管理方面做出了具体规定。会议决定成立过渡性的临时国际民用航空组织。1947年4月4日，《芝加哥公约》生效，国际民用航空组织也因之正式成立。同年5月13日，国际民用航空组织正式成为联合国的一个专门机构。秘书处为其处理日常工作的机构。

第8章 航空物流组织

1. ICAO 的宗旨

ICAO 的宗旨是发展国际空中航行原则和技术，促进国际航行运输的发展，以保证国际民航的安全和有序发展；促进和平用途的航行器的设计和操作技术；鼓励用于国际民航的航路、航站和航行设备设施的发展；保证缔约各国的权利受到尊重和拥有国际航线的均等机会等。

2. ICAO 的组织结构

国际民航组织由大会、理事会和秘书处3级框架组成。

（1）大会。

大会是该组织最高权力机构，由全体成员国组成。大会由理事会召集，一般情况下每3年举行一次，遇有特别情况时或经1/5以上成员国向秘书长提出要求，可以召开特别会议。大会决议一般以超过半数通过。参加大会的每一个成员国只有一票表决权。但在某些情况下，如《芝加哥公约》的任何修正案，则需2/3多数票通过。

大会的主要职能为选举理事会成员国，审查理事会各项报告，提出未来3年的工作计划，表决年度财政预算，授权理事会必要的权力以履行职责，并可随时撤回或改变这种权力，审议关于修改《芝加哥公约》的提案，审议提交大会的其他提案，执行与国际组织签订的协议，处理其他事项等。

大会召开期间，一般分为大会、行政、技术、法律、经济5个委员会对各项事宜进行讨论和决定，然后交大会审议。

（2）理事会。

理事会是向大会负责的常设机构，由大会选出的36个缔约国组成。理事国分为3类，第一类理事国为在航空运输领域居特别重要地位的成员国，占11席，第二类理事国是对提供国际航空运输的发展有突出贡献的成员国，占12席，第三类理事国是具有区域代表性的国家，占13席。理事会设主席一名，主席由理事会选举产生，任期3年，可连选连任。

理事会每年召开3次会议，每次会议会期约为两个月。理事会下设财务、技术合作、非法干扰、航行、新航行系统、运输、联营导航、爱德华奖8个委员会，每次理事会开会前，各委员会先分别开会，以便将文件、报告或问题提交理事会，另有常设的法律委员会协助工作。

理事会的主要职责包括执行大会授权并向大会报告本组织及各国执行公约的情况，管理本组织财务，领导下属各机构工作，通过公约附件，向缔约各国通报有关情况，以及设立运输委员会，研究、参与国际航空运输发展和经营有关的问题并通报成员国，对争端和违反《芝加哥公约》的行为进行裁决等。

（3）秘书处。

秘书处是国际民航组织的常设行政机构，由秘书长负责保证国际民航组织各项工作的顺利进行，秘书长由理事会任命。秘书处下设航行局、航空运输局、法律局、技术合作局、行政局 5 个局，以及财务处、外事处。此外，秘书处有一个地区事务处和 7 个地区办事处，分设在曼谷、开罗、达喀尔、利马、墨西哥城、内罗华和巴黎。地区办事处直接由秘书长领导，主要任务是建立和帮助缔约各国实行国际民航组织制定的国际标准和建设措施，以及地区规划。

3. ICAO 的主要任务

ICAO 的主要任务是为国际航空运输业制定全部的技术规则和各种章程，并与联合国一起努力使国际航空的技术、设备、服务和训练标准化，以加强国际航空运输的安全，推动国际民用航空事业有秩序地发展。其具体任务如下所述。

① 确保全世界民航事业安全而有秩序地发展壮大。
② 满足全世界人民从航空运输业中获取安全与经济效用。
③ 鼓励各国为发展国际民航事业的航路、航站及助航设备而努力。
④ 鼓励各国为和平用途改进航空器的性能与使用艺术。
⑤ 确保各缔约国的权利获得完全的尊重，并在国际民航方面获得平等的机会。
⑥ 避免各国际民航间的恶性竞争。
⑦ 避免各缔约国间的差别待遇。
⑧ 促进国际民用航空器的飞航安全。
⑨ 促进各国和平交换空中通过权。
⑩ 促进国际民航业务的全面发展。

该组织成立以来，世界性的航空服务网络已经形成，并制定了一系列法规，例如，明确了新一代亚音速喷气机的噪音控制标准，制定了一套严惩劫机者的国际法规，未来还将制定一套完整的国际航空法。

4. 中国与国际民航组织

我国是国际民航组织的创始成员国之一，1944 年 11 月 9 日，当时的中国政府在《芝加哥公约》上签字，并于 1946 年正式成为会员国。1971 年 11 月 19 日，国际民航组织第 74 届理事会通过决议，承认中华人民共和国政府为中国唯一合法代表。1974 年 2 月，我国承认《国际民用航空公约》，并自该日起参加该组织的活动。中国从 1974 年起连续当选为理事国，并在蒙特利尔设有常驻该组织理事会的中国代表处。1977 年，国际民航组织第 22 届大会决定将中文作为该组织的工作语言之一。从 2004 年至今，我国已经连续第五次成为一类理事国。

8.2.2 国际航空运输协会

国际航空运输协会（International Air Transport Association，IATA），简称国际航协，是一个由世界各国航空公司所组成的大型国际组织，其前身是 1919 年在海牙成立并在第二次世界大战时解体的国际航空业务协会。1944 年 12 月，出席芝加哥国际民航会议的一些政府代表和顾问以及空运企业的代表聚会，商定成立一个委员会并为新的组织起草章程。1945 年 4 月 16 日，在哈瓦那会议上修改并通过草案章程后，国际航空运输协会成立。

国际航空运输协会总部设在加拿大的蒙特利尔，执行机构设在日内瓦。和监管航空安全和航行规则的国际民航组织相比，它更像是一个由承运人（航空公司）组成的国际协调组织，管理在民航运输中出现的诸如票价、危险品运输等问题。

国际航协从组织形式上是一个航空企业的行业联盟，属非官方性质组织，但是由于世界上的大多数国家的航空公司是国家所有，即使非国有的航空公司也受到所属国政府的强力参与或控制，因此航协实际上是一个半官方组织。它制定运价的活动，也必须在各国政府授权下进行，它的清算所对全世界联运票价的结算是一项有助于世界空运发展的公益事业，因而国际航协发挥着通过航空运输企业来协调和沟通政府间政策、解决实际运作困难的重要作用。

1. 协会的宗旨

协会的宗旨是"为了世界人民的利益，促进安全、正常和经济的航空运输，扶植航空交通，并研究与此有关的问题""对于直接或间接从事国际航空运输工作的各空运企业提供合作的途径""与国际民航组织及其他国际组织协力合作"。凡国际民航组织成员国的任何空运企业，经其政府许可都可以成为会员。从事国际飞行的空运企业为正式会员，只经营国内航班业务的为准会员。

2. 组织机构

1945 年，国际航空运输协会成立时，只有 57 家空运企业会员。截至 2017 年 3 月，国际航空运输协会共有来自全球 115 个以上国家的 271 家空运企业会员，承担了全球约 83% 的国际航空运输量。年度大会是国际航空运输协会的最高权力机构，每年在各大洲轮流举办，任何关于章程修改、高级人员任命、预算审批、新项目批准、会员会费制定等重大事项，均需要在年度大会上审批通过。理事会是年度大会的决策机构，由 31 家航空公司的高级管理人员组成。理事长是国际航协的最高行政长官，在理事会的监督和授权下行使职责并对理事会负责，理事会下设主席委员会、战略和政策委员会以及审计委员会，并下设 6 个专业委员会，即行业委员会、财务委员会、货运委员会、航行委员会、法律委员会和环境委员会，根据需要，各个专业委员会又分设若干分委员和工作组，成员均来自会员航空公司各专业领域的专家。国际航协在全世界 53 个国家设立了 54 个办公室，有雇员 1 260 人。在新加坡、日内瓦、贝鲁特、布宜诺斯艾利斯、华盛顿设地区运输业务服务处。在曼谷、日内瓦、伦敦、内罗毕、里约热内卢、达喀尔和北京设地区技术办事处。在日内瓦设清算所，为各会员公司统一财务上的结算。

3. 协会的基本职能

协会的基本职能包括国际航空运输规则的统一，业务代理，空运企业之间的财务结算、技术上的合作，参与机场活动，协调国际航空客货运价及航空法律工作，帮助发展中国家航空公司培训高级和专门人员。

4. 中国与国际航空运输协会

1994年4月15日,该协会在北京设立了中国代理人事务办事处。1995年7月21日,中国国际旅行社(简称国旅)总社正式加入该组织,成为该协会在中国大陆的首家代理人会员。国旅总社取得该组织指定代理人资格后,国旅便有权使用国际航协代理人的专用标志,可取得世界各大航空公司的代理权,使用国际航协的统一结算系统,机票也同世界通用的中性客票相同。

目前,中国大陆共有13家航空公司成为国际航协的多边联运协议成员。各航空公司加入时间如下。

1993年,中国国际航空公司、中国东方航空公司和中国南方航空公司。

1996年,中国北方航空公司、中国西北航空公司和中国西南航空公司。

1998年,厦门航空公司、中国新疆航空公司、中国云南航空公司和上海航空公司。

2000年,海南航空公司。

2001年,山东航空公司。

2002年,深圳航空公司。

多边联运协议(MITA)的主要职能是为成员航空公司进行旅客、行李、货物的接收、中转、更改航程及其他相关程序提供统一的标准,成员航空公司间可互相销售而不必再签双边联运协议。这一协议使成员公司相互接收运输凭证,使用标准的国际航空运输协会客票和货单,将世界各航空公司各自独立的航线,结合成为有机的全球性航空运输网络。

8.2.3 国际货运代理协会联合会

国际货运代理协会联合会(International Federation of Freight Forwarders Associations, FIATA)是一个非营利性国际货运代理的行业组织。协会于1926年5月31日成立于奥地利维也纳,总部现设在瑞士苏黎世。其任务是协助各国的货运代理组织联合起来,在国际范围内保护货运代理的利益,代表参加联合国的贸易和发展会议及经济社会理事会。会员不仅限于货运代理企业,还包括海关、船舶代理、空运代理、仓库、卡车和集中托运业者(Consolidator)等与国际运输有关的部门。作为世界运输领域最大的非政府间国际组织,国际货运代理协会联合会被国际商会、国际航空运输协会、国际铁路联盟、国际公路运输联盟、世界海关组织、世界贸易组织等一致确认为国际货运代理业的代表,并在联合国经济及社会理事会、联合国贸易与发展大会、联合国欧洲经济委员会、联合国亚洲及太平洋经济和社会理事会、联合国国际贸易法委员会中拥有咨询顾问的地位。

FIATA会员分为4类:协会会员,代表某个国家全部或部分货运代理行业的组织和在某个国家或地区独立注册的唯一国际货运代理公司,可以申请成为协会会员;企业会员,货运代理企业或与货运代理行业密切相关的法人实体,经其所在国家的一般会员书面同意,可以申请成为联系会员;团体会员,代表某些国家货运代理行业的国际性组织、代表与该联合会相同或相似利益的国际性货运代理集团,其会员在货运代理行业的某一领域比较专业的国际性协会,可以申请成为团体会员;荣誉会员,对该联合会或货运代理行业做出特殊贡献的人士,可以成为名誉会员。目前,该联合会有 96 个国家和地区的 106 家协会会员,在 161 个国家和地区有近 6 000 家企业会员,代表了全球 4 万多家货运代理企业、近 1 000 万名从业人员。

国际货运代理协会联合会的最高权力机构是会员代表大会,下设扩大主席团和主席团。主席团对外代表 FIATA,对内负责 FIATA 的管理,根据 FIATA 章程和会员代表大会决议完成有关工作。主席团由主席、上届主席、三位副主席、秘书长、司库组成,任期两年,每年至少召开两次会议,以多数票通过决议。在赞成票和反对票相当的情况下,主席拥有最终决定权。扩大主席团由主席团成员、各研究机构主席、常设委员会负责人和会员代表大会从一般会员或团体会员推荐的候选人中选举的 12 名副主席组成,任期两年,可以连选连任。主席团扩大会议每年至少召开两次,由主席或从扩大会议成员中选举产生的副主席主持,以多数票通过决议。在赞成票和反对票相当的情况下,主席拥有最终决定权。主席团扩大会议的主要职责是向主席团提出建议,在专业领域和地区事务中向秘书处提供支持,接受年度报告,确定各研究机构和常设委员会的工作计划,协调各研究机构和常设委员会的工作,组织研究机构和常设委员会的共同工作,指定某些会员参与不同地区的相关活动,保护地区利益,指定某些会员在不同的国际组织中代表 FIATA,并提供相关报告。

目前,FIATA 设有航空货运、海关事务、多式联运 3 个研究机构,以及危险货物咨询委员会、信息技术咨询委员会、法律事务咨询委员会、国际事务咨询委员会、职业培训咨询委员会 5 个咨询委员会。每个研究机构还根据研究的题目分别成立了若干常设工作组。其中,航空货运研究机构下设国际航空货运协会事务工作组,海关事务研究机构下设进口税工作组和海关简化工作组,多式联运研究机构下设海上运输工作组、铁路运输工作组和公路运输工作组,另单设物流可持续发展工作组。

国际航空货运协会事务工作组(Air Freight Institute,AFI)的主要任务是促进和维护货运代理在航空货运方面的利益,协调在世界范围内各国货运代理协会的活动,代表协会加强与其他国际组织的联系,通知协会成员各个国家的政府安全计划和 IACO/IATA 建议,讨论并影响航空货运世界的总形势。在协会会员决定代理的总政策、运价政策、集装箱化和托盘化、海关程序和经营管理、计算机数字处理、单证标准化和佣金及其他形式的报酬等政策时发挥影响作用。

8.2.4 国际机场理事会

国际机场理事会(Airports Council International,ACI),原名为国际机场联合协会,总部设立在瑞士日内瓦,于 1991 年成立,1993 年 1 月 1 日更名为国际机场理事会。国际机场理事会是全世界所有机场的行业协会,是一个非营利性组织,其宗旨是加强各成员与全世界民航业各个组织和机构的合作,包括政府部门、航空公司和飞机制造商等,并通过这种合作，建立一个安全、有效、和谐的航空运输体系。

国际机场理事会的发展目标为：保持和发展世界各地民用机场之间的合作，相互帮助；就各成员机场所关心的问题，明确立场，形成惯例，以"机场之声"的名义集中发布和推广这些立场和惯例；制定加强民航业各方面合作的政策和惯例，形成一个安全、稳定、与自然环境相适应的高效的航空运输体系，推动旅游业和货运业乃至各国和世界经济的发展；在信息系统、通信、基础设施、环保、金融、市场、公共关系、经营和维修等领域内交流有关提高机场管理水平的信息；向国际机场理事会的各地区机构提供援助，协助其实现上述目标。

国际机场理事会目前有5个常务委员会，包括技术和安全委员会、环境委员会、经济委员会、安全委员会、简化手续和便利旅客流程委员会，分别就其各自范围内的专业制定有关规定和政策。国际机场理事会总部设在瑞士的日内瓦，于2011年夏搬至加拿大蒙特列尔。在摩洛哥卡萨布兰卡（非洲区）、中国香港（亚太区）、比利时布鲁塞尔（欧洲区）、巴拿马（拉丁美洲/加勒比地区）、美国华盛顿（北美区）设立5个地区办公室。目前，国际机场理事会成员包括175个国家和地区的2 500个机场。

8.2.5　国际航空电信协会

国际航空电信协会（Society International De Telecommunications Aero-nautigues，SITA）是一个专门承担国际航空公司通信和信息服务的合作性组织，于1949年12月23日由11家欧洲航空公司的代表在比利时的布鲁塞尔创立，其主要职责是带动全球航空业使用信息技术的能力，并提高全球航空公司的竞争能力，不仅为航空公司提供网络通信服务，还可为其提供共享系统，如机场系统、行李查询系统、货运系统、国际票价系统等。SITA经营着世界上最大的专用电信网络，由400多条中高速相互连接210个通信中心组成。各航空公司的用户终端系统通过各种不同形式的集中器连接至SITA的网状干线网络。SITA的网络由4个主要的系统构成，即数据交换和接口系统、用户接口系统、网络控制系统和存储转发报系统。

此外，SITA还建立并运行着两个数据处理中心。一个是位于美国亚特兰大的旅客信息处理中心，主要提供自动订座、离港控制、行李查询、航空运价和旅游信息。另一个是设在伦敦的数据处理中心，主要提供货运、飞行计划处理和行政事务处理业务。中国民航于1980年5月加入SITA，实现其通信网络与SITA亚特兰大自动订座系统和SITA伦敦飞行计划自动处理系统相互连通。中国国际航空公司、中国东方航空公司、中国南方航空公司都是SITA的会员。

为保证国际航行的安全，各国航空企业在技术规范、航行程序和操作规则上必须统一。协调解决有关国际航空运输所涉及的一些法律和业务问题，如责任赔偿、对第三者的责任、运输凭证、载运条件、运输价格及公司之间的联运和结算等。国际航空运输的国际运输特点，决定了它必须进行世界性的协调和合作，否则将会阻碍国际航空运输业的发展。有许多非政府的地区性或跨地区性的民航组织负责协调地区性的民航事务，以保护本地区的航空运输市场。虽然这些组织不属于政府性质，但是，他们在许多方面直接或间接地影响着本地区各国政府对国际航空运输业的管理和政策。在欧洲、拉丁美洲、非洲以及加勒比地区都已经有这样的地区性组织存在。表 8-2 列出了部分其他国际性民用航空管理组织。

表 8-2　其他国际性民用航空管理组织

组织名称	总部所在地	成员	成立时间(年)
国际航空承运人协会(IACA)	比利时，布鲁塞尔	从事不定期航空运输服务的航空承运人	1971
国际航空公司协会(ATAF)	法国，巴黎	航空公司	1950
欧洲航空公司协会(AEA)	比利时，布鲁塞尔	欧洲从事定期航空运输的航空公司	1954
非洲航空公司协会(AFRAA)	肯尼亚，内罗毕	非洲统一组织成员国家组织的航空承运人	1968
阿拉伯航空承运人组织(AACO)	黎巴嫩，贝鲁特	联盟成员国的航空公司	1965
航空公司驾驶员协会国际联盟(IFLPA)	英国，伦敦	70多个国家的国家航空公司驾驶员协会	1948
航空运输研究所(ITA)	法国，巴黎	70多个国家的航空运输研究团体和组织	1954

8.3　航空物流法规

自 1918 年 11 月 11 日第一次世界大战结束以后，各国政府为保护本国的安全和利益，关于建立空中交通秩序、保障航行和旅客安全的呼声日益高涨。自 1919 年起，在世界各国政府的共同努力下，先后通过了一系列国际性航空公约。

案例 8-1

航空法的"出生证"

1919 年 10 月 13 日，32 个国家签署了巴黎《空中航行管理公约》。这是第一部国际航空法条约，航空法学界将其视为航空法的"出生证"，具有极其重要的历史意义。该条约由巴黎和会航空委员会及其技术、法律和财务小组委员会起草，巴黎和会最高理事会批准，明确了空中航行的法律规范，其核心是确定了领空主权原则。该公约除在第 15 条中提到飞越、建立国际空中航路、开辟和经营定期国际航线等问题之外，并没有涉及航空运输的商务问题。

——摘自民航资源网(http://news.carnoc.com/list/67/67 519.html)

8.3.1 华沙公约

【拓展知识】

《华沙公约》的全称是《统一国际航空运输某些规则的公约》(Convention for the Unification of Certain Rules Relating to International Carriage by Air),于1929年10月12日在波兰首都华沙签订,所以简称《华沙公约》。

1. 适用范围

只适用于国际性的运输,适用于对所有的人员、行李与货物收取报酬的国际运输以及航空运输企业以航空器办理的免费运输,但按照国际邮政公约的规定办理的运输除外。对于一部分用航空运输,一部分用其他运输方式联合办理的运输,公约只适用于符合公约规定条件的航空运输部分。本公约不适用于航空运输机构为了开设正式航线进行试航的国际航空运输,也不适用于超出正常航空运输业务以外的特殊情况下进行的运输。

2. 运输凭证

包括客票、行李票和航空货运单,分别适用于运送旅客、行李和货物。航空货运单(Air Consignment Note)由托运人填写正本一式三份。第一份注明"交承运人",由托运人签字。第二份注明"交收货人",由托运人和承运人签字,并随货同行。第三份由承运人在接收货物时签字交托运人。航空货运单是已订立合同、接收货物和承运条件的证明。托运人应对航空货运单上所填有关货物的各项说明和声明的正确性负责。托运人还应该提供各种必需的资料,以便在货物交付收货人以前完成海关、税务或公安手续。必需的有关证件应附在航空货运单后页。

3. 承运人的责任

【拓展案例】

承运人在航空运输期间对旅客因死亡、受伤或身体上的任何其他损害而产生的损失和对行李或货物因毁灭、遗失或损坏而产生的损失都要负责,对旅客、行李或货物在航空运输过程中因延迟而造成的损失也要负责。

4. 承运人的责任限制

承运人对每一位旅客的责任以125 000法郎为限,对行李或货物的责任以每千克250法郎为限,除非托运人在交运时曾声明价值,并缴付必要的附加费。对旅客自己保管的物件,承运人对每个旅客的责任以5 000法郎为限。上述法郎是指含有千分之九百成色的65.6毫克黄金的法国法郎。

5. 承运人责任的免除或减轻

只有在下列情况下此条例生效。

① 证明承运人和代理人为了避免损失的发生,已经采取了一切必要的措施,或不可能采取这种措施时。

② 证明损失的发生是由于驾驶上、航空器的操作上或领航上的过失。

③ 证明损失的发生是由于受害人的过失所引起或造成,法院可按照法律规定,免除或减轻承运人的责任。

6. 索赔和诉讼

收件人在发现损坏后,应立即向承运人提出异议,行李最迟在收到后 3 天内提出,货物则为 7 天。如果有延误,则自交由收件人支配之日 14 天内提出异议。在规定期限内没有提出异议,就不能向承运人起诉。诉讼时效为两年,过期即丧失追诉权。

我国于 1958 年 7 月 20 日宣布参加该公约,该公约自当年 10 月 18 日起对我国生效。

8.3.2 海牙议定书和瓜达拉哈拉公约

1. 海牙议定书

《海牙议定书》全称是《修改 1929 年 10 月 12 日在华沙签订的统一国际航空运输某些规则的公约的议定书》,简称为《海牙议定书》。议定书共 27 条,于 1963 年 8 月 1 日起生效。到 1974 年年底,已有 70 多个国家参加,我国于 1975 年 8 月交存批准书,同年 11 月 8 日对其生效。

《华沙公约》生效后,对处理国际私法问题发挥了良好作用,但从 1929—1955 年,航空运输事业在迅猛的发展同时,也出现了一些法律问题和实际问题,需要对原有条文做出一些改进,于是产生了《海牙议定书》。该议定书对《华沙公约》做了重要修改。

(1) 修改后的适用范围。

经修改的公约适用于公约第一条所确定的国际运输,但出发和目的地点须在该议定书的两个缔约国的领土内,或在该议定书的一个缔约国领土内而在另一缔约国或甚至非缔约国的领土内有一约定的经停地点。

(2) 以 Air Waybill 代替原用的 Air Consignment Note。

《华沙公约》关于航空货运单的一切规定仍适用。把承运人在货运单上签字的时间,由接收货物时改为在货物装机以前,还增加了"不限制填发可以流通的航空货运单"条文。

(3) 增加承运人的责任。

删去《华沙公约》中关于货物和行李运输中凡遇承运人证明该损害是由驾驶、操作与导航的过失所引起的则免除承运人的责任的规定,又把对旅客最高赔偿限额由 125 000 法郎提高为 250 000 法郎(第二十二条第一款)。在司法诉讼中把黄金折合成本国货币时,要按判决之日的黄金对本国货币的比值计算。

(4) 延长索赔时效。

对货物的时限由 7 天延长到 14 天,对行李由 3 天延长到 7 天,对延误引起的损害索赔期则由 14 天延长到 21 天。

(5) 责任限额的引用。

对损失是由于承运人的代理人之一在他的职务范围内所造成的,也可引用责任限额。

2. 瓜达拉哈拉公约

《瓜达拉哈拉公约》(Guadalajara Convention)的全称是《统一非缔约承运人所办国际航空运输某些规则以补充华沙公约的公约》，由于是在墨西哥瓜达拉哈拉外交会议上讨论后产生的，所以简称《瓜达拉哈拉公约》。该公约区分了订立合同的承运人与实际承担全部或部分运输的承运人，并规定了各自应负的责任。

第二次世界大战后，包租飞机的协议大量增加，这就要求制定新的规则，于是出现了《瓜达拉哈拉公约》。该公约所指的承运人是以本人资格与旅客或托运人，或者旅客或托运人的代理人订立受《华沙公约》约束的运输协议的人，实际承运人是指非立约承运人凭借立约承运人的授权而承担全部或部分运输的人。他的责任仅限于《华沙公约》所规定的限额，但是他的行为和他的雇员的行为却可引起立约承运人的无限制责任。该公约由5国批准后，于1964年5月1日生效。

8.3.3 芝加哥公约和蒙特利尔公约

1. 芝加哥公约

《国际民用航空公约》(Convention for International Civil Aviation)，通称《芝加哥公约》。于1944年12月7日在芝加哥由近50个国家签署，并有《国际航班过境协定》和《国际航空运输协定》两个附属协定。1971年11月，中国政府承认《芝加哥公约》。现在已有150多个国家批准或加入了这一公约。该公约共22章96条。该公约的基本原则之一是使所有国家都在平等的基础上参加航空运输。其主要精神如下所述。

(1) 缔约各国承认每一个国家对其领土之上的空间具有完全的和排他的主权。领土是一国主权下的陆地区域及其邻接的领水。本公约仅适用于民用航空器，而民用航空器不得用于和本公约宗旨不相符的任何目的。

(2) 公约把定期航班与不定期航班加以区分。定期航班除经一缔约国特准或许可外，不得在该国领土上空飞行或进入该国领土。而不定期航班只要遵守公约规定的条件，不需事先获准，有权飞入或飞往其他缔约国领土而不降停，或做非商业性降停，但飞经国有权令其降落。

(3) 缔约国有权拒绝其他缔约国在本国领土内的载运权，也可以军事需要或公共安全的理由一律限制或禁止他国的航空机在其领土内某些地区的上空飞行。

(4) 航空器需具有其登记国家的国籍，在从事国际飞行时必须携带7种文件，即航空器登记证、适航证、航行记录簿及每一机组成员的适当的执照，如装有无线电设备的就要提供无线电台许可证，载有乘客的要列有乘客姓名及其登机地与目的地的清单，载有货物的要有货物舱单和详细的申报单。

(5) 缔约各国同意采取一切可行措施，以便于和加速航空器的航行，特别是在执行移民、检疫、海关、放行等法律的过程中。

(6) 允许两个或两个以上缔约国组成航空运输的联营组织(Joint Air Transport Operating

Organization)或国际性的经营机构,以及在任何航线或地区合营航班(Pooling)。

2. 蒙特利尔公约

《蒙特利尔公约》(The Montreal Convention),全称为《制止危害民用航空安全的非法行为的公约》(The Convention for the Suppression of Unlawful Acts Against the Safety of Civil Aviation),于1971年9月23日在蒙特利尔签署,1973年1月26日生效。

《海牙公约》惩治的犯罪主要针对非法劫持或控制正在飞行中的航空器,但危害国际航空安全的犯罪无处不在,世界各地还经常发生直接破坏航空器的犯罪行为,甚至发生破坏机场地面上正在使用中的航空器及其航行设施等犯罪行为。基于犯罪行为的多样性,《海牙公约》显然不足以维护国际民用航空运输的安全。1970年2月初,正当国际民航组织法律委员会举行第17次会议讨论,草拟《海牙公约》时,在2月21日,连续发生了两起在飞机上秘密放置炸弹引起空中爆炸的事件,震惊了整个国际社会。于是,国际民航组织准备起草一个关于非法干扰国际民用航空(非法劫机之外)的公约,即后来的《蒙特利尔公约》草约。

《蒙特利尔公约》的目的是通过国际合作,惩治从地面破坏航空运输安全的犯罪行为,它是《海牙公约》的姊妹篇。

《蒙特利尔公约》共7章57条。根据其规定,国际航空承运人应当对旅客的人身伤亡、行李和货物损失以及由于延误造成旅客、行李或货物的损失承担责任并予以赔偿。

我国于1980年9月10日加入《蒙特利尔公约》,同时声明中国政府将不受关于将争端提交国际法院的规定的约束,同年10月10日对中国生效。

8.3.4 其他重要的国际民用航空公约

具有重大影响的国际性航空公约还有以下4个。

1. 巴黎公约

1919年10月23日,在法国巴黎和平会议最高理事会上通过了《国际民用航空公约》,即《巴黎公约》。这是国际民航史上的第一部大法,对国际民航的发展产生了重要的影响。它第一次确立了领空主权原则,规定了无害通过领空的权利和限制及国际航线的规则和条件,并对航空器的分类、国籍登记、适航性、出入境、机组人员执照及禁运物品等做了具体的规定。

2. 哈瓦那公约

1928年2月在,古巴哈瓦那通过的《哈瓦那公约》,对国际商业性航空运输和造成的地面损害赔偿问题达成共识,做出了明确规定。

3. 日内瓦公约

1948年6月,在瑞士日内瓦通过的《关于国际承认航空器权利的公约》,即《日内瓦公约》,规定了航空器的拥有权、转让权、租赁权、抵押权、典当权等权利。

4. 东京公约

1963年9月，在日本东京签订的《关于在航空器内犯罪和犯有某些其他行为的公约》，即《东京公约》，为制止航空器内的犯罪行为制定了国际性的制裁根据。1979年2月，中国政府承认《东京公约》并开始生效。

8.3.5 我国航空物流法规与制度

1. 中华人民共和国民用航空法

《中华人民共和国民用航空法》在1995年10月30日经第八届全国人大常委会第16次会议审议通过，中华人民共和国主席令第56号公布，自1996年3月1日起施行。《中华人民共和国民用航空法》是新中国成立以来第一部规范民用航空活动的法律，是我国民用航空发展史上的一件大事。《中华人民共和国民用航空法》的颁布，对维护国家的领空主权和民用航空权利，保障民用航空活动安全和有秩序地进行，保护民用航空活动当事人各方的合法权益，促进民用航空事业的发展，提供了强有力的法律保障。

《中华人民共和国民用航空法》共16章213条，除第一章总则和第十六章附则外，对民用航空器国籍、民用航空器权利、民用航空器适航管理、航空人员、民用机场、空中航行、公共航空运输企业、公共航空运输、通用航空、搜寻援救和事故调查、对地面第三人损害的赔偿责任、对外国民用航空器的特别规定、涉外关系的法律适用、法律责任分别做了规定。

（1）适用范围。

《中华人民共和国民用航空法》规定："本法适用于中华人民共和国境内的民用航空活动。"据此，《中华人民共和国民用航空法》全部内容都是以规范民用航空活动为限的，比如规定：所称民用航空器，是指除用于执行军事、海关、警察飞行任务外的航空器；所称航空人员，是指从事民用航空活动的空勤人员和地面人员；所称民用机场，是指专供民用航空器起飞、降落、滑行、停放及进行其他活动使用的划定区域。至于不能不涉及民航与军航关系的个别问题，主要是空域管理具体办法、飞行规则和军民合用机场管理办法，《中华人民共和国民用航空法》明确规定由国务院、中央军事委员会另行制定。

（2）关于飞行安全保障。

保障飞行安全，取决于航空器的适航性能、飞行操作、机场、地面设施和空中交通管制等多种因素及相互配合。为此，《中华人民共和国民用航空法》根据我国长期实践经验，借鉴国际通行做法，规定了相应的制度，主要有《民用航空器适航管理制度》《航空人员执照制度》《民用机场建设和使用管理制度》《飞行管理和飞行保障制度》《民用航空企业许可证制度》等。

适航管理是飞行安全管理的基础，其核心内容是审查、鉴定和监督民用航空器的适航性能，即民用航空器适宜于安全飞行的内在质量。《中华人民共和国民用航空法》规定、设计、生产、进口、出口、维修民用航空器时，应当向国务院民用航空主管部门分别申请领取民用航空器型号合格证书、生产许可证书、型号认可证书、出口适航证书、维修许可证书。民用航空器持有适航证书，方可飞行。

航空人员执照制度是飞行安全管理的重要内容。《中华人民共和国民用航空法》规定，航空人员应当接受专门训练，经考核合格，取得国务院民用航空主管部门颁发的执照，方可担任其执照载明的工作；空勤人员和空中交通管理人员在取得执照前，还应当经过接受国务院民用航空主管部门认可的体格检查单位的检查体检，取得体检合格证书；空勤人员在执行飞行任务时，应当随身携带执照和体检合格证书；已经取得执照的航空人员还必须参加定期或者不定期的检查、考核，经检查、考核合格的，方可继续担任执照载明的工作；空勤人员间断飞行的时间超过规定时限的，应当经过检查、考核和带飞，合格后，方可继续担任其执照载明的工作。此外，《中华人民共和国民用航空法》还明确规定了机组人员、特别是机长在执行飞行任务过程中的义务，规定机组缺员的民用航空器，不得起飞；飞行前，机长应当对民用航空器实施必要的检查，未经检查，不得起飞。

机场是飞行活动的重要地面设施。为了保障飞行活动安全、有秩序地进行，对机场的建设和使用必须进行严格管理。为此，《中华人民共和国民用航空法》规定："新建、改建和扩建民用机场，应当符合民用机场标准；机场具备法定条件，并取得机场使用许可证，方可开放使用；禁止在民用机场及其飞行区域内从事影响飞行安全的活动。"

飞行管理是飞行安全管理的中心环节。《中华人民共和国民用航空法》规定："国家对空域实行统一管理；在一个划定的管制空域内，由一个空中交通管制单位负责该空域内的航空器的空中交通管制。"同时，《中华人民共和国民用航空法》还具体规定："机组人员的飞行时间、执勤时间不得超过规定时限；机组人员受到酒类饮料、麻醉剂或者其他药物的影响，损及工作能力的，不得执行飞行任务。"此外，为了保证飞行管理的实施，《中华人民共和国民用航空法》还规定了空中交通服务，包括空中交通管制服务、飞行情报服务、告警服务；规定了邮电通信、气象等方面的保障措施。

（3）关于承运人的责任。

① 责任基础。《中华人民共和国民用航空法》规定："旅客在民用航空器上或者在上、下民用航空器的过程中发生的人身伤亡，承运人应当承担赔偿责任，但是，旅客的人身伤亡完全是由于旅客本人的健康状况造成的，承运人不承担赔偿责任；旅客随身携带的物品在民用航空器上或者在旅客上、下民用航空器的过程中，旅客的托运行李在航空运输期间，发生毁灭、遗失或者损坏的，承运人应当承担责任，但是，此种毁灭、遗失或者损坏完全是由于行李本身的自然属性、质量或者缺陷造成的，承运人不承担责任；货物在航空运输期间发生毁灭、遗失或者损坏的，承运人应当承担责任，但是，承运人证明货物的毁灭、遗失或者损坏完全是由于下列原因之一造成的，不承担责任。"

货物本身的自然属性、质量或者缺陷；承运人或者其受雇人、代理人以外的人包装货物的，货物包装不良；战争或者武装冲突；政府有关部门实施的与货物入境、出境或者过境有关的行为。

《中华人民共和国民用航空法》上述规定所确立的责任基础,符合我国《民法通则》对高速运输工具等高度危险作业所确立的责任制度(《民法通则》第 123 条),也与世界上大多数国家的规定相一致。

② 责任期间。《中华人民共和国民用航空法》在规定责任基础的同时,还明确了责任期间(即在航空运输中),承运人对旅客人身伤亡和旅客随身携带物品的责任期间为在民用航空器上或者在旅客上、下民用航空器的过程中;承运人对货物或者旅客托运行李的责任期间为在机场内、民用航空器上或者机场外降落的任何地点,托运行李、货物处于承运人掌管之下的全部期间。

③ 索赔时效。《中华人民共和国民用航空法》规定:托运行李或者货物发生损失的,旅客或者收货人应当在发现损失后立即向承运人提出异议。托运行李发生损失的,应当自收到托运行李之日起 7 日内提出。货物发生损失的,应当自收到货物之日起 14 日内提出。托运行李或者货物发生延误的,应当自托运行李或者货物交付旅客或者收货人自由处置之日起 21 日内提出。

(4) 关于赔偿责任限额。

《中华人民共和国民用航空法》对航空运输承运人的赔偿责任限额做了明确、具体的规定。规定国际航空运输承运人的赔偿责任限额,是严格按照我国已经参加的有关国际公约的规定确定的。考虑到我国国内的具体生活水平,《中华人民共和国民用航空法》规定国内航空运输承运人的赔偿责任限额由国务院民用航空主管部门制定规定,报国务院批准后公布执行。

《中华人民共和国民用航空法》依照有关的国际公约,就民用航空器经营人对地面第三人损害的赔偿责任限额,规定了民用航空器经营人就每一民用航空器和每次事故应当承担的赔偿责任限额。这些限额既适用于我国民航企业的航空器,也适用于在我国境内从事飞行活动的外国民用航空器。

案例 8 -2

行李赔偿标准低, 消费者损失难得偿

某旅客乘坐 2010 年 2 月 26 日某航空公司海南至上海的航班,托运的 17 千克行李遗失,消费者旅行用品及购买旅游纪念品价值 8 000 元,但是因托运时未向承运人申请声明价值的赔偿,航空公司只同意按照每千克 100 元的标准,补偿旅客 1 700 元。《中华人民共和国民用航空法》在这方面是如何规定的?有更加详细的规定吗?是否有必要提高现行托运行李赔偿责任限额?

——摘自中国网(http://news.china.com.cn/txt/2011 -12/28/content_ 24273315.htm)

2. 其他航空物流法规与制度

除《中华人民共和国民用航空法》之外,国务院、中国民用航空局还颁布了多条航空物流方面的条例和规定,见表 8 -3。

第8章 航空物流组织

表8-3 中国其他主要航空物流法规列表

法规标题	发布令
中华人民共和国民用航空器权利登记条例	国务院令第233号
危险化学品安全管理条例	国务院令第344号
民用运力国防动员条例	国务院、中央军委令第391号
通用航空飞行管制条例	国务院、中央军委令第371号
外商投资民用航空业规定	中国民航局、外经贸部、国家计委令第110号
《外商投资民用航空业规定》的补充规定	中国民用航空总局令第139号
中华人民共和国国际货物运输代理业管理规定实施细则	商务部公告〔2003〕第82号
中国民用航空旅客、行李国际运输规则	中国民用航空总局令第70号
中国民用航空货物国际运输规则	中国民用航空总局令第91号
中国民用航空危险品运输管理规定	中国民用航空总局令第48号
定期国际航空运输管理规定	中国民用航空总局令第36号
经营空中游览项目审批办法	中国民用航空总局令第58号
湿租外国民用航空器从事商业运输的暂行规定	中国民用航空总局令第30号发布、第60号修订
民航局关于航空运输服务方面罚款的暂行规定	中国民用航空总局令第12号发布、第60号修订
民用航空运输销售代理业管理规定	中国民用航空总局令第37号
民用航空行政处罚实施办法	中国民用航空总局令第116号
中国民用航空国内航线和航班经营管理规定	中国民用航空总局令第59号
制止民用航空运输市场不正当竞争行为规定	中国民用航空总局令第47号
通用航空经营许可管理规定	中国民用航空总局令第133号
非经营性通用航空登记管理规定	中国民用航空总局令第130号
民航国内航空运输价格改革方案	国家发改委、中国民航局公告2004年第18号
航空货运销售代理人服务规范	中国民用航空局2012年6月发布的行业标准
集运货物国内航空运输规范	中国民用航空局2012年6月发布的行业标准
艺术品及博物馆展(藏)品航空运输规范	中国民用航空局2012年6月发布的行业标准
国内航空货运单规范	中国民用航空局2013年5月发布的行业标准
货物航空冷链运输规范	中国民用航空局2014年10月发布的行业标准
民用航空安全检查规则	交通运输部令2016年第76号
航空运输危险品目录(2017版)	中国民用航空局2016年12月颁布的公告
国内投资民用航空业规定	交通运输部令2017年第34号
引进民用运输飞机管理办法	民航发〔2017〕65号
民航航班时刻管理办法	民航发〔2018〕1号

本 章 小 结

中国航空物流管理机构主要包括中国民用航空管理局、海关、国家质检总局等。国际航空物流管理组织主要包括国际民用航空组织（ICAO）、国际航空运输协会（IATA）、国际货物发运人协会（FIATA）等。国际性的航空公约主要有《巴黎公约》《哈瓦那公约》《华沙公约》《海牙公约》《芝加哥公约》《蒙特利尔公约》等。《中华人民共和国民用航空法》是我国最重要的航空物流法规。

航空物流业是一个国际性的服务行业，航空物流企业必须遵守相关的国际性航空公约和我国航空物流法规与制度，在国内航空物流管理机构和国际航空物流管理组织的帮助协调下发展壮大。

关键术语

国际民用航空组织 ICAO　　　　　　　国际航空运输协会 IATA
国际货运代理协会联合会 FIATA　　　 中国海关 China Customs
国际航空电信协会 SITA　　　　　　　国际机场协会 ACI
中国民用航空局 Civil Aviation Administration of China
国际民用航空公约 The International Civil Aviation Covenant

习 题

一、判断题

1. 航空物流组织包括微观航空物流组织和宏观航空物流组织两大类。（　　）
2. 宏观航空物流组织是指行使行业管理职能的政府机关。（　　）
3. 中国民用航空局是中华人民共和国国务院主管民用航空事业的国家局。（　　）
4. 国际民用航空组织是协调世界各航空公司间各种经济和法律事务的重要组织。（　　）
5. 我国航空公司只需遵守《中华人民共和国民用航空法》，不需要遵守任何国际性航空公约。（　　）

二、选择题

1. 中国民用航空局的英文名称缩写是（　　）。

A. CAAC   B. GAC   C. AQSIQ   D. ICAO
2. 国际民用航空组织的英文名称缩写是(　　)。
   A. CAAC   B. GAC   C. AQSIQ   D. ICAO
3. 国际航空运输协会的英文名称缩写是(　　)。
   A. CAAC   B. IATA   C. AQSIQ   D. ICAO
4. 国际航空运输协会的正式会员必须是(　　)。
   A. 航空公司   B. 主权国家
   C. 机场   D. 航空货运代理公司
5. 中国海关总署的主要职责包括(　　)。
   A. 进出境监管   B. 征收关税和其他税
   C. 查缉走私   D. 编制海关统计报表
6. 下列(　　)不属于国家质检总局的职责。
   A. 出入境商品检验   B. 出入境动植物检疫
   C. 出入境卫生检疫   D. 征税

三、简答题

1. 我国有哪些主要的民用航空物流管理机构？
2. 国际上有哪些主要的民用航空物流组织？
3. 简述《中华人民共和国民用航空法》的内容。

四、讨论题

一组 3～4 名同学。选择中国民用航空局或国际航空运输协会，访问其网站，找到更多关于该组织的信息。

案例分析

货物损失的赔偿范围及《华沙公约》的责任限额

原告：上海振华港口机械有限公司(以下简称振华有限公司)。
法定代表人：刘绍尧，该公司董事长。
委托代理人：杨志鳌、孙建明，上海市对外经济律师事务所律师。
被告：美国联合包裹运送服务公司(简称 UPS 公司)，地址：美国佐治亚州格兰雷克帕街 55 号。
法定代表人：罗伯特·J. 克兰宁，该公司董事长。
委托代理人：王小耘，新世纪律师事务所律师。
委托代理人：陈建华，中国外运上海公司法律部经理。

原告上海振华港口机械有限公司因与被告 UPS 公司发生国际航空物资运输合同标书快递延误赔偿纠纷，向上海市静安区人民法院提起诉讼。

原告上海振华港口机械有限公司诉称：原告为参与也门共和国港务局岸边集装箱起重件投标业务，于 1993 年 7 月 21 日上午委托被告办理标书快递，要求其当月 25 日前将标书投递到指定地点，被告表示可以如期送达。但是，因被告经办人的疏忽，致使标书在沪滞留两天，延迟到当月27日下午才到达指定地点，超过了26日投标截止日期，使原告失去投标机会，蒙受较大经济损失及可能得到的利润。请求法院判令被告退还所收运费1 432元人民币，赔偿直接经济损失10 360美元，并承担诉讼费用。

被告UPS公司辩称：被告与原告未就标书到达目的地的日期有过明确约定。被告为原告快递标书费时六天零五个小时，并未超过国际快件中国到也门4~7天的合理运输时间，无延误送达标书的事实。标书在上海滞留两天，系原告未按规定注明快件的类别、性质，以致被告无法报关，责任在原告。即使被告延误送达，应予赔偿，亦应按《统一国际航空运输某些规则的公约》（简称《华沙公约》）或《修改1929年10月12日在华沙签订的统一国际航空运输某些规则的公约的议定书》（简称《海牙议定书》）规定的承运人最高责任限额赔偿。原告的诉讼请求无法律依据，法院应予驳回。

静安区人民法院经审理查明：原告振华有限公司于1993年7月20日上午电话通知被告UPS公司揽货员，表明7月21日需快递一份文件到也门共和国参加投标。当日下午，被告交给原告一份UPS公司运单，让原告填写。该运单背面印有"《华沙公约》及其修改议定书完全适用于本运单"和"托运人同意本运单背面条款，并委托UPS公司为出口和清关代理"等字样。7月21日上午，被告到原告处提取托运物标书，并在UPS公司收件代表签字处签名，表示认可。被告收到原告标书后，未在当天将标书送往上海虹桥机场报关。直至7月23日晚，被告才办完标书的出境手续。该标书于7月27日到达目的地。原告得知标书未在投票截止日——7月26日前到达目的地后，于7月27日致函被告，要求查清此事并予答复。被告回函承认UPS公司在该标书处理上犯有未严格按收件时间收件（截止时间为16：00，而原告标书到被告上海浦东办事处是16：45）、未仔细检查运单上的货品性质、未问清客户是否限时送到的额外要求三点错误，并表示遗憾。

静安区人民法院认为：被告UPS公司作为承运人，理应迅速、及时、安全地将原告振华有限公司所需投递的标书送达指定地点。但是，被告于1993年7月21日上午接受标书后，未按行业惯例于当天送往机场报关，直到23日晚才将标书报关出境，以致标书在沪滞留两天半，被告的行为违背了快件运输迅速、及时的宗旨，其行为属延误，应当承担相应的民事责任。原告虽未按被告运单规定的要求填写运单，但被告在收到原告所填运单后，未认真审核，责任在被告。被告提出的无延误送达标书的事实及致使标书延期出境的主要原因在于原告运单填写不适当的理由不能成立。原告要求被告退还运费及赔偿直接经济损失，缺乏法律依据。《中华人民共和国民法通则》第142条第2款规定："中华人民共和国缔结或者参加的国际条约同中华人民共和国民事法律有不同规定的，适用国际条约的规定，但中华人民共和国声明保留的条款除外。"《华沙公约》和《海牙议定书》，我国政府均已加入和批准。该议定书第11条第2项关于"在运载登记的行李和载运货物时，承运人的责任以每千克250法郎为限，除非旅客或托运人在交运包件时，曾特别声明在目的地交付时的利益并缴付必要的附加费"和"如登记的行李或货物的一部分或行李、货物中的任何物件发生遗失、损坏或延误，用于决定承运人责任限额的重量，仅为该一包件或该数包件的总重量"的规定，在被告运单背面书写明确，故应视为原告和被告双方均接受上述规定，被告应按《海牙议定书》规定的承运人最高责任限额赔偿原告经济损失。标书运单上填写总重量为8千克。据此，该院于1995年9月18日判决如下：

一、被告UPS公司自判决生效后10日内一次赔偿原告经济损失2 000法郎（折合12 695.47元人民币）。

二、原告其他诉讼请求不予支持。

第8章 航空物流组织

第一审判决宣判后，原告和被告均未提出上诉，被告已履行了判决。

——摘自百度文库(http：//wenku.baidu.com/view/0a05634fe518964bcf847cec.html)

问题：

（1）本案中的托运人和承运人分别是谁？

（2）法院为什么判决 UPS 公司赔偿原告经济损失 2 000 法郎？

第 9 章　航空物流控制

【本章教学要点】

- 了解航空物流的成本控制和质量控制的意义；
- 掌握航空物流成本及其构成，以及航空物流成本控制方法；
- 掌握航空物流质量管理的基本原则，以及提高航空物流服务质量的方法。

【知识架构】

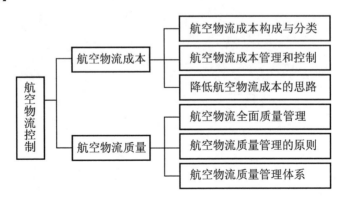

第9章 航空物流控制

> **导入案例**
>
> 美国西南航空公司的低成本战略。1968年,克莱尔和同伴在美国得克萨斯州成立西南航空公司,他们仅有56万美元,经营达拉斯、休斯敦和圣安东尼奥的短程航运业务,要在美国强手如林、竞争残酷的航空界生存和发展,难比登天。但是,西南航空公司的成功是有目共睹的。到1991年,它的营业收入达到13亿美元,虽然比不上美国最大的4家航空公司(美国航空公司、三角航空公司、联合航空公司和西北航空公司),但利润却超过了它们。1992年,西南航空营业收入又增长了25%。而1991—1992年美国航空业总亏损80亿美元,有3家大的航空公司破产倒闭。西南航空公司成功的秘诀是什么?是低成本战略!克莱尔选择了低成本作为公司的经营战略。短航线、低价格、航班服务简单朴实、员工高效及归属感等一系列举措,使美国西南航的低价竞争战略得以实现,成为其他企业无法模仿的核心竞争力。
>
> ——摘自美国西南航空公司战略管理案例(http://bbs.mbahome.com/viewthrea D.php?tid=35217)

9.1 航空物流成本

【拓展视频】

9.1.1 航空物流成本概述

1. 航空物流成本的含义

航空物流成本是产品在实物运动过程中,如包装、装卸搬运、运输、储存、流通加工、航空物流信息等各个环节所支出的人力、财力、物力的总和,主要由人工费用、作业消耗、物品损耗、利息支出、管理费用等组成。

2. 航空物流成本的构成

航空公司的显性成本在我国民航现行会计科目中,主要包括运输成本、销售费用、管理费用和财务费用,而隐性成本则是在相关财务报表上很难直接捕捉到的,却又在实际运营中占据着较大份额的费用。根据当前较为科学的研究,可以将决策成本、文化成本、飞机维修的可靠性成本、文件资料处理和管理制度成本等成本定义为隐性成本。然而,为了便于在实际操作过程中,特别是在财务成本上更直接地控制,又可以将航空物流成本构成主要分为航空燃油的成本,飞机拥有及维修成本,人员成本,机场、营业部、仓储基础建设投资的成本,航线结构成本和机队结构成本。

【拓展案例】

(1)航空燃油的成本。

航空燃油消耗是航空运输企业主要的成本构成要素,一般来说它随油价的变化而变化,由于国内航油供应体制具有高度垄断性的特点和近年世界范围内燃油价格上升,目前国内航油成本占航空公司总成本支出的30%左右。

（2）飞机拥有及维修成本。

飞机拥有成本包括对飞机所有权及使用权的成本。从机队的角度来分析，飞机维修成本被分为直接维修成本和非直接维修成本。直接维修成本包括针对机身、发动机和部件维修所需的人力成本和材料成本。非直接维修成本主要包括和行政管理、工程系统管理、质量控制等相关的管理成本，以及包括和工具、设备和厂房相关的成本。

（3）人员成本。

为了以最低的物流成本达到客户所满意的服务水平，在对物流活动进行计划、组织、协调与控制的过程中所花费的成本，如进行有关航空物流活动产生的差旅费、办公费、从事航空物流工作人员的工资、奖金及各种形式的补贴等都可以划归到人员成本中。根据2017年南方航空的财务报告显示，其职工薪酬成本为178.78亿元人民币，约占总成本的16%。

（4）机场、营业部、仓储基础建设投资的成本。

为了招揽业务，各航空公司在每个城市都开设或大或小的营业部，而营业部的开设会带来一连串成本的支出，如航空公司本部售票处和派驻国内外销售机构人员的工资、福利费、制服费、业务费、广告费、运输费、保险费、租赁费、票证印刷费、驻外交际费、差旅费、办公费、水电费，以及设备折旧费、维修费等。

（5）航线结构成本和机队结构成本。

航线、飞机是航空公司进行运输生产的最重要的资源，因此机队规划和航线规划是航空公司重要的战略决策之一。目前我国航空公司以大中型飞机居多，但中长航程的航线较少，而较小型飞机的折旧费用和维修费用都较高，使得利润率低下，因此造成大型飞机飞中短程航线，导致资源极大的浪费。同时我国大部分航空公司机型繁多，这使得资金和技术分散，维修费用也大幅增加，同时因为进口零部件的双重收费，也使得中国民航公司成本增加。

3. 航空物流成本的分类

（1）按照成本的可控程度分为可控成本和不可控成本。

可控成本主要是指人们可以通过一定的方法使其按照所希望的状态发展的成本，分高度可控成本和不可控成本。

航空公司的不可控成本是指在相关范围内，与航空公司非可控因素相关的成本费用。如与非航空公司可控的航油价格相关的航空油料消耗，与航空公司非可控的购买飞机关税和增值税相关的飞机、发动机折旧费，经营性租赁费，高价周转件摊销，飞机发动机保险费，国内外机场起降服务费，电脑订座费等。

航空公司的可控成本是指在相关范围内，与航空公司的经营管理相关的成本费用。如工资、奖金、津贴和补贴、福利费、制服费、国内国际航线餐饮供应品费、飞行训练费、客舱服务费、其他直接和间接的运营费，以及管理费用、财务费用、销售费用中的很大一部分。

(2) 按照成本的变动特性分为固定成本和变动成本。

固定成本指成本总额相对稳定、不受业务量的变化影响的成本,如主营业务成本中的空地勤人员工资、奖金、津贴及补贴(固定发放部分),以及计提的福利费、空地勤制服费、高价周转件摊销、飞机发动机折旧费、飞机发动机大修费、飞机发动机保险费、经营租赁费(指以月为计算单位的经营性租赁费,如果租赁协议中签订的租赁协议按飞行小时计收,则将其列入变动运输成本)、飞行训练费、其他固定发生的直接营运费、间接营运费。销售费用中除航空公司支付给代理人费用之外的全部费用外,还包括航空公司本部售票处和派驻国内外销售机构人员的工资、福利费、制服费、业务费、广告费、运输费、保险费、租赁费、票证印刷费、驻外交际费、差旅费,以及管理费用和财务费用等。

变动成本很大程度上是随着业务量变化而变化的,它是承载货物所发生的费用,包括仓储包装、装卸、配载等费用,如航空油料消耗、航材消耗件消耗、国内外机场起降服务费、国内国际航线餐饮及供应品费、电脑订座费、销售代理手续费和飞行小时费等。

(3) 按照成本的支出方式分为航空物流成本和航空委托物流成本。

航空物流成本是指航空企业为其内部的航空物流活动支付的航空物流费用,如空地勤人员工资、奖金、津贴及补贴、福利费、制服费、航空油料消耗、航材消耗件消耗、高价周转件摊销、飞机发动机折旧费、飞机发动机修理费、飞机发动机保险费、经营租赁费、国内外机场起降服务费、国内外餐饮供应品费、飞行训练费、客舱服务费、行李货物邮件赔偿、其他直接营运费。航空委托物流成本是指企业将航空物流作业委托给他人所支付的航空物流费用,如对代理方使用委托方的货运单办理销售业务,委托方向代理方支付代理手续费,委托方根据国家有关部门的规定,以及代理方销售业绩、工作质量、航空货源、货运价等情况的变化,有权在国家规定的范围内,不需经代理方的同意,调整向代理方支付代理手续费的费率,代理方愿意接受委托方调整后的费率。

9.1.2 航空物流成本的管理和控制

完整的物流成本应包括从原材料供应开始,直到商品送达消费者的全部物流费用。由于物料、生产、商流等纵横交错,因此很难按照物流成本的本意完整地计算物流成本,应用企业会计的费用项目计算的物流成本,一般只能反映物流成本的一部分,大部分还隐藏在其他费用项目之中。物流问题应引起企业经营管理者的高度重视,物流管理的本质要求就是求实效,即以最少的消耗,实现最优的服务,达到最佳的经济效益。

1. 航空物流成本管理

(1) 航空物流成本管理的含义。

航空物流成本管理是指有关航空物流成本方面的一切管理工作的总称。具体是指在从航空物流系统的设计直至航空物流结算的全过程中，对航空物流成本的形成进行有效的计划、组织、监督和调控。成本过高是我国民航业经营的主要问题。成本过高会使航空物流价格过高，从而使民航业市场份额和营业收入偏低。因此，我国对航空物流成本加强管理和控制势在必行。

（2）航空物流成本管理的目的。

企业物流管理的目的就是降低物流总成本，寻求降低物流总成本和增强企业竞争优势的有效途径。物流成本已经成为企业应对市场竞争和维护客户关系的重要战略决策资源，对物流成本的研究就是为了掌控这一战略资源。欧洲某专业机构的一项调查结果显示：在采购过程中通过价格谈判降低成本的幅度一般在3%～5%；通过采购市场调研比较，优化供应商平均可降低成本3%～10%；通过发展伙伴型供应商并对供应商进行综合改进可降低成本10%～25%，而供应商早期参与产品开发成本降低可达10%～50%。因此，航空物流企业应当运用系统化的方法，对物流成本进行控制，优化物流过程，完善物流途径，再造业务流程，恰当选择物流模式，在降低成本与提高和满足服务之间寻求平衡点，在满足甚至高于客户要求服务水平的基础上寻求降低成本的方法。

（3）航空物流成本管理的意义。

航空物流成本管理的意义在于，通过对航空物流成本的有效把控，利用物流要素之间的效益背反关系，科学、合理地组织物流活动，加强对物流活动过程中费用支出的有效控制，降低物流活动中的物化劳动和活劳动的消耗，从而达到降低物流总成本、提高企业和社会经济效益的目的。

2. 航空物流成本控制

控制是利用使系统能达到预期目标的一切手段来调节系统。物流成本控制，就是在物流过程中对物流成本形成的各种因素和形成条件按事先拟定的标准严格加以监督，发现偏差及时采取措施加以纠正，从而使物流过程中的各项资源的消耗和费用开支限制在标准规定的范围之内。物流成本控制的最终目的是降低物流企业的成本。

（1）运输费用控制。

【拓展案例】

航空燃油消耗是航空运输企业主要的成本构成要素，一般随油价的变化而变化。近年来，随着世界范围内燃油价格上升，国内航油成本占到航空公司总成本支出35%以上，已成为航空公司成本支出中最大的一项。同时，航油成本在航空运输企业成本构成要素中属于直接变动成本，与飞行时间高度相关，降低航油成本可直接降低航线保本点客座率和载运率，是航空运输企业控制成本、获取最大收益的重要环节。

加强运输的经济核算必须根据航线需要，认真分析，慎重决策，尽可能优化航线的布局。如采取轮辐式航线网络，因为该网络效率最高，飞机载运率大大提高，航空公司可以利用规模经济降低成本，提高飞机的利用率。尽可能选择同类节油型飞机，降低飞机运营成本，如东方航空公司安徽分公司现执管MD-90型飞机，比原来执管的MD-82

型飞机性能优越，每小时节约油耗350升，每年节约航油成本约2 000万元。

防止运输过程中的差错事故必须做到信息共享，尽可能减少非运输飞行时间。随着计算机网络系统在企业管理中的运用，航空公司生产经营各部门达到信息共享，可以同时将飞行保障、机务维护、商务信息以及航线损益资料加以综合分析利用，合理调度航班生产，从而大大提高了企业生产决策的科学性，最大限度地减少不创造收益的非运输飞行时间。

（2）储存费用的控制。

储存费用是指物质在储存过程中所需的费用。在企业经营过程的各个环节都存在储存，也就是说在企业的采购、生产、销售和售后服务过程中都存在储存。储存可以将各个环节联系起来，起到调节和润滑的作用。储存的原则是储存多、进出快、保管好、损耗小、费用省、保安全。储存多是指单位库房面积储存货物的数量合适，尽量提高仓库的利用率。进出快是指货物验收入库和出库要迅速、及时，方便用户，满足需要。保管好是指在库的物品数量要准确，质量要完好，养护要科学。损耗小是指要尽量地避免和减少在库货品的自然损耗和因工作失误而造成的损失。费用省是指要尽量节约仓库保管费等各项储存费用支出，努力降低保管费。保安全是指保证仓库设备、货物和人员的安全，防止发生火灾等一切灾害事故。

为提高航空物流周转的速度，必须加强仓储各种费用的核算和管理，降低储存费用。仓储成本的控制点在于简化出入库手续，提高仓库的有效利用和缩短储存时间等。控制方式主要有强化仓储各种费用的核算和管理。采用现代化的管理手段，使仓储管理信息系统形成严格的科学体系，操作上以作业机械设备为基础，采用条形码识别系统，减少工作人员的工作量和工作误差，提高工作效率。

（3）装卸搬运费用的控制。

任何商品，无论处于何种状态，只要对它进行包装、入库、运输、储存保管、配送或流通加工时，都需要搬运作业。装卸搬运是物流各环节的结合部，是连接储运的纽带，它贯穿物流的全过程。物品从生产到消费的流动过程中，装卸搬运作业是不可缺少的。装卸搬运并不直接创造价值，但装卸搬运的好坏影响着物流成本。因此，装卸搬运是物流系统的构成要素之一，是为采购、配送、运输和保管的需要而进行的作业。合理装卸搬运是提高物流效率的重要手段之一。

对装卸搬运费用的控制方式有：对装卸搬运设备的合理选择，根据企业生产、销售发展计划，分析使用不同搬运设备的成本差异，结合财务状况确定选用人力、半机械化、机械化、半自动化、自动化搬运设备；防止机械设备的无效作业、合理规划装卸方式和装卸作业过程，如减少装卸次数、缩短操作距离、提高被装卸物资纯度、消除无效搬运等。

（4）包装费用控制。

包装是指为了在流通过程中保护产品、方便储运、促进销售，按一定技术方法而采用的容器、材料和辅助物的总体名称。包装可分为商品包装和工

【拓展案例】

业包装。商品包装的目的是便于消费者购买，也有利于在消费地点按单位把商品分开销售，并能显示商品特点，吸引购买者的注意，以扩大商品的销售。据统计，多数物品的包装费用约占全部物流费用的10%，有些商品特别是生活用品，包装费用高达50%。包装合理化关系到物流的效益和成本，应注意以下3个方面。

① 从物流总体角度出发，用科学方法确定最优包装。包装合理化不但是包装本身合理与否的问题，而且是整个物流合理化前提下的包装合理化。装卸是影响包装的第一个因素，不同装卸方法要采用不同包装。例如，目前我国铁路运输，特别是汽车运输，还大多采用手工装卸，装卸人员专业素养较低，作业不规范会直接导致商品损失。另外，包装的外形和尺寸要适合人工操作。因此，引进装卸技术、提高装卸人员专业素养、规范装卸作业标准等都会相应地促进包装、物流的合理化。保管是影响包装的第二个因素。在确定包装时，应根据不同的保管条件和方式而采用与之相适合的包装。运输是影响包装的第三个因素。不同的运送方式对包装有着不同的要求和影响。另外，输送距离的长短、道路情况等，对包装也有影响。

② 防止包装不足和包装过剩。由于包装强度、材料不足等因素所造成的商品在流通过程中发生的损耗不可低估。我国每年因此而引起的损失高达100亿元以上。另外，由于包装物强度设计过高，保护材料选择不当而造成包装过剩，必将造成物流成本的升高。这一点在发达国家表现尤为突出。

③ 不断改进包装，以适应现代物流标准，适应国际市场的要求。改进包装主要是朝采用单元货载系统化、包装大型化、包装机械化、节省资源的包装与拆装后的废弃物处理必须和社会系统相适应几个方面发展。

总之，选择包装材料时必须进行经济分析，运用成本核算降低包装费用，如包装的回收和旧包装的再利用，实现包装尺寸的标准化和包装作业的机械化，有条件时组织散装航空物流等。

（5）流通加工费用的控制。

流通加工是指产品从生产领域向消费领域的运动过程中，为了促进销售，提高物流效率，在保证产品使用价值不发生改变的前提下，对产品进行的加工。流通加工是一种辅助性的加工。流通加工的内容包括装袋、定量化小包装、挂牌、贴标签、配货、挑选、混装、刷标记、剪断、打孔、折弯、拉拔、挑扣、组装、配套以及混凝土搅拌等。有的流通加工通过改变装潢便能提升商品档次而充分实现其价值，有的将大综商品换成小包装而方便消费者，有的流通加工可使产品利用率提高20%～50%。可见流通加工是一种低投入、高产出的加工方式，往往通过这种简单的加工解决了大问题。对于流通加工费用的控制，必须把握以下几点。

① 提高原材料利用率。利用流通加工将生产厂直接运来的简单规格产品，按照使用部门的要求进行集中下料。例如，将钢板进行剪板、切裁；钢筋或圆钢裁制成毛坯；木材加工成各种长度及大小的板、方等。集中下料可以优材优用、小材大用、合理套裁，有很好的技术经济效果。例如，北京、济南、丹东等城市对平板玻璃进行流通加工（集

中裁制、开片供应），使玻璃的利用率从60%提高到85%～95%。

② 进行初级加工，方便用户。对于用量小或临时生产需要产品的用户，因缺乏进行高效率初级加工的能力，依靠流通加工便可使这些用户省去进行初级加工的投资、设备及人力，从而搞活供应，方便了用户。目前发展较快的初级加工有将水泥加工成生混凝土，将原木或板方材加工成门窗，冷拉钢筋及冲制异型零件，钢板预处理、整形、打孔等加工。

③ 提高加工效率及设备利用率。物流企业建立集中加工点后，有效率高、技术先进、加工量大的专门机具和设备，开展流通加工可提高加工效率及设备利用率。

9.1.3 降低航空物流成本的思路

1. 通过供应链管理，提高服务质量

从整个流通过程看，控制航空物流成本不单是企业自身的事，还应该考虑降低从产品制造到最终用户整条供应链全过程的物流成本。物流管理水平的高低是影响物流成本的最直接因素。虽然管理本身不直接产生效益，但有效的管理可使各环节的工作质量得到提高，从而提升物流服务质量，物流服务的效率也随之增加。在具体实施过程中，采用岗位责任制的方法，加强经济核算，对原材料消耗、资金、人员、物流各个环节的支出等层层分解，实行目标管理。在供应链条件下，仅企业自身的航空物流具有效率化是不够的，还需要协调其他企业以及顾客、运输业者之间的关系，实现整个供应链活动的效率化。

2. 构筑物流信息系统，提高物流的劳动生产率

物流信息系统主要是指以计算机为工具，对物流信息进行收集、存储、检索、加工和传递的人机交互系统。物流信息系统具备交易处理、管理控制、决策分析、制订战略计划等基本功能。

现代物流需要大量的信息，靠人工无法实现有效的信息处理，而且人工信息处理既费时又易造成错误。所以，越来越多的企业开始应用信息技术，建立物流信息系统，实时、精确、高效率地完成对信息的处理，明显提高了企业物流的反应能力，降低了生产成本，提高了企业的经济效益。

3. 通过效率化的配送，扩大物流量

物流成本大体可分为可变成本和固定成本两部分。前者包括运输费、包装费、保管费等，它们随着物流量的扩大而增大。后者包括工资、固定资产折旧费、管理费用等，它们不随物流量的变化而变化，其绝对值通常保持不变或变化较小。伴随配送产生的成本费用要尽可能降低，特别是近年来多频度、小单位配送的发展，更要求企业采用效率化的配送方式。一般来讲，企业要实现效率化的配送，就必须重视配车计划管理、提高装载率以及车辆运行管理。当物流速度加快时，虽然可变成本也增加了，但其幅度小于物流量增加幅度，而固定成本部分则与物流量成反比，即物流速度越快，物流量越大，单位物流量的固定成本越小。

4. 采用合理的物流技术，减少中间环节

采用先进、合理的物流技术是减少物流成本的根本性措施。它不仅可以不断提高物流速度，增加物流量，而且可以大大减少物流损失。先进、合理的装卸、运输机械、集装箱、托盘技术的推广，科学、合理的运输路线，减少库存点，维持合理的库存等都对减少物流成本具有十分重要的影响。例如，运用运输工具的标准化及运输管理的统一化，能减少商品周转、转载过程中的费用和损失，并大大缩短商品在途时间。

商品从生产者到消费者手中要经过许多环节，这些环节越多，物流成本就越高。减少物流过程的中间环节，是减少物流成本的一个重要方面。物流渠道的选择与设计必须根据商品的特性和消费者分布状态，尽可能地直达供货，减少中间环节。

广州德信物流有限公司降低空运成本之道

广州德信物流有限公司成立于2003年，是一家以航空货运为主营业务的空运物流公司。为了更好地节约货主的航空货运成本，提高货物到达的准点率，广州德信物流有限公司与中国国际航空公司进行了多方面接触，从深处去挖掘双方资源。现广州德信物流有限公司在广州到北京、天津、成都、重庆、贵阳等地空运航线上有更多包舱，这势必将使货物从广州空运到以上几个城市的空运价格降低。另外，公司针对很多货主在"货到付款"运输时，反映货到目的地需加收除机场地面费之外的代理费用，公司将在部分航线上简化流程，收货方可以在机场直接提货，货主只需交纳空运费用及机场地面费(0.2～0.3元/千克)就可以了(有些机场是按件数来收取，德信则通过使用大纤维袋包装来减少件数)，从根本上降低了货主的物流成本。

——摘自广州德信物流有限公司网站(http：//gzdxwl.cn/_ d273065272.htm)

9.2　航空物流质量

9.2.1　航空物流企业全面质量管理概述

【拓展知识】

全面质量管理是一种现代的科学管理方法，是从市场调查到销售服务的整个过程进行质量管理，依靠科学的理论、程序、方法和手段，把航空运输企业的生产、工作的全过程和全体职工都纳入质量第一的轨道，其质量特性主要表现为安全、及时、服务周到和经济，而且比其他物流部门有更高的要求。

1. 航空物流企业全面质量管理的要求

航空物流企业全面质量管理的基本要求如下。

① 教育全体职工树立"人民航空为人民"的思想,增强质量意识和竞争意识。

② 坚持"保证安全第一""以预防为主"的方针,进一步建立健全安全保证体系,确保空中和地面安全。

③ 运用全面质量管理的方法,结合专业技术,控制影响物流质量的各种因素。

④ 对运输质量进行定期的技术经济分析,提出改进措施。

⑤ 开展对客户的质量需求和服务质量改进分析,不断提高物流质量。

⑥ 掌握国家经济建设和人民生活的需要,了解国内外航空物流企业质量管理方法和水平,制订质量改进计划,改进和完善质量管理工作。

⑦ 航空物流企业推行全面质量管理,要与深化航空物流企业改革、开展双增双节、推进技术进步和组织航空物流企业升级活动等有机地结合起来。

2. 全面质量管理基础工作

全面质量管理的基础工作主要包括标准化、计量、定员定额、质量信息和质量责任制等。

标准化和计量是质量管理的重要基础,是衡量产品质量和工作质量的尺度。航空运输企业要根据国家和民航局的规定,建立标准化和计量管理制度,严格执行国家和民航局颁发的标准,逐步建立起包括技术标准、工作标准和管理标准在内的航空运输企业标准化系统。要按照国家的有关规定和民航局的要求,逐步完善各项计量、检测手段,完成计量的定级、升级任务。

要制定定员定额的管理制度,并严格管理。

要建立信息管理制度,切实加强原始记录和信息管理,严格进行质量信息收集、反馈和分析处理。

要在建立包括领导干部在内的岗位责任制的基础上,明确规定所属部门、单位、岗位在质量管理中的具体任务、责任和权限,形成严密、有效的质量责任制和考核制度。

9.2.2 航空物流质量管理的原则

2000 版 ISO 9000 族标准新增加的一个非常重要的内容就是 8 项质量管理原则。它是新标准的理论基础,又是组织领导者进行质量管理的基本原则,对航空物流质量管理起着重要的指导作用。

1. 以顾客为关注焦点(中心)

顾客是"接收产品的组织或个人",包括消费者、委托人、最终使用者、零售商、受益者和采购方、制造商、批发商、产品零售商或商贩、服务或信息的提供方等。"以顾客为关注焦点",本质是以顾客的需求为关注焦点。顾客的要求是顾客需求的反映,包括明示的(明确表达的)、通常隐含的(虽然没有提出,但可以理解,双方有默契的)和应履行的（例如法律法规规定的）。组织应理解顾客当前的和未来的需求，满足顾客的要求并争取超越顾客的期望。顾客是每一个组织存在的基础，顾客的要求是第一位的，组织应调查和研究顾客的需求和期望，并把它转化为质量要求，采取有效的措施使其实现。这个指导思想不仅领导要明确，还要在全体职工中贯彻。

伴随着贸易全球化进程的推进以及我国航空运输业的快速发展，航空物流产业正呈现出迅猛发展的态势。与此同时，航空物流市场竞争日趋激烈，市场需求方即客户所追求的价值出现了一系列新的特征。客户资源是航空物流企业最终实现交易并获得现金流入的唯一入口，是实现企业利润的唯一来源，是企业生存的基础。在此背景下，"以顾客为关注焦点"显得更为重要。在交易前航空物流企业必须及时满足客户需求；在交易中航空物流企业必须重视下订单的方便性、订单满足率、订单处理时间、平均运送时间、货损率、按时交货率、订单跟踪、灵活性等要素；在交易后重视订单完成率、退货或调换率、客户投诉率、客户投诉处理时间等因素，这些都是以顾客为关注焦点的反映。

2. 领导作用

按 2000 版 ISO 9000 族标准的规定，领导的作用主要是创造全员参与实现组织目标的环境。这里的"环境"指一般的工作环境和人文环境。因此领导要掌握有关质量的法律法规、质量成本的基本知识、质量管理的基本原则、质量管理体系及其审核。

现在，许多航空物流企业面临诸如人员服务意识不强、增值服务少、效率不高、配送时间较长、支出较高、成本控制能力不足等问题。作为航空物流公司，在发挥领导作用方面必须建立质量方针和质量目标，确保关注顾客要求，建立和实施有效的质量管理体系，确保应有的资源，并随时将组织运行的结果与目标比较，根据情况决定实现质量、目标的措施，以及持续改进的措施。在领导作风上还要做到透明、务实和以身作则。

3. 全员参与

产品质量是组织各个环节、各个部门全部工作的综合反映。任何一个环节、任何一个人的工作质量都会不同程度地、直接或间接地影响产品质量。因此，应把所有人员的积极性和创造性都充分地调动起来，不断提高人员素质，使人人关心产品质量，人人做好本职工作，全体参与质量管理。只有全体职工充分参与，才能使他们的才干为组织带来最大的收益。所以要对职工进行质量意识、职业道德、以顾客为中心意识和敬业精神的教育，还要激发他们的积极性和责任感。经过全体人员的共同努力，才能生产出顾客满意的产品。

航空物流企业强调全员参与，即必须让每个员工参与质量管理，关心产品质量。必须让每个员工参与组织的各项管理活动，使他们与组织更加紧密地联系在一起，对组织产生认同感，从而热爱组织，使组织内部更加团结。而航空物流企业组织必须正确对待所有的员工，把员工视为组织最宝贵的财富，必须敞开员工参与的渠道，使员工能够将自己的意见和建议及时向有关领导或管理人员反映。必须给员工参与的机会，必须开展形式多样的群众性质量管理活动，例如质量自检、互检活动、QC 小组活动等。

4. 过程方法

2000 版 ISO 9000 族标准强调鼓励采用过程方法管理组织："本标准鼓励在奖励、实施质量鼓励体系以及改进其有效性和效率时，采用过程方法"。过程方法实际上是对过程网络的一种管理办法，它要求组织系统地识别并管理所采用的过程及过程的相互作用。过程方法的原则不仅适用于某些简单的过程，也适用于由许多过程构成的过程网络。

航空物流企业从事以空中货物位移为主的、衔接和参与陆运物流和水运物流的综合性物流服务，涉及运输、储存、装卸搬运、包装、流通加工、配送、信息处理等过程，具有快速、安全、准时的特点，同时又有分区域制定统一费率，按照不同重量等级、不同货物制定不同费率的特点。采用过程方法的原则要求航空物流企业简化过程，按优先次序排列过程，制定并执行，严格职责、关注接口、进行控制、改进过程，领导要不断改进工作的过程。

5. 管理的系统方法

针对设定的目标，识别、理解并管理一个由相互关联的过程所组成的体系，有助于提高组织的有效性和效率。这种建立和实施质量管理体系的方法，既可用于新建体系，也可用于对现有体系的改进。

中国的航空物流企业资源整合水平较低并且业务网络布局速度慢，尤其是海外网点建设的速度更慢，因此贯彻管理的系统方法原则是必须为质量管理设定方针目标，建立相应的组织机构，形成管理的组织体系，对质量管理体系进行系统管理，注意从根本上解决问题，不断考虑组织新的目标或新的发展战略。

6. 持续的质量改进

持续的质量改进是组织永恒的目标。特别是在当今世界，质量改进更是组织生命力所在，不能荒废。在质量管理体系中，改进指产品质量、过程及体系有效性和效率的提高，持续改进包括了解现状，建立目标，寻找、评价和实施解决办法，测量、验证和分析结果等活动。持续改进的根本目的是满足内部和外部顾客的需要，是针对过程进行的，其目的是提高过程的效率或效果，不断寻求改进的机会，而不是等出现问题再去找机会。

航空物流企业既不是传统意义上的航空货运企业，也不是一般人简单理解的传统航空货运服务的延伸，它是现代信息时代的新兴行业，其运营模式是以信息技术为基础，以客户需求为中心，结合生产企业的供应链管理，配合生产厂商设计出以"一站式""门到门"服务为特征的一体化物流解决方案，为客户企业提供原料和产品的供应、生产、运输、仓储、销售等环节结合成有机整体的、优质高效的个性化综合物流服务。据调查，50% 以上的客户对物流服务不满意，而且大多都在酝酿更换物流服务商。因此，

【拓展知识】

持续改善质量不仅可以提高产品的服务质量，降低成本，改进与顾客、供方、员工、所有者和社会包括政府的关系，促进相互的沟通，而且可以清除工作场所的障碍，提高组织的竞争力，为员工做贡献、求进步、争先进创造机遇，从而形成新的组织文化，提高经济效益。

7. 基于事实的决策方法

对数据和信息的逻辑分析或直觉判断是有效决策的基础。以事实为依据做决策，可防止决策失误。在对信息和资料做科学分析时，统计技术是最重要的工具之一。统计技术可用来测量、分析和说明产品和过程的变异性，可以为持续改进决策提供依据。

【拓展知识】

物流企业在做出各种决策时，必须在适当的信息和数据来源基础上，持正确的态度进行科学分析，对决策进行评价并进行必要的修正。

8. 与供方互利的关系

通过互利的关系，增强组织及其供方创造价值的能力。供方提供的产品将对组织向顾客提供满意的产品产生重要影响，因此处理好与供方的关系，影响到组织能否持续稳定地提供顾客满意的产品。对供方不能只讲控制不讲合作互利，特别对关键供方，更要建立互利关系，这对组织和供方都有利。

航空物流企业必须选择数量合适的供方，进行双向沟通，或者对供方提供的产品进行监视，鼓励供方实施持续的质量改进并参与联合改进，共同确定发展战略。比如为其他企业提供物流解决方案或以外包合同的形式提供企业物流运作管理，包括流程、设施、人员及信息系统，涉及的物流模块包括订单计划管理、运输需求管理、仓储配送管理及反向物流管理。

9.2.3 航空物流质量管理体系

1. 航空物流质量管理手册

质量手册是企业质量管理的纲领性文件，是企业内部的质量法规，包括质量方针，影响质量的管理，执行、验证或评审工作的人员职责、权限和相互关系，质量体系程序和说明，关于手册评审、修改和控制的规定等。航空物流质量管理手册的目的在于对记录进行有效控制和管理，以保证提供的服务符合规定的要求，也是质量管理体系有效运行的客观证据，为验证和制定纠正措施和预防措施提供依据。

2. 航空物流质量管理规范和质量计划

评价标准是物流企业绩效评价的标尺，是判断物流企业绩效优劣的基准，这是为避免主观随意性考核绩效不可缺少的条件。物流企业在对绩效进行衡量时，可以结合自身的情况综合制定符合本企业的基本标准、历史标准、行业标准、顾客标准等。

3. 航空物流服务规范

国内航空物流行业至今尚无比较完善的可操作体系，如全国各航空公司对托运农产品、宠物之类的活物各有不同的标准,有的航空公司可以托运,有的不能托运,一旦出现托运宠物死亡的情况,不同航空公司的处理方法也不尽相同。在国外航空物流业纷纷进入中国市场的当下,建立健全适合中国国情的航空物流操作规程,为国内各空港及相关企业提供行业规范和准则,就显得格外重要。目前,中国民航局已经出台了一些航空物流服务规范,比如《航空货运销售代理人服务规范》(2012)、《集运货物国内航空运输规范》(2012)、《艺术品及博物馆展(藏)品航空运输规范》(2012)、《国内航空货运单规范》(2013)和《货物航空冷链运输规范》(2014)等标准和规范。航空物流服务规范对涉及航空物流各个环节的职责、工作程序等予以量化明确,细致到交货到机场的截止时间、集装箱的尺寸等。

本 章 小 结

航空物流行业被誉为"21世纪最具发展潜力的行业"之一。在21世纪,谁掌握了物流和配送,谁就掌握了应对市场变化的法宝。物流管理是提高企业核心竞争力和经济效益的有效途径。航空物流在未来的几十年内将成为最具潜力和高收入的行业之一。通过本章的学习,了解航空物流的成本控制和质量控制相关内容,重点掌握航空物流成本及其构成,航空物流成本的管理和控制,以及航空物流质量管理的基本原则和提高的方法。

关键术语

顾客 Customer　　　　　　　　　　全面质量管理 Total Quality Control
固定成本 Fixed Cost　　　　　　　　燃油附加费 Fuel Surcharge
系统 System　　　　　　　　　　　仓储管理费 Inventory Management Fee
安全附加费 Security Surcharge　　　 按体积计算的运费 Measurement Freight

习　　题

一、判断题

1. 航空物流成本是可控成本。　　　　　　　　　　　　　　　　　　　(　　)
2. 与美国比较,我国航空物流成本中的人员成本偏低。　　　　　　　　(　　)
3. 航油成本已成为国内航空公司成本支出中最大的一项。　　　　　　　(　　)
4. 顾客的要求是第一位的,组织应调查和研究顾客的需求和期望,并把它转化为质量要求,采取有效措施使其实现。　　　　　　　　　　　　　　　　　　(　　)

5. 航空物流业是消费性服务业。 （ ）

二、选择题

1. 国内航油成本占到航空公司总成本支出的（   ）。
   A. 35%以上   B. 30%以上   C. 25%以上   D. 20%以上
2. 下列属于固定成本的是（   ）。
   A. 航空油料消耗   B. 飞机发动机折旧费
   C. 航材消耗件消耗   D. 国内外机场起降服务费
3. 全面质量管理的基础工作主要包括（   ）。
   A. 标准化   B. 计量
   C. 定员定额   D. 质量信息和质量责任制
4. 航空物流企业质量管理的纲领性文件是指（   ）。
   A. 质量计划   B. 航空物流服务规范
   C. 航空物流质量管理规范   D. 航空物流质量管理手册

三、简答题

1. 航空物流成本的构成要素有哪些？
2. 如何控制航空物流成本？
3. 航空物流质量管理的原则有哪些？
4. 航空物流质量管理的方法有哪些？

四、讨论题

一组3~4名同学。选择一家我国的航空物流公司，了解其是如何控制航空物流成本和提高航空物流质量的。

案例分析

新加坡航空：创新服务出效益

新加坡航空公司凭借高水准的服务品质与营运表现，先后获得了100多项国际大奖，成为国际上声誉最好的航空公司之一。在美国《财富》杂志评选的"全球最受赞赏的公司"中，新加坡航空公司被公认为亚洲客户满意度最高的航空公司。不仅如此，新加坡航空公司还是一家利润颇丰的公司，其中一个重要原因是它在保持高品质的同时，实现了成本控制最低化。

许多人认识新加坡是从新加坡航空公司开始的。航班上那充满人情味儿的人性化服务，那身着纱笼装洋溢着浓郁狮城风情的空姐，恐怕都会给人留下难以忘怀的印象。但是可能许多人并不知道，新加坡航空公司的空姐不仅是一个全球性的行销标识，而且还是国际航空业认知度最高的形象之一。正是凭借着这一认知度，使得新加坡航空公司在同行业激烈的竞争中占有更多的优势。1993年，新加坡航空公司空姐的蜡像入藏世界著名的伦敦杜莎夫人蜡像馆，从而成为馆藏中第一个商业人像。这不仅是新加坡航空公司（简称"新航"）的骄傲，更是全球航空业界的骄傲。

从"新航"空姐优雅、大方、周到、细致的甜美形象、卓越的服务和真挚的笑容中，你会真正体

第9章 航空物流控制

会到"新航"为什么会从航空业的激烈竞争中独占鳌头；你会体会到为什么"新航"能在专业公司对1 500万名旅客的问卷调查后，得到客舱服务、餐饮服务、机上娱乐，以及机场贵宾室等诸多项目评比的最高评价；你才会体会到"新航"如何能连续两年从群雄中胜出，登上全球最佳航空公司的宝座；你也才会明白，为什么人们往往把新加坡航空公司作为飞行的首选，即使它的机票比别的航空公司贵出许多。

"新航"每年都对大学生有一项求职意向的调查，以前大学生青睐的大多是银行或者是与金融有关的行业。而最近几年"新航"则一枝独秀，连续两年蝉联"首选雇主"。究其原因，就是"新航"所具有的卓越品牌和雄厚实力，以及应对经济不景气过程中的抗冲击能力，使大学生们看到了光明的职业前景和无限的发展机会。

1. 差异化战略降成本

近年来，国际航空产业不断经受着多重因素的打击，即使是在这样严峻的环境下，"新航"的表现也一直强于其他竞争对手。与整个行业相比，"新航"的利润一直高于行业内的其他竞争对手，显得极为突出。实际上，通过大量资金投入来提供卓越的客户服务似乎相对容易，但问题是如何在提供卓越服务的同时，保证低成本、高效益。也就是说，怎样才能保证"差异化优势与成本领先优势兼具"战略的最大效益化，这对一般企业来说，如同鱼和熊掌一样很难兼得。然而，"新航"在实现差异化战略优势的同时，却并没有以牺牲成本为代价。这主要得益于"新航"所具有的几个独特的战略优势，抵消了因为提供优质服务而造成的成本上涨。一是与竞争对手相比，"新航"的劳动力成本相对较低；二是"新航"飞行年限较短的机群不仅节省燃油，而且减少了维修费用；三是多元化、高效率的相关服务企业（维护、飞行餐、货运及机场服务）；四是先进的技术手段（通过电话、网络、短信形式办理登机手续）；五是公司内部的成本节约意识。

纵观"新航"的发展之路，不断提升适应市场的能力是其领先于业界同行的法宝。

虽然"新航"是新加坡的著名品牌，也是国家航空公司，但新加坡政府曾多次公开强调，政府不会保护"新航"，"新航"必须力求提高自身的竞争力，继续在日益激烈的国际民航业市场中打拼，使自己始终立于不败之地。

"新航"的成功之道，不是靠政府保护，而是靠自身的竞争力。"新航"的使命是致力于为国际运输提供最优秀的服务并且最大限度地回报股东与员工。尽管"新航"受益于有利的制度环境，但这并非其成功的全部原因。"新航"的成功，最终应该归结于其强大的战略、完美的执行和持续的警醒与调整。有人曾经说过："服务业的成功，往往不是前台的成功，更重要的是后台的成功，那就是你的理念、知识和技术支持系统，还有就是你的人——处于不同的服务环节所需的不同思想见识、教育背景、专业技能和职业态度的人。"

2. 不断提高客户满意度

面对国际市场上强大的竞争对手，"新航"从一开始就走上了一条与众不同的发展之路——低成本运作和提高客户满意度两者兼顾，由此带来高收益。

1965年，"新航"一成立，就面临开拓国际航线的巨大挑战，他们必须和强大的竞争对手争抢市场份额。当时的"新航"并没有什么政府补助，因为政府实在拿不出那么多钱，也没有任何银行贷款，因为所有的银行都不敢把贷款给他们。

但是，要真正做到这一点非常不容易，因为那些经营多年的老牌航空公司几乎占有了一切，而"新航"能做的唯一选择就是创新。当时，在其他航空公司的飞机上点饮料和葡萄酒，看电视剧和看电影都是要收费的，而在"新航"的飞机上则是免费的，公司还率先推出了"视频点播"服务。此外，"新航"还推出一种独特的民族差异化体验。比如乘务员的制服纱笼装，就充分体现了新加坡的民族特色，这种特色服装受到了很多外国人的喜欢，使乘务员形象几乎成了"新航"的品牌形象。

"新航"还在航机餐点设计及质量方面设有顾问团。新加坡航空公司国际烹饪顾问团成立于1998年，其成员均为全球各地知名的主厨，专为乘客设计国际水准的航空餐点。另外，"新航"的头等舱及公务舱的乘客，可以在出发前的24小时，享用"提前订餐"服务，从指定餐单中挑选美食。

新加坡航空公司将客户服务设计和发展当作一个严肃并需要系统处理的问题，所有举措都由服务发展部门反复研究并仔细测试后方可正式推出。他们并非在试验和犯错误的基础上不断改善服务，而是将决策建立在对消费者预期和认知的基础上进行研究。新航将这种方法叫作"全面创新"，因为它将常规的主要服务措施与持续的改善相结合。对消费者生活方式趋势和预期的持续研究，使"新航"的服务具有令乘客惊喜的突破性变化，而同时"新航"也努力以可负担的成本维持着乘客的满意度和忠诚度，从而实现了可持续发展。

例如在中国市场，"新航"还特别针对中国乘客的饮食消费习惯和多元化需求，打造了本土化的服务。自2018年7月推出了全新商务舱中式餐食"食全味美"。针对中国市场便捷的支付方式，"新航"先后开通支付宝、银联国际支付渠道，全面提升中国乘客的在线购票体验。此外，"新航"也在不断完善中国销售体系，打造多维度、高品质的用户接触平台。2016年12月，"新航"正式入驻阿里集团飞猪旅行，官方旗舰店上线运营，开放了全舱位、全航段机票销售。2018年4月，新航机上免税店KrisShop入驻携程全球购，成为首家与携程旅行网合作推出机上免税购物服务的航空公司。

"新航"不是第一家采用波音双向宽带网络接入服务的航空公司，当时的汉莎航空公司和北欧的航空公司都已经开始试用。但"新航"却在应用方式、内容和功能上力争做到"与众不同"，这在很大程度上决定着新创意的产生。任何创新提议都要按照消费者利益预期和成本预期进行仔细分析，制订稳固的商业计划，支持所有新推出的产品和服务。

在新加坡航空公司，每次开发新服务都要经过认真反复的试验，尽管产品创新部的主要工作是进行重大创新，但是它同样具有软性的创新机制。所有员工都有机会被选中参与一项叫作"未来工程"的活动，每年大约50名不同部门的经理集中到一起进行自由讨论，向投资委员会（由新加坡航空公司的几位副总裁组成）陈述自己的想法，得到认可的创意将获得发展资金的支持。与国际上其他航空公司相比较，像"新航"这样有独立的产品创新部门，并在服务的研究和创新中有这么严格把关措施的，可谓屈指可数。

"新航"的核心竞争力在于"低成本高效益的卓越服务"，这是由公司经营中的五大理念来实现的，即严谨的服务设计和开发、全面的创新、低成本高效益的理念、员工的全面发展，以及战略协同效应等。"低成本高效益的卓越服务"的核心竞争力及"追求卓越、安全、顾客第一、关心员工、正直、团队合作"的核心价值观已经深深地印入每个员工的心里，并在每个员工的行为和企业运作中得以体现。这也正是为什么在大多数航空公司勉强维持短期生存的情况下，"新航"却获得了无人能比的领先地位。

3. 对员工进行通才式培训

新航的人才观：招聘最合适的人才，留住最合适的人才，发展最合适的人才；激励机制：对员工工作的认可不一定通过金钱来体现。

在新加坡航空公司人力资源管理的背后，有五大必备要素：一是严格选拔和招聘员工；二是大力投资员工培训与再培训；三是塑造成功的服务团队；四是授权于一线员工；五是员工激励机制。

"新航"对机组人员的要求是必须"能够体察别人的感受"，所以在面试之后，通常只有大约4%的应征者会录用。同时，"新航"非常重视对一线员工的培训，新加入的空乘人员要接受4个月的强化训练班，飞行员要接受整整29个月的各种培训。而公司的每位主管也都经过相应的训练和轮岗，从市场部到创新产品部，再到工程部，这个过程一般都需要好几年，可以说，人人都是"通才"。

培训无疑是提供高质量客户服务的基本要素。"新航"的空姐要接受15周的训练，比该行业通常为期2个月的培训差不多要长一倍。培训不仅包括提供食品和饮料及安全培训等基本功，同时还包括人际沟通和个人气质，以及接待越来越挑剔的乘客的情感技能等。另外，为培养爱心和同情心，机组人员还会去福利院体验生活。

此外，"新航"还着力培养员工的团队精神和完善内部激励机制。在薪酬问题上，"新航"的奖金制度是以公司的业绩为依托，根据公司的利润发放奖金。也就是说，员工的奖金都是一样的，当公司业绩好的时候，大家都会得到几倍于平时的奖金，反之亦然。所以公司员工人人当先，齐心协力，不仅仅是为公司，也是为自己。

面对航空运输业存在的诸多不确定因素，"新航"总是能够获得丰厚的利润，并在保持卓越的客户服务与成本效益两个方面之间取得技巧性平衡的经验，确实值得各个航空公司学习和借鉴。

——改编自：陶杰. 新加坡航空：创新服务出效益［N］. 经济日报，2010年1月30日第006版.

问题：

(1) 新加坡航空公司成功的因素有哪些？该航空公司发展的动力和阻力分别是什么？

(2) 人力资源因素对于航空公司来说重点在哪里？如何激发人力资源的潜力和创新能力？

第10章 航空物流信息管理

【本章教学要点】

- 了解我国航空物流的信息化现状及发展趋势；
- 掌握航空物流信息系统应用中常见的技术手段；
- 熟悉航空物流信息系统的类型；
- 了解航空物流信息系统的开发原则与步骤。

【知识架构】

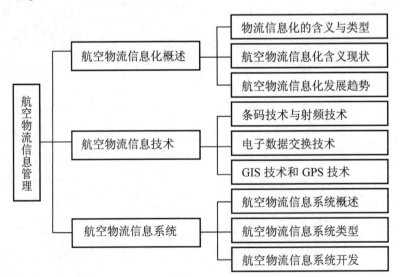

第 10 章 航空物流信息管理

导入案例

航空物流信息化因能实现航空物流各个环节的信息化管理，提高运作效率，降低运作成本，并为客户提供高效、准时、灵活、周到的服务，正逐渐成为许多航空物流企业的重点工作。20 世纪 90 年代，云南空港物流有限公司引入 FAST4 主机系统，在多年的运行中，该系统存在灵活性、适用性差等问题，不能很好地满足公司的发展需求。2004 年，云南空港物流有限公司抽调专业操作人员及专业信息技术人员组成软件开发小组，结合航空物流业的实际运作情况，自主研发了"航空物流信息系统 V1.0"，目的是通过信息化建设来提升企业的管理水平，从而提高企业的竞争力。该系统是针对航空货运代理类企业发展模式而设计的，提供客户管理、运价管理、仓储管理、进出港业务管理、配送管理、物流业务管理等多方面业务功能支持。

（1）系统设计遵从 Cargo 2000 的行业应用标准，支持第二级别的"门到门"分运单信息传递和相关服务，提供灵活的费用、费率计价模式，支持对复杂的运价管理和计算功能，实现企业的收入统计，通过灵活定义结算规则，实现企业对不同用户的结算、对上结算和对下结算。

（2）系统设计遵从航空物流进出港业务操作流程规范，能方便、有效、及时地处理系统业务。系统可以和 PDA 相连接，减轻工作人员负担，减少由于人工操作而造成的错误。可以和短信系统相连接，实时与客户进行沟通交流，有效跟踪货物情况。

（3）系统通过专门的应用安全控制子系统，对进入系统的所有用户授予不同的访问权限，从而确保整个系统应用和数据的安全。可以对不同层次的人员提供操作及管理支持，既支持基层业务人员利用系统进行规范化操作，提高业务效率，又支持管理人员利用系统进行业务监控和统计分析。

总之，系统设计用户界面简洁、易于操作维护；软件系统功能齐全、性价比高；系统扩展性好、易于升级；系统与其他系统之间的数据接口齐全并设计方便；支持数据交换，能够以新的管理思想带动公司的 ERP 建设；安全机制高。

该系统于当年投入使用，能够满足公司业务和管理的需要，具有较强的实效性和协同能力，便于公司决策者的分析、决策和发展的需要，在提高运作效率的同时为公司赢得了成本优势。

可见，航空物流信息化建设必须充分考虑航空物流企业的实际情况，只有这样才能大力助推航空物流企业的发展。

——柳家喜，李柯漫. 云南空港物流有限公司的信息化之路. 空运商务，2009(10)：28 - 30

10.1 航空物流信息化概述

【拓展知识】

10.1.1 物流信息化的含义与类型

1. 物流信息化的含义

物流信息化是企业信息化的表现形式之一。目前，学术界对企业信息化的定义尚未统一，不同学者从不同角度提出了各自的定义，但一般来说，企业信息化的定义包含 3 个方面的内容：一是通过应用信息技术、提高产品设计和生产过程的自动化程度；二是通过建立信息系统，优化企业决策、提高企业的管理水平；三是应用信息技术开发和利用企业的信息资源，提高企业的竞争力。

结合企业信息化的定义和物流的特点，可以对物流信息化作如下定义：物流信息化是指广泛采用现代信息技术，管理和集成物流信息，通过分析、控制物流信息和信息流来管理和控制物流、商流和资金流，提高物流运作的自动化程度和物流决策的水平，达到合理配置物流资源、降低物流成本、提高物流服务水平的目的。

2. 物流信息化的类型

物流信息化包括物流设备的信息化和物流管理的信息化两类。物流设备的信息化是指条形码、射频技术、全球卫星定位系统、地理信息系统、激光自动导向系统等信息技术和自动化设备在物流作业中的应用。物流管理信息化是指物流管理信息系统、物流决策支持系统等信息系统在物流中的应用。一般来说，物流设备的信息化是物流信息化的初步应用，物流管理的信息化则是物流信息化的主体和标志。

物流管理的信息化表现为物流信息的标准化、信息收集的自动化、信息加工的电子化和计算机化、信息传递的网络化和实时化、信息存储的数字化，以及由此带来的物流业务管理的自动化、物流决策的智能化。信息时代的来临引起了物流的运作和管理改变，如今的"物"在流动的背后隐藏着更多的信息流。通过信息技术监测、控制物流运作中的几乎一切物流活动，从客户资料取得和订单处理、物流信息处理，到物流信息传递，信息和信息流可以渗透到每一个物流活动中去。因此，物流信息系统的建立是物流管理信息化的主要内容。通过物流信息系统来监督、控制、分析商流、物流和信息流的运作，其中包括以下几个方面。

① 应用信息识别、采集、传输、加工和存储技术，对物流对象和物流运作的流程和管理信息进行收集和处理，实现物流信息管理的计算机化。

② 借助于信息系统，最大限度地将物流中的运输、仓储、包装、装卸、加工及配送等多个环节整合在一起，实现功能一体化。

③ 在各功能一体化的基础上，进行系统外部整合，实现供应链物流的信息共享和决策优化，并为客户提供全方位的物流解决方案。

④ 在物流信息整合的基础上实现诸如物流方案的拟定、物流过程的优化等决策支持。

在物流信息化的过程中，信息技术是实现现代化物流系统各项功能的工具，物流信息系统则是指挥、控制各种信息工具发挥作用的中枢神经系统。

10.1.2 航空物流信息化含义与我国航空物流信息化现状分析

1. 航空物流信息化的含义

航空物流信息化是以航空运输为主要运输形式，借助现代信息技术，连接供给主体和需求主体，使原材料、产成品从起点至终点及相关信息有效流动的全过程。它将运

第10章 航空物流信息管理

输、仓储、装卸、加工、整理、配送、信息等方面进行有机结合，形成完整的供应链，为用户提供多功能、一体化的综合性服务。随着经济全球化的进程，航空运输因其所具有的高速度、节约供应链运输总成本的优势，已成为全球经济持续增长和全球物流市场健康发展的推动力量。

2. 我国航空物流信息化现状分析

航空物流具有快捷、高效、节约运输总成本的优势，已经为中国经济持续增长做出了巨大贡献。但是，与世界发达国家的航空物流相比，国内航空物流在管理手段和管理方法及信息化基础方面上还有很大差距，远不能适应航空物流的快速增长。

首先，没有一个坚强的指挥中心和内部有机连接的运行网络，就不会有成功的航空物流。真正的现代物流必须是一个指挥中心、利润中心，企业的组织、框架、体制等形式都要与一个中心相符。一方面，要求分部坚决服从总部，总部对分部有高度的控制力，分部在作业上做到专业化、流程标准化；另一方面，总部必须具有强大的指挥、设计能力，对市场把握的高度准确性和控制风险的能力。要做到这一点，离不开对市场的迅速反应能力，必须以实现信息化、网络化做保证。在现代物流的管理与运作中，信息技术与信息网络扮演着一个非常重要的角色，甚至就是公司形象和核心竞争力的标志。因此，大型的专业物流企业通常都设有运作管理系统、质量保证系统、信息管理系统和客户管理系统。

其次，在物流信息系统建设上也明显滞后，主要表现在行业应用信息化的资金投入不足、能力低下、发展速度缓慢、应用范围狭窄。目前，国内有航空货运业务的26家航空公司中，拥有对外营销和管理职能系统的不过10家，并且尚无法实现全国航空货物站到站的信息检索和查询。在中国航空物流供应链中的航空公司、枢纽机场和大型货运代理都建有独立的货运信息系统，而小型航空公司、机场和大部分代理均没有建设货运信息系统。即使是已建设的信息系统之间也存在不兼容的问题，无法实现更大范围的信息共享，缺少全行业广泛互联的航空物流公共信息平台，严重制约了我国航空物流的发展和整体经济效益的提高。

10.1.3 我国航空物流信息化的发展趋势

我国的航空物流信息化已具备一定基础，但仍有很大的发展空间。未来几年，航空物流信息化的主要发展趋势有以下几点。

1. 统一的航空物流信息平台的搭建

信息共享是供应链管理的核心，航空物流信息平台的建立是航空物流企业实现广阔的网络覆盖和密集的航班频率、充足的舱位配备、平稳传递和快速准确的吞吐量、货运分拣中心的高速处理、客户的快速响应、大货主的个性化服务能力、供应链信息透明化、客户优先级划分及舱位可预订和分配等竞争优势的关键。

这一平台将实现航空公司货运系统、机场物流系统、代理人货运系统的整合，实现国内货运系统和国外货运系统的整合，为供应链的经营管理者、承运人、货运代理人、租赁人、海关及联检单位、货主、政府等提供全面的航空物流服务。

2. 航空货运信息网络的实时化和智能化

二十大报告指出，要"推动制造业高端化、智能化、绿色化发展"。航空货运信息网络正在向实时化和智能化方向发展，主要包括货运量的实时智能监测与预警、货运信息的精准实时推送、货物的自动跟踪定位、货物与航班的自动匹配、货物的航线智能规划、货运作业的实时监控与信息感知等相关的技术，从而实现航空货运信息的实时化和智能化。

3. 以客户为中心的货运信息化服务创新和国际化

国际上，货运信息化正在向客户提供"门到门""桌到桌"的服务，主要发展趋势表现在 9 个方面：CCS 功能强化、货主 B2B 货运市场、货代人 B2B 货运市场、货代人 SCM 解决方案、货代人网站开发、航空公司网站开发、Cargo 2000、更复杂的收入管理工具、客户服务自动化。目前，国际上的主要货运系统信息服务商包括 SITA、Sabre、Unisys、汉莎系统、ATRAXIS、Speedwing、Cargolux、Syntegra 和 InfoSky 天信达等，这些厂商都能为客户提供上述创新性的解决方案。随着国际货运联盟的发展，航空物流信息平台的国际化是必然的趋势。

【拓展案例】

南航信息化之路

中国南方航空股份有限公司(南航)的信息化建设从 1984 年正式起步，建设历程可以大致划分为初始、起步、发展、集成 4 个阶段。

1. 初始阶段(1984—1992 年)

1984 年计算机办公室成立，1987 年计算机中心成立。1987 年 7 月，与民航信息中心一道参加了中国民航订座系统的初建。同年租用该系统，全面取代了原有的人工订票业务。

2. 起步阶段(传播阶段 1993—1997 年)

信息化建设由订座和国内票证结算，逐步向飞行运行控制、财务治理、发动机监控、效益治理与分析、货运业务等方面扩展与发展，自主开发或引进了财务总账(EASY)、发动机监控、航线航班统计、飞行小时统计等系统。

在使用方式上，除初步建立了总部的局域网外，实现了与几个分公司的广域网连接，使航材治理系统、财务系统能在网络环境下运行。与此同时，SOC 系统正在加紧开发。

3. 发展阶段(控制阶段 1998—2001 年)

这一阶段是南航信息化建设的一个新时期。南航自主投资建成并投入使用的系统较多，而且具有一定的先进性、规模化，使得南航信息化建设基本形成体系。

客运方面，推出了常客治理系统、收益治理系统、电子客票、网上订票系统。

货运方面，推出了货运 5000 和网上订舱系统。

航务和运行控制方面，SOC 系统全面投产。

机务维修方面，TDMS 第一期投入生产。

财务治理方面,新建的财务治理系统全面取代了旧系统。

内部治理方面,推出了以人力资源治理系统为核心的一套治理软件。

网络建设方面,在总部,已经建成了覆盖各部门的局域网。在国内,也有了连接各分子公司、各营业部和办事处的广域网,规模在不断扩大,性能也在不断得到优化。

4. 集成及数据治理阶段(2002年至今)

通过数据仓库收集 SOC、M&E、FMS、人劳、商务等系统的公共数据形成数据共享池,既可以支持数据分析辅助决策,又可以为其他系统提供生产数据支持,增加生产系统的数据共享和交互,向数据源单点录入发展。

正是由于清醒地认识到信息技术对航空运输业的巨大作用,南航一直高度重视信息系统建设,使得南航信息系统真正作为"一把手工程"得以实施。经过数年建设,南航在信息系统、基础通信网络等方面取得了长足的发展。目前,航空公司经营治理的各方面,包括航务、机务、商务、财务和内务治理,都得益于一批高性能、高效率、运行稳定的计算机系统的支持。无论是从公司信息化治理的深度和广度,还是从信息系统应用的层次和质量来看,南航的信息化建设在国内航空公司之中堪称翘楚,成为中国民航信息化的排头兵。

——摘自 CIO 时代网(http://www.ciotimes.com/industry/hk/51769.html)

10.2 航空物流信息技术

航空物流信息技术是指运用于物流各环节中的信息技术。它是建立在计算机、网络通信技术平台上的各种技术应用,包括硬件技术和软件技术。航空物流信息技术包括条码技术、射频技术、EDI 技术、GIS 技术和 GPS 技术。

10.2.1 条码技术与射频技术

1. 条码技术

条码(或称条形码)是由一组按特定规则排列的黑条(简称条)、空白(简称空)及其对应字符组成的表示一定信息的符号。条形码技术是 20 世纪在计算机应用中产生和发展起来的一种自动识别技术,是集条形码理论、光电技术、计算机技术、通信技术、条形码印制技术于一体的综合性技术。条形码技术是物流自动跟踪的最有力工具,被广泛应用。条形码技术具有制作简单、信息收集速度快、准确率高、信息量大、成本低和设备方便易用等优点,所以从生产到销售的流通转移过程中,条形码技术起到了准确识别物品信息和快速跟踪物品历程的重要作用,它是整个物流信息管理工作的基础。条形码技术在物流的数据采集、快速响应、运输中的应用极大地促进了物流业的发展。

一个完整的条码结构组成次序从左至右依次为静空区(前)、起始符、数据符(中间分隔符主要用于 EAN 码)、校验符、终止符、静空区(后),如图 10.1 所示。

图 10.1 条码结构

条码技术在物流管理中的应用是全方位的。不应该把条码仅仅看作是键盘输入方式的替代,在实际应用中,由于条码提供了过去可能无法实现的管理特性,使用条码大大改变原有的供应链管理模式。从这个意义上说,条码技术的应用对于物流管理来说是一个 BPR(业务过程重组)的过程。以下论述的仅仅是条码技术在物流领域应用的少数几个示例。

(1) 物料管理。

对于生产型企业,物料管理是企业资源计划的重要内容。在物料管理中应用条码的好处是多方面的。首先,条码可以作为 WIP(Work In Process)状态的标识,准确地确定目前物料的消耗与供给情况;其次,条码对物料的标识为建立产品档案奠定了基础,通过条码反映的数据,管理者可以很容易地得知某一成品的关联件的来源与批次,这些数据可以作为物料管理的反馈输入,形成物料管理控制的闭环。在国内,条码应用于物料管理已经有很多成功案例,如上海大众等大型生产企业。

(2) 作业管理。

作业管理中对条码的应用主要体现在条码成为联系工作流程中各环节的工具。以仓储作业为例,验货、备货、分拣、上架等环节之间的联系是很复杂的。在传统的操作方式下,业务中心与仓储工作人员之间一般以纸面单据交流完成工作流的衔接。应用条码之后,可以借助无线局域网建立半自动化的作业管理方式。业务中心通过无线网络将业务指令直接下达给仓储工作人员,仓储工作人员通过手持终端接收指令,并扫描条码确认工作准确无误完成,同时,仓储工作人员的工作完成情况又即时传回业务中心得到确认。利用条码和无线网络可以大大提高工作效率,减少误操作。

(3) 仓储管理。

仓储管理实际上是条码应用的传统领地,其应用已经贯穿出入库、盘点、库存管理等多方面。在出入库过程中,条码既可以加快出入库的速度,又能减少出入库操作的差错。条码在仓储管理中带来的最大的变化是在盘点业务方面,传统的手工方式盘点一般是利用纸笔记录,效率不高,同时还存在数据失实的可能。在利用了条码后,就有可能采用自动化技术。例如,在某仓库中使用了手持终端,现在的盘点方式只需要利用手持终端扫描箱体,所有盘点数据都会记录在手持终端中,手持终端也会自动处理盘点重复等错误。手持终端数据可以很方便地导入管理系统中去。在库存管理中,条码的重要意义

第 10 章 航空物流信息管理

在于货位保证。物流管理系统在制订资源计划时,常常需要引用货位信息,但是传统方式下的货架操作,难以避免货物与货位信息的脱节,往往会出现物流管理信息系统指示在某处出库某样物品,但操作工将叉车开到货位后却发现并不存在这样的物品。条码技术不仅可以标识所有物品,而且可以标识货位,要求只有扫描了货位条码和货物条码后才能完成上下架过程,这样可以确保货物的货位信息准确。

2. 无线射频技术的概念

射频识别技术(Radio Frequency Identification,RFID)是从 20 世纪 80 年代走向成熟的一项自动识别技术。它利用射频方式进行非接触式双向通信交换数据以达到识别目的。与传统的磁卡、IC 卡相比,射频卡最大的优点就在于非接触,因此完成识别工作时无须人工干预,适合于实现系统的自动化且不易损坏,可识别高速运动物体并可同时识别多个射频卡,操作快捷方便。射频卡不怕油渍、灰尘污染等恶劣的环境,短距离的射频卡可以在此类环境下替代条码,用在工厂的流水线等场合跟踪物体。长距离的产品多用于交通行业,距离可达几十米,可用在自动收费或识别车辆身份等场合。条码技术在物流管理中主要包括以下应用。

【拓展视频】

(1)高速公路的自动收费系统。

高速公路上的人工收费站由于效率低下而成为交通瓶颈。将 RFID 技术应用在高速公路自动收费上,能够充分体现它非接触识别的优势,让车辆在高速通过收费站的同时自动完成收费。据测试,采用这种自动收费方式,车辆通过自动收费卡口车速可保持在 40 千米/小时,与停车领卡交费相比,可节省 30%~70%的行车时间。

(2)交通督导和电子地图。

利用 RFID 技术可以进行车辆的实时跟踪,通过交通控制中心的网络在各个路段向司机报告交通状况,指挥车辆绕开堵塞路段,并用电子地图实时显示交通状况,引导交通流量趋于均匀,大大提高道路利用率。通过实时跟踪,还可以自动查处违章车辆,记录违章情况。另外,公共汽车站实时跟踪指示公共汽车到站时间及自动显示乘客信息,可以方便乘客。

(3)停车场智能化管理系统。

无须停车,系统自动识别车辆的合法性,完成放行(禁止)、记录等管理功能。节约进出场的时间,提高工作效率,杜绝管理费的流失。

(4)邮政包裹管理系统。

在邮政领域,在邮票和包裹标签中贴上 RFID 芯片,不仅可以实现分拣过程的全自动化,而且邮件包裹到达某个地方,标签信息就会被自动读入管理系统,并融入物联网供顾客和企业查询。

(5)铁路货运编组调度系统。

火车按既定路线运行,将读写器安装在铁路沿线,就可得到火车的实时信息及车厢内装的物品信息。通过读到的数据,能够得到火车的身份、监控火车的完整性,以防止遗漏在铁轨上的车厢发生撞车事故,同时在车站能将车厢重新编组。

（6）集装箱识别系统。

将记录有集装箱位置、物品类别、数量等数据的标签安装在集装箱上，借助射频识别技术，就可以确定集装箱在货场内的确切位置，在移动时可以将更新的数据写入射频卡（电子标签）。系统还可以识别未被允许的集装箱移动，有利于管理和安全。

（7）RFID 库存跟踪系统。

将 RFID 标签贴在托盘、包装箱或元器件上，无须打开产品的外包装，系统就可以对其成箱成包地进行识别，实现商品从原料、半成品、成品、运输、仓储、配送、上架、最终销售，甚至退货处理等所有环节进行实时监控，极大地提高自动化程度，大幅降低差错率，提高供应链的透明度和管理效率。

10.2.2 电子数据交换技术

EDI 的基础是信息，这些信息可以由人工输入计算机，但更好的方法是通过扫描条形码获取数据，速度快、准确性高。物流技术中的条形码包含了物流过程所需的多种信息，与 EDI 相结合，方能确保物流信息的及时可得性。

1. EDI 技术的概念

电子数据交换（Electronic Data Interchange，EDI）是指通过电子方式，采用标准化的格式，利用计算机网络进行结构化数据的传输和交换。构成 EDI 系统的 3 个要素是 EDI 软硬件、通信网络及数据标准化。工作过程大体是：用户在计算机上进行原始数据的编辑处理，通过 EDI 转换软件（Mapper）将原始数据格式转换为平面文件（Flat File），平面文件是用户原始资料格式与 EDI 标准格式之间的对照性文件；通过翻译软件（Translator）将平面文件变成 EDI 标准格式文件；然后在文件外层加上通信信封（Envelope），通过通信软件[EDI 系统交换中心邮箱（Mailbox）]发送到增值服务网络（VAN）或直接传送给对方用户，对方用户则进行相反的处理过程，最后成为用户应用系统能够接收的文件格式。EDI 的工作过程如图 10.2 所示。

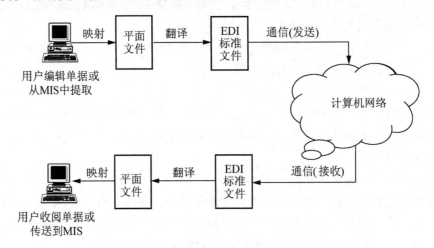

图 10.2　EDI 的工作过程

2. EDI 的主要特征

由于 EDI 的使用,改善了采购工作大量纸上作业的不便,订购、运送、开发票、付款等繁杂劳动,均由 EDI 的终端机代劳,因此大大缩短了买卖双方交易的过程与时间。EDI 在作业上主要具有以下优点。

(1) 简单。

每一项资讯只有一种格式且只有一页,所有需要此项资讯的人,都知道如何存取,因此,可消除许多迟延及混乱。

(2) 明确。

每一项资讯均由具有资格的人来处理。事后,无须抄写,只需从电脑系统中直接打印出来。因此,就可以避免在文书作业中最常发生的抄写错误。

(3) 弹性。

计划采用 EDI 的任何企业,并不需要对其内容系统做重大的改变,只要电脑能接收其他电脑传输来的文件资料即可。

(4) 快捷。

只要是存入电脑主要档案的资讯,在几秒钟内即可获得。

(5) 省钱。

使用 EDI 采购作业最重要的效益即是减少成本,虽然不同企业所能减少的成本不尽相同,最明显之处是节省了大量花费在订单处理上的成本,比以人工处理订单的成本低。主要表现在:减少了以人工制造文件的麻烦;省略了复杂资料的输入;增加了资料的精确性;减少了人员花在重复工作上的时间;更快速地分析资料及制定决策;减少了纸张及相关成本的花费;减少邮寄成本;减少了时间的延误并节省了存货成本。

(6) 安全。

EDI 系统的设计,只允许被授权的人存取资料。资料的存入必须查验其来源的合法性,至于资料由何人在何时从何地输入,亦能加以追踪审查。

3. EDI 技术在物流中的应用

EDI 的应用范围从订货业务向其他业务扩展,如 POS 销售信息传送业务、库存管理业务、发货送货信息和支付信息的传送业务等。近年 EDI 在物流中广泛应用,被称为物流 EDI。所谓物流 EDI 是指货主、承运业主以及其他相关单位之间,通过 EDI 系统进行物流数据交换,并以此为基础实施物流作业活动的方法。物流 EDI 参与单位有货主(如生产厂家、贸易商、批发商、零售商等),承运业主(如独立的物流承运企业等),实际运送货物的交通运输企业(铁路企业、水运企业、航空企业、公路运输企业等),协助单位(政府有关部门、金融企业等)和其他的物流相关单位(如仓库业者、专业报关业者等)。图 10.3 是一个由发送货物业主、物流运输业主和接收货物业主组成的物流模型。

其工作步骤如下。

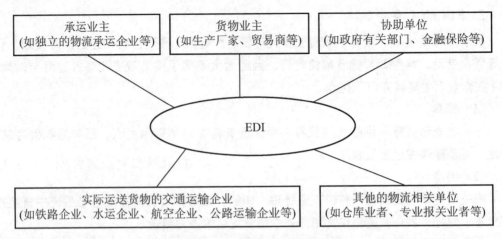

图10.3　一个应用EDI的物流模型

① 发送货物业主(如生产厂家)在接到订货后制订货物运送计划,并把运送货物的清单及运送时间安排等信息通过EDI发送给物流运输业主和接收货物业主(如零售商),以便物流运输业主预先制订车辆调配计划和接收货物业主制订货物接收计划。

② 发送货物业主依据顾客订货的要求和货物运送计划下达发货指令、分拣配货、打印出物流条形码的货物标签(Shipping Carton Marking,SCM)并贴在货物包装箱上,同时把运送货物品种、数量、包装等信息通过EDI发送给物流运输业主和接收货物业主依据指示下达车辆调配指令。

③ 物流运输业主在向发送货物业主取运货物时,利用车载扫描读数仪读取货物标签的物流条形码,并与先前收到的货物运输数据进行核对,确认运送货物。

④ 物流运输业主在物流中心对货物进行整理、集装,并通过EDI向收货业主发送发货信息。在货物运送的同时进行货物跟踪管理,并在货物交给收货业主之后,通过EDI向发送货物业主发送完成运送业务信息和运费请示信息。

⑤ 收货业主在货物到达时,利用扫描读数仪读取货物标签的条码,并与先前收到的货物运输数据进行核对确认,开具收货发票,货物入库。同时通过EDI向物流运输业主和发送货物业主发送收货确认信息。

物流EDI的优点在于供应链组成各方基于标准化的信息格式和处理方法,通过EDI共同分享信息、提高流通效率、降低物流成本。例如,对零售商来说,应用EDI系统可以大大降低进货作业的出错率,节省进货商品检验的时间和成本,能迅速核对订货与到货的数据,易于发现差错。应用传统的EDI成本较高,一是因为通过VAN进行通信的成本高,二是制定和满足EDI标准较为困难,因此过去仅仅大企业因得益于规模经济能从利用EDI中得到利益。近年来,随着互联网的迅速普及,为物流信息活动提供了快速、简便、廉价的通信方式,从这个意义上说,互联网将为企业进行有效的物流活动打下坚实的基础。

10.2.3 GIS 技术与 GPS 技术

现代物流离不开对运输设备的实时定位与监控，通过应用 GPS 与 GIS 技术，可以实时地对运输设备进行空间定位、路线规划、运行状态监控等活动，便于提高运输企业的运营管理和客户服务水平。下面分别介绍 GIS 与 GPS 技术。

1. 地理信息系统（GIS）

（1）地理信息系统的概念。

地理信息系统（Geographical Information System，GIS）是多种学科交叉的产物，它以地理空间数据为基础，采用地理模型分析方法，适时地提供多种空间的和动态的地理信息，是一种为地理研究和地理决策服务的计算机技术系统。

（2）地理信息系统的基本功能。

地理信息系统广泛应用于资源管理、区域规划、国土监测及政府部门和企业的辅助决策。其基本功能是将表格型数据（来自数据库、电子表格文件或直接在程序中输入）转换为地理图形显示，然后对所显示的结果进行浏览、操作和分析。其显示范围可以从洲际地图到非常详细的街区地图，显示对象包括人口、销售情况、运输线路和其他内容。地理信息系统（GIS）具有以下基本功能。

① 数据采集与编辑功能，包括图形数据采集与编辑和属性数据编辑与分析。

② 数据的存储和管理功能。地理信息数据库管理系统是数据存储和管理的高新技术，包括数据库定义、数据库的建立与维护、数据库操作、通信功能等。

③ 制图功能。根据 GIS 的数据结构及绘图仪的类型，用户可获得矢量地图或栅格地图。地理信息系统不仅可以为用户输出全要素地图，而且可以根据用户需要分层输出各种专题地图，如行政区划图、土壤利用图、道路交通图、等高地图等。还可以通过空间分析得到一些特殊的地学分析用图，如坡度图、坡向图、剖面图等。

④ 空间查询与空间分析功能，包括拓扑空间查询、缓冲区分析、叠置分析、空间集合分析、地学分析、数字高程模型的建立、地形分析等。

⑤ 二次开发和编程功能。用户可以在自己的编程环境中调用 GIS 的命令和函数，或者 GIS 系统将某些功能做成专门的控件供用户开发使用。

（3）地理信息系统在物流中的应用。

完整的 GIS 物流分析软件包中除包括为交通运输分析所提供的扩展数据结构、分析建模工具和二次开发工具外，还集成了若干物流分析模型，包括车辆路线模型、最短路径模型、网络物流模型、分配集合模型、设施定位模型等，这些模型既可以单独使用，解决某些实际问题，也可以作为基础，进一步开发适合不同需要的应用程序，这些模型典型地说明了 GIS 在物流分析中的应用水平。

2. 全球卫星定位系统(GPS)

（1）全球卫星定位系统的概念。

全球卫星定位系统(Global Positioning System, GPS)是美国国防部研制的一种全天候的、空间基准的导航系统，可满足全球任何地方或近地空间的军事用户连续、精确地确定三维位置和三维运动及时间的需求。它是一个中距离圆形轨道卫星导航系统，可以为地球表面绝大部分地区(98%)提供准确的定位、测速和高精度的时间标准。该系统包括太空中的24颗GPS卫星，地面上的1个主控站、3个地面控制站和5个监测站及作为用户端的GPS信号接收机。最多只需其中4颗卫星，就能迅速确定用户端在地球上所处的位置及海拔高度，连接到的卫星数越多，解码出来的位置就越精确。该系统是由美国政府在20世纪70年代开始研制，于1994年全面建成。使用者只需拥有GPS接收机，不必另外付费。GPS信号分为民用的标准定位服务(Standard Positioning Service, SPS)和军规的精确定位服务(Precise Positioning Service, PSS)两类。民用信号中加有误差，其最终定位精确度大概在100米，军规的精度在10米以内。2000年以后，美国政府决定取消对民用信号所加的误差。现在，民用GPS也可以达到10米左右的定位精度。

【拓展视频】

（2）全球定位系统的基本功能。

GPS系统拥有多种优点：全天候，不受任何天气的影响；全球覆盖(高达98%)；三维定位定时高精度；快速、省时、高效率；应用广泛、多功能；可移动定位；不同于双星定位系统，GPS使用过程中接收机不需要发出任何信号，增加了隐蔽性，提高了其军事应用效能。GPS技术的基本功能如下。

① 精确定时。广泛应用在天文台、通信系统基站、电视台。

② 工程施工。道路、桥梁、隧道的施工中大量采用GPS设备进行工程测量。

③ 勘探测绘。在野外勘探及城区规划中都有所应用。

④ 导航。武器导航方面，包括精确制导导弹、巡航导弹；车辆导航方面，包括车辆调度、监控系统；船舶导航方面，包括远洋导航、港口/内河引水；飞机导航方面，包括航线导航、进场着陆控制；星际导航方面，包括卫星轨道定位；个人导航方面，包括个人旅游及野外探险。

⑤ 定位。车辆防盗系统，手机、PDA、PPC等通信移动设备防盗，电子地图，定位系统，儿童及特殊人群的防走失系统。

⑥ 农业勘测等。

（3）全球卫星定位系统在物流中的应用。

GPS具有在海、陆、空进行全方位实时三维导航与定位能力。GPS在物流领域可以应用于汽车自定位、跟踪调度，用于铁路运输管理及军事物流等方面。GPS结合卫星及通信技术，利用导航卫星进行测时和测距。GPS在物流中的应用主要有车辆跟踪与定位、提供出行路线的规划和导航、信息查询、话务指挥等。

10.3 航空物流信息系统

10.3.1 航空物流信息系统概述

1. 航空物流信息系统的定义与特点

（1）航空物流信息系统的定义。

航空物流信息系统可以看作是信息系统的一类，是指通过对航空物流信息的搜集、存储、加工处理、共享等来达到对航空物流和资金流的有效控制和管理，为企业提供航空物流管理活动中信息分析与决策支持的人机一体化系统。航空物流信息系统的产生源于信息技术的推动，同时也受到航空物流管理需求拉动的影响。一方面，信息技术的飞速发展为航空物流管理带来了极好的契机，并日益成为航空物流信息系统不可或缺的基础；另一方面，航空物流信息系统是为航空物流管理服务的，系统中蕴含了丰富的航空物流管理理念与思想。

（2）航空物流信息系统的特点。

航空物流信息系统既具有信息系统的共性，也具有独特的个性。

① 一体化。航空物流管理涉及地理上处于不同位置的很多法人企业和企业之间的各种业务交往，呈现出纷繁复杂的特性。航空物流信息系统通过信息的快速传递和共享，将这些企业和企业之间的各种业务从逻辑上进行集成，从而使分散和独立的企业和业务流程集成为一个一体化的逻辑整体参与市场竞争。

② 网络化。航空物流信息系统不再运行于单机上，而是向网络化方向发展。目前，基于互联网的航空物流信息系统将上下游企业和客户统一到虚拟网络社会上来，世界各地的客户足不出户，便能通过浏览器查找、购买、跟踪所需商品。

③ 模块化。航空物流信息系统是为航空物流管理服务的。在系统开发中，一般将系统划分为很多子系统，对应于相应的子模块，分别完成不同的功能。企业根据自身条件将不同的模块进行集成，这既满足了企业的个性化需求，又使上下游企业之间能够很容易地集成。

2. 航空物流信息系统的组成与功能

（1）航空物流信息系统的组成。

航空物流信息系统是一个复杂的人机系统，一般由硬件、软件、信息资源、相关人员及物流业一系列规章制度等共同组成。

① 硬件。硬件包括计算机、必要的通信设施和安全设施等，例如计算机、打印机、服务器、通信设施。它们是航空物流信息系统的物流设备、硬件资源，是实现航空物流信息系统的基础，构成了系统运行的硬件平台。

②软件。航空物流信息系统的软件层包含操作系统、通信协议、业务处理系统等，运行于底层的网络硬件设施与各种航空物流工具之上。航空物流信息系统的软件层把大量的事务性工作即工作流的问题交由计算机来完成，使人们从烦琐的事务中解放出来，有利于管理效率和管理水平的提升。

③信息资源。数字、信息、知识、模型是航空物流企业运作与管理的无形资源，属于信息资源。数据、信息存放在数据库与数据仓库中，它们是实现辅助企业管理和支持决策的数据基础。随着互联网的深入应用和计算机安全技术、网络技术、通信技术的发展，以及市场专业化分工与协作的深入，航空物流企业封闭式的经营模式将不断被打破，企业与客户之间将更密切地共享信息，因此，企业数据库的设计将面临采取集中、部分集中、分布式管理的决策。例如，航空物流知识存储于知识库中，而大量用于辅助决策的定量模型、运输路径的优化模型、库存模型、配载模型等则存储在模型库中。

④相关人员。航空物流信息系统的开发涉及多方面的人员，有专业人员、领导，还有终端用户，例如企业的首席执行官(Chief Executive Officer, CEO)、信息主管(Chief Information Officer, CIO)、中层管理人员、业务主管、业务人员，而系统分析员、系统设计员、程序设计员、系统维护人员等是从事企业物流信息资源管理的专业人员。不同的人员在航空物流信息系统开发过程中起着不同的作用。对一个航空物流企业来说，应当建设什么样的专业队伍，取决于企业对航空物流信息系统的认识，和对航空物流信息系统开发的管理模式，例如系统的开发方式等。随着数据库存储越来越多的企业运作相关的内外部数据，为满足企业决策的需要，航空物流信息分析人员将成为企业急需的人才。

⑤航空物流管理思想和理念、管理制度与规范。在航空物流行业，新的管理思想和理念不断产生和赋予实践，例如收益管理、供应链管理、第三方物流等。航空物流企业本身的决策者和管理者及其客户所能接受和贯穿的管理思想和理念的程度，决定了航空物流信息系统的结构，是航空物流信息系统的灵魂。物流企业管理制度与规范通常包括组织机构、部门职责、业务规范和流程、岗位制度等，它是航空物流信息系统成功开发和运行的管理基础和保障，是构造航空物流信息系统模型的主要参考依据，也制约着系统硬件平台的结构、系统的计算模式、应用软件的功能。

（2）航空物流信息系统的功能。

航空物流信息系统的开发和维护需要一定的成本，这些成本投入的最好回报便是航空物流信息系统在航空物流管理中所体现出来的各种强大功能。

①数据实时搜集和输入。航空物流信息系统借助于条码技术、射频识别技术、GIS、GPS等现代物流技术，能够对物流活动进行准确实时的信息搜集。另外，客户通过友好界面(如EDI系统客户端提供的表单)进行元素值的选择或填写，能够方便地完成物流与供应链活动中各种单证的输入和调用。

②数据传输。航空物流信息系统通过网络可以快速方便地将数据从一地传输到另一地，从而消除空间的阻隔，使得不同地区的供应链上下游企业，能够开展协同工作和各

种业务活动。另外，航空物流信息系统通过 EDI 传输的是结构化的标准信息（如报文），这些信息能够在不同系统之间进行传输并得到自动处理，而不需要人为干预，可以极大地提高航空物流管理活动中的数据传输效率。

③ 数据处理。航空物流信息系统能够对数据进行处理，从中发现规律和关联，从而对物流活动进行预测和决策。除了统计分析外，航空物流信息系统还将各种信息技术集成起来，如数据仓库、数据挖掘、联机分析、专家系统等。

④ 数据存储。航空物流信息系统的存储功能既与输入直接相关，又与输出紧密相连，输入决定系统存储什么样的数据，存储多少。存储决定系统的输出内容和形式。另外，航空物流信息系统的数据存储功能能够打破时间阻隔，使用户方便地对历史数据进行查询，并为用户提供对未来预测信息。

⑤ 数据输出。航空物流信息系统能够为用户提供友好的数据输出界面，如文字、表格、图形、声音等。随着多媒体技术的进一步发展，数据输出的形式将更加丰富和形象。

⑥ 控制功能。航空物流信息系统的控制功能体现在两个方面：一是对构成系统的各成员（如硬件、软件、人员、管理思想等）进行控制和管理；二是对数据输入、存储、处理、输出、传输等环节进行控制和管理。为了实现有效控制，系统必须时刻掌握预期要达到的目标和实际的状态，并通过反馈来调整相应的参数和程序，保证航空物流系统处于最佳运行状态，如缩短从接受订舱到发运的时间、提高运输效率、提高接受订舱的可靠性、防止发运出现差错、回复信息咨询等。

10.3.2　主要的航空物流信息系统类型

1. 面向航空公司的航空货运业务管理系统

面向航空公司的航空货运业务管理系统，针对的是航空公司的核心业务，是为航空公司提供整体解决方案的航空物流信息系统。这类信息系统全面支持以客户管理、运价管理为核心的市场销售信息化管理，支持进出港业务信息化操作及仓库业务信息化操作，满足航空公司一线业务操作人员的业务处理要求。同时，保证航空公司各基地、营业部的质量管理人员能够及时、准确和全面地监控业务进程，满足质量管理人员监控的要求。通过对外和对内信息交换的接口平台，这类航空物流信息系统可支持报文自动产生、接收和解析处理，满足国际化业务操作需要。

【拓展案例】

面向航空公司的航空货运业务管理系统的使用，可以帮助航空公司通过货运销售信息化提高货运市场销售能力，通过客户服务信息化提高客户服务水平，通过货运业务操作信息化提高业务操作效率，通过货运监控信息化提高业务质量控制水平，通过信息交换自动化提高货运业务协助水平，通过信息化降低风险提高货运决策分析水平。

2. 面向机场货站的航空货站业务管理系统

面向机场货站的航空货站业务管理系统会结合航空货站的业务特点，提供不同层次、有效的、全方位的解决方案。该系统具有丰富的系统功能，可支持航空货站国内、国际进出港、中转、仓库管理、航班管理、计费与结算、集控管理、统计及财务等各项业务。面向机场货站的航空货站业务管理系统能避免由于信息不能共享所造成的大量重复劳动、高差错率的现象，真正实现各岗位部门之间的协同工作及信息共享，优化企业的内部资源，提高业务数据的处理能力和管理水平。

案例 10-2

首都机场 T3 航站楼的信息系统

春运期间首都 T3 航站楼能够承担每分钟 120 架次的高峰起降架次，其规模超过 T1、T2 的两倍。要实现航站楼安全运营，稳定的信息系统不可或缺。机场信息系统对于大型机场来说是至关重要的基础设施，从飞机进港后机位引导，到旅客下飞机、出港，从旅客进港、办理登机手续、候机，到离港全过程，从航班信息显示到广播，从应急指挥系统到办公系统，无不依赖信息系统。一句话，首都机场没有信息系统支撑，将无法运行。

——摘自《计算机世界》(http://www.ccw.com.cn)

3. 面向货运代理业务和第三方物流的航空物流业务处理系统

面向货运代理业务和第三方物流的航空物流业务处理系统是面向货运代理人的应用解决方案。这类信息系统不仅提供对代理人传统货运业务的支持，还提供对第三方物流业务的支持，同时，它还为代理人与航空公司、机场、制造企业的业务协作提供信息交换和管理方面的支持，提高代理人业务管理的信息化和标准化程度。面向货运代理业务和第三方物流的航空物流业务处理系统具有丰富的系统功能，支持单证管理、用户管理、客户管理、制单、运价维护、结算管理、仓库管理、派送管理、不正常业务管理、车队管理及物流管理等各项业务。

4. 货物跟踪与信息发布系统

货物跟踪与信息发布系统是面向航空公司、机场、货运代理等企业或部门，为他们所服务的货主提供多种形式的货物信息服务的信息系统。在处理企业和货主之间的信息交流时，这类信息系统提供 Web 发布、E-mail、SMS(Short Message Service)等服务，以满足最终用户对于信息查询的要求。在应用中，货物跟踪与信息发布系统可以和其他航空物流信息系统实现连接。这样，货物跟踪与信息发布系统就可以和实际业务流程紧密配合，把货物的运输状态信息及时通知货主。根据实际要求，货物跟踪与信息发布系统客户端程序可以运行在相关的任何一个业务部门，货主可以得到有关的出港、配载、进港、中转等信息。短信息发布的主要功能就是在货物出港或进港的同时向货物收、发货人发送手机短信，使他们能够及时准确地获取信息，也可以利用手机点播功能给指定货主发送短信息。涉及的发送内容有出港信息、进港信息和中转信息、航班信息、其他消息。就每一条短信而言，包括发送信息的企业名称、运单信息、航班信息、运输状态信息，短信语言可以是中文，也可以是英文。而电子邮件则以 E-mail 的方式提供货物的流向信息。

5. 货运电子商务系统

货运电子商务系统为航空公司、空港货站等航空物流企业提供一个电子商务平台。在这类航空物流信息系统中，企业是网上业务的管理者，他们的客户（包括货运代理人、老货主等）及各地分支机构、合作伙伴等是网上业务的授权用户，所有能够访问 Internet 的人是这类航空物流信息系统的普通用户。通过货运电子商务系统丰富完善的功能和安全可靠的机制，企业将满足普通用户对信息查询的需求，还可以使授权用户参与到企业的各项业务中来，达到企业与客户及合作伙伴的互动协作。从企业自身角度看，货运电子商务系统将企业的业务与管理系统拓展成为以 Internet 为疆域的企业信息系统。此外，货运电子商务系统还为企业之间的互联提供应用级服务接口。货运电子商务系统提供的核心业务和服务包括舱位销售子系统、货运业务处理子系统及信息服务等。

6. 货运运营决策支持系统

货运运营决策支持系统是面向航空公司、空港货站中高级管理人员的货运运营统计及分析系统。该系统界面友好，操作方便，提供表格分析和图形分析，既能进行货运总体宏观分析，又可进行具体货运微观统计显示，可以满足不同层次管理人员决策时对货运运营数据分析的需求。它可从不同角度、不同层次对货运运营状况进行统计分析，货运运营决策支持系统通过时间序列分析、对比分析、趋势预测等多种分析预测方法对企业数据进行统计分析，并以表格和图形的形式直接展现给管理人员，从而使管理人员准确把握货运运营状况，为货运决策提供强有力的支持。

货运运营决策支持系统为宏观运营决策提供有力支持。借助于货运运营决策支持系统，企业管理者可以清晰、形象地了解到企业的运行现状，以及利润增长点、核心竞争力在哪里，也可以看到企业的弱势与不足，以便采取相应的改进措施。在这些统计功能中，可以通过选择不同的参数和在树型结构菜单中选择所要统计的数据范围进行各项统计，可以实现从宏观到微观的平滑过渡，层层细分，从而得到不同层次的分析数据和相应的分析图形。

10.3.3 航空物流信息系统的设计与开发

1. 航空物流信息系统设计与开发的原则

（1）信息化规划服从企业整体规划原则。

信息化规划应从企业整体规划出发，充分利用企业现有资源，服从、支持并服务于企业整体规划。

（2）整体规划、分步实施原则。

信息化规划应充分考虑企业的中长期规划与发展，对系统分模块设计和建设，以满足实际使用部门的业务操作流程及管理要求，通过系统的扩充与整合提供全方位的信息平台。

（3）需求满足性原则。

任何信息系统工程都是以用户需求为基础的，只有充分明确用户需求，才能规划和设计信息系统的框架和概貌。因此，信息系统建设不仅要满足系统功能和性能需求，还要满足系统运行需求；不仅要满足系统目前的需求，还要满足系统未来的需求。而且，技术的先进性不一定代表企业系统的最实用性，应从企业的实用性和成本节约性出发，在满足企业需求的同时节约成本。

（4）标准规范化原则。

信息技术发展迅速，用户业务流程也需要优化，在对数据和信息进行管理及处理的过程中，应严格遵守标准化、规范化原则，以确保该系统的开放性、先进性和扩展性，保证用户能根据未来的需要对系统进行升级和扩容，或进行更深入的开发应用。

（5）高质量和高性价比原则。

企业是趋利性组织，追逐经济利益是其活动的最终目的之一，所以，软件的开发费用必须在保证质量的前提下尽量压缩。系统投入运行后，必须保持较低的运行维护费用，减少不必要的管理费用，做到小投入、大收益。总之，信息系统既要满足一定的性能、功能和使用习惯要求，系统结构设计严密，数据流程合理，最大限度地减少数据冗余，各应用程序模块化、功能化，系统资源分配合理，避免"瓶颈"和其他故障，又要求工程建设过程是科学的、有效的。同时，在满足各项性能和功能的前提下，还要兼顾软硬件投资情况，尽可能节约信息系统的建设投资，提高整个信息系统的性价比。

（6）方便灵活、易学易用原则。

采用先进的计算机开发技术，提供良好的用户图形界面，使信息系统的安装、操作和维护具有简单、方便快捷的特点，使系统操作简便、易学易用，从而提高整个系统的运行效率。

（7）安全可靠性原则。

首先，系统在正常情况下是可靠运行的，即要求系统的准确性和稳定性，一个可靠的物流管理系统要能在正常情况下达到系统设计的预期精度要求，不管输入的数据多么复杂，只要是在系统设计要求的范围内，都能输出可靠的结果；其次，保证非正常情况下的可靠性，即系统在软、硬件环境发生故障的情况下仍能部分使用和运行，在设计时应对一些紧急情况采取措施。总之，在整个信息系统的设计和实现过程中，应对系统的安全性进行重点考虑，针对数据和网络、系统的使用和管理、系统物理环境和开发过程的安全性采取切实有效的措施，保障信息系统的安全，如数据库应具有保密功能（多级、多层保护）及防止意外故障的能力等。

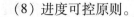

（8）进度可控原则。

任何一个工程项目，工程各方都应该从工程管理措施、工程实施条件和人员等各个方面采取有效的措施以保证工程的进度。

（9）完整性原则。

功能的完整性即根据企业物流管理的实际需要，制定的系统能全面、完整地覆盖物流管理的信息化要求。信息系统文档的完整性是保障系统正常运行和维护的重要基础，必须做好各种文档的规范管理，以保证系统开发和操作的完整和可持续性，保证系统的可靠运行，也保证系统建设的各项相关活动的可追溯性。

2. 航空物流信息系统设计与开发的阶段划分

（1）可行性分析阶段。

在现代管理中，经济效益的评价是决策的重要依据，企业的根本目的是效益最大化。采取一项重大的改革和投资行动之前，首先关心的是能取得多大的收益。信息系统的开发是一项耗资多、耗时长、风险大的工程，因此，在进行大规模系统开发之前，要从有益性、可行性和必要性等方面对系统的经济效益、社会效益进行初步分析，尽可能避免盲目投资，减少不必要的损失。这一阶段的总结性成果是可行性报告，报告中所阐述的可行性分析内容要经过充分论证之后才能进行下一阶段的工作。

（2）信息系统规划阶段。

要根据用户需求、业务流程和环境等分析系统开发的可能性，进行概念设计和逻辑设计，指定总体规划的实施方案。在企业或组织中，来自内外的信息源很多，如何从大量信息源中收集、整理、加工、使用这些信息，发挥信息的整体效益，以满足各类管理不同层次的需要，必须经过来自高层的、统一的、全局的规划。系统规划的任务就是要站在全局的角度，对所开发的系统中的信息进行统一的、总体的考虑。另外，信息系统的开发需经过开发人员长时间的努力，需要相应的开发资金，因此在开发之前要确定开发顺序，合理安排人力、物力和财力。具体地说，系统规划是在可行性分析论证之后，从总体的角度来规划系统组成部分，在这些组成部分中有哪些数据库，它们之间的信息交换关系是如何通过数据库来实现的，并根据信息与功能需求提出计算机系统硬件网络配置方案。同时根据管理需求确定这些模块的开发顺序，制订开发计划，根据开发计划合理调配人、财、物。这一阶段的总结性成果是系统规划报告，该报告要在管理人员特别是高层管理人员、系统开发人员的共同参与下进行论证。

（3）信息系统分析阶段。

系统分析阶段的任务是按照总体规划的要求，逐一对系统规划中所确定的各组成部分进行详细的分析。首先要分析各组成部分内部的信息需求，定义出数据库的结构，建立数据字典；其次要进行功能分析，即详细分析各部分如何对各类信息进行加工处理，以实现用户所提出的各类功能需求；在对系统的各个组成部分进行详尽的分析之后要利用适当的工具将分析结果表达出来，与用户进行充分交流和验证，检验正确后方可进入下一阶段的工作。这是系统开发的基础，是理解用户需求和业务处理状况与流程的唯一途径，要同时进行功能、需求和限制的分析，综合各类因素，提出可行的系统建设方案。

（4）信息系统设计阶段。

系统设计阶段的任务是根据系统分析的结果，结合计算机的具体实现，设计各个组成部分在计算机系统上的结构，即采用一定的标准和准则，考虑模块应该由哪些程序块组成，它们之间的联系如何，同时要进行系统的编码设计、输入输出设计等。

（5）信息系统开发实施阶段。

系统开发实施阶段的任务一方面是系统硬件设备的购置与安装，另一方面是应用软件的程序设计。程序设计是根据系统设计阶段的成果，遵循一定的设计原则来进行的。最终的阶段性成果是大量的程序清单和系统使用说明书。

（6）信息系统测试阶段。

程序设计工作的完成并不标志系统开发的结束，在程序设计结束后必须选择一些实际管理信息加载到系统中进行测试。系统测试是从总体出发，测试系统应用软件的总体效益及系统各个组成部分的功能完成情况，测试系统的运行效率、可靠性等。

（7）信息系统安装调试阶段。

系统测试工作的结束表明信息系统的开发已初具规模，这时必须投入大量的人力从事系统安装、数据加载等系统运行前的一些新旧系统的转换工作。一旦转换结束便可对计算机硬件和软件系统进行系统的联合调试。

（8）信息系统试运行阶段。

系统调试结束便可进入系统运行阶段，但一般来说在系统正式运行之前要进行一段时间的试运行。因为信息系统是整个企业或组织的协调系统，如果不经过一段时间的实际检验就将系统投入运行状态，一旦出现问题可能会导致整个系统的瘫痪，造成严重的经济损失。所以最好的方法是将新开发的系统与旧系统并行运行一段时间，来进一步对系统进行各方面的测试，尽可能地降低系统的风险。

（9）信息系统运行维护阶段。

当系统开发工作进入试运行阶段之前，除了要做好人员的培训工作之外，还要制定一系列管理规则和制度，在这些规则和制度的约束下进行新系统的各项运行操作，如系统备份、数据库的恢复、运行日志的建立、系统功能的修改与增加、数据库操作权限的修改等。在这一阶段，要着重做好人员的各项管理和系统的维护工作，以保证系统处于使用状态，同时要定期对系统进行评审，经过评审后一旦认为这个信息系统已经不能满足现状，则应考虑进入更新阶段。

（10）信息系统更新阶段。

该阶段的主要任务是要在上一阶段提出更新需求后，对信息系统进行充分的论证，提出信息系统的建设目标和功能需求，准备进入信息系统的新的开发周期。

本 章 小 结

本章介绍了物流、物流信息、航空物流的信息化建设状况、航空物流信息技术,以及航空物流信息系统的规划与设计等基本内容。

物流信息化是企业信息化的表现形式之一。航空物流信息化是以航空运输为主要运输形式,借助现代信息技术,连接供给主体和需求主体,使原材料、产成品从起点至终点及相关信息有效流动的全过程。我国航空物流信息化建设在管理手段及信息化基础建设方面还有待提高,未来将向统一的航空物流信息平台的搭建,推动航空货运信息网络的实时化、智能化和先进化,以及以客户为中心的货运信息化服务创新和国际化方面发展。

物流信息技术是指在物流行业中通过信息技术扩展了人对物流信息的处理能力,就航空物流信息系统而言,其应用主要包括计算机技术、数据库技术、通信网络技术、条形码技术、射频技术、全球卫星定位技术、地理信息技术等。

航空物流信息系统主要包括:面向航空公司的航空货运业务管理系统、面向机场货站的航空货站业务管理系统、面向货运代理业务和第三方物流的航空物流业务处理系统、货物跟踪与信息发布系统、货运电子商务系统、货运运营决策支持系统等。航空物流信息系统的设计与开发要符合整体规划、分步实施、安全可靠、完整性等原则,按照信息系统的规划与设计步骤,循序渐进地开展与实施。

关键术语

物流信息 Logistics Information
航空物流信息化 Air Logistics Information
物流信息系统 Logistics Information System
地理信息系统 Global Information System(GIS)
物流信息技术 Logistics Information Technology
条码 Bar Code
射频识别 Radio Frequency Identification(RFID)
电子交换技术 Electronic Data Interchange(EDI)
全球定位系统 Global Positioning System(GPS)
航空物流信息系统 Aviation Logistics Information System

习 题

一、判断题

1. 物流信息化是企业信息化的表现形式之一。（　　）
2. 物流信息化就是指物流管理的信息化。（　　）
3. 统一的航空物流信息平台将实现航空公司货运系统、机场物流系统、代理人货运系统的整合。（　　）
4. 条码是由一组按特定规则排列的条、空及其对应字符组成的表示一定信息的符号。（　　）

二、选择题

1. 和传统的磁卡、IC 卡相比，射频卡最大的优点就在于(　　)。
   A. 不怕油渍　　　B. 非接触　　　C. 自动识别　　　D. 长距离
2. 航空物流信息技术包括(　　)。
   A. 条码技术　　　B. 射频技术　　　C. EDI 技术　　　D. GIS 技术和 GPS 技术
3. 航空货运业务管理系统是面向(　　)的。
   A. 航空公司　　　　　　　　　B. 空中交通管制部门
   C. 机场　　　　　　　　　　　D. 民航局

三、简答题

1. 我国航空物流管理信息化建设如何？发展趋势如何？
2. 常用的航空物流信息技术有哪些？
3. 物流条码的概念是什么？在物流行业中主要有哪些应用？
4. RFID 是什么？它的基本工作原理是怎样的？
5. 简述主要的航空物流信息系统类型。
6. 简述航空物流信息系统的设计和开发步骤。

四、讨论题

一组 3～4 名同学。选择一个我国的航空公司，了解该公司是如何开展电子商务的。

 案例分析

海航航空货运管理系统上线试运行

海航航空货运管理系统(一期)于 2010 年 9 月成功上线并投入试运行，进一步推进了国际国内货运网上销售、服务等一体化业务功能。

海航航空货运管理系由海航货运部、海航信息公司、东软集团共同开发，该系统包含了货运业务

第 10 章 航空物流信息管理

人员系统、财务人员系统、销售代理人系统 3 个子系统。货运业务人员子系统功能包括舱位管理、销售渠道管理、协议管理、运价及政策管理、统计报表等；财务人员子系统功能包括代理人担保金押金管理、运单资源管理、计费和结算管理等；销售代理人子系统功能包括预订舱位、制单、货物跟踪查询、货量统计等。

据海航相关负责人介绍，该系统的投入使用，使海航货运管理更加网络化、集约化、标准化，货运的服务和管理水平得到了大幅提升，为业务的进一步发展带来了历史性的变革。货运管理系统的应用，结束了传统手工操作模式，快捷而高效。客户可通过网站、热线电话、邮件、短信等多种方式，方便快捷地对货物进行网上跟踪查询，货物运输环节中信息流的传递更为顺畅。强大的决策分析系统、航班可供运力的实时预测、舱位销售情况自动预警等手段，为实现货运收益最大化奠定了坚实的基础。海航与中航信代理人系统、运控部 FOC 系统、市场部客运系统、国内外机场地面操作系统等多个系统互通互联，搭建起"一站式"全球化电子舱位销售、货物信息跟踪查询、客户服务信息平台。

系统后续二期建设引入了条形码、GPS 服务、电子支付与结算等现代管理技术，建立网上分销平台，与 IATA 的电子货运标准 E-Freight 对接，走在中国电子货运项目推广实施工作的前列。

——摘自中国经济网(http://district.ce.cn/zg/201010/01/t20101001_ 21862950.shtml)

问题：

(1) 简述海航航空货运管理系统所起的作用。

(2) 分析案例中海航航空货运管理系统可与哪些信息系统互通互联？互通互联有何作用？

第11章 航空物流管理新动向

【本章教学要点】
- 了解航空物流管理新趋势；
- 掌握航空机场物流园区的功能及其合理化途径；
- 掌握航空物流战略联盟的分类、发展及其主要合作形式；
- 掌握航空物流收益管理的含义和航空物流收益管理系统的构成特点。

【知识架构】

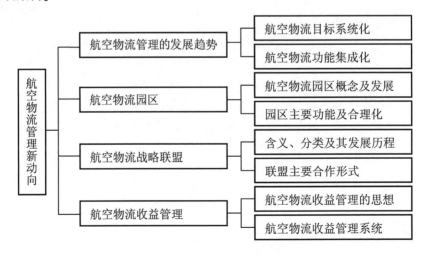

第11章　航空物流管理新动向

> **导入案例**
>
> 　　成都航空物流园区是成都市现代物流业发展规划中确定的四大国际性枢纽型物流园区之一。位于成都双流国际机场二跑道以东、环港路以西、大件路以南、双华路以北，距成乐高速路1.5千米、成雅高速路1千米、成都外环高速1.5千米、成都三环路2千米，规划控制面积7平方公里。入驻的航空物流企业有占地3.34公顷、物流仓储设施面积达2.5万平方米、总投资6 000万元的嘉里大通成都物流中心，仓储面积16 000平方公里的成都新杰物流中心，以及世界500强的UPS、圆通速递西南分拣中心项目、德国施耐德电气和神州数码等。
>
> 　　成都航空物流园区以构建大通关体系为突破口，整合成都双流机场海关、检验检疫局机场办事处、成都空港货运站国际货运服务功能入驻口岸管理区，从而在园区形成口岸部门合署办公格局，为入园进出口企业提供"一站式"通关便捷服务。
>
> 　　航空物流园区是航空物流内涵发展的一种新形式，体现了航空物流功能集成化等航空物流管理新趋势，必将获得更大的发展。
>
> ——根据《成都日报》2009年12月25日A2版《成都航空物流园区　展翅高飞的中西部航空物流枢纽》改编

11.1　航空物流管理的发展趋势

【拓展视频】

　　20世纪90年代以来，随着经济全球化的快速发展及信息技术的广泛应用，航空物流管理和航空物流活动的现代化程度也在不断提高。现代航空物流体现了社会经济发展和企业经营的需要，主要具有以下特点。

11.1.1　航空物流目标系统化

　　传统航空物流管理将注意力集中于尽可能使每一项个别航空物流要素成本最小化，而忽视了航空物流总成本，和各航空物流要素之间的相互关系。从系统的观点看，构成航空物流的各要素之间明显存在"效益背反"关系。例如，为了节约航空包装费用，就会想办法简化航空包装、降低航空包装强度，但这样一来货物就势必会在航空运输过程中破损、散失、渗漏，损坏和污染飞机设备或者其他物品，造成搬运效率低下，从而无形中增加了仓储与搬运的成本。航空物流管理从系统的角度统筹规划一个企业整体的各种航空物流活动，利用航空物流要素之间存在的"效益背反"关系，不追求单个航空物流要素的最优化，而是通过航空物流各个要素的相互配合和总体协调达到航空物流总成本最低化的目标。

【拓展知识】

11.1.2　航空物流功能集成化

　　面对日益激烈的航空物流市场竞争和迅速变化的航空物流市场需求，为客户提供全程航空物流服务，即一体化的综合航空物流服务，成了现代航空物流企业生存与发展的关键。航空物流企业的"混业"经营成为趋势——航空公司下地、机场和货代公司上天，现代航空物流已经从传统的航空运输延伸到采购、制造、分销等诸多环节，航空物流企业提供的功能和服务也不断地增加。为降低航空物流成本，需要对航空物流环节或过程进行整合，通过功能集成，以避免重复功能、无效功能和功能间不匹配，优化航空物流管理，提升客户体验。

11.1.3　航空物流作业规范化

航空物流作业规范化就是要对各类航空物流管理人员的岗位准则、作业流程、作业细则进行规范，使之标准化、程序化，使复杂的作业变成易于被航空物流管理人员掌握和对其进行考核的简单作业。航空物流作业规范化是现代航空物流管理的基础，进行航空物流作业规范化管理，有助于航空物流企业事先确定每一个岗位角色所要完成的工作的具体承担方法和程序，更好地保证每一项物流作业在任何时刻都处于受控之中，可以使航空物流管理人员只需要考虑如何进一步改进创新、提高效率和效益的问题，而不必在方法程序上摸着石头过河，做不必要的探索。

11.1.4　航空物流手段现代化

在现代航空物流活动中，广泛使用先进的包装、装卸搬运、运输、仓储、配送以及流通加工等手段。通信技术、机电一体化技术、计算机技术、语音识别技术在现代航空物流中得到普遍应用。运输手段的大型化、高速化，装卸搬运的机械化、智能化，包装的单元化，仓库的立体化、自动化以及信息处理和传输的计算机化等为开展现代航空物流提供了物质保证。现代化航空物流手段不仅可以代替人的体力劳动，而且可以在一定程度上代替人的脑力劳动。

11.1.5　航空物流信息电子化

【拓展视频】

航空物流信息和包装、装卸搬运、运输、仓储、配送以及流通加工等各个要素都有密切关系，在航空物流活动中起着神经系统的作用。大量先进信息技术的采用，极大地提高了航空物流信息的采集、存储、加工和传播的能力和效率，使传统航空物流企业经营模式和服务模式发生了根本性变化，促进了航空物流服务的不断创新。航空物流信息电子化不仅能使航空物流信息的处理实时化，也使现代航空物流各个环节之间、航空物流部门与其他相关部门之间、不同航空物流企业之间保持航空物流信息的高度一致，使相互之间的航空物流信息交换和传递更加便捷。目前，四大类信息技术在航空物流领域全面应用：一是物流信息化和标准化技术，包括 Internet 网络、EDI（电子数据交换）、GPS、GIS、条码、智能卡等；二是管理软件，包括 CCS（货运社区系统）、SCM（供应链管理系统）、CRM（客户关系管理系统）等；三是智能

第 11 章 航空物流管理新动向

化运输、装卸和搬运技术；四是自动化仓储技术，包括自动化立体库、货架、托盘、分拣、条形码和自动识别系统等。在现代航空物流信息系统的支持下，航空物流适应需求的反应速度加快，航空物流快速补货的能力越来越强。航空物流信息电子化在提高航空物流活动的可靠性和及时性的同时，也大大推进了航空物流服务国际化的进程。

11.1.6 航空物流服务全球化

航空物流服务全球化是指经济全球化使世界越来越成为一个整体，大型公司特别是跨国公司逐渐从全球的角度来构建生产和营销网络，原材料、零部件的采购和产品销售的全球化相应地带来了航空物流活动的全球化。航空物流全球化要求选择最佳的航空物流路径，以最低的费用和最小的风险，保质、保量、适时地将货物从某国的供给方通过航空运输到另一国的需求方。航空物流全球化的实质是按国际分工协作的原则，依照国际惯例，利用国际化的航空物流网络、航空物流设施，实现商品和服务全球快速流动与交换，以促进区域经济的发展和世界资源优化配置。

11.1.7 航空物流运营绿色化

随着人们对可持续发展观的逐渐认同、环保意识的不断增强，以及资源的不断枯竭，在航空物流领域中，绿色航空物流已逐渐成为焦点之一。二十大报告也提到了，要"推进生态优先、节约集约、绿色低碳发展"。绿色航空物流主要解决的问题包括两个方面：一是减少航空物流活动对环境的污染，实现航空物流活动的绿色化；二是减少航空物流作业活动的资源消耗，通过建立逆向航空物流系统来处理采购、生产与销售环节出现的废弃物，错误与被退回的订单，循环使用的原材料、半成品、产成品与包装材料，损坏、变质、过期物品等，从而实现航空物流运营的绿色化。航空物流运营的绿色化趋势在发达国家表现更为明显，美国、德国、日本等国家纷纷通过立法来保证绿色航空物流的顺利实现，日本更是对大力推行绿色航空物流运营的企业进行补贴。虽然这在一定程度上提高了航空物流企业的运作成本，但是从长远利益来看，谁也不希望先污染后治理的情况重演。

【拓展视频】

11.1.8 航空物流组织网络化

网络化航空物流组织是将单个实体或虚拟航空物流组织以网络的形式紧密地联合在一起，以共享航空物流过程控制和共同完成航空物流目的为基本特性的组织管理形式。20 世纪 90 年代中期以后，信息和网络技术的快速发展，为航空物流组织网络化提供了外部环境。特别是引入供应链管理的理念后，航空物流从单个企业扩展到了供应链上的所有企业，网络化航空物流组织成为更加有效的航空物流组织运作形式，如国际货运联盟就是一种网络化航空物流组织。其实，不论是单个企业还是供应链，航空物流组织网络上点与点之间的航空物流活动应保持系统性、一致性，这样才可以保证整个航空物流网络有最优库存和较高效率。

11.2 航空物流园区

11.2.1 航空物流园区的概念及其发展概况

1. 航空物流园区的概念

目前,国际上对于航空物流园区还没有一个统一明确的定义,大多是以物流园区的功能进行定义的。物流园区(Logistics Park)是两种以上的物流企业在空间上集中布局的场所,是具有一定规模和综合服务功能的物流集结点。本书以此为参照,将航空物流园区(Air Logistics Park)定义为:航空物流园区是位于机场内或机场附近,运用航空飞行器及机场地面配套物流设施为航空货物的进港、出港及中转等活动提供支持的一个集合性区域。航空物流园区因其所处位置,又被称为机场物流园区或空港物流园区。航空物流园区主要面向航空货代、综合物流企业和物流中心,并为其提供公共物流设施、物流信息服务及综合物流服务。功能上主要提供货站、仓库、地勤、航空快递中心、增值服务等物流功能,以及信息平台、多式联运协调、行政管理、后勤保证等辅助功能。最终实现以市场为导向、以客户为中心、以多赢为目的的目标。

2. 航空物流园区的发展概况

20世纪90年代,位于欧洲客货运吞吐量第四的荷兰阿姆斯特丹的斯基浦机场率先提出"机场物流园区"的概念。之后,纽约肯尼迪国际机场、鹿特丹机场、莱利斯塔德机场、布里斯班机场、法兰克福机场、艾恩德霍芬机场等很多枢纽机场都先后学习斯基浦机场的经验,建设并管理航空物流园区,其中,德国法兰克福机场物流园区为来自65个国家的超过80家航空公司提供服务。

在亚洲,日本成田、韩国仁川、中国香港、新加坡和泰国曼谷五大国际客货混合中枢机场,通过兴建航空物流园区,并不断完善货运基础设施,以便形成在国际和地区性航空货运中占据战略要点的货运枢纽机场。原木物流园区是日本最著名的4个物流园区之一。通过对原木物流园区的整合,每天进出成田机场的车辆从原来的4 000辆下降到300辆。原木物流园区提供与机场类似的监管仓库和物流设施,设有地区海关,并提供监管运输。日本成田机场管理局事实上拥有原木园区内部的主要物流设施(如货站、货物大楼和仓库等),拥有专营权的日航、国际航空物流货站公司(IACT)负责向航空公司提供服务。韩国仁川国际机场的机场物流园区占地198万平方米,由2006年3月建设完成的99万平方米是1期工程,共投入资金11 300万美元,包括一个按产业分割的园区、一个行政中心、一个快件中心,目前已有14家公司租用近23.1万平方米的园区。新加坡机场物流园区(ALPS)于2000年11月24日正式启用,填海而成,占地超过26公顷,可容纳20个第三方物流服务提供商。新加坡机场物流园区位于自由贸易区内，让物流提供商只需经过最少的海关手续，即可对客户的需求变化做出反应。

近年来，为了适应航空物流发展的要求，北京、上海、广州、深圳、成都、南京、天津等地机场纷纷按照现代物流重要节点的要求对机场货运设施进行设计、建设，大力兴建物流园区。

国内机场最早发展航空物流园区的是深圳机场。早在2000年，深圳机场就成立了"航空物流园区建设（筹）办公室"，2002年完成航空物流园区总体规划并破土动工。2003年12月深圳物流园发展有限公司注册成立，2005年3月物流园开园，从之前单纯的物业租赁管理公司成长为集租赁、物业管理、信息服务、国内货运服务、海关监管业务和保税物流业务为一体的综合性专业物流服务平台。2013年，该公司年收入顺利迈入"亿元俱乐部"，并积极引进外资成立深圳机场汉莎物流园。该园区定位于深圳首个集航空货运及公路快运于一体的现代化物流集散基地，也将为大空港物流发展提供优质的升级平台。

北京空港物流基地最初称为北京空港物流园，2002年6月获得北京市政府批准设立，作为北京市三大物流基地中重点建设的试点园区，定位为北京市唯一的航空-公路国际货运枢纽型物流园区，现已成为北京临空经济核心区之一。北京空港物流基地位于机场北端，与扩建后的首都机场新货运区实现无缝对接，基地共吸引企业300余家企业入驻，其中包括TNT、日本邮船、三菱、索尼等7家世界500强企业以及中外运、近铁、华辉、宅急送、顺丰速运等70余家国内外知名物流企业。同时，打造首都机场航空货运大通关项目，包括航空货运站区、国际快件监管区、进出口监管库区、保税物流中心（B型）和综合办公区。将现有的大通关基地、出口加工区和保税物流中心（B型）在国家已批准用地的范围内，按照口岸作业、保税加工和保税物流这三个功能区进行整合，成立北京天竺综合保税区（国内首家空港型综合保税区），建成集口岸通关、保税加工、保税物流、进出口贸易、国际采购分销和配送、国际中转、售后服务、检测维修、展示展览、金融服务、科技研发等多功能于一体的综合特殊功能区域。

上海浦东空港保税物流园在浦东机场附近，占地3.1平方千米。浦东空港保税物流园定位为"一个枢纽，四大功能"。一个枢纽是指把浦东空港物流园区建成亚太地区一流的国际空港物流核心枢纽；四大功能，即国际快递中心功能、国际中转中心功能、物流增值服务功能、国际贸易及展示功能。

广州空港物流产业园区位于广州空港经济区的起步区。同时，项目紧邻中国三大国际枢纽机场之一的"广州新白云国际机场"，具有无法比拟的区位优势，园区占地面积为13.7公顷，总建筑面积约15万平方米，园区以空港经济区为依托，以"园区+平台"为发展模式，以推动空港物流产业发展为驱动，建立辐射南中国的高端空港物流产业园，打造新型的空港产业经济。截至2016年8月31日，已成功引进跨境电商韩国体验馆、中航货运、全球国际货运、跨越速运集团、顺丰速运、中远国际航空货运、威时沛运、嘉里大通物流、山九物流、马士基集团旗下的新时代货运、日本近铁、深圳美邦国际、卓志报关等68家企业入驻园区。

在广州空港经济区内,还有广州白云国际物流园,其位于新白云国际机场北面,距T2航站楼仅2千米,始建于2002年7月,占地面积约65.5公顷,总投资逾9亿元,由广州白云国际物流有限公司(南方航空股份有限公司控股企业)投资建设和经营运作,2014年,园区从海关监管区升级成为综合保税区(广州白云机场综合保税区中区)。园区定位于打造航空国际物流中心、航材国际贸易分拨中心、亚太冷链贸易分拨中心、飞机维系检测中心和航空指向性强的高新技术产业中心,重点开展保税物流、航空国际物流、航空维修、飞机租赁、航材分拨、跨境电子商务、离岸金融、生物医药、生鲜冷链、国际名品保税展示等业务,目前已吸引了上百家企业入驻。

11.2.2 航空物流园区的主要功能

航空物流园区的功能主要有基本物流功能、物流增值功能、物流服务支持功能。

1. 基本物流功能

基本物流功能是机场货运原有的传统功能,也是机场物流园区的核心功能部分,包括货站、仓库、地勤、航空快递中心的功能。这些功能的服务质量和运作效率是直接影响航空货运量、航空货运速度和处理效率的关键因素,同时也是航空公司、货主、第三方物流公司选择机场的关键。机场在考虑兴建物流园区时,首先要考虑这部分功能的建设是否能够最大限度地满足客户的需求。

2. 物流增值功能

物流增值功能包括结算、进口保税及出口监管、报关、清关及其他工商税务等。航空物流园区的结算不仅只是物流费用的结算,在从事代理、配送的情况下,航空物流园区还可以替货主或航空公司向收货人或者货运代理人结算货款等。进口保税及出口监管、报关、清关主要针对国际货运而言,是指货物在进出口时可以先进入保税物流中心,享受进口保税或出口退税的政策,并且可以在保税中心进行报关、清关业务。航空物流园区还可以办理代收代缴日常的工商税费等杂事。

3. 物流服务支持功能

物流服务支持功能主要体现在提供信息、商务和物流培训、咨询支持。信息平台为物流园区的参与者(包括航空公司、货运代理人、货主)提供多方面的信息支持服务,是航空物流园区的重要组成部分。这里的信息除了机场本身的信息,还应包括航空公司、海关、商检部门和货运代理的相关信息。商务支持平台主要为园区参与者提供如行政区域、餐饮、银行、海关、商检部门等一系列配套支持服务。物流培训主要是为航空物流园区的运营商进行必要培训,使之可以与物流园区的经营者相互配合,方便园区的管理。物流咨询主要是帮助物流园区的参与者解决某些物流规划及物流运作方面的专业性问题。

11.2.3 航空物流园区的基础设施

物流园区的基础设施主要包括：物流服务设施，如仓库、配送中心等；综合物流设施，如物流咨询、物流培训、政策咨询等；综合服务设施，如办公楼、停车场、维修中心等；生活保障设施，如水、电、住宿、食堂、银行等。航空物流园区作为物流园区的子类，不仅包括所有物流园区公有的基础设施，还包括航空货运站、航空货运村、航空快件转运中心(航空快递中心)、保税物流中心等主要功能设施。

1. 航空货运站

航空货运站是机场从事航空货运的基本设施，是经民航主管部门批准、用于存储航空货物和进行航空货物进港、出港或转运处理的场所，根据所处理的货物性质分为国际货运站和国内货运站。

2. 航空货运村

航空货运村是由大量航空货代企业构成的聚集区域，主要完成航空货物的揽货、接货、组货、包装、订舱、制单、报关和交运等活动，是连接货主和航空公司的纽带和桥梁，并可在区域内共享航空运输资源。

3. 航空快件转运中心

航空快件转运中心，又称航空快递中心、航空快件转运枢纽，是从事航空快递业务的基本设施，其功能是汇集区域内的货件，进行分拣，最终以航空或地面运输方式分发至目的地。

4. 保税物流中心

保税物流中心是指经海关批准，由中国境内企业法人经营并从事保税仓储物流业务的海关集中监管场所。它是国际物流业发展的必然产物，可以满足加工贸易对保税仓储物流的需求。

【拓展视频】

航空保税物流中心是设立在机场附近，主要为国内航空物流企业从事保税仓储物流业务的海关集中监管场所。保税物流中心赋予了保税仓储、简单加工、全球采购、国际分拨配送、转口贸易以及进入中心退税等特殊政策，使企业可以自由进行进口、出口、转口、国际中转等业务，具有以下功能。

① 口岸功能。实现内陆地区保税物流中心与港口的联动，企业直接在保税物流中心海关报关。境内货物进入保税物流中心视同出口，可以享受出口退税政策，并在进入物流中心环节退税。

② 保税仓储功能。可保税存放各种贸易方式的进口商品和已申报出口的商品。

③ 国际物流配送功能。货物可自由配送给境内、外企业，也可在国内其他海关监管特定区域之间进行转移。

④ 简单加工和增值服务。可从事不改变货物化学性质和不超过海关规定增值率的简单加工。

⑤ 进出口贸易和转口贸易。中心内企业可与境外自由开展进出口贸易和转口贸易。

11.2.4 航空物流园区的合理化

目前，我国航空物流园区已经从起步阶段开始向理性发展的新阶段迈进，航空物流园区的建设逐步向需求型和功能型发展，航空物流园区的保税功能更加突出，信息化进程明显加快。要使航空物流园区合理化，还必须通过航空物流园区的选址、设施合理规划、管理和高质量服务的整个过程来实现。

1. 航空物流园区选址

选址包括物流园区的选址和园区内建筑设施的选址（布局）。航空物流园区一般应紧邻机场而建，以便及时处理航空货物，而物流园区内的建筑设施的合理布局，应考虑到园区未来的发展及业务流程特点，如货站与货运村之间的布局、国际货物处理区域与保税贸易仓区之间的布局等。物流设施选址的模型比较多，可选择合适的模型进行定量分析，并根据航空港空间布局的整体规划与发展，进行设施选址的定量优化设计。

2. 航空物流园区设施规划

航空物流园区设施规划包括各种设施的合理配置及布局。物流设施的规模及机械的自动化水平，要根据该航空物流园区的货流量、拟定的服务水平和企业的综合效益，同时还要考虑尽量减少物流迂回、交叉、无效的往复及避免物料运输中的混乱等因素来确定。这不仅要进行科学的预测，而且要根据预测结果及优化方法对多个规划方案进行评估，才能确定最优的方案。

3. 航空物流园区的管理水平

航空物流园区内的各环节管理部门及货运代理人及相关人员和部门的相互配合与支持，是实现航空物流园区合理运作的基础，应按航空物流结构的特点实现物流、信息流的合理化，以及管理的现代化，保证货物准时、安全地送到顾客的手中。例如，深圳机场航空物流园区中的快件处理区、国际货物处理区以及保税贸易仓区组成的封闭式、统一管理的海关监管区域，以现代化科技手段代替人工操作，采用闸口管理，实行"联网监管，提前报关，封闭管理，闸口验放"的海关监管模式，贯彻海关"一次报关，一次审单，一次查验"的快速货物查验通关改革思想，极大地精简了国际货运业务流程。

4. 航空物流园区的服务水平

航空物流园区服务水平的高低直接关系到其发展。优良的服务水平可以吸引更多的客户，增加园区的货流量，同时也能吸引更多的物流企业落户物流园区，并能吸引国际大型航空公司落户所在机场，增大航空物流园区的业务量等。例如，空运中心将各种航空物流基础设施整合在一起，应用先进的现代化物流硬件技术，提供配套的"一站式"集成化服务，实现进出港货物、邮件的快速安全的集散，满足广大客户的货邮时效需求，以自动化、机械化、电子化的先进货运设备，综合配套的周密服务为广大客户构建通畅、放心的货邮进出港服务环境。当然，在提倡个性化服务以满足不同用户的服务要求的同时，也要注意服务水平与服务成本的"效益背反"问题，应采用科学的方法综合考虑和决策。

11.3　航空物流战略联盟

【拓展视频】

11.3.1　航空物流战略联盟的含义及其分类

1. 航空物流战略联盟的含义

航空联盟，实际上是航空公司之间合作的一种形式，有广义和狭义的区别。广义上的航空联盟是指航空公司之间各种形式的合作协议的总称，狭义上的航空联盟是指航空战略联盟。航空战略联盟有航空物流战略联盟与航空客运战略联盟之分。本书主要讲述航空物流战略联盟。航空物流战略联盟（Air Logistics Alliances），是指两个或两个以上的航空公司为共同提高相对于竞争对手的航空物流竞争优势，共享包括品牌资产和市场扩展能力在内的稀缺资源，从而提高服务质量，并最终达到提高利润的目的而组成的长期合作伙伴关系。从实践的角度来看，航空公司战略联盟是指联盟各方的最高管理层通过达成战略性协议，将各自的主要航线网络连接起来，并在一些关键的业务领域开展合作。

2. 航空物流战略联盟的分类

根据不同的分类标准，航空物流战略联盟可分为不同的类型。航空公司战略联盟就地理范围而言，有国内联盟、地区联盟和国际联盟。国内联盟是在同一航空规制下的航空公司战略联盟，地区联盟是不同航空规制下同一大洲内航空公司的战略联盟，国际联盟是跨洲联盟。大多数早期的航空公司联盟是国内联盟，反映了航空市场放松管制后的最初联合。就航空公司联盟时双方是否参股而言，可分为股权联盟和非股权联盟。当然，还可以采用多种标准混合分类，如国内货运联盟、地区货运联盟、国际货运联盟等。

3. 航空物流战略联盟的特征

以多边关系、广泛结盟和自由化为标志的航空物流战略联盟至少具有以下特征。

（1）全球性。

航空物流战略联盟飞行和运作的地区与空间是整个世界，它的航线网络遍布全球，覆盖六大洲。一个航空联盟，往往是飞行100多个国家的主要城市，有数百个机场。航空物流战略联盟完全打破国与国、地区与地区之间的界限，打破国内外飞行的界限，使航空运输完全国际化，形成国际化的航空网络。

（2）集团性。

航空物流战略联盟完全否定了非结盟原则，航空物流战略联盟是一个集团性的巨大企业,具有强大的经济实力和紧密的资本联合,从而形成巨大的竞争实力和抗击风险的能力。

(3) 多元性。

一个航空物流战略联盟中,包括发达国家和发展中国家的航空公司,也包括原来属于计划经济的航空企业。联盟化不分社会制度,以经济和业务合作为根本宗旨。

(4) 融合性。

多元性表现为航空物流战略联盟成员中的差异,但要使航空物流战略联盟高效运营,必须具有融合性,即各类航空公司互相取长补短,将分散的优势转化为整体优势。航空物流战略联盟的成功与否,关键在于将不同类型的航空物流企业融合为一个协调的运行整体。融合性的基础是平等互利的原则,执行"一视同仁"的政策,增强凝聚力和协调力,以航空物流战略联盟的统一原则参与竞争。

11.3.2 航空物流战略联盟的发展历程

航空物流战略联盟起源于航空公司客运业务之间的代码共享协议。代码共享(Code-Sharing)又可称为代号共享,通常是指不同航空公司在同一个航班上使用各自航班代码的一种跨公司联合协作的航空市场开拓方法。

航空公司客运联盟基本上是从美国放松管制后开始的,在历经20世纪80年代普遍的代码共享后,迎来了自80年代后期至今的三次战略联盟浪潮。

自从1978年美国航空运输业放松管制以来,航空运输自由化的浪潮波及世界各国。1987年,美国联合航空公司率先与英国航空公司达成市场营销联盟,标志着航空公司联盟第一次浪潮的开始。20世纪80年代末90年代初,越来越多国家的航空运输业开始出现私有化趋势。随之而来的是航空公司的外国所有制趋势的发展,拥有外国航空公司所有权正是进入外国市场的一个极好途径,因此这一时期的许多航空公司纷纷走上投资参股联盟之路,掀起了世界航空公司联盟的第二次浪潮。20世纪90年代中期以后,为了在趋于自由化的航空市场中保持竞争实力,以及确保在21世纪全球竞争中的地位,许多航空公司纷纷调整策略,将发展联盟和扩大现有联盟视为公司战略的关键。1996年,英国航空公司宣布与美国航空公司结成广泛的战略联盟,标志着全球航空公司联盟第三次浪潮的到来。

1997年5月14日,美国联合航空公司(United Airlines,简称美联航)、加拿大航空公司(Air Canada)、德国汉莎航空股份公司(Lufthansa)、北欧航空公司(Scandinavian Airlines)和泰国国际航空公司(Thai Airways International)发起并组建了全球航空联盟——"星空联盟"(Star Alliance)。星空联盟在2000年11月设立了全职的联盟管理团队(AMT),以便更好地为联盟发展制定战略和更好地协调联盟成员的管理。至今为止,星空联盟成员已发展到28个成员航空公司,是全球历史最悠久、规模最大的航空联盟。联盟成员航空公司涵盖全球五大洲的航线,将使星空联盟的全球航空网络更加广泛和完整。星空联盟的庞大飞行航线网涵盖了全球4 700多条航线,涉及193个国家的1 317个目的地。

2000年6月22日,美国达美航空公司(Delta Airlines,常被译为"三角洲航空",简称达美航空)、法国航空公司(Air France)以及大韩航空公司(Korean Air)、墨西哥国际航空公司(Aeromexico)宣布共同组建"天合联盟"(Sky Team,又译"空中联队")。2001年,意大利航空公司Alitalia和捷克航空公司Czech Airlines加入天合联盟。随着美国大陆航空公司(Continental Airlines,2010年被美国联合航空公司兼并)、美国西北航空公司(Northwest Airlines,2010年被美国达美航空公司兼并)、荷兰皇家航空公司(KLM Royal Dutch Airlines)以及俄罗斯航空公司(Aeroflot-Russian Airlines)的加入,天合联盟成为全球民航业第二大航空公司联盟。2004年9月与"飞翼联盟"(Wings Alliance,也译为"航翼联盟")合并后,荷兰皇家航空公司以及美国西北航空公司亦成为其会员。2009年4月,天合联盟设立了中央管理团队,成员航空公司在管理上的合作程度比以往更为紧密。至今,天合联盟有20位成员航空公司,航线网络航班通往共177个国家的1 074个目的地。

1999年2月1日,美国航空公司(American Airlines,或译美利坚航空公司,简称美航)、英国航空公司(British Airways)、原加拿大航空公司(Canadian Airlines,已被Air Canada收购)、国泰航空公司(Cathay Pacific Airways)及澳洲航空公司(Qantas Airways)组建航空联盟——"寰宇一家"(One World)。寰宇一家在2000年5月率先在加拿大温哥华成立了中央管理团队——寰宇一家管理公司(OMC),以加强对联盟管理、联盟发展和旅客服务的控制力。截至2017年10月,寰宇一家有13位成员航空公司,飞行航线网涵盖约158个国家的1 012个目的地。

中国航空公司联盟也已开始起步,1997年四川航空、深圳航空、海南航空、山东航空、中原航空、武汉航空6家航空公司建立联盟,并于1998年1月1日开始实施航空服务与合作项目。1998年8月18日,中国东方航空公司与美国航空公司签署的代码共享协议正式实施。随后,中国国际航空股份有限公司(Air China)与美国西北航空公司、德国汉莎航空公司,中国南方航空股份有限公司(China Southern)与达美航空公司,中国东方航空股份有限公司(China Eastern Airlines)与日本航空公司(Japan Airlines)等也相继签订了代码共享协议。中国南方航空公司于2007年11月15日加入天合联盟,成为我国大陆首家加入国际航空联盟的中国内地航空公司。2007年12月,中国国际航空公司加入星空联盟。2010年4月16日,中国东方航空公司签署了在未来正式加入天合联盟的初步协议,并于2011年6月21日正式加入天合联盟。

国际三大联盟(星空联盟、天合联盟和寰宇一家)始于客运联盟,但也都相继进行了货运联盟。2009年,三大联盟提供的运力和周转量均占全球航空公司总量的80%左右,越来越多的航空公司将主动或者被动地卷入到联盟化的进程中去。

案例 11—1

爱琴海航空公司加盟星空联盟后发展迅速

位于雅典的爱琴海航空公司(Aegean Airlines)在其长期合作伙伴——德国汉莎航空公司的帮助下加盟星空联盟后,为公司带来了大量中转客源,公司发展迅速,于2008年成为希腊排名第一的航空公司。

同时值得注意的是，尽管面临油价的冲击，Aegean 航空公司 2008 年收入仍增长了 27%，达到 6.12 亿欧元，运营利润增长了 23%，达到 0.575 亿欧元。

——摘自《中国民航报》，2010 年 4 月 14 日

11.3.3　航空物流战略联盟的主要合作形式

航空物流战略联盟的合作形式主要有联合营销、联合运营、联合购买及投资参股等形式。联合营销包括代码共享、包租舱位、特许权经营、联合市场营销等；联合运营包括协调航班计划、联合空中服务、联合维修、共用机场设施等；联合购买主要是为了节约成本，如联合购买航油、保险、机上设备等。下面介绍几种常见的航空物流战略联盟的合作形式。

1. 代码共享

代码共享是大多数航空公司战略市场开发和跨国联合的一种有效方式。美国运输部曾在 1944 年 8 月将其概括为："某一航空公司的指定航班号码被用于另一航空公司所营运的航班之上的做法。"这也是迄今为止代码共享在世界范围内的第一个"官方解释"。它是指两家航空承运人达成协议，允许将一家航空公司航班号的两个字母标识加到另一个承运人的航班号之前，或者两家承运人也可以同时共用一个航班代码。实际上，这意味着两个(或多个)航空公司销售同一航班的座位却使用不同的航班号。代码共享是相互的，比如航空公司可以把自己的代码加到合作方运营的转接航班上。通过代码共享，所有的参与方可以销售彼此的航班作为在线转接服务，甚至每一航班可由一个不同的第三方航空公司承运。航空公司将从更大的市场存在中受益，因为人们相信这些航空公司正为更多的目的地提供更多服务，同时航空公司也可以获得一些重要的客源。另外一个主要的好处是获得航空公司在计算机订票系统(CRS)屏幕显示的优先权。因为代码共享作为在线转接服务，其航班比同样的两个不同运输主体之间的联运转接，会出现在计算机订票系统上更好、更显著的位置。代码共享为航空公司带来好处的同时，带来的成本增加却是微乎其微的，这也正是代码共享能在航空公司的国际合作中占据重要地位的原因所在。代码共享通常分为 3 种类型：包座(Block space，即市场方向运营方以固定价格购买固定数量的座位，运营方将这部分座位库存从自己的库存中减去)；自由销售(Free sell，即不锁定座位库存，可以销售任意数量的座位，市场方根据协议规定向运营方支付票价，需要通过实时报文交换库存和订座系统的数据)；带上限的自由销售(运营方可针对每个市场方航空公司设置其最大可销售座位数量，其他方面和"自由销售"相同)。

2. 包租舱位

包租舱位，又称互租舱位，是指一家航空公司在他的某些航班上给另一家航空公司分配一些舱位，另一家航空公司通过自己的市场营销和销售系统向旅客销售这些舱位。这种方法变相地为航空公司增加了航线种类，常用于包租座位的这家航空公司由于种种原因不能服务该城市机场的情况，也是绕过航空双边协定障碍的一种有效方式。包租舱位不同于代码共享，它是一种部分湿租的形式。

3. 网络租赁

网络租赁是拥有枢纽机场的航空公司对外承担空管服务的一种方式，航空运输业中的空管服务具有明显的管网性，对一家航空公司提供空管服务和对多家航空公司提供该项服务的成本并没有明显的差别，在这种情况下，网络租赁成为航空公司分摊巨额资产成本、提高固定资产利用效率的有效工具。

4. 特许权经营

特许权经营是大型航空公司对外输出品牌效应的一种方式，大多发生在大型航空公司与中小型航空公司的合作之中，在国外典型的 hub-spoke 模式中，大型航空公司通过允许支线航空公司使用其名称、飞机专用标志、制服和品牌等将其服务区域向外扩展，而中小型航空公司则借助大型航空公司良好的形象获得发展的契机。大型航空公司向中小型航空公司销售这些特许权，中小型航空公司向其支付特许权使用费，从而成为大型航空公司主要航线网的辅助性航空公司。

5. 计算机订舱系统

计算机订舱系统（Computer Reservation System，CRS），是目前国际航空业中通用的计算机订舱系统。航空公司与其合作伙伴同时使用 CRS 系统将帮助双方增加航班查询率，为客户了解航空公司提供了一个良好的平台。

6. 股权互换

股权互换是航空物流战略联盟中仅有的一种涉及股权操作的合作方式，一般出现在关系极为密切的航空公司之间，相对来讲数量较少，但却是较为复杂的一种合作方式，而且退出成本及经营风险都较高，并受所持股份额的限制，所以并没有被广泛接受。共同采购、联合服务、协商管理、服务维修共享、共同营销等这几种合作方式是目前三大战略联盟采用较多的合作方式，可以在更大范围内展现并挖掘航空物流战略联盟的丰富内涵。

上述这些类型的合作方式并非是相互排斥的关系，一家航空公司可以根据自身的战略目标与另一家航空公司展开全方位的合作，与此同时，它也可能正与第三家航空公司就某一条航线的开发或共享进行磋商。不同的航空物流战略联盟形式为航空公司实现不同的目标提供了载体，不同类型的航空物流战略联盟并存的合作格局将可能一直延续下去。

11.4 航空物流收益管理

随着世界经济一体化以及全球化进程的深入，航空物流业的发展将更为繁荣，航空物流企业之间的竞争也会越来越激烈。收益管理作为一门已被众多实践证明其成功性的管理技术，对于改善我国航空物流业的收益管理水平，增强我国航空物流企业的竞争能力，提高我国航空物流企业的经济效益具有重大意义。

11.4.1 航空物流收益管理的思想

1. 收益管理概述

销售易腐产品的公司经常面临一个在有限的时间内销售固定数量产品的问题，如果市场上的顾客愿意为这一产品支付不同的价格，就有可能使用产品细分把市场分为不同的顾客群体。这就创造了把产品以不同价格销售给不同顾客的机会，例如通过在不同的时间以不同的价格销售或对高质量的服务索取较高的价格。如果这样做，就必须做出定价决策，和向每个顾客群体预留多少产品的决策。这类决策就是收益管理(Revenue Management)问题。收益管理是指在微观市场层次上，以收益最大化为目的，通过预测消费者行为来协调产品的价格和供货数量的一种销售控制策略。它通过对有限资源的有效充分利用，达到提高公司效益和社会福利的目的。

收益管理的概念早在20世纪五六十年代就被提出来了，但是直到20世纪70年代末伴随着美国航空业放松价格管制政策的实施，才作为一种管理手段在实际中得到应用。美国的达美航空公司和美国航空公司在1983年已经在实际业务中成功应用了收益管理。目前，起源于航空客运业的收益管理不仅在客运领域得到了广泛应用，也已经扩展到货运、酒店、租车、零售、广播电视、网络服务等众多服务行业，甚至在制造业(如高科技产业)也得到相应的应用，并取得了显著的效益。

2. 航空物流收益管理的含义

航空物流收益管理是在综合考虑销售时机和舱位存量对决策目标——物流供给能力收益最大化营销的基础上，通过需求预测、动态定价和舱位控制策略，能够有效地解决由于舱位带来的价值易逝风险问题，并为航空公司带来巨大收益的一种管理工具和方法。其核心仍旧是在合适的时间将合适的物流产品(舱位)以合适的价格销售给合适的客户。在满足市场需求的同时，使航空公司的资源(运力)达到充分利用，从而优化航空公司的收益。航空物流收益管理的思想就体现在公司怎么能够把自己的产品以尽可能高的价格销售出去，同时避免出现空舱。航空物流收益管理的核心理念可以总结为：在平衡供求矛盾时，焦点应投向价格而不是成本；用以市场为基础的价格定位代替以成本为基础的价格定位；针对微观市场而不是宏观市场进行销售，增加消费者剩余的同时吸引低价位消费者；为能够给航空企业带来最大收益的顾客保留产品；决策不能靠假定，而要基于知识；运用产品的价值周期；不断评估收益机会。

案例 11-2

小航空公司收益管理秘诀

阿斯塔纳航空公司(Air Astana)成立于2002年，它是哈萨克斯坦政府和BAE系统公司合作成立的合资公司。哈萨克斯坦土地面积比西欧大，拥有巨大的矿产资源，实际上，Air Astana 是本国航空业发展史上不容忽视的力量，开辟了许多国际航线，包括伦敦、法兰克福、莫斯科、伊斯坦布尔、德里以及北京等。随着 Air Astana 业务的发展，它需要和其他对手（比如英航和汉莎等）竞争，争夺利润丰厚的国际业务市场。因此在 2008 年年初，公司决定引入收益管理。其中，最主要的部分是成立中央化的收益管理组织。Air Astana 如今仍延续了销售和分销部门与收益管理部门之间的紧密合作，这意味着短期的销售促销和其他市场促销活动应该全力以赴关注公司最急需开发的市场和航线，这也是公司能够获益最多的地方。公司在 2008 年首次引入了超售理念，这要求对机场的流程实施大范围变更，包括拒绝登机后的各种补偿流程。在其国内市场，因价格和航班管制的因素使得收益管理非常困难，但公司还是从中找到了一些机会。他们鼓励海外销售国内联程航段，主要是获得货币兑换差价优势。Air Astana 认为引入了这些收益管理的新做法在应对如今经济衰退和拓展业务方面功不可没，实际上收益管理数据也证明了这一点。

——摘自《中国民航报》，2010 年 4 月 14 日

11.4.2 航空物流收益管理系统

1. 航空物流收益管理系统的概念

航空物流收益管理系统是依据航空物流收益管理理论与方法建立起来的一套计算机辅助决策系统，是实现航空物流收益管理思想的重要物质基础。航空物流收益管理系统经历了近 30 年的发展，已经从最初的航节控制、再到航段控制、发展到起讫点控制，每一次进步都要求有更加复杂的信息系统的投入，但这些投入的回报也很可观。国外的航空物流收益管理系统软件开发商的研究结果表明，科学的航空物流收益管理系统每年可使航空公司的收入提高 3%～9%。各大航空公司看到航空物流收益管理系统的巨大好处，纷纷投巨资相继研制开发自己的航空物流收益管理系统。

航空物流收益管理系统首先将航班计划、运价和限制条件等产品信息输入系统，由系统（包括人的干预）进行销售过程的控制，如超订等，最后将得到的结果放入 CRS 系统进行销售。市场销售的实际结果则从销售业务信息系统（订舱系统和离港系统）反馈到销售分析系统，销售分析系统再结合其他途径获得的信息进行分析，将分析结果反馈到产品设计和销售控制过程中，对这些活动进行调整，以获得更好的效果。进行销售控制是航空物流收益管理的核心功能。随着航空物流收益管理系统所积累的市场信息量的增加，航空物流收益管理系统也为航空公司的其他业务提供了强有力的支持。

航空物流收益管理系统一方面通过对销售数据的分析，进行销售控制，主要包括确定合理的超订规模，确定是否接受团体订舱和如何接受团体订舱，实现在合适的时间、合适的地点，把合适的产品销售给合适的顾客，优化收益。另一方面，航空物流收益管理系统积累的大量数据可以为航空公司的定价、航班计划、代理人管理、市场营销等提供必要的决策支持信息。这两方面的功能使得航空物流收益管理系统成为公认的航空公司的重要战略武器。

2. 航空物流收益管理系统的构成

航空物流收益管理系统主要包括需求预测、定价、超售和舱位控制 4 个部分。

（1）需求预测。

由于航班运输能力的固定性和难以转移性，为保证收益的确定性和最优化，通过需求预测（Demand Forecast），分析将为预订及超售等策略的制定提供基本的依据。在制定出航空物流收益管理的决策之前，管理者必须对需求的结构进行详细把握，这个结构不仅包括不同分级条件下的需求结构，而且还必须考虑顾客在不同结构之间的转换。影响顾客需求强度的主要因素是顾客需求紧迫程度、需求偏好和价值取向。管理者必须对消费者的产品需求偏好进行研究，通过市场细分对客户进行严格的界定。通常情况下，需求分析在很大程度上依赖于历史数据。对于新的价格体系下需求的调查，由于没有历史数据，往往取决于民意调查或者其他途径获得的信息。

（2）定价。

定价（Pricing）在航空物流市场竞争中起着非常重要的作用。随着市场竞争日益加剧、技术进步与革新、顾客需求的快速变化，企业之间的竞争逐渐从基于成本的竞争战略转向基于时间的竞争战略。在新的环境下，时间敏感型需求的顾客群体逐渐增大，对于产品与服务的市场响应时间的要求越来越高。特别是服务业，时间和价格已经成为影响顾客满意度的关键因素。近几年来我国航空物流市场发展非常迅速，竞争也越来越激烈，出现了 UPS、FedEx、DHL、TNT 等大型航空物流企业，这些企业已经将时间因素置于竞争战略首位，例如 FedEx 首先提出保证所有邮件隔天 11：00 以前送达顾客并建立与之相对应的运价，随后 UPS 保证隔天 8：30 前送达顾客与 FedEx 相抗衡。虽然我国航空物流企业近年来发展也较快，但是由于起步比较晚、规模比较小，所以在国内航空物流市场中，现今我国航空物流企业的市场份额明显低于境外航空物流企业。而且我国航空物流价格体系一直实行以重量和距离为基础的运价结构，与新的竞争市场环境不相适应。我国航空物流企业要在竞争中胜出，必须把时间作为航空物流服务的最大优势体现出来，建立与时间相对应的价格体系。

（3）超售。

航空物流运力是可供使用的资源基础，在运力分配中，可使用的资源包括两部分，一部分为可使用的实际的物理舱位，另一部分是为考虑超售（Cargo Overbooking）的可分配的虚拟舱位。为了提高货运舱位的利用率和物流收益，航空公司需要根据历史数据和需求预测情况确定货运舱位超售水平。因为货主可能取消订舱、更改订舱、未发货，所以如果超售水平太低，可能出现货运舱位未装满（Spoilage）的情况，降低航空公司的收入，如果超售水平太高，可能出现拒载（Offload），增加航空公司的成本，确定合适的超售水平是提高航空物流收益的重要方法之一。在单航段的条件下，最优超售水平与货物的 Show-Up 率（已订舱且实际到货率）有关，与订舱请求量多少无关。只要航空公司对订舱请求控制在最优的超售水平点，就能使航空公司的收益最大化。

（4）舱位控制。

舱位控制（Cargo Slot Inventory Control）是航空物流收益管理的核心内容，应从长期和短期两方面研究航空物流舱位控制问题。在长期规划中，由于各条航线的航空物流需求和各个季节的航空物流需求不同，为了保证航空公司的总体赢利水平，航空公司通常会将多条航线、一段时间内和一定比率的舱位与航空物流代理公司以签订长期销售合同形式提前预售。在长期销售合同中，航空公司必须确定协议价格和协议舱位量，而且要预留一部分舱位，以较高的价格销售给零星顾客。也就是说，如何分配长期舱位销售量和零散舱位销售量在很大程度上影响着航空公司的航空物流收益。另外，在短期规划中，航空公司不仅要满足长期销售合同的协议舱位量，而且必须选择承载边际利润率高的零散货物，也就是说，当出现不同价格的航空物流需求时，要考虑接受何种运价的货物，接受多少需求量，如何进行舱位分配，使得以合适的价格和合适的舱位量销售给合适的货主。合适的舱位控制应使航空物流收益最大化。

本 章 小 结

20世纪90年代以来，随着经济全球化的快速发展及信息技术的广泛应用，航空物流管理和航空物流活动的现代化程度也在不断提高，航空物流向着目标系统化、功能集成化、作业规范化、手段现代化、信息电子化、服务全球化、运营绿色化、组织网络化的方向发展。

航空物流园区、航空物流战略联盟、航空物流收益管理是航空物流发展的几种具体形态。

航空物流园区是位于机场内或机场附近，以航空飞行器及机场地面配套物流设施为航空货物的进港、出港及中转等活动提供支持的一个集合性区域，又被称为机场物流园区或空港物流园区。航空物流园区主要包括基本物流功能、物流增值功能、物流服务支持功能。要使航空物流园区合理化，必须通过航空物流园区的选址、设施合理规划、管理和高质量服务的整个过程来实现。

航空物流战略联盟是指两个或两个以上的航空公司为共同提高相对于竞争对手的航空物流竞争优势，共享包括品牌资产和市场扩展能力在内的稀缺资源，从而提高服务质量，并最终达到提高利润的目的而组成的长期合作伙伴关系。目前，国际三大航空战略联盟是星空联盟、天合联盟和寰宇一家。航空物流战略联盟的合作形式主要有联合营销、联合运营、联合购买以及投资参股等形式。

航空物流收益管理是在综合考虑销售时机和舱位存量对决策目标——物流供给能力收益最大化营销的基础上，通过需求预测、动态定价和舱位控制策略，能够有效地解决由于舱位带来的价值易逝风险问题，并为航空公司带来巨大收益的一种管理工具和方法。航空物流收益管理系统是依据航空物流收益管理理论与方法建立起来的一套计算机辅助决策系统，是实现航空物流收益管理思想的重要物质基础。航空物流收益管理系统主要包括需求预测、定价、超售和舱位控制4个部分。

 **关键术语**

航空物流园区 Air Logistics Park　　　航空物流战略联盟 Air Logistics Alliances
星空联盟 Star Alliances　　　　　　　天合联盟 Sky Team
寰宇一家 One World　　　　　　　　收益管理 Revenue Management
代码共享 Code-Sharing　　　　　　　计算机订舱系统 CRS
超售 Cargo Overbooking　　　　　　舱位控制 Cargo Slot Inventory Control

习　题

一、判断题

1. 征收航空碳税是航空物流运营绿色化的要求。　　　　　　　　　　　(　　)
2. 航空物流园区位于机场内或机场附近。　　　　　　　　　　　　　　(　　)
3. 航空物流园区主要包括基本物流功能、物流增值功能、物流服务支持功能。
　　　　　　　　　　　　　　　　　　　　　　　　　　　　　　　　(　　)
4. 航空联盟，实际上是航空公司之间合作的一种形式。　　　　　　　　(　　)
5. 代码共享是大多数航空公司战略市场开发和跨国联合的一种有效方式。(　　)

二、选择题

1. 国内机场最早发展航空物流园区的是(　　)。
　　A. 深圳机场　　　B. 北京首都机场　　C. 上海浦东机场　　D. 天津滨海机场
2. 航空物流园区保税物流中心的成立主要需要经过(　　)批准。
　　A. 民航局　　　　B. 海关　　　　　　C. 质检局　　　　　D. 商务部
3. 收益管理的概念早在(　　)就被提出来了。
　　A. 第一次世界大战时　　　　　　　　B. 第二次世界大战时
　　C. 20 世纪五六十年代　　　　　　　　D. 20 世纪 70 年代
4. 目前，国际三大航空战略联盟是星空联盟、天合联盟和(　　)。
　　A. 星空联盟　　　B. 天合联盟　　　　C. 寰宇一家　　　　D. 飞翼联盟
5. 航空物流收益管理系统主要包括(　　)。
　　A. 需求预测　　　B. 定价　　　　　　C. 超售　　　　　　D. 舱位控制

三、简答题

1. 简述航空物流的发展方向。
2. 如何达到航空物流园区合理化？
3. 航空物流战略联盟的合作形式有哪几种？

4. 如何理解航空物流收益管理的含义？
5. 航空物流收益管理系统的构成是怎样的？

四、讨论题

一组3～4名同学。收集国际三大航空战略联盟的最新信息。

案例分析

加入星空联盟十周年 国航逐渐走向世界民航的舞台中央

天文爱好者李文一直有个心愿，去位于纳米比亚温得和克、有"望远镜农场"之称的纳米布沙漠观星。尽管国内没有航空公司执飞至温得和克的航班，但当他得知执飞约翰内斯堡——温得和克的南非航空公司也是星空联盟成员后，李文从国航订购了从北京至温得和克的机票。"在国航就能直接购买至温得和克的机票，在北京就能打印出全程的登机牌，行李也可以直接托运至温得和克，很方便。"李文表示。

成为星空联盟成员，让国航的航线网络得到了极大的扩展。截至2017年6月30日，中国国际航空公司经营客运航线408条，通航国家(地区)39个，通航城市184个。通过星空联盟，国航航线网络可覆盖191个国家的1 307个目的地。

长期以来，国航把成为具有国际竞争力的大型网络型承运人作为发展方向，始终坚持国际化战略、枢纽战略。加入星空联盟，正是国航战略落地的具体表现。

2007年，国航加入了星空联盟，从联盟中跟随者做起，积极参与联盟各种事务，充分利用联盟优势，主动学习全球领先航空公司，不断增强自身实力。星空联盟首席执行官吴茂松(Jeffrey Goh)评价国航说："国航国际化程度在不断加深，在全球影响力进一步扩大，在星空联盟中也扮演着越来越重要的角色，他们正在走向世界民航的舞台中央。"

1. 从跟随到引领

中国航空公司要走向世界舞台需要向国际同行借鉴先进的管理经验和技术，也必须参与到国际竞争中，而让其走向世界舞台的最佳途径则是加入航空联盟。经过审慎、科学的选择，2007年年国航加入了星空联盟。国航投资者关系部总经理卞红曾经参与了国航加入星空联盟的全过程，她谈道："加入星空联盟，给国航在网络效应、品牌效应、联合销售、产品和服务水平的提升以及联合采购方面带来许多益处，这些益处是国航仅靠自身力量无法得到的。"

她也见证了国航在星空联盟中的成长历程。2007年年初入联盟，国航只是一名跟随者。国航只能不断地熟悉联盟的规则，在销售、服务、管理等各个方面努力保证自己达到联盟的要求。自2010年起，国航开始逐步成为联盟中的主要参与者，在联盟中的作用也越来越明显。2012年和2013年，国航还先后推荐深圳航空、长荣航空成功加入星空联盟。2013年，国航成为星空联盟一类成员，话语权进一步增强了。国航成长为联盟引领者的标志性事件则发生在2014年，当年，国航当选为联盟内战略组成员，这类似于联合国的"常任理事国"。国航因此也获得了联盟规则标准制定更大的主导权和话语权。

2017年，吉祥航空正式成为星空联盟全球第一家优联伙伴成员，其推荐人就是国航。2017年年底，星空联盟28家成员航空公司的领导者齐聚北京，参加由国航承办的星空联盟高层会议。

2. 全方位增强实力

"借力"星空联盟，国航不断增强自身实力。入盟后，国航航线网络得到了极大的拓展，海外营销能力显著增强，常旅客计划附加值不断扩大，星空联盟为国航输送旅客人数和收入稳步提升，为国航带来更多收益。2007年，国航品牌价值为235.23亿元；2016年，国航以1 467.99亿元的品牌价值位居中国民航首位，是10年前的6倍还多。目前，国航规模已经跃居星空联盟成员中的第四位。入盟前，国航仅拥有7家合作伙伴，入盟当月发展至18家。如今，国航有27家星空联盟合作伙伴和1家星空联盟优联合作伙伴。

受联盟影响，国航内部的国际化程度更高了。入盟以来，国航派驻星空联盟法兰克福总部短期实习人员近10人次，涉及销售、电子商务、结算、地面服务、法律、联合采购等各个业务领域。这些实习拓展了国航员工的视野，为他们树立起国际化的观念。这些员工回到原工作岗位后，又带动所在的团队与国际接轨。

发挥联盟成员优势，国航国外营业部的销售渠道拓宽了，销售能力提升了。2016年，星空联盟共有28个战略市场，国航参加了23个。

通过向联盟内世界领先航空公司学习，国航在客舱服务、贵宾服务等细节上进行了完善，全面提升服务水平。"凤凰知音"的贵宾会员在乘坐任何星空联盟成员航班时，都能享受优先值机、优先登机、额外免费行李额等标准一致的贵宾服务；金卡以上的会员更可以在全球上千个休息室享受服务。不少旅客都认为，国航在服务方面的竞争力也明显增强了。

3. 发出中国强音

增强实力的同时，国航也在推动着星空联盟的发展。

国航牵头了星空联盟北京枢纽项目。2016年，国航联合首都机场，与星空联盟专家共同梳理了首都机场的中转流程，提升星盟成员之间的中转衔接机会和效率，从而打造高效的北京枢纽。国际中转旅客能直接看到，首都机场中转标识全部更换为黄色，十分醒目，与东京成田机场、首尔仁川机场、伦敦希思罗等星空联盟枢纽项目机场一致。不仅如此，国航还积极推动星空联盟"同一屋檐下"战略的实现。该战略集中整合候机楼资源，促使联盟成员航空公司在主要机场的同一航站楼运营，共用机场设施，如值机柜台、行李设施、中转柜台、休息室和办公区域等；同时采用统一的产品和服务，如机场标牌、自助值机设备及高水平的行李中转服务和高端常旅客服务等。

随着自身实力的增强和具备更丰富的参与联盟事务经验，国航在星空联盟中逐渐提出了各类规则。2016年，国航率先在星空联盟中提出了"常旅客网上里程补录"，随后，28家成员航空公司全部上线了该系统，旅客里程补录的效率和体验得到了极大提升。今年，国航又提出了常旅客姓名和卡号同时校验，确保每一名常旅客的真实身份，既保护了航空公司利益，又确保了常旅客享受到高品质服务。从规则的被动跟随者变为规则的积极参与者和引导者，国航逐渐走向了星空联盟的舞台中央。

"航空联盟提出的技术、管理、服务都各项运行规则都是集各航空公司之长，是走在行业最前端的。在星空联盟中做一名引领者，就意味着在世界民航的舞台中央。"国航对外合作部总经理彭海平表示，"国航还在努力提升自己，争取能够全方面引领联盟内航空公司的发展。可以说，现在我们离舞台中央很近了。"

——陈嘉佳，付薇. 加入星空联盟十周年，国航逐渐走向世界民航的舞台中央［EB/OL］.
民航资源网（http://news.carnoc.com/list/428/428765.html，2017.12）

问题：

（1）谈谈你对航空物流战略联盟的认识。

（2）国航加入星空联盟十周年所取得的成就，对其他航空公司有什么借鉴意义？

第12章 航空物流业的发展

【本章教学要点】

- 了解中国航空物流业的发展阶段以及各阶段的具体发展成果；
- 认清我国航空物流业存在的问题，把握我国航空物流业的发展机遇与挑战；
- 了解美国、日本等其他各国航空物流业发展的主要过程和策略。

【知识架构】

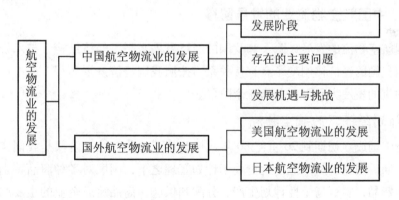

> **导入案例**
>
> 提起上海航空股份有限公司,人们总会想到"国内第一家地方航空公司""中国第一家多元化投资、商业化运营的有限责任航空运输企业""民航业较早的股份公司"。的确,历时33年,上海航空股份有限公司这家民营多元投资企业的经营业绩令人刮目相看。1985年,从5架二手波音707飞机起家,上航开通了上海至北京、广州等航线。1988年,上航销售了旧飞机,引进了5架先进的波音757飞机,先后开通了上海至西安、厦门、哈尔滨等30多条航线。2002年9月16日,上海航空股份有限公司向社会公众发行2亿A股。上航现已拥有13架波音757-200客机、5架波音767-300客机、6架波音737-700客机、10架波音737-800客机、5架CRJ-200客机、1架豪客(Hawker) 800XP公务机、1架波音737-300全货机、1架MD-11全货机总共42架机队的规模。目前,上航已开辟了140多条国内航线,以及上海至澳门定期航班的良好运营,和至金边、海参崴、胡志明的定期航班,东南亚国际包机业务的开展,证明了上航经营的总体实力,公司以良好的安全记录、高质量的服务水准、先进的企业文化和卓有成效的经营管理,取得了较好的经济效益和社会效益。上航的目标是建成一个"国内最好、顾客首选、具有国际水平"的以上海为中心,辐射全国的枢纽航空公司。
>
> 上航取得的建设成就和日新月异的变化,离不开中国航空物流产业的大力发展,上海航空股份有限公司是中国航空物流业发展的缩影。
>
> ——作者根据有关资料整理

12.1 中国航空物流业的发展

12.1.1 中国航空物流业的发展阶段

我国航空物流的发展,除了和我国的经济发展水平、经济结构、技术发展状况有关外,还和我国的经济体制变革有直接关系。按照我国经济发展历程,新中国成立以来我国航空物流的发展大致可以分为3个阶段。

1. 计划经济下的航空物流

从新中国成立初期到20世纪80年代初改革开放前,这一阶段是我国实行计划经济体制的时期。国家的整个经济运行处于计划管理之下,国家对各种商品特别是生产资料和主要消费品,实行指令性计划生产、分配和供应,商品流通企业的主要职责是保证指令性分配计划的实现,节省流通领域的费用。政府虽然也在综合发展各种运输方式、合理布局物资储运点、建立合理库存、编制并不断修订主要物资的合理流向图、提倡综合利用各种运输方式及发展联运等方面提出了多种政策措施,但总体上看,我国航空物流业发展非常缓慢,特别是由于受到美国等国家的经济封锁,几乎不存在国际性的航空物流活动。

在这一阶段,资源分配和组织供应是按行政区划分进行的,航空物流活动的主要目

第12章 航空物流业的发展

标是保证国家指令性计划分配指标的落实,航空物流业的经济效益目标被放到了次要位置。航空物流环节相互割裂,系统性差,整体效益低下。中国的航空物流业在1952—1976年,经历了5个周期波动,均处于大起大落中,航空运输总周转量增长率的峰谷落差均超过40%,而这种大起大落均与剧烈的社会变动及政治运动有关。

2. 有计划的商品经济下的航空物流

从改革开放到20世纪90年代中期,十一届三中全会以来随着改革开放步伐的加快,我国开始从计划经济向市场经济逐步过渡,即从计划经济向计划经济为主、市场经济为辅,计划经济和市场经济相结合的体制转变。市场在经济运行中的作用逐步加强,我国的经济运作从产品经济逐步向商品经济过渡,国内商品流通和国际贸易也不断扩大,航空物流业开始受到重视和发展。1980年3月5日,中国民航局从隶属于空军改为国务院直属机构,为中国航空物流的发展提供了有利的体制条件。1985年10月,民航局、国家工商总局发布了《关于开办民用航空运输企业审批程序的通知》,在这前后,地方航空公司开始进入人们的视野,1984年7月,厦门航空有限公司成立,成为第一家由中央和地方合资举办的航空公司。这些改革探索是有计划的商品经济要求。

这一阶段,航空物流业开始注重经济效益,航空物流活动已不仅仅局限于被动的仓储和运输,而开始系统运作,即考虑包括包装、装卸、流通加工、运输在内的航空物流系统整体效益,按系统化思想,推出了仓库一次性作业、集装单元化技术、自动化立体仓库、各种运输方式综合利用和联合运输等系统应用形式,用系统思想对航空物流全过程进行优化,使航空物流总费用最低。这一阶段,航空物流的经济效益和社会效益有所提高。

3. 现代航空物流发展阶段

社会主义市场经济体制建立中的我国现代物流发展,即从提出建立社会主义市场经济体制到现在。1993年,党的十四届三中全会通过了《关于建立社会主义市场经济体制若干问题的决定》,我国加快了经济体制改革的步伐,经济建设开始进入一个新的历史发展阶段。当年我国国内生产总值与货物进出口贸易总额分别为35 260亿元人民币和1 957亿美元,2017年分别增长至827 122亿元人民币和277 923亿元人民币。伴随经济的快速发展,我国航空物流业的发展也进入了快车道。1993年我国航空货运量与货物周转量分别为69.4万吨和16.61亿吨公里,2017年分别增长至705.8万吨和243.5亿吨公里,分别增长了10.17倍和14.66倍,年均分别增长了10.61%和12.38%。

1992年以来,我国航空物流业在投资准入政策上也在不断地向市场化方向迈进。1993年《开办航空运输企业审批基本条件和承办程序细则》出台,该细则对开办公共航空运输企业审批的基本原则、应具备的条件、经营许可证的颁发和管理等做出了明确的规定,有力地促进了当时我国航空物流业的发展。在各地政府的牵头下,不到5年时间,10余家地方航空公司如雨后春笋般涌现,航空公司所有制单一化的结构被打破。

由于航空物流业的特殊性,长期以来,我国的航空公司是不允许任何民营资本进入的，所以当2005年《国内投资民用航空业规定（试行）》和《公共航空运输企业经营许可规定》颁布之后，因其鼓励民营资本进入航空物流业，而被视为中国航空物流业打破垄断的标志之举。新法规实施之后，一方面使航空物流企业能够更多地吸收和统筹利用各方资金，另一方面对那些愿意关注、参与航空物流业的投资者和经营者来说，也是一个难得的契机。到2006年年初，我国民营航空公司已经增长到了14家。

外资的进入经历了一个逐步放宽的过程。1994年5月，民航局与原外经贸部联合发布《关于外商投资民用航空业有关政策的通知》，允许外商以合资、合作或参股方式设立航空运输企业，为外资的投资准入奠定了初步的法规基础。2002年，为了适应加入世贸组织和深化体制改革的新形势，鼓励外商投资，民航局与原外经贸部和原国家发展计划委员会一起制定了新的《外商投资民用航空业规定》。与原有政策相比，新规定在外商投资中国民用航空业的范围、方式、比例、管理权等方面又进一步放宽。

随着我国航空物流业准入政策的不断放松，国内民营资本和外资进入我国航空物流业的热情高涨。2005年以来，我国航空物流业进入了快速发展的时期。此外，科学技术的发展、新型飞机的出现、信息技术的广泛应用和管理水平的提高，促使飞机利用率、客座率、载运率和劳动生产率提高，飞机燃油率和成本下降，使航空运价整体处于下降趋势。航空运价下降，进一步推动了我国航空物流业的发展。

12.1.2 中国航空物流业存在的主要问题

【拓展知识】

由于市场环境、行业环境、政策环境以及观念意识方面的限制，中国本土航空物流企业自身还存在很大问题，重点集中在管理控制水平低、安全问题突出、人才短缺、行业发展的结构性矛盾4个方面，中国本土航空物流企业必须正视这些问题。

1. 管理控制水平低

与外资航空物流企业相比，中国本土航空物流企业在管理方面的问题主要集中表现为营销观念淡薄、专业人才匮乏、客户管理水平低、应收款管理不善、行政管理机构存在职权不明。

（1）营销观念淡薄。

由于以前中国物流政策的限制，中国航空物流市场长期处于国有航空物流公司的垄断局面。后来虽然经过改革，允许外资航空物流企业以合资的方式进入中国航空物流市场，但外资航空物流企业只能选择和中国本土航空物流企业合作。长期以来的这种局面，使得中国本土航空物流企业一直处于"被动发展"状态，长期以来享受"被人求"待遇，与外资物流公司成立合资公司后，中国本土航空物流企业一直充当"操作者"的角色。这种"优厚待遇"使得中国本土航空物流企业的营销观念淡薄，随着中国航空物流市场全面放开，中国本土航空物流企业逐渐体会到要想继续发展，就必须从"操作型"航空物流企业向"营销型"航空物流企业转变。中国本土航空物流企业在营销管理和营销理念方面的劣势直接影响到了中国本土航空物流企业的快速发展。

(2) 专业人才匮乏。

中国航空物流业人才匮乏，这是中国物流业统一的共识。虽然目前中国有不少大学都开设了物流管理专业，但针对航空物流方面的教学和培训活动还是很少，航空物流人才大都是通过工作后从实际业务中逐渐培养的，但在工作中学习和经过专业培训存在很大差异。航空物流人才匮乏也是制约中国本土航空物流企业发展的一个因素。

(3) 客户管理水平低。

中国本土的物流企业目前的客户管理水平基本处于被动维护阶段，没有达到主动的客户关系管理水平。目前中国本土航空物流企业只是在客户的货物出现异常或客户出现投诉时，才会与客户进行沟通解决问题，CRM管理水平亟待提高。

(4) 应收款管理不善。

航空物流企业由于服务业的性质，多数情况下需要提前为货主先行垫付运费，甚至大额税费和保证金也需要先行垫付，如果是大型进出口项目或者招投标项目，短期的垫款额会更大，而且可能会遇到客户短期资金紧张无法按时给付运费、以未来业务是否委托要挟延长付款期限，以及长期拖欠等恶意欠款的情况。中国本土航空物流企业面对以上可能出现的种种情况时，往往会不知所措，造成业务量大幅增长，但收益却迟迟不能实现的情况，最终导致坏账，这个问题在目前中国大部分航空物流企业是普遍存在的。

(5) 行政管理机构存在职权不明。

目前我国航空物流业行政管理机构存在管理层次多，民航局和地区管理局直接经营管理机场，省局与机场合一等问题。近30年来，中国航空物流业经历了从大一统体制走向航管、机场、运输公司分立，鼓励多家设立航空公司以形成竞争的过程，且这个过程还没有走完。当前，民航局除负责飞行安全、科技规划、飞行标准、适航、运输计划等行业管理职能外，还负责直属航空运输公司及各级机场的管理，存在职能交叉、政企不分的情况。

2. 安全问题仍有一定改善空间

2008年，我国民航业发生通用航空事故6起，同比增加5起；发生事故征候119起，事故征候万时率为0.28，同比下降3%，其中严重事故14起。这些地面事故和事故征候，尤其是严重事故征候，直接原因是当事人违规操作，而违规操作的背后则反映出这些单位在安全管理上存在问题。此外，发

【拓展知识】

生的14起严重事故征候，大都涉及跑道安全问题。随着飞行量的增长和机场构型、运行环境的变化，跑道安全问题越来越突出。通用航空事故发生的主要原因是通用飞机普遍老旧，飞行、机务等专业人员青黄不接、安全监管薄弱。2010年，我国民航业绝大多数运行单位安全形势平稳，全行业没有发生空防安全事故、重大航空地面事故和特大航空器维修事故，厦航、山航、中货航等20家公司没有发生事故和事故征候，严重事故征候万时率为0.031，比上年降低11.4%。《中国民用航空发展第十三个五年规划》中明确指出："十三五"期间，民航安全水平要继续保持领先，到2020年要全面建成具有

中国特色的民航安全管理体系和运行机制,运输航空每百万小时重大及以上事故率要控制在低于 0.15 的水平。

3. 人才短缺限制行业发展

航空物流业的持续快速发展,对人才需求急剧增加。随着民航快速发展,机队规模迅速扩张,导致飞行、机务、空管、运行管理等专业人才十分缺乏。目前,我国飞行员紧缺,机务维修人员则更加短缺,2015 年,我国仅有飞行员 46 000 人。根据《民航教育培训"十三五"规划》,"十三五"期间直属院校预计培养飞行技术专业人才 1.3 万人,机务维修类专业人才 3 万人,交通运输、运行控制、现场指挥、通信导航、航行服务等专业及方向的人才 0.9 万人,行业外教育培训机构满足行业发展 50% 以上新增的人才需求。在航空运输自由化、全球航空联盟大背景下,具有专业背景、外语好、能够参与国际交流的国际化人才短缺,民航从业人员素质与现代民航高科技发展要求不相适应,懂技术、会管理的高素质复合型人才十分紧缺。

4. 行业发展的结构性矛盾依然存在

当前,我国航空物流业面临 3 个矛盾,即航空物流业快速发展与基础条件落后之间的矛盾、新的行业管理体制与行业运行之间的矛盾、社会和公众不断提高的需求与行业观念跟不上的矛盾。同时,我国航空物流业还存在 5 个发展不平衡的问题。

① 客运与货运发展不平衡。民航长期重客运、轻货运,而航空物流业主要针对的就是货运。

② 通航与运输发展不平衡。

③ 东部与西部发展不平衡。航空物流发展倾斜,东部发展快而西部发展慢。

④ 干线与支线发展不平衡。由于以往特别重视城市对式的干线航空而忽视支线航空的发展,导致我国支线航空运输发展严重滞后,不能为干线航空有效地输送客源与货源。目前,我国支线航空运输占全部航空运输的比重不足 10%,而世界平均水平为 20% 左右。

⑤ 机场发展不平衡,一方面是机场密度问题。目前,我国运输航班机场分布密度约为每 10 万平方千米约 1.37 个,而美国约为 6.76 个(30 座以上飞机运行的颁证机场)。即使与巴西、印度、巴基斯坦这样的发展中国家相比,我国民用机场的数量、密度也相对偏少。同时,我国幅员辽阔,地区差异大,经济发展不平衡,造成现有民用机场在布局上不甚合理。东南沿海地区机场相对多,密度相对大,而西部地区机场相对少,密度相对小。另一方面是机场结构问题。目前,我国机场建设普遍存在严重的大型化、国际化的超前倾向,缺乏大中小结构的合理配置。大中型机场多,小型支线机场少。除此之外,我国主要大机场在基础设施条件、经营管理模式和理念等方面,也不能适应国际航空枢纽运营的需要。

12.1.3 中国航空物流业发展的机遇与挑战

当前中国正进入工业化中期,国内外众多经济学家如厉以宁、林毅夫和美国的蒙代尔等，预测中国可持续高速发展还会延续10～15年，即延续到2030年前后。美国俄亥俄州州立大学教授代德·尚卡尔在《中国世纪》一书中说："中国的崛起是一道分水岭。可以把中国与美国在19世纪末的崛起相提并论""中国将在2020—2025年期间赶超美国"。美国高盛公司2003年公布的研究报告预测，中国经济将在2039年赶超美国，中国实现这一超越历时大约需65年。经合组织在2008年3月29日发表报告指出，到2030年中国经济很可能占全球经济的23%，超过美国。

在分析未来中国航空物流业增长趋势时，应注意到：一是世界不要出现政治、经济和军事以及自然突发事件；二是民航改革开放和发展政策再不要产生大的失误；三是未来航空物流业发展仍会有波动，要以科学发展观为指导加强宏观调控和政策调整；四是2008年是中国航空运输发展的拐点。

经过较短的调整期后，在供给和需求动力增长后，航空物流业才会再次驶入持续快速增长期。国际民航组织对全球经济和航空运输发展长期趋势分析表明，航空运输总周转量与GDP之间有很强的正相关性，航空旅行需求增长的2/3可以用GDP增长来解释。在过去20年，全球航空运输总周转量年均增长速度是全球经济增长速度的1.8倍左右。根据中共十六大、十七大提出的全面建设小康社会的奋斗目标，到2020年，我国人均GDP将比2000年翻两番。从过去30年我国GDP增长与航空运输增长的弹性关系上看，未来十几年，我国航空运输平均增长速度将不会低于10%。若按1993—2009年间航空货运量与货物周转量年均分别增长11.56%和12.67%的比率计算，预计2030年我国航空货运量与货物周转量将分别达到1 484万吨和468.9亿吨千米，将约为2009年的3.3倍和3.7倍。但是，由于国际航空物流已被国外航空公司垄断，预计相当长时期内国际航空物流难有大的变化。

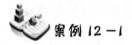

航空货运借力"电商化"转型

　　航空货运是航空运输行业新常态最显著的领域。我国传统航空货运服务在GDP增速放缓、产业转移和制造业升级等诸多因素的作用下增长乏力，2011—2012年货邮运输量甚至出现负增长。但近两年受电子商务和自贸区快速发展的影响，跨境电商服务与航空快递服务成为航空货运业发展的新方向，许多国内传统航空货运公司借机向"电商化"转型，开始进行战略调整。与此同时，电商企业和快递公司也将业务延伸到航空货运领域。2015年9月，唯品会与奥凯航空、ATSG西部有限公司等宣布组建合资货运航空公司。2016年9月，圆通货运航空公司与陕西省交通厅、西部机场集团签订了共同组建中国西北国际货运航空公司的合作协议，成为继顺丰后又一跨界航空货运的快递公司。

——摘自前瞻产业研究院网站(https://www.qianzhan.com/analyst/detail/220/170313 - d419e722.html)

12.2 国外航空物流业的发展

12.2.1 美国航空物流业的发展

1. 美国航空物流业的发展历程

航空物流业起源于 20 世纪 20 年代的美国，经过 90 多年的发展，世界各国建立了迅捷、安全、经济、可靠的航空物流体系，极大地推动了世界经济一体化的形成与发展。航空物流业作为一个相对独立的经济部门，如同人们所熟知的其他许多经济部门一样，经历了政府管制到自由竞争，再到垄断竞争、寡头垄断的全过程，并还将继续发展下去。美国的航空物流业一直是世界航空物流业的典范。航空物流业的发展在美国大体经历了以下两个阶段。

（1）第一阶段，管制时期的美国航空物流业。

1938 年通过的《国内航空法》确立了美国管理航空物流的基本模式，该法主要从 4 个方面对航空公司进行管制：第一，严格限制新企业的进入，控制航空物流企业的数量；第二，航空公司运营飞机的数量、座位数、运营范围及进入或退出某一市场都要得到政府的核准；第三，禁止航空企业合并；第四，控制运价及航空公司收入。同年成立的航空物流委员会(CAB)被授予代表政府行使管理职权。由于 CAB 的恪尽职守和严格把关，导致在 1938 年至 1978 年的 40 年间虽有 80 家新的航空公司先后宣布成立，但无一例外都未能得到干线运营执照。

【拓展知识】

20 世纪三四十年代的联邦政府执行 CAB 对航空物流业实施管制政策的历史背景主要有以下 4 点。

① 航空企业始建之时投资巨大，但其产品对消费者而言并无本质区别，因此最有效的竞争手段就是价格杠杆。事实上，当时各航空公司为增加航线流量，扩大市场份额，无不采取低价竞争策略。对此，政府担心过度的价格竞争，势必导致竞争者两败俱伤，甚至有可能危及这一新兴产业的健康发展。

② 航空公司作为公共事业，其主要职责是为社会公众提供定期航班，但由于航空市场需求极易被动，且航空产品不可存储及航空企业经营杠杆系数很大，使定期航班面临放大的经营风险。因此，限制新企业进入，制止其与现有骨干公司争夺市场利益，自然成为 CAB 的首选禁令。

③ 政府担心听任竞争中的侥幸胜利者自由发展，久而久之势必会营造市场垄断势力，进而侵占乘机旅客的消费者剩余。

④ 20 世纪 30 年代的持续大萧条，使以政府介入经济为特征的凯恩斯主义成为时尚，加之航空物流开创之初，其自身技术设施和经营水平不足以保证安全至上的行业要求，因此，加大政府对航空资源的配置权自然成为当时官员的共识。

肇始于20世纪30年代的美国航空管制政策，培育了尚处于年幼时期的航空物流业，使这一新兴行业得以在一个相对平稳的市场环境中成熟、壮大，为以后的规模化、全球化发展奠定了基础。然而政府介入经济的"双刃剑"效应无时无处不发生作用，而且其伤业、伤市的负面效应日益明显。进入20世纪70年代后，由于中东石油危机引发的世界性经济衰退，美国的航空公司普遍遭受了客货运量骤减和成本飙升的双重打击，载运率不断下降。1971年的平均客座利用率只有48.5%，直至1977年美国国内公司的平均客座率从没有超过56%。为避免巨额亏损，CAB多次提高票价，从1974—1976年票价上涨了45%。结果一方面造成航空资源大量浪费，另一方面许多旅客却因高价被拒"机"外，导致绝大多数航空公司财务状况严重恶化，怨声四起，CAB对此一筹莫展。

很显然，严格的管制政策，使政府以一个"完全垄断者"的身份介入航空物流市场。通过立法，获得对航空物流行业的绝大部分管理权，限制新进入者，制定运价，配置航空资源。但当经济出现剧烈波动时，管理部门除了利用行政命令提高价格外往往显得无能为力。

与干线航空公司的惨淡经营形成对比的是，美国州内航空公司（如位于达拉斯的西南航空公司和位于加州的太平洋西南航空公司）由于不受CAB的束缚，却能在经济衰退中依然保持着繁荣局面。据统计，州内航空公司的票价比大航空公司低32%~47%，但持平载运率只需45%，低于干线55%的标准，深受旅客的欢迎。因此，下至普通民众，上至经济学者、政府官员，改革民航运输管理体制和放松管制的呼声日益高涨，《航空公司放松管制法》应运而生。

（2）第二阶段，放松管制时期的美国航空物流业。

20世纪70年代末，资本主义国家普遍出现了"滞胀"现象，凯恩斯思想受到怀疑，而主张自由经济的新古典经济学逐渐受到美国政府的青睐，加之管制带来的种种弊端日渐凸现，改革现行民航管理体制被提上议事日程。1978年10月诞生的《航空公司放松管制法》标志着美国开始对航空物流管理体制进行以自由竞争为核心的市场化改造。该法取消对新进入者的限制，航空公司可自由定价，取消对营运权利、营运范围的限制，允许企业合并，给予航空物流《反托拉斯法》豁免权等。CAB也于1985年被撤销，有关航空管理的职权移交给美国联邦航空局（FAA）。

放松管制的最初几年，航空公司数目明显增加，1978—1986年共有198家新公司进入市场，而1978年之前仅有36家，增长了5倍之多。但随之而来的激烈竞争，使大多数公司走向破产或被兼并，其中不乏过去的佼佼者。到1997年只剩下74家，而干线公司仅有12家得以生存，较大的公司由于不适应形势的巨变也在日后的残酷竞争中难逃厄运。少数公司占据了绝大多数市场份额，市场集中度越来越高，美国运输部高级官员曾表示有意维持目前几家干线航空公司竞争的局面。

造成这一现状的原因除航空物流业所固有的自然垄断的特性外，还有技术进步和管理创新。进入20世纪80年代以来，由于信息技术、网络技术和软件业的飞速发展，使得低成本管理、远距离、超大型信息系统成为现实，航空公司经营理念也日新月异。大公司凭借雄厚的资金实力建立起庞大的数据库系统，率先采用CRS（计算机订座系统）、RM（收益管理）以及"轴心－轮辐"式航线网络等先进的管理模式，极大地降低了营运成本，竞争力显著增强，使新进入者和小公司都难以与之匹敌。

【拓展知识】

再者，随着经济全球化，顾客也越来越偏好选择能将货物运送到地球任意一点的环球航空网络，大公司在这方面出尽了风头，借助自身优势组建或加入多边跨国性大型航空联盟或实行代码共享，如寰宇一家、星空联盟、天合联盟等，利用其庞大的全球航线网和优越的机场起降时刻为旅客提供无缝服务。联盟和代码共享已成为当今航空物流业的主流。

残酷的竞争已使航空物流业成为一个虽可以进入，但危机四伏以至于难以生存的行业，这是放松管制的设计者们所始料不及的。放松管制之始，航空业处于自由竞争下的"无序"状态，经过短暂、残酷的市场整合后，形成了以寡头垄断为特征的市场形态，既满足了民航业善于吸纳最新技术和"规模报酬递增"的自然垄断特性，亦满足了安全至上的行业特点。但此时的垄断已与30多年前政府管制下的垄断大相径庭，垄断的内在成因从过去的政府行为演变为现在的市场行为。

面对短期价格刚性的民航运输市场形态，各大航空公司不断进行竞争手段和竞争方式的创新。例如，他们更愿意在服务质量、广告宣传及建立价格联盟等方面进行竞争，这也是为什么近年来越来越多的大航空公司倾向于选择联盟和代码共享的重要原因。对航空界的这一新趋势，欧洲委员会表示忧虑，担心在未来几年中航空物流业将被几个"全球性的航空帝国"所垄断。当然，解决问题的办法绝不是回到政府管制的老路上，而是通过竞争。

放松管制提高了美国航空物流业的竞争力。2008年，美国定期航班货运总周转量（国际和国内）为39 372百万吨千米，高达全球定期航班货运总周转量157 010百万吨千米的25%；美国定期航班国际货运周转量为22 443百万吨千米，高达全球定期航班国际货运周转量131 720百万吨千米的17%。显然，航空物流业在不同的地区和人们之间建立了快速、安全、可靠的联系，美国各工业部门都从中受益，对促进美国经济的发展和竞争力的提高做出了贡献。

2. 美国航空物流的发展趋势

随着经济全球化步伐的加快，以及科学技术尤其是信息技术、通信技术的发展，21世纪美国物流的发展呈现出新的特点。

（1）航空物流管理体制的某些改革正在进行。

美国是世界上最繁忙的空域，美国联邦航空局（FAA）的空中交通管制员每天要处理和协调近3万多架次的商业航班运营，美国的空中管制（ATC）一直由美国交通部（DOT）下属机构的FAA运营，其在规范ATC系统运营的同时还承担了安全监管职能，该系统一直无法满足行业发展的需求，导致航班延误架次与日俱增，增加了能源消耗、时间成本和环境污染，使航空公司的服务成本在过去10年内上涨近45%。2017年6月5日，特朗普政府提出ATC系统改革方案，正式启动将空管职能从FAA剥离的计划，新计划的核心是通过美国 ATC 系统交由一家自筹资金的非营利性组织来管理，从而提高运营效率和服务质量，并减少延误成本。然而，此次改革计划的成功与否仍充满了不确定性。

（2）电子航空物流迅速兴起。

基于美国网络电子商务的迅速发展，促使电子航空物流企业通过互联网加强企业内部、企业与供应商、企业与消费者、企业与政府部门的沟通，相互协调、相互合作。消费者可以直接在网上获取有关产品或服务信息，实现网上购物。这种网上的"直通方式"使企业能迅速、准确、全面地了解需求信息，实现基于顾客订货的生产模式和航空物流服务。此外，电子航空物流可以在线追踪发出的货物，在线规划投递路线，在线进行物流调度，在线进行货运检查。可以说，电子航空物流将是美国 21 世纪航空物流发展的大趋势。

（3）航空物流服务向优质化和全球化发展。

随着消费多样化、生产柔性化、流通高效化时代的到来，社会和客户对物流服务的要求越来越高，物流服务的优质化是物流今后发展的重要趋势。为此，美国航空物流企业推出了 5 个亮点 "Right" 的服务，即把好的产品，在规定的时间、地点和方式，以适当的数量提供给客户，这已成为美国物流企业优质服务的共同标准。

航空物流服务的全球化是美国航空物流今后发展的又一重要趋势。目前美国许多大型制造部门正在朝着"扩展企业"的方向发展。这种所谓的"扩展企业"，基本上包括了把全球供应链条上所有的服务商统一起来，并利用最新的计算机系统加以控制。同时，制造业已经实行"定做"服务理论，并不断加速其活动的全球化，对全球供应连锁服务业提出了一次性销售（即"一票到底"的直销）的需求。这种服务要求极其灵活机动的供应链，也迫使物流服务商几乎采取了一种"一切为客户服务"的解决办法。

（4）现代科技应用于航空物流业。

随着现代科技的迅猛发展，先进的通信技术、信息技术、网络技术普遍被应用于美国航空物流业，为企业改造和提升物流技术服务。美国物流业正在向信息化（采用无线互联网技术、卫星定位技术、地理信息系统、射频标识技术），自动化（自动引导小车技术、搬运机器人技术），智能化（电子识别和电子跟踪技术、智能运输系统），集成化（信息化、机械化、自动化、智能化于一体）方向发展。

12.2.2 日本航空物流业的发展

1. 第二次世界大战前日本航空物流业的发展

1920 年，日本为了加入《巴黎公约》，在陆军省设立了航空局，以保护民间航空。1921 年，根据《巴黎公约》制定了《航空法》（称为《旧航空法》）。为了保证其有效实施，具体生效日推迟到了 1927 年。在未生效期间，暂时适用 1921 年陆军省和内务省发布的《航空管制规则》。1922 年，开设了固定航线，1928 年，日本航空运输公司成立。1929 年，成立了国策航空公司，并制定了《大日本航空股份有限公司法》。此后，在军事力量的推动和政府的政策支持下，航空物流业得到了较快的发展。

2. 第二次世界大战后日本航空物流业的发展

第二次世界大战后，受战争期间民用航空参与军事的影响，联合国最高司令官麦克阿瑟将军在与日本政府交换的备忘录中明确要求全面禁止民用航空，与航空相关的机构不问公私，一律解散。禁止拥有航空器和从事航空运输，甚至禁止从事与航空有关的研究和实验活动。

日本航空物流业运营复苏的契机是1950年朝鲜战争爆发，美国人出于利益考虑，对日本民用航空采取了有条件的许可政策，为此日本的国内航空物流业得以起死回生。1951年，日本开始成立自己的航空公司，当时虽然有经营权，但在营运上受到种种限制，不允许自己拥有飞机和使用自己的驾驶员，飞机和飞行员都是从美国的几个大航空公司借用的，这样的营运开端步履艰难。

1952年，恢复和平的日本，不再禁止民间航空活动。日本政府十分重视航空物流业的发展，制定了一系列扶植航空运输业的相应政策。如1952年制定了《航空法》《航空法施行令》《航空法施行规则》，这些航空基本法经过多次修改，一直沿用至今。1953年，制定了《日本航空股份公司法》及其施行令、施行规则。1956年通过了《机场建设法》（或译为《空港整备法》）及其施行令、施行规则。此后，还通过了其他航空相关法律及规定。在这些法律体系中，《航空法》优先适用，《航空法》没有规定的，方适用其他法律及相关规定。日本政府通过航空立法，尤其通过确立航空事业发展的秩序和政策，极力保护和扶植了全日空、日本航空系统和日本航空公司三大航空公司的发展，强制性地排除竞争。

2000年之前，日本政府对航空公司的航线准入实行严格的管制。当时，日本政府规定日航飞国际航线，全日空飞国内航线。2000年，修改《民航法》后，允许航空公司自由进出航线。目前日本政府不限制本国航空公司在国内航线的经营。当然，航空公司进入市场后，不能随意退出航线。同时，《航空法》第111条规定，航空公司的代码共享需要得到政府主管部门的批准和认可。

对航空公司的国内运价，日本政府不做具体规定，但运价执行前两个月，航空公司必须报政府主管部门备案。任何日本航空承运人应当确定客货运价和费用，并预先向国土交通省报告。价格和费用的改变也应如此。这就是说，不允许价格垄断、不正当竞争和掠夺性定价。日本对航空公司的国际航空运输价格实行审批制。任何运营国际航空运输业务的日本航空承运人，应当确定旅客和货物价格和费用，并得到国土交通省的许可。费用和价格的变化同样应当如此。

航空公司的垄断经营和不正当竞争在公平交易委员会的法律里面都有规定。当航空公司既违反了《反垄断法》，又违背了《航空法》，公平交易委员会和日本民航局都要查处。民航局是《航空法》的执法主体，凡是违反《民航法》的行为都由民航局实施处罚。对航空公司的违规经营行为的性质，首先由民航局做出判断，根据违法程度决定是否起诉。公平交易委员会相当于法院，对起诉的违规经营行为，由民航局给予处罚。

第二次世界大战后，日本的航空运输经过艰难初创、体制建立，现已进入高速发展阶段。在铁路、海运等各种运输方式中，航空运输的增长率为最快。2008年，日本定期航班货运总周转量(国际和国内)达到8 173百万吨千米，占全球定期航班货运总周转量157 010百万吨千米的5.2%；2008年日本定期航班国际货运周转量达到7 287百万吨千米，占全球定期航班国际货运周转量131 720百万吨千米的5.5%。

本 章 小 结

随着我国经济和贸易的发展，航空物流凭借其安全、快捷、方便的服务及与其他运输方式衔接的优势，取得了长足的发展，主要表现在航空货运量大幅增长、航空货运成为投资热点、外国航空货运企业纷纷进军中国市场等。但同时也暴露出了一些问题，主要包括管理控制水平低，资源整合配置不力，物流经营理念缺乏，体系完整性、协调性缺乏，法律保障体系不健全，缺乏统一、开放的信息平台，空运价格体系缺乏灵活性及优势资源尚待进一步整合等。

基于上述问题，我国航空物流业发展需要摆正姿态，把握机遇迎接挑战，无论从发展潜力、企业产业链还是国民经济发展等方面来说，未来前景仍然十分广阔。

由于国外如美国、日本等航空物流业起步较早，发展较快，因而在某些航空物流发展策略和措施上值得借鉴。

 关键术语

航空物流 Aero Logistics　　　　　　　资源整合 Resource Integration
市场灵敏度 Markets Sensitivity　　　　电子物流 Electronic Logistics
物流信息服务 Logistics Information Services
外资航空企业 Foreign Aero Funded Enterprises
本土民营航空物流企业 Indigenous and Private Aero Logistics Enterprise

习 题

一、判断题

1. 我国航空物流的发展，只与我国的经济发展水平、经济结构、技术发展状况有关，与我国的经济体制变革没有直接关系。（　　）
2. 计划经济下，我国几乎不存在国际性的航空物流活动。（　　）
3. 航空物流业就是航空运输业。（　　）

4. 放松管制提高了美国航空物流业的竞争力。（　　）

二、选择题

1. 第一家由中央和地方合资创立的航空公司是（　　）。
   A. 厦门航空有限公司　　　　　　　　B. 深圳航空有限公司
   C. 大连航空有限公司　　　　　　　　D. 海南航空有限公司
2. 当前，我国航空物流业面临的矛盾是（　　）。
   A. 航空物流业快速发展与基础条件落后之间的矛盾
   B. 新的行业管理体制与行业运行之间的矛盾
   C. 社会和公众不断提高的需求与行业观念跟不上的矛盾
   D. 国内与国外的矛盾
3. 民航局"十三五"规划要求到 2020 年运输航空每百万小时重大及以上事故率要控制在低于（　　）。
   A. 0.05　　　　B. 0.1　　　　C. 0.15　　　　D. 0.20
4. 航空物流业起源于（　　）。
   A. 第一次世界大战　　　　　　　　B. 第二次世界大战
   C. 20 世纪 20 年代　　　　　　　　D. 20 世纪 50 年代
5. 航空物流业起源于（　　）。
   A. 法国　　　　B. 英国　　　　C. 美国　　　　D. 德国

三、简答题

1. 中国航空物流业经历了哪几个发展阶段？各阶段的主要内容是什么？
2. 简述我国航空物流业存在的主要问题。
3. 我国航空物流业发展前景如何？
4. 结合实例，谈谈国外航空物流业的发展。

四、讨论题

一组 3~4 名同学。讨论我国航空物流业存在的主要问题，并提出针对性的对策。

 案例分析

昆明机场航空物流的发展现状及对策分析

中国民航局与云南省政府联合编制的《昆明国际航空枢纽战略规划》，已将昆明机场定位为国际航空枢纽。昆明机场枢纽建设战略已提升到了国家层面，面向南亚东南亚枢纽辐射功能将得到不断提升。按照规划，2020 年，昆明机场年旅客吞吐量将达到 6 700 万人次，年货邮吞吐量将达到 57 万吨；2030 年，昆明机场年旅客吞吐量将达到 1.2 亿人次，年货邮吞吐量将达到 120 万吨。昆明机场不仅将建设成为我国面向南亚东南亚的国际客运航空枢纽，还将成为我国面向南亚东南亚航空物流转运和集散的国际货运航空枢纽。

第12章 航空物流业的发展

1. 昆明机场航空物流发展现状分析

昆明机场是云南机场集团15个机场中的旗舰机场，其货邮吞吐量占整个集团比例为91%。2017年，昆明机场共有包括东航云南公司、祥鹏航空、川航云南公司、昆明航空、瑞丽航空、红土航空6家基地航空公司在内的51家航空公司运营（其中外航17家），开辟了通往国内外174个城市的359条航线，初步形成了以昆明为中心，连接国内各大城市、辐射南亚东南亚、通达全球的航线网络。在昆明机场运营的货站有两家，分别是云南空港物流有限公司和东航云南公司货运部。2017年，云南空港物流有限公司在昆明机场的市场份额上升至67%，"十三五"期间市场份额有望突破70%。

（1）总体情况。

2017年，昆明机场完成运输起降34.9万架次，旅客吞吐量4 473万人，货邮吞吐量41.9万吨，同比增长7.4%、6.5%、9.4%。从这三项数据来看，2017年货邮吞吐量保持稳定增长，高于全国平均增速，货邮吞吐量在三项指标中增长率最高。

2018年第一季度，昆明机场完成运输起降89 163架次，旅客吞吐量1 169万人，货邮吞吐量10万吨，累计同比增长1.8%、3.3%、12.5%，货邮吞吐量依然保持高速增长。

（2）市场结构情况。

从目前货运市场的流向和种类来看，货物构成主要以鲜花、蔬菜、海鲜水产品和快递邮件居多，主要流向经济发达城市。国内进出港货源地及目的地主要集中于北京、上海、深圳、杭州、广州、南京、郑州等城市，其中北京、上海、广东三地占国内货邮吞吐量30%以上。国际进出港货源地及目的地主要是达卡、新德里、马德拉斯等城市，其中南亚货源地占20%以上。

（3）全货机航线情况。

除了顺丰航空昆明——杭州、中国邮政航空昆明——南京国内全货机航线以外，2017年友和道通航空先后开通达卡、孟买、德里、马德拉斯、河内、加尔各答、班加罗尔国际全货机航线，使昆明机场国际货运量实现翻番式增长，在国际全货机的强力推动下，2017年昆明机场国际货邮吞吐量达5.76万吨，同比增长134.9%，占比达13.8%。2018年第一季度，昆明机场国际货邮吞吐量达1.6万吨，同比增长110%，占比达16.3%。

2. 昆明机场航空物流发展面临的问题及挑战

（1）2017年昆明机场货邮吞吐量超过全国平均水平增长，除了靠本地货量、航空公司运力增加等原因，重点是全货机带来的增量因素所致，所以2018年货量增长面临几个困境：一是受本地货源产业结构限制，本地货量增长将持续低迷；二是航空公司航班量增幅较小，腹舱带货受客运载量影响，载运率提升困难；三是国际货量受外部环境形势影响，可能存在起伏变化。

（2）本地货源结构单一，处于产业链低端环节。目前昆明机场出港货品中仍以鲜花为主，但是市场份额已由前几年的65%下降至40%，虽然目前出港货物操作量（含时间）增加是因为鲜花等重货减少，而普货等轻泡货物增加，如果鲜花量占比持续下降，会造成操作量增加但总体货量增幅变小，各项操作成本也会增加。对于新技术条件下的新需求，鲜花航空运输仍具有其他运输方式不可比拟的时效优势，但应深入考虑根据需求延伸附加值较高的技术研发、品牌包装和销售环节，甚至发展类似鲜花期货产品，重点提高产品服务附加值。

（3）价格竞争、其他运输方式对货源分流较大。一是受汽运、铁路运输价格较低竞争影响，比如从曼谷运输进境水果，全程采用冷链技术的汽车通过边境口岸地面运输进境，平均成本只需要每公斤1元左右，而航空运输的平均成本需要每公斤5元左右，成本问题使得进境水果运输企业推进业务困难；二是周边机场实施航空运输优惠政策，对于昆明机场货源存在分流效应；三是航空运输因中转衔接时间问题，时效优势对于国内部分地区（城市）不再明显。

(4) 高附加值产品占比较少。从昆明机场出港货源产品结构来看，鲜花、海鲜水产品、快件邮件占比较大，与航空关联度较大的电子产品、机械设备、医药产品已逐渐进入市场，但所占份额较小。部分高附加值产业虽已逐渐融入机场周边，但目前仍处于产业规划初级阶段，发展速度远远无法跟上昆明机场货邮吞吐量增长速度，短时间内能带来的高附加值货源产品较少。

(5) 本地货源无法满足全货机需求。受外向型经济不发达的影响，支持全货机出港货物的本地货源供给不足，目前只能靠华东、华南等地区集散货源来勉强支撑。另外，由于南亚东南亚城市的经济产业结构单一，全货机进港货物主要靠海鲜水产品支撑，使得全货机运营难度较大。

3. 昆明机场航空物流发展对策建议

(1) 打造面向南亚东南亚货运枢纽辐射网络。

当前云南在建设面向南亚、东南亚辐射中心战略推动下，航空公司更加关注云南货运航空市场的发展，云南国际航空货运迎来空前发展机遇。通过对南亚、东南亚国家航权、时刻方面的进一步优化、整合，打造昆明机场面向南亚、东南亚"客货并举"的航空辐射网络，推进昆明机场与南亚、东南亚机场航空货运枢纽合作。2018年，持续新开昆明至南亚、东南亚多条全货机航线，加大对南亚东南亚城市货运航线覆盖力度，争取开通洲际货运航线。

(2) 引进国际知名货运航空公司。

未来昆明国际货运航线侧重点在于提升南亚东南亚辐射能力，打造面向南亚、东南亚国家的货运枢纽辐射网络及建设航空物流大通道，除了继续培育在飞货运航空公司，提高已开通全货机航线载运率以外，还需积极引入国外知名货运航空公司，争取开通连接欧美的洲际货运航线，发展洲际货运航线与南亚东南亚货运航线的中转业务，充分利用好7×24小时通关、航油保税、进境水果口岸等政策，筑巢引凤，吸引更多知名货运航空公司进驻昆明。

(3) 加强产业联动，形成价格洼地。

西南周边省份的产业结构以电子信息产业和高端制造业为主导，而云南省内集散的航空货源主要是鲜花、种苗及高原农副产品。通过施行海关监管"卡车航班"、飞机保税租赁等业务，吸引周边城市的电子产品、机械零部件、通信设备等多元化货物到昆明进行集散，利用优势政策及规模效应降低物流运输成本，形成"价格洼地"，利用昆明机场覆盖南亚、东南亚完善的航线网络，全面打通国内面向"孟中印缅经济走廊""东盟自由贸易区"的航空物流大通道。

(4) 持续推进一体化通关建设。

2018年，昆明机场将持续推进一体化通关建设工作，这对全面提升昆明机场通关便利化，解决"红眼航班"保障问题提供了有效支持，将为打造国际航空枢纽，营造协同发展、合作共赢的良好氛围提供有力保障。为了充分发掘昆明机场特有的资源优势，需持续加大一体化通关建设支持力度，提高机场进出口货物的通关效率，缩短货物周转时间，降低物流企业成本。

(5) 争取出台支持国际货运发展政策方案。

为了促进当地社会经济发展，协调政府部门尽快出台针对国际货运补贴政策实施方案，吸引更多冷链、保税、仓储等物流企业进驻，创造更多的就业机会，拉动机场周边的产业布局及经济发展。

——胡宇翔. 昆明机场航空物流发展现状分析及对策建议 [EB/OL]. 民航资源网（http：//news.carnoc.com/list/446/446609.html），2018.5.

问题：

(1) 尝试应用SWOT方法来分析昆明机场航空发展中的问题。

(2) 如何认识昆明机场航空物流业发展的对策建议？你还能提出其他的建议吗？

参考文献

[1] 柏明国, 2006. 航空公司航线网络优化设计问题研究[D]. 南京：南京航空航天大学.
[2] 蔡江东, 2008. 航空快递集散中心发展趋势探讨[J]. 中国邮政, (01)：62-63.
[3] 曹允春, 沈丹阳, 2010. 航空物流产业化形成机理研究[J]. 商业研究, (01)：182-186.
[4] 晁春余, 2007. 我国航空公司加入国际航空战略联盟的条件分析[J]. 中国民用航空, (03)：63-64.
[5] 车东, 2009. 航空运输货物危险性的分类和快速鉴定[J]. 安全与环境工程, (03)：98-100+118.
[6] 陈明舒, 2009. 我国国际货运代理企业竞争力研究. 商业时代, (20)：39-40.
[7] 陈卫, 2010. 关于民航强国战略背景下我国航空物流发展的探讨[J]. 物流技术, (05)：4-6.
[8] 陈自业, 2001. 整合、提升航空货运 适应、融入现代物流——中国航空货运与现代物流业发展研讨会综述[J]. 中国民用航空, (12)：63-65.
[9] 程小康, 2008. 降低航空公司运营成本的有效途径分析[J]. 成都信息工程学院学报, (02)：108-112.
[10] 褚衍昌, 2009. 机场运营效率评价与改善研究[D]. 天津：天津大学.
[11] 董道祥, 2010. 危险品运输管理中出现的问题及对策[J]. 黑龙江交通科技, (07)：213.
[12] 范明, 2007. 山西邮政发展航空票务业务的思考[J]. 邮政研究, (01)：24-25.
[13] 方建, 2009. 中国国际货运代理行业综述[J]. 中国远洋航务, (07)：68.
[14] 高凌云, 2008. 中国航空集装器产业的发展对策[J]. 中国民营科技与经济, (05)：40-41.
[15] 桂云苗, 2007. 航空货运收益管理与流程优化问题研究[D]. 南京：南京航空航天大学.
[16] 胡晓敏, 2006. CRM 在航空货物运输代理行业中的应用[J]. 特区经济, (04)：343-345.
[17] 胡志群, 2007. 航空公司战略联盟合作伙伴选择与合作管理研究[D]. 长沙：中南大学.
[18] 胡志群, 2007. 航空战略联盟的组织学习影响因素及策略研究[J]. 科技进步与对策, (11)：145-150.
[19] 黄福华, 2001. 现代企业物流质量管理的理论思考与途径分析[J]. 科技进步与对策, (09)：95-96.
[20] 金真, 王小丽, 2009. 物流信息管理[M]. 北京：电子工业出版社.
[21] 鞠旭照, 2005. 国际航空货运代理从事运输保险的现状分析[J]. 物流科技, (04)：36-38.
[22] 孔繁荣, 2005. 国际航空物流发展状况及趋势[J]. 商品储运与养护, (03)：29-31.
[23] 李福娟, 2007. 基于航线决策的航班计划优化研究[D]. 上海：同济大学.
[24] 李福娟, 王鲁平, 刘仲英, 2007. 航班计划优化模型及其应用研究[J]. 计算机工程, (11)：279-281.
[25] 李桂生, 2004. 我国航空物流发展现状及促进措施[J]. 综合运输, (10)：41-43.
[26] 李乐, 2003. 中外运敦豪推动中国快递业[J]. 中国物流与采购, (07)：22-23.
[27] 李智忠, 2010. 基于价值工程的航空货运代理出口流程优化研究[J]. 云南财经大学学报（社会科学版）, (04)：107-108.
[28] 连炜. 日本羽田机场：社会效益与经济效益均衡发展[N]. 中国民航报, 2010年11月30日.

[29]梁新琴,张立华,2008. 空港物流规划与运作实务[M]. 北京:中国物资出版社.

[30]刘华,2006. 航空快递的经营特性与管理战略[J]. 物流技术,(08):23-25.

[31]刘明会,2010. 提升航空客舱服务质量的措施[J]. 经营与管理,(06):110-111.

[32]刘元洪,2009. 物流管理概论[M]. 重庆:重庆大学出版社,2009.

[33]柳芳,1999. 调整国际航空运输合同法律冲突的国际条约及其若干问题研究[J]. 武汉大学学报(人文社会科学版),(05):88-92.

[34]柳家喜,李柯漫,2009. 云南空港物流有限公司航空物流信息系统技术运用探索分享[J]. 空运商务,(10):28-30.

[35]龙翼飞,2006. 蒙特利尔公约对于我国航空运输合同法律制度构建之影响——兼论明确我国大陆与港澳台间航空运输合同法律制度的紧迫性和必要性. 法学家,(06):53-62.

[36]吕红伟,2010. 航空物流园区规划空间布局研究[J]. 物流工程与管理,(03):56-57.

[37]罗军,2010. 美国公共航空承运人的运输成本分析[J]. 中国民用航空,(04):41-44.

[38]马天山,2005. 我国物流业发展战略研究[D]. 西安:长安大学.

[39]民航总局运输司,2004. 日本及澳大利亚航空运输管理考察报告[J]. 中国民用航空,(11):22-25.

[40]潘康,陈卫国,2003. 现代物流与航空货运信息系统建设[J]. 中国民用航空,(01):48-51.

[41]秦岩,2006. 我国航空物流体系发展研究[D]. 西安:长安大学.

[42]秦岩,马天山,吴群琪,2005. 航空快递业特性分析及其在中国发展的设想[J]. 长安大学学报,(03):26-29.

[43]全国经济专业技术资格考试用书编写委员会,2009. 2010年全国经济师考试教材:运输经济(民航)专业知识与实务(中级)[M]. 北京:中国人事出版社.

[44]史博利,2002. 促进国际航空货物运输发展[J]. 中国海关,(07):2.

[45]孙毅,2004. 航空物流业发展研究[J]. 财经问题研究,(12):85-87.

[46]孙瑛,韩杨,2010. 国际货物运输实务与案例[M]. 北京:清华大学出版社.

[47]滕波,2008. 航空物流产品创新研究[J]. 芜湖职业技术学院学报,(04):33-35.

[48]田学军,2007. 美国物流信息化的启示[J]. 市场周刊(新物流),(12):38-39.

[49]解兴权,2005. 国际航空运输规则和责任制度的现代化[J]. 中国民用航空,(03):15-17.

[50]万君,2006. 航空货物运输企业的产品决策[J]. 空运商务,(01):29-31.

[51]王慧,2010. 上海浦东国际机场航空货运代理发展分析[J]. 科技致富向导,(27):171-172.

[52]王凌峰,2009. 国际空运物流货运代理发展的未来:第四方物流[J]. 空运商务,(16):31-33.

[53]王庆瑜,2009. 货运代理业务中表见代理问题的法律探析[J]. 牡丹江大学学报,(11):47-49+52.

[54]王世文,2006. 物流管理信息系统[M]. 北京:电子工业出版社.

[55]王为民,2006. 邮区中心局生产组织与管理[M]. 北京:人民邮电出版社.

[56]王新明,2006. 航空客货运输成本分摊方法浅议[J]. 空运商务,(25):19-22.

[57]王秀梅,2009. 论国际货运代理业向现代物流的转型[J]. 物流科技,(02):4-5.

[58]文军,2009. 航空公司联盟合作的战略分析[J]. 交通企业管理,(05):64-65.

[59]吴昌勇,2004. 航空物流园区形成机理[J]. 中国民用航空,(08):56-57.

[60]肖林玲,2002. 我国航空货运业发展面临的问题[J]. 综合运输,(05):33-35.

[61]肖永平,2010. 国际航空货物运输承运人归责原则的嬗变[J]. 北京航空航天大学学报(社会科学版),(01):30-36+53.

[62] 谢春讯, 2006. 航空货运管理概论[M]. 南京：东南大学出版社, 2006.

[63] 熊杰, 2007. 我国航空货运代理企业第三方物流发展模式研究[J]. 物流技术, (07): 3-6.

[64] 徐福喜, 2004. 航空运输企业的成本控制[J]. 中国民用航空, (09): 61-63.

[65] 徐彦, 2006. 主体为国人的涉外民事案该如何处理？——以一起国际航空快件运输合同纠纷抗诉案的审理为视角[J]. 中国审判, (03): 65-66.

[66] [美]Yael Heynold, Jerker Rosander, 2007. 航空公司的一种新型组织模式[J]. 中国民用航空, (08): 44-47.

[67] 严欣茹, 2009. 航空快递物品自动化检查系统研究[J]. 物流技术, (07): 210-211.

[68] 杨长春, 1999. 国际航空货物运输服务的新动态及发展前景[J]. 国际贸易问题, (11): 46-49.

[69] 杨建国, 2006. 浅析中国货运邮政航空公司网络发展战略[J]. 空运商务, (29): 4-7.

[70] 杨泽航, 2004. 战后日本物流业发展极其启示[D]. 长春：吉林大学.

[71] 杨治远, 2009. 航权开放与国家经济发展及经济安全的思考[J]. 中国民航飞行学院学报, (05): 3-7.

[72] 佚名. 2009年中国快运快递业行业研究与市场分析报告[EB/OL]. 中国行业研究网, http//www.chinairn.com

[73] 佚名. 2009年中国民用航空业年度研究报告（中经网）[EB/OL]. 百度文库, http://wenku.baidu.com/view/633e42b91a37f111f1855b57.html

[74] 于丽君, 2002. 中国民航使用国际航空货物运输规则盲区分析[J]. 中国民航学院学报, (02): 5.

[75] 张海燕, 吕明哲, 2006. 国际物流[M]. 大连：东北财经大学出版社.

[76] 张景银, 2010. 2009年全球货运前100名机场[J]. 空运商务, (20): 42-43.

[77] 张莉梅, 2009. 战略成本管理在航空物流企业管理中的应用研究[J]. 交通企业管理, (04): 66-67.

[78] 张宁, 2009. 关于航空快递业的第三方物流发展研究[J]. 商业文化（学术版）, (01): 62.

[79] 张润明, 陈毅然, 2005. 快递航空巨头：美国联邦快递公司[J]. 中国民用航空, (01): 53-55.

[80] 张永莉, 2005. 航空公司收益管理理论、应用与创新研究[D]. 天津：天津大学.

[81] 赵凤彩, 2009. 国内外航空公司服务质量的对比分析[J]. 中国民用航空, (09): 57-59.

[82] 赵劲松, 2009. 国际民航组织与国际航空立法的发展[J]. 重庆科技学院学报（社会科学版）, (03): 59-60.

[83] 赵铁军, 2005. 我国航空货运信息系统的发展[J]. 中国民用航空, (12): 69-70.

[84] 喆儒, 2009. 刍议我国航空货运业与民营快递业的融合发展[J]. 商业时代, (14): 115-117.

[85] 郑玲, 2010. 创新一体化航空物流服务运营模式[J]. 中国经贸导刊, (05): 75.

[86] 朱承元, 2009. 航空器地面运行优化研究[J]. 交通运输工程与信息学报, (01): 28-31.

[87] 朱江, 2010. 从顺丰航空启航看民营快递发展[J]. 空运商务, (06): 28-32+1.

[88] 庄严, 2004. 美国物流业研究[D]. 长春：吉林大学.

北大社 · 物流专业规划教材

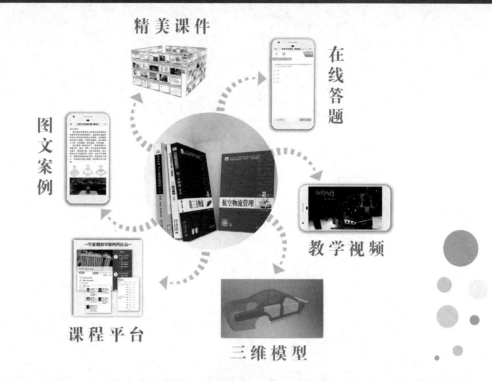

部分教材展示

扫码进入电子书架查看更多专业教材，如需申请样书、获取配套教学资源或在使用过程中遇到任何问题，请添加客服咨询。